Présentation

« Ceux qui vivent, ce sont ceux qui luttent ; ce sont
Ceux dont un dessein ferme emplit l'âme et le front,
Ceux qui d'un haut destin gravissent l'âpre cime,
Ceux qui marchent pensifs, épris d'un but sublime. »

Victor Hugo, 31 décembre 1848
Les Châtiments, livre IV, IX

Un poète en politique

« Je suis une conscience. »

Le 26 février 1880, le jour de son soixante-dix-huitième anniversaire et le lendemain du cinquantenaire d'*Hernani*, Victor Hugo écrit cette phrase toute simple, qui lui semble résumer sa vie et son œuvre. Conscience d'un siècle, de ses tourments et de ses espoirs, de ses idéaux, portés à la hauteur d'exigences vives. Conscience intraitable sur les principes, qui place le poète entré en politique à contre-courant des opinions reçues. Conscience révélatrice de causes que lui-même, en sa jeunesse très conformiste, n'aurait pas imaginé défendre. Comment cet idéal advient-il dans les tourments d'une existence singulière, confrontée au tumulte de l'histoire ?

Le récit qu'on va lire s'efforce de répondre à cette interrogation en évoquant les combats politiques de Victor Hugo. Inclassable en littérature – tour à tour ou en même temps poète, auteur dramatique, romancier, orateur, journaliste, historien, essayiste, critique d'art –, Victor Hugo le fut également en politique. Le jeune homme royaliste se fait républicain convaincu au tournant de sa vie, et se déclare socialiste bien avant sa mort. Le libéral sous la monarchie se déclare démocrate avant même la Deuxième République et révolutionnaire sous le Second Empire. Épousant son temps, s'identifiant à ses espoirs, déchiré par ses drames, l'auteur des *Misérables* fut d'abord un homme de principes, hanté avant tout par la défense et les progrès de la liberté. Il ne conçut jamais son art indépendamment de sa conscience. Et c'est par les exigences de cette conscience, prenant en charge toutes les souffrances du monde, qu'il en vint à radicaliser son engagement, jusqu'à devenir, à la fin de sa vie, l'avocat des communards tout comme le « patriote de l'humanité ».

Un poète en politique ! C'est bien ainsi que se comprend Victor Hugo, en témoin ému de la beauté des choses et de la laideur des vicissitudes humaines, qui en vit l'antithèse jusqu'à en faire un principe d'écriture et un ferment de conscience. Poète, Hugo l'est autant quand il écrit des drames, des romans, et même de l'histoire, que lorsqu'il écrit des vers. La sensibilité, chez lui, ne contredit pas la lucidité ; elle l'avive bien plutôt, par cette intelligence du cœur qui transcende aussi bien les illusions du scientisme que les irrationalismes de la religion. Politique, Hugo l'est plus tôt qu'on ne pense, mais autrement qu'on ne l'imagine. Dans la préface de *Lucrèce Borgia,* n'écrit-il pas en 1833 qu'il compte « mener de front désormais la lutte politique tant que besoin sera et l'œuvre littéraire ». Réduit à l'exil par le combat républicain, il retrouve en sa plume une arme terrible, et conçoit de façon nouvelle la lutte politique comme une « poétique des valeurs ». Il déclare alors : « Je ne suis pas un homme politique ; non, je ne suis qu'un homme libre. » Hugo décline sa vie en identifiant les grands registres de ses interventions : « Mon moi se décompose en Olympio : la lyre ; Hernani : l'amour ; Maglia : le rire ; Hierro : le combat. » Poète complet, en somme, qui veut donner à l'humanité toutes ses chances d'entrer en poésie, en ouvrant les « mémoires d'une âme » à la vigilance d'une conscience. Et en assumant jusqu'au bout les exigences du courage politique : « Et s'il n'en reste qu'un, je serai celui-là. »

Victor Hugo voulait que « le cœur pense ». Il a élargi sa conscience jusqu'à prendre en charge les grandes questions que fait surgir le développement des sociétés modernes. À ce titre, son œuvre, qui croise le lyrisme d'une sensibilité à vif et

UN POÈTE EN POLITIQUE

Les combats de Victor Hugo

la rigueur de l'analyse rationnelle, nous parle tant par le cœur que par la pensée. La mort d'un enfant sous ses yeux, tué d'une balle perdue lors du coup d'État de décembre 1851, lui inspire aussi bien un poème, « Souvenir de la nuit du 4 », que les pénétrantes analyses des manœuvres du Prince-Président pour étrangler la République dans le pamphlet *Napoléon le Petit*, et la grande fresque de l'*Histoire d'un crime*. Son grand roman, *Les Misérables*, est à la fois, comme il le dit, poème de la conscience humaine en même temps que drame, histoire, chronique, manifeste politique et formidable création romanesque, bien sûr.

Le prodigieux mélange des genres que Hugo a imposé en littérature a inspiré largement la conception de cet ouvrage qui entend mêler et croiser le meilleur des pages littéraires, connues et méconnues, consacrées aux grands combats du poète, la narration et l'analyse historiques, et la réflexion philosophique. Ce livre à triple détente, conçu et écrit par un historien et un philosophe, tente de donner une idée du génie de Victor Hugo, poète de la République. Toute sa vie, il a décliné avec force les trois grands principes fondateurs, tels qu'ils figurent dans le triptyque républicain. *Liberté* toujours, puis *Égalité* à partir du milieu du siècle, et enfin *Fraternité*. Il les additionne moins par des virgules qu'il ne les associe en les liant par des tirets. Après 1870, l'ancien pair de France devenu sénateur de la République tente encore de combler le fossé creusé par la répression de la Commune pour, en quelque sorte, réconcilier la République avec elle-même. Évoquant son propre itinéraire, en 1864, dans *William Shakespeare*, Victor Hugo n'a-t-il pas écrit : « La Révolution Française a forgé le clairon… Le dix-neuvième siècle le sonne » ?

Regards sur une évolution

« Les révolutions intérieures d'une conscience honnête. »

Dans *Le Droit et la loi*, cet essai qui sert de préface à la première partie d'*Actes et Paroles*, I, *Avant l'exil*, paru en 1875, Victor Hugo envisage d'expliquer ses « révolutions intérieures », tant il est le premier étonné de sa trajectoire. En fait, depuis les préfaces des *Odes et ballades* (1826-1828) jusqu'à celle des *Châtiments* (1853) et des *Contemplations* (1856), le poète n'a cessé de fournir des explications sur ses mutations politiques et esthétiques. Mais il ne s'est jamais renié, assumant ses diverses manières d'écrire, tout comme ses opinions politiques contradictoires. S'il lui est arrivé de reconnaître des « erreurs », voire ses « folies », il a toujours tenu à les expliquer, et à les assumer. En juillet 1851, il rédigea même un court texte très éclairant pour comprendre son ralliement, à la fois tardif, mais ô combien résolu, à la République. Cette préface politique à *Quinze Discours* ne fut jamais publiée. En exil, il persuada sa femme Adèle d'écrire des éléments d'une biographie titrée *Victor Hugo raconté par un témoin de sa vie*, parue en 1863, qui fournit au public quelques clés éclairant ses évolutions et ses contradictions intérieures. Par des lettres à des amis, des déclarations publiques, la récriture de certains textes, des manipulations de dates, Hugo n'a cessé de penser et repenser sa vie pour lui donner une unité. En 1875, il reconstitue de façon imaginaire la célèbre scène de la rencontre, dans le jardin des Feuillantines, des généraux amis de son père et de son parrain Lahorie, scène mythique qui lui aurait fait découvrir tout enfant l'amour de la liberté. Hugo, comme bien d'autres écrivains, n'a cessé de recomposer sa vie. Il le fit certainement avec sincérité, car ce travail de reconstruction de son identité tendait à renforcer son attachement aux valeurs fondamentales et aux principes intangibles qu'il s'était assignés. Peu importe, dans ce cas, que le poète se contredise ou mente au regard de l'historien ; ce qui compte, c'est la rectitude et la radicalisation de sa conscience politique et morale. « La conscience est la ligne droite ; la vie est le tourbillon », écrit-il dans *Les Travailleurs de la mer.*

Regard sur une œuvre. Est-ce bien de la même plume que naissent les accents royalistes de la tragédie *Irtamène,* écrite à quinze ans, et la célèbre diatribe contre les ministres du roi d'Espagne, écrite vingt-deux ans plus tard, et prononcée par Ruy Blas (« Bon appétit Messieurs !/Oh ministres intègres, conseillers vertueux,/Voilà votre façon de servir, serviteurs/ Qui pillez la maison ») ? Est-ce bien le même homme qui compose en 1825 une ode sur le sacre du dernier roi de droit divin, Charles X, qui, quelque cinquante ans plus tard, justifie la décapitation de Louis XVI dans *Quatrevingt-Treize,* et multiplie les discours sur la République universelle ? Est-ce le même homme qui signe dans « Melancholia » la bouleversante évocation des enfants condamnés au travail en usine (« Où vont tous ces enfants dont pas un seul ne rit ? »), qui pleure sa fille Léopoldine et qui rit avec ses petits-enfants si présents dans l'*Art d'être grand-père* ? Sans doute. Mais comment rendre compte d'une telle évolution ?

Les adversaires politiques du poète, mais aussi des écrivains jaloux de sa gloire, lui ont reproché ses « reniements ». Les uns disent : « Vous avez varié, vous avez changé. En 1848, vous étiez contre les "rouges" ; en 1850, vous êtes pour les "rouges". » Et Hugo de répondre : « En 1848, les "rouges" étaient les oppresseurs, je les combattais. En 1850, les "rouges" sont les opprimés, je les défends. C'est là ce que vous appelez varier ? » D'autres lui ont fait reproche d'aliéner l'art à des finalités qui lui seraient étrangères en l'impliquant dans les problèmes du siècle et en semblant oublier ce qui pour eux allait de soi : l'art ne devrait avoir d'autre fin que lui-même, être « l'art pour l'art ». La mémoire elle-même du poète est devenue un enjeu de polémiques manichéennes. Au lendemain de sa mort, Victor Hugo reçut l'hommage officiel des obsèques nationales et de son transport immédiat au Panthéon. Il devint le « grand homme » de la République bourgeoise triomphante. Mais le clérical Eugène Veuillot l'injurie encore une fois : « [Il] n'a jamais été un esprit élevé, encore moins un noble caractère, [...] celui qui depuis trente ans n'a cessé, pour se rendre populaire, de caresser les plus misérables passions, les plus mauvais instincts. » Le socialiste Jules Guesde commet le contresens inverse : « Il a au bas de son passeport pour l'immortalité le visa de toutes les puissances antirévolutionnaires. » Comment donc éviter les contresens et les caricatures, et ne pas faire de Hugo le simple « instituteur de la France », comme Homère fut appelé l'« instituteur de la Grèce » ?

En réalité, l'évolution de Victor Hugo peut apparaître tout aussi bien comme le déploiement logique de données personnelles initiales que comme le retentissement, dans une existence singulière qui épouse son siècle de 1802 à 1885, des tourments et des souffrances, des espoirs et des conquêtes qui ont marqué l'époque. Le dix-neuvième siècle a décliné toute la gamme des régimes politiques, et une grande diversité de conceptions de l'art. L'œuvre du poète n'en est pas seulement le produit, elle en est aussi le dépassement incessant par un pouvoir d'imagination visionnaire et une générosité de cœur qui ne se démentiront jamais. Hugo a fait l'expérience de tous les régimes politiques du siècle. Napoléon avait mis fin à la

Première République en proclamant l'empire en 1805 ; à sa chute, en 1815, la Restauration installe la monarchie de Louis XVIII, puis de Charles X, qui prend fin avec la révolution des Trois Glorieuses de 1830 ; lui succède alors la monarchie dite de Juillet, qui en 1848 doit laisser la place, après les nouvelles journées révolutionnaires de Février, à la Seconde République ; mais le président de la République, le prince Louis Bonaparte, met fin à cette deuxième expérience républicaine par le coup d'État du 2 décembre 1851 ; le Second Empire s'effondre avec la défaite de Sedan et la Troisième République, proclamée le 4 septembre 1870, ne sera vraiment instituée qu'en 1875. Parallèlement, la succession des écoles littéraires, des romantismes au réalisme, du réalisme au symbolisme et au naturalisme, ne cesse de remettre en chantier et en débat l'esthétique et la conception de la création artistique, ainsi que le statut de l'homme de lettres dans la société. Hugo a été à l'avant-garde de presque toutes ces expériences sans se laisser enfermer dans aucune.

Ces deux grands mouvements politique et littéraire ne se correspondent pas forcément, mais ils sont liés en une complexe interaction sans laquelle il serait difficile de penser l'originalité et la profonde unité du génie de Victor Hugo, qui refusait à juste titre de se laisser classer dans une école ou dans un parti. Les fameuses « révolutions » procèdent alors non de reniements, mais d'une prise en compte de nécessités historiques spécifiques et des traductions de l'idéal qu'elles appellent. Ainsi, remarquable est la mutation du « romantisme » de Hugo, notamment sous l'impulsion d'une exigence de lucidité qui passe par le « réalisme », correspondant à l'orientation sociale résolue du poète-romancier à partir des années quarante, mais qui recourt souvent à une esthétique « symboliste » en poésie comme dans ses romans.

Historien et philosophe de formation, nous n'avons pas pour but de proposer une nouvelle lecture de l'art hugolien. Il y a cependant quelque chose de très significatif dans la façon dont se transforment réciproquement les conceptions philosophiques et politiques, et le style comme les thèmes de l'œuvre littéraire. L'art d'avant-garde précède souvent chez Victor Hugo l'évolution de la pensée politique. « Révolutionnaire en art, j'ai dû le devenir en politique », confesse-t-il dans *William Shakespeare* en comparant la bataille d'*Hernani* à un « 93 littéraire ». Raconter ses combats, c'est revivre les grandes respirations de son écriture, toujours ouverte aux émotions de la vie personnelle et aux clameurs de l'histoire, toujours attentive au souffle des espérances collectives et à l'interrogation lancinante sur le sens de l'aventure humaine.

Les combats de Victor Hugo

« J'aurai livré en ce siècle un combat de cinquante ans » (4 octobre 1872).

De 1827 à 1848, le « romantisme » du monarchiste libéral Victor Hugo opère une mue politique radicale en même temps qu'il donne à la soif de liberté une portée esthétique et sociale. Le poète et dramaturge à succès combat dès lors, et toute sa vie durant, pour la Liberté, pour toutes les libertés publiques comme pour la liberté en art, pour l'abolition de la peine de mort et des peines irréparables. Cette mue libérale prépare et fonde la conversion républicaine accomplie pendant les trois années décisives qui vont de 1848 à 1851, où le tribun Hugo découvre la réaction politique et le cléricalisme, et partant la nécessité de la laïcité de l'État et de l'École, en prolongeant le combat des Lumières face aux forces obscurantistes et monarchiques.

Le proscrit Victor Hugo radicalise son engagement républicain de 1851 à 1870, dans le moment même où il prend une stature internationale en faisant siennes les grandes causes de l'émancipation humaine. Dix-neuf ans d'exil en font une véritable conscience universelle, le défenseur de la grandeur de la France comme le pionnier des États-Unis d'Europe, le champion de la libération de tous les peuples comme celui de la paix universelle. Mais, face à tous les despotismes, ce « patriote de l'humanité » s'affirme plus que jamais révolutionnaire en voulant propager partout dans le monde les principes de 1789 et parachever l'œuvre de la Révolution française. Cette seconde période de la vie de Victor Hugo est dominée par la préoccupation de l'Égalité, après que la première l'a été par celle de la Liberté. Changement de dominante, mais non abandon du premier principe qui, plus que jamais, fait référence. Et le poète-romancier des *Misérables*, des *Travailleurs de la mer* et de *L'homme qui rit* découvre que l'orientation vers l'égalité sociale est seule propre à remplir pour tous les promesses du droit. Comme le dit Alain, Hugo remonte toujours à la liberté comme à la source de toutes choses. Mais il découvre en l'occurrence que la liberté pour tous, et non pour les seuls puissants, requiert cette égalité des droits et des chances qui refonde l'ordre social sur la justice.

Enfin, de 1870 à 1885, émerge la figure du partisan d'une république sociale, accomplissant la république par le socialisme et le socialisme par la république, et anticipant par là même l'idéal cher à Jaurès. Semeur d'idées forces, il entend abolir le prolétariat et supprimer la misère, affirmer les droits nouveaux de la femme et de l'enfant. Et même réduire les « inégalités de civilisations » par une colonisation libérale, sans conquêtes militaires ni exploitation colonialiste, reposant sur les échanges libres et l'influence réciproque. Son but ultime est de contribuer à l'émancipation de tous les hommes grâce à la généralisation du progrès scientifique, technique et surtout culturel et moral, pour une humanité libre et fraternelle. Mais comment Hugo entend-il résoudre la question sociale ? Quelle est la nature de son « socialisme » ? Comment peut-il être un colonisateur anticolonialiste ? Toujours, en dernière instance, la référence au triptyque des valeurs républicaines est déclinée, inlassablement.

Une telle conjonction de principes promeut, selon Hugo, un équilibre source d'harmonie et donne à la fraternité son vrai sens. La liberté ne peut s'accomplir si des rapports de dépendance placent certains hommes à la merci d'autres. L'égalité, quant à elle, ne peut signifier que les degrés de richesse soient strictement les mêmes pour tous. La fraternité ne suppose ni nivellement ni uniformité, mais diversité vécue comme un bien et adhésion à un principe de répartition clairement fondé sur la justice sociale. Tant qu'une société n'a pas atteint la réalisation d'un tel idéal, elle génère des rancœurs et des révoltes, des contestations et des révolutions. Ces « convulsions de l'idéal » appellent également un traitement fraternel des vaincus par les vainqueurs pour qu'advienne une vraie réconciliation. Si la république est bien la « chose de tous », elle doit faire en sorte que tous puissent se reconnaître en elle. Mieux, par l'amnistie des combattants politiques, et non par une simple grâce, elle doit apaiser les ressentiments et les colères en rappelant l'unité de l'humanité en amont des conflits qui opposent les hommes, et des injustices qui les séparèrent. Les derniers grands combats politiques de Victor Hugo, pour l'amnistie des communards et la création d'une école publique, obligatoire, gratuite et laïque, couronnent en un sens toute sa vie. L'un referme, par le geste fraternel qui apaise, le cycle des violences dans le combat pour la liberté politique ; et l'autre, en créant les conditions de l'émancipation de la jeunesse par l'égalité des chances, prépare un avenir de liberté et de fraternité à portée universelle.

La politique du poète

*« Il est bon que le monde littéraire jette son reflet lumineux et sans nuage sur le monde politique » (Banquet du 8 décembre 1877 pour la reprise d'*Hernani*).*

Ce récit des *combats de Victor Hugo poète en politique* relève d'une approche nouvelle à plus d'un titre. C'est en 1907 que Camille Pelletan publia son *Victor Hugo homme politique* et, depuis, nulle autre synthèse n'a été produite sur ce sujet. Notre but n'est certes pas de raconter la vie politique de Victor Hugo, mais de présenter, à partir de l'étude de quinze de ses combats, la pensée politique qui est à la source de ses engagements. Certains ont affirmé que Hugo n'avait pas été un « penseur politique » et encore moins un « homme politique » à la manière d'un Chateaubriand ou d'un Lamartine. Fort heureusement, serions-nous tentés de répondre ! Hugo s'est toujours refusé à la prise de responsabilités politiques à la tête d'un parti ou d'un ministère. Il a été très clair sur ce point, affirmant dès 1848 : « Je veux l'influence et non le pouvoir. » En 1870, il confirme cette position : « J'ai une certaine quantité de pouvoir spirituel. Veux-je autre chose ? non ! Le pouvoir matériel ? Pourquoi ? Être ministre, président, etc. ? À quoi bon ? Je suis sur terre un esprit, je veux rester cela. » Il n'a jamais envisagé de renoncer à l'écriture pour faire une carrière politique, même s'il se veut « homme politique », car « un petit homme ne fait pas un grand poète ». Il entend réhabiliter et magnifier la politique en l'élevant à la poétique des principes et à la rigueur du droit.

Le poète n'est pas le révolutionnaire. Il n'est que l'« écho sonore » qui soutient la révolution. D'un côté, le langage est action et le poète prophète, mais pas devin. « Je suis beaucoup plus occupé du lendemain que de l'aujourd'hui. Ce lendemain devra être formidable, destructeur, réparateur, et toujours juste. C'est là l'idéal. » De l'autre, la poésie n'est pas mot d'ordre, et le poète n'est pas missionnaire, même s'il est militant. Hugo a récusé comme « théorie puérile » la thèse de l'utilité directe de l'art au service de la politique, de l'art engagé et soumis à la politique. Mais il ne refuse pas le dialogue entre le monde et la poésie. « J'ai deux devoirs en ce monde. Je me dois également aux deux sillons que je trace avec la double charrue du réel et de l'idéal. » La politique est trop souvent, aux yeux du poète, mal définie et réduite à la défense des intérêts égoïstes, sombrant dans le compromis avec le monde tel qu'il est et dans la compromission avec l'immoralité. Le poète a pour fonction de rappeler au politique la rigueur des principes et la grandeur de l'idéal.

Le poète est semeur d'idéal autant que forgeron de formules. Sa fonction est d'être tout simplement la voix de l'humanité qui souffre, qui est opprimée, qui est exploitée. Le poète doit toujours être du côté des faibles, des innocents, des exclus, de ceux qui n'ont ni voix au chapitre ni pouvoir d'intervention. Il ne doit jamais s'enliser en politique car il n'est pas homme de pouvoir, mais homme de devoir. Et porte-parole de l'humanité ! « Quant à moi, j'ai essayé, dans la mesure de mes forces, d'introduire, dans ce qu'on appelle la politique, la *question morale* et la *question humaine* [...]. J'ai élevé la voix pour tous les opprimés de tous les pays et de tous les partis », affirme Hugo le 8 janvier 1874. Encore une confirmation de cette posture permanente chez lui : « Le philosophe est un lutteur, le penseur un combattant ; mais ce lutteur fait la lutte de la fraternité ; mais ce combattant fait la lutte de la paix. Quant à moi, le jour où je cesserai de combattre, c'est que j'aurai cessé de vivre » (15 avril 1877). Notre étude des combats de Victor Hugo nous a convaincus de la formation progressive d'une pensée politique cohérente, structurée, raisonnée et d'une formidable poétique de la politique, conçue comme principe d'humanité. Hugo a su combattre à contre-courant quand il l'a jugé nécessaire, voire cultiver un franc décalage à l'égard de certaines idées dominantes de son époque. C'est qu'il concevait son rôle d'écrivain en rejetant toute soumission à l'air du temps. D'où ses anticipations saisissantes. La dimension intempestive de sa pensée fonde l'étonnante actualité qu'elle revêt au regard des débats d'aujourd'hui, et que nous avons soulignée dans la conclusion de l'ouvrage.

Cet ouvrage n'est donc pas une biographie. À quoi bon ! Nous reconnaissons modestement notre dette à l'égard des biographes de Victor Hugo, et en particulier envers Hubert Juin, dont l'ouvrage monumental en trois volumes est publié aux éditions Flammarion. Hugo détestait les anthologies et les « morceaux choisis » qui fossilisent la pensée et mutilent la vie. Aussi avons-nous étroitement imbriqué notre texte de présentation et de commentaires avec des pages ou des citations tirées de ses œuvres pour en montrer toute la force et la beauté. Nous avons voulu donner le plus souvent possible la parole à Victor Hugo, sans déformer sa pensée ni édulcorer son style si puissant et divers. Notre souhait est de faire lire et relire Hugo. Que les « hugoliens », spécialistes d'histoire et de critique littéraire, trop nombreux pour que nous les citions, reçoivent tous nos remerciements. Nous ne prétendons pas apporter une thèse de plus, mais un éclairage nouveau. C'est une introduction à la riche et dynamique pensée politique de Victor Hugo que nous proposons, avec la conscience que c'est le mouvement même de sa vie qui est l'âme de tous ses combats.

Enfin, nous voudrions dire notre gratitude à tous ceux qui nous ont inspirés et encouragés dans cette aventure. D'abord à Roger Barrié, directeur de l'Institut français de Madrid, qui nous a poussés à croiser nos approches pour aborder les grands textes politiques de Victor Hugo. Ensuite, aux éditions Flammarion. C'est tout particulièrement à Monique Labrune que va notre reconnaissance pour sa confiance, ses conseils et la fécondité de ses remarques. À tous nos proches et nos amis, qui nous ont aidés et soutenus, cet ouvrage est dédié en témoignage de gratitude.

Première partie

Liberté

« Tout ce qui augmente la liberté augmente la responsabilité. Être libre, rien n'est plus grave ; la liberté est pesante, et toutes les chaînes qu'elle ôte au corps, elle les ajoute à la conscience ; dans la conscience, le droit se retourne et devient devoir. »

(*Paris et Rome*, XII, 1876)

Chapitre premier

Avant tout, la liberté

Le serment du jeune Victor

« Enfant, souviens-toi de ceci : avant tout, la liberté » (Le Droit et la loi, IV, 1875).

« J'aurai toujours présent à la mémoire le jour où il me prit sur ses genoux, ouvrit ce Tacite qu'il avait, un in-octavo relié en parchemin, édition Herhan, et me lut cette ligne : *Urbem Roman a principio reges habuere.*

Il s'interrompit et murmura à demi-voix :

– Si Rome eût gardé ses rois, elle n'eût pas été Rome.

Et, me regardant tendrement, il redit cette grande parole :

– Enfant, avant tout la liberté.

Un jour il disparut de la maison. J'ignorais alors pourquoi. Des événements survinrent ; il y eut Moscou, la Bérésina, un commencement d'ombre terrible. Nous allâmes rejoindre mon père en Espagne. Puis nous revînmes aux Feuillantines. Un soir d'octobre 1812, je passais, donnant la main à ma mère, devant l'église Saint-Jacques-du-Haut-Pas. Une grande affiche blanche était placardée sur une des colonnes du portail ; celle de droite ; je vais quelquefois revoir cette colonne. Les passants regardaient obliquement cette affiche, semblaient en avoir un peu peur, et, après l'avoir entrevue, doublaient le pas. Ma mère s'arrêta, et me dit : "Lis." Je lus. Je lus ceci : "– Empire français. – Par sentence du premier conseil de guerre, ont été fusillés en plaine de Grenelle, pour crime de conspiration contre l'empire et l'empereur, les trois ex-généraux Malet, Guidal et Lahorie."

– Lahorie, me dit ma mère. Retiens ce nom.

Et elle ajouta :

– C'est ton parrain. »

Victor Hugo n'a cessé de rappeler le message que lui aurait transmis son parrain, l'ami de son père, le général Lahorie, impliqué une première fois dans la conspiration du général Moreau contre Bonaparte, proscrit et caché dans le jardin des Feuillantines, à Paris, par sa mère dont il était peut-être l'amant. Lahorie fut arrêté en 1809 sous ses yeux d'enfant de sept ans ; puis, compromis une nouvelle fois dans le complot de Malet contre l'empereur, exécuté en 1812. Quelle que soit la reconstitution douteuse de ce récit tardif, on peut accorder foi à la leçon initiatique retenue par le jeune Hugo. Dans *Victor Hugo raconté par un témoin de sa vie*, publié en 1863, la femme du poète note à ce sujet : « On sait dans quelle mesure ces impressions de l'enfant travaillent aux idées de l'homme. » Hugo fait remonter à cet épisode tragique sa condamnation de la peine de mort et son attachement à la liberté. Il reconnaît avoir découvert la liberté personnelle auprès de sa mère, cette femme forte, royaliste mais voltairienne, aux méthodes d'éducation très libérales, ainsi que dans ses lectures vagabondes ; il découvrit la liberté politique auprès de son modèle, Chateaubriand, avant que son père ne lui apparaisse, à partir de 1823, comme un véritable défenseur républicain des libertés. Mais le message de Lahorie ne cessa de le hanter toute sa vie et de le galvaniser dans son propre combat. Victor Hugo alla jusqu'à remettre en cause lui aussi sa réussite, et même sa vie, pour la liberté. Une liberté qui lui apparaît de plus en plus comme un principe absolu au fondement du droit.

Légitimiste « ultra » ou royaliste voltairien ?
« Quand on hait les tyrans, on doit aimer les rois » (Irtamène, *1816*).

En 1815, Victor Hugo a treize ans. L'Empire napoléonien a trop dévié de ses origines révolutionnaires et sombré dans la tyrannie. L'Europe des rois a vaincu l'empereur Napoléon. Le drapeau blanc revient avec les Bourbons et la monarchie se flatte du retour de la paix. Un poète de quinze ans offre à sa mère, le jour de l'an 1817, une tragédie en cinq actes où il conjugue l'amour des rois et l'éloge de la liberté, *Irtamène* ; s'il préfère la royauté à la tyrannie, il pose la question impertinente entre toutes : « Roi, qui t'a fait roi ? » Hugo adolescent s'affiche royaliste légitimiste car il est alors du « parti de sa mère ». Et pourtant, il glisse progressivement au libéralisme, à moins qu'il n'ait jamais cessé d'être voltairien. Il affirme avec force tout à la fois sa liberté d'homme et sa liberté de poète en s'indignant des violations des libertés dans le climat de plus en plus liberticide de la Restauration.

Le paradoxe de la chute définitive du despotisme napoléonien en 1815 est d'avoir laissé croire que la monarchie, en accordant une Charte, restaurait les « libertés françaises ». Les royalistes ont pu, un certain temps, passer pour plus libéraux que les vieux jacobins bonapartistes. Victor Hugo appartient à cette génération d'adolescents sans horizon après Waterloo, de jeunes impatients, de poètes passionnés qui ne se reconnaissent ni dans les aristocrates survivants de l'Ancien Régime ni dans les bourgeois « ventrus », ralliés aux Bourbons. S'il s'avère légitimiste, et même « ultra » en 1819, c'est, dira-t-il, sous l'influence de sa mère « vendéenne ». C'est aussi parce qu'il est reçu à bras ouverts à la Cour en 1820, comme un jeune prodige, au lendemain de ses premiers lauriers de poète. N'a-t-il pas composé, après l'assassinat du champion des « ultras » par le bonapartiste Louvel, l'*Ode sur la mort du duc de Berry*, suivie de celle louant la naissance quasi miraculeuse de son fils posthume, le duc de Bordeaux ? En 1844, il reconnaîtra avoir poussé alors l'« exagération dans tous les sens jusqu'à la folie et au fanatisme ».

Être « ultra » n'est cependant pour lui qu'une façon de refuser les compromis et les convenances pour mieux affirmer son désir de liberté et de modernité. Le 15 décembre 1821, il écrit à sa fiancée Adèle : « Je fais peu de cas, je l'avoue, de l'esprit de convention, des croyances communes, des convictions traditionnelles ; c'est que je crois qu'un homme prudent doit tout examiner avec sa raison avant de rien accueillir. » On pourrait attendre moins de raisonnement d'un amoureux romantique ! Il n'est pas non plus un chrétien très zélé en dépit de son respect pour la religion. Au moment de son mariage, Victor Hugo, qui ne peut présenter de certificat de baptême, affirme avoir été baptisé dans des circonstances troublées. Mais il ne se confesse pas, préférant ainsi le mensonge à l'apostasie. Ce « catholique de circonstance » semble être en fait resté un « monarchiste voltairien ».

C'est dans le sillage de Chateaubriand, « le seul homme en France qui mérite l'enthousiasme », que Victor Hugo fait son apprentissage politique. Dès sa seconde visite à l'« enchanteur », celui que l'auteur du *Génie du christianisme* a peut-être qualifié d'« enfant sublime » découvre en son héros le partisan d'une monarchie constitutionnelle et l'homme de lettres hostile aux entraves mises à la liberté de pensée et de presse. Après l'assassinat du duc de Berry, la loi du 26 mars 1820 restreint encore plus les libertés individuelles : tout propos ou acte hostile au roi et à sa famille est passible de trois ans de détention pour atteinte à la sûreté de l'État. La loi du 31 mars impose un examen préalable de tout texte à éditer sous peine d'amende et d'emprisonnement. D'après Hugo, Chateaubriand aurait émis alors ce jugement : « Quel gouvernement ! ce sont des misérables et des imbéciles. La pensée est plus forte qu'eux et ils se blesseront à la frapper [...] Point de gouvernement constitutionnel sans liberté de la presse ; nous l'avons dit et répété dans tous nos écrits. » Dès lors, Hugo rompt, comme Chateaubriand, avec de Bonald et de Maistre, les idéologues de la réaction absolutiste, qui n'ont rien appris ni rien oublié de la Révolution.

Quelques années plus tard, dans un de ses *Carnets*, Hugo notera : « Ce qui m'a peu à peu éloigné du royalisme : l'expulsion de Manuel, [...] les royalistes vus de près, [...] Villèle. » Manuel était un des très rares libéraux à avoir été élu député en dépit d'un suffrage censitaire très restreint ; il fut exclu de la Chambre en 1823 pour avoir protesté contre l'intervention militaire de la France en Espagne qui rétablit le roi déchu Ferdinand VII. Pour Hugo, cette atteinte à la liberté d'opinion d'un élu se double d'une violation de la Charte octroyée. Aussi, quand Chateaubriand, qui avait proféré le célèbre et ironique : « Vive le Roi quand même ! », est renvoyé du ministère en 1824 et fonde le « parti de la défection », Hugo le suit. « La France est désormais pour lui partagée en deux grands partis », d'un côté les réactionnaires qui veulent effacer cette Révolution qui hante de plus en plus la jeune génération, et de l'autre les partisans de cet Empire qu'il découvre en même temps que son père. Si l'« Ode sur le sacre de Charles X », composée en 1825, est son ultime acte d'allégeance au parti des monarchiens de poète pensionné, l'« Ode à la colonne de la place Vendôme », publiée en 1827 dans le *Journal des débats* fondé par Louis Bertin, un libéral modéré, est son premier acte d'abjuration du légitimisme. Hugo entend dès lors réconcilier la majesté des bons rois comme Henri IV et la gloire de Bonaparte, afin de défendre l'ensemble du passé de la France au nom de l'honneur national. Au travers du prisme d'un certain bonapartisme nostalgique, la liberté lui apparaît comme l'« héritage français » par excellence, comme le message de la France à toute l'humanité.

La conversion de Victor Hugo au libéralisme s'accélère en 1827 à la suite des fautes du gouvernement Villèle. Hugo est de plus en plus entouré d'amis libéraux, voire républicains, comme le sculpteur David d'Angers avec lequel il visite des prisons. Pour imposer silence au pays et aux journaux, le gouvernement de Villèle tente de renforcer encore la censure préalable. L'Académie française, par la voix de Chateaubriand, proteste contre cette « loi vandale » qui passe par ordonnance. Pour affaiblir toujours plus l'opposition qui dénonce le retour en force des Jésuites et défend la liberté de presse, Villèle dissout la Chambre élue en 1824 pour sept ans, espérant un plus grand triomphe encore des partisans de la réaction. Comment Hugo réagit-il alors ? Il s'indigne des critiques que la hiérarchie catholique adresse à son ami, l'abbé Lamennais, mais il se veut encore au-dessus de la querelle des ultras et des libéraux, prônant le progrès aux premiers et la modération aux seconds. Rééditant les trois volumes de ses *Odes et ballades*, il les considère comme « trois époques de sa vie », comme « trois âges différents » ; le libéral modéré de 1827 assume l'adolescent « ultra » et le jeune disciple de Chateaubriand. Reconnaissant avoir commis bien des « erreurs », il entendra désormais comprendre les idées différentes des siennes, et respecter les hommes honnêtes dont il ne partage pas les opinions. Hugo, refusant de se renier, assumera toutes ses « révolutions intérieures ».

« La liberté dans l'ordre »

« Comme presque tous les hommes du commencement du siècle, il a été tout ce qu'a été ce siècle » (Le Droit et la loi, *V*).

En 1828, le romancier auteur de *Bug-Jargal* et le poète des *Odes et ballades* formule un vœu : « Espérons qu'un jour le dix-neuvième siècle politique et littéraire pourra être résumé d'un mot : la liberté dans l'ordre, la liberté dans l'art. » C'est dans sa pratique artistique que Victor Hugo fait certainement l'expérience la plus féconde de la nécessaire liberté de création, comme nous le montrerons bientôt. « Le poète est libre », clame-t-il dès les premiers mots de la préface des *Orientales* écrite en janvier 1829. Le style fait l'homme et la modernité du romantisme accélère la mue libérale du poète plongé au cœur de toutes les révolutions. Pour Hugo, le divorce entre l'art et le pouvoir est consommé, avant même les journées révolutionnaires de Juillet 1830. Il avait déjà connu la censure de son drame *Inès de Castro* en décembre 1822. Il la subit encore, le 1er août 1929, quand le ministre de l'Intérieur Martignac interdit son drame *Marion Delorme*, où il dresse un portrait peu flatteur de Louis XIII qui pourrait viser Charles X. Pis encore ! Le roi en personne tente d'acheter sa soumission par une nouvelle et forte pension qu'il décline pour ne pas se déshonorer. C'est en défendant sa liberté personnelle et en affichant sa volonté de vivre de son seul travail libéral d'homme de lettres que Victor Hugo s'engage alors dans cette « guerre à mort qui commence contre les idées », comme l'écrit le journal *Le Globe* du 15 août 1829. Un combat qui voit s'affronter un ordre absolutiste et clérical, appuyé sur la Contre-Révolution européenne et fondé sur l'alliance du Trône et de l'Autel, et ce « principe d'émancipation, de progrès et de liberté qui semble désormais la loi de l'humanité », comme le poète l'affirme déjà.

Ce n'est donc pas un hasard si la « bataille » d'*Hernani*, le 25 février 1830, anticipe sur les journées révolutionnaires de Juillet provoquées par de nouvelles ordonnances de Charles X contre la presse et les libertés politiques. Retenu par la naissance de sa deuxième fille, Adèle, Victor Hugo, à son grand regret, n'a pas participé aux combats des Trois Glorieuses. Néanmoins, il s'érige en gardien des espérances de « notre belle révolution d'ordre et de liberté ». Pour lui, l'exercice des libertés suppose l'ordre civil et social, car c'est la propriété qui garantit la liberté. Pourtant, bien vite, notre rallié à l'orléanisme doute des intentions profondes d'un gouvernement où s'affrontent les hommes du Mouvement et ceux de la Résistance. Dès le 8 septembre 1830, il écrit à son ami Saint-Valry : « Je me tient fort à l'écart du ministère dont la marche me paraît molle et que je voudrais plus hardi dans la voie de la liberté. » La monarchie de Juillet ne s'avère pas un véritable régime libéral ; Louis-Philippe, le « roi des Français », a certes adopté le drapeau tricolore et une Charte révisée, mais le nombre des électeurs a à peine doublé (200 000 seulement). Par contre, « le règne des banquiers commence », comme l'aurait dit le ministre Laffitte. Hugo semble s'en accommoder. Mais, quand sa nouvelle pièce, *Le roi s'amuse*, est suspendue, puis interdite le 10 décembre 1832, il n'hésite pas à faire un procès au gouvernement responsable de la rupture du contrat qu'il avait signé avec le Théâtre-Français et des lourdes pertes financières qu'il a subies. « Je plaide ici pour quelque chose de plus haut que mon intérêt propre ; je plaide ici pour mes droits les plus généraux, pour mon droit de penser et pour mon droit de posséder, c'est-à-dire pour le droit de tous », déclare Hugo devant le tribunal.

Quelles menaces pèsent alors sur les libertés ?

Il y a d'abord le danger du cléricalisme lié souvent au légitimisme. Hugo a encouragé son ami Lamennais à fonder le journal *L'Avenir* pour ouvrir la voie à un catholicisme libéral qui tenterait « l'alliance de l'Église et de la liberté dans l'avenir ». La désillusion vient vite et le journal doit bientôt cesser de paraître, victime de l'hostilité de la hiérarchie de l'Église, mais aussi de ces libéraux catholiques qui glissent au conservatisme, tel Montalembert qui capitule devant les menaces de Rome et devient un des plus virulents adversaires de Hugo. Chrétien sans Église, celui-ci s'éloigne de plus en plus du catholicisme, en dépit ou à cause de ses libres lectures bibliques. Le roman *Notre-Dame de Paris*, paru en 1831, confirme cette orientation. Hugo dira plus tard qu'il a voulu aborder avec cette œuvre une des trois grandes figures de la liberté humaine : l'affranchissement par rapport aux dogmes qui pèsent sur la conscience et sur l'action. Les deux autres moyens de conquête de la liberté sont pour lui la maîtrise de la nécessité matérielle et l'affranchissement par rapport à toute servitude sociale. *Notre-Dame de Paris* est une sorte de roman de l'émancipation, où la liberté s'affirme comme la lumière, contre les ténèbres des préjugés, contre la domination d'un pouvoir théologique combiné aux passions les plus sombres : ainsi, la jalousie de l'archidiacre Frollo le porte à user de son pouvoir contre la belle Esmeralda. Une pièce maîtresse de la philosophie hugolienne de la liberté se met déjà en place. La volonté humaine peut faire appel d'un certain nombre de forces, internes comme les passions noires, ou externes tels les interdits, afin de libérer la vie de ce qui entrave son épanouissement. La méditation sur le rôle du livre, diffusé massivement grâce à l'imprimerie, occupe une place centrale dans le roman. Hugo se situe clairement dans le sillage de la philosophie des Lumières : la contestation du principe d'autorité s'appuie sur la diffusion de la culture, qui doit permettre à chacun de penser par lui-même. Sombre prédiction pour les clercs de l'Église : la cathédrale, lieu de réunion et de soumission des fidèles aux dogmes, n'est-elle pas menacée par le livre, qui permet à chacun de vivre l'aventure de la pensée sans tutelle ? « Ceci tuera cela. »

Les libertés peuvent être aussi menacées par l'anarchie de la populace et la violence répressive de l'État. Le peuple parisien a été frustré dans ses espérances républicaines en 1830, et l'agitation politique est amplifiée par la crise sociale. Le libéral Hugo se débat bien vite dans les contradictions du libéralisme. Défenseur de l'ordre social, il se doit de défendre également les droits des citoyens bafoués par l'État. Mais le maintien de l'ordre ne risque-t-il pas d'attenter aux libertés ? Témoin, le 1er juin 1832, de la violente répression des manifestants d'opposition lors des funérailles du général républicain Lamarque, il proteste contre l'instauration de l'état de siège. Il dénonce en 1834 les massacres aveugles de la rue Transnonain perpétrés par la troupe sous prétexte de réprimer des émeutiers. Il enregistre alors nombre de scènes vues pour *Les Misérables.* Mais Hugo stigmatise encore tout autant les « folies tachées de sang », les rêves révolutionnaires des émeutiers, que la violence aveugle de l'armée. En 1839, il condamne l'insurrection de la société secrète des Saisons dirigée par Auguste Blanqui qui conduit quelques centaines d'hommes armés à occuper l'Hôtel de Ville dans l'espoir d'un soulèvement révolutionnaire du peuple de Paris. Une minorité extrémiste ne saurait imposer un égalitarisme de monastère ou de caserne à un peuple libre. Pourtant, Hugo demande et obtient de Louis-Philippe la grâce de Barbès, condamné à mort par la chambre des Pairs.

De même qu'il s'est dressé contre la mise en tutelle des hommes par les dogmes des Églises, Hugo juge dogmatique de nouvelles idéologies comme le socialisme et surtout le communisme, qu'il qualifie de matérialistes parce qu'elles exigent, à ce qu'il croit, la satisfaction exclusive des besoins matériels, les besoins du ventre et entendent supprimer la propriété et répartir les revenus de façon égalitaire. Homme de lettres reconnu, académicien célèbre, Hugo n'en serait pas moins un simple bourgeois libéral, voltairien, anticlérical, anticommuniste ? Comment peut-il concilier la liberté et l'ordre ?

Contre tout despotisme

« La persistance du droit contre l'obstination de la loi ; toute l'agitation sociale vient de là » (Le Droit et la loi, II).

Hugo s'affirme déjà comme un opposant résolu à toute violence étatique parce que défenseur acharné de toutes les libertés. Homme de théâtre à succès, la scène lui suffit comme tribune. Il ne cherche pas à jouer un rôle politique, à être ministre, car il dédaigne superbement la bassesse des politiciens. « Nos choses politiques sont toujours médiocres et basses. De petits hommes travaillent autour d'une petite idée : peu de choses s'agitent autour de rien » (21 mai 1837). Il recherche l'influence, pas le pouvoir, se faisant le simple défenseur des grands principes. Relisons son discours de réception à l'Académie française, le 2 juin 1841, que d'aucuns ont perçu comme une entrée en politique. Après avoir évoqué de façon spectaculaire la grandeur de la France au temps de Napoléon, dont les cendres viennent tout juste d'être rapatriées en France en grande pompe, comme nous le découvrirons au chapitre sept, il n'hésite pas à s'inscrire dans le sillage glorieux de « six penseurs restés seuls debout dans l'univers agenouillé : DUCIS, DELILLE, MADAME DE STAËL, BENJAMIN CONSTANT, CHATEAUBRIAND, LEMERCIER [au fauteuil duquel il succède] ». En hommage posthume, Hugo écrit leurs noms en capitales.

« Que signifiait cette résistance ? Au milieu de cette France qui avait la victoire, la force, la puissance, l'empire, la domination, la splendeur ; au milieu de cette Europe émerveillée et vaincue qui, devenue presque française, participait elle-même au rayonnement de la France, que représentaient ces six esprits révoltés contre un génie, ces six renommées indignées contre la gloire, ces six poètes irrités contre un héros ? Messieurs, ils représentaient en Europe la seule chose qui manquât alors à l'Europe, l'indépendance ; ils représentaient en France la seule chose qui manquât alors à la France, la Liberté. [...] Grâce à ces six talents, grâce à ces six caractères, sous ce règne qui supprima tant de libertés et qui humilia tant de couronnes, la dignité royale de la pensée libre fut maintenue. »

Néanmoins, parce qu'il croit au rôle charismatique des poètes, des individus d'élite, des grands hommes, champions des réformes et des libertés, tels Voltaire ou Malesherbes, qu'il évoque devant les académiciens, Hugo, la notoriété aidant, entre dès 1837 dans le cercle du duc d'Orléans, le premier fils du roi, et de la princesse Hélène, connus pour leur libéralisme d'opinions. Il devient un familier du pavillon de Marsan. La mort accidentelle du duc en 1842 permet même au nouveau directeur de l'Académie française de devenir un familier du roi Louis-Philippe. Le 13 avril 1845, Hugo est nommé pair de France alors qu'il n'était pas assez riche pour être éligible comme député. Est-ce que l'écrivain au sommet de sa gloire va se ranger du côté de l'ordre établi ? Il fait scandale en 1845 quand, pair frais émoulu, il est surpris en flagrant délit d'adultère. Sa liberté de mœurs faillit lui coûter cher. Il fait scandale en 1846 quand, dénonçant la fausse neutralité française, il plaide pour l'indépendance de la Pologne et la lutte contre le despotisme tsariste. Il fait scandale encore en 1847 quand, au nom de la liberté politique, il demande la suppression de la loi d'exil frappant la famille Bonaparte, y compris en faveur de Louis Bonaparte, pourtant auteur de deux tentatives de soulèvement militaire contre le régime.

Ainsi, notre poète fait une lente expérience politique, s'éloignant des « partis », se défiant des politiciens, dénonçant le conservatisme de tous les notables, légitimistes comme orléanistes, stigmatisant l'égoïsme et la sécheresse de cœur de nombre de possédants et d'hommes d'Église. Mais, à la veille de la révolution de 1848, Victor Hugo n'est encore qu'un monarchiste libéral et constitutionnel, même s'il prétend être déjà un démocrate.

Où conduit la défense des libertés ?

« Il y eut lutte dans son âme entre la royauté que lui avait imposée le prêtre catholique et la liberté que lui avait recommandée le soldat républicain ; la liberté a vaincu » (Le Droit et la loi, *V*).

Le même homme va pourtant, en quatre ans de conflits intenses, devenir le plus ardent défenseur des libertés, de toutes les libertés, au point de rompre avec ses anciens amis et de rallier les républicains, voire les « rouges », qu'il avait si vivement dénoncés. Tel n'est pas le moindre des paradoxes de la « métamorphose » subie par Victor Hugo. A-t-il changé ? Ou bien est-il resté fidèle à ses principes ?

Lors des journées révolutionnaires de février 1848, après l'abdication de Louis-Philippe, Hugo a encore tenté de sauver la monarchie, contestée par la campagne des banquets démocrates, et finalement balayée par l'insurrection du peuple de Paris. Les centaines de barricades érigées ont mis en échec les troupes de Bugeaud, puis de Lamoricière, et provoqué la fuite de Louis-Philippe, qui s'est refusé à faire couler un bain de sang. Pair de France, Hugo tente alors de faire reconnaître la régence de la duchesse d'Orléans, mais les réactions populaires place des Vosges et place de la Bastille l'en dissuadent, d'autant plus que les manifestants parisiens ont envahi le Palais Bourbon et imposé la proclamation de la République par un gouvernement provisoire acclamé à l'Hôtel de Ville. Le peuple de Paris a renoué avec la tradition révolutionnaire de 1792 et n'est pas frustré de sa victoire comme en 1830.

Le 2 mars 1848, Victor Hugo plante un arbre de la Liberté au centre de l'ancienne place Royale, affirmant que le premier arbre de liberté fut la croix du Christ au Golgotha. Il s'est rallié au régime nouveau, comme nombre d'anciens orléanistes, comme l'Église, l'Armée, la Magistrature, l'Institut et l'Académie. Son ami Lamartine n'est-il pas le principal représentant d'un gouvernement provisoire dont l'œuvre initiale ne peut que le réjouir. Sous la pression de manifestations incessantes, la République a été proclamée, mais Lamartine a réussi à préserver le drapeau tricolore face au drapeau rouge des insurgés. Le suffrage universel masculin est instauré, la liberté totale de presse et de réunion reconnue, la peine de mort abrogée, la contrainte par corps et l'esclavage abolis, le droit au travail proclamé, et la garde nationale ouverte à tous les citoyens. Hugo peut féliciter Lamartine : « Vous faites de grandes choses », mais il refuse le poste de ministre de l'Instruction publique. Aux élections à l'Assemblée constituante du 23 avril 1848, l'ancien pair de France n'est pas élu, mais il le sera aux élections complémentaires du 4 juin, grâce au soutien des Cinq Associations d'art et d'industrie. Hugo s'est présenté comme un « démocrate de la veille » et l'« ami des travailleurs », mais il a fait campagne comme un défenseur de la liberté et de la propriété menacées par les « partisans du pillage et de l'anarchie ». Il s'est élevé avec véhémence contre la manifestation populaire menée le 15 mai par les révolutionnaires Blanqui, Raspail, Cabet et le provocateur Hubert, qui voulaient recommencer la Révolution et, pense-t-il, prendre le pouvoir par l'émeute. Hugo entend bien toujours défendre l'ordre et la liberté.

Le 29 mai, il déclare à ses électeurs :

« Il n'y a plus que deux questions : la vie ou la mort. D'un côté, il y a des hommes qui veulent la liberté, l'ordre, la paix, la famille, la propriété, le travail, le crédit, la sécurité commerciale, l'industrie florissante, le bonheur du peuple, la grandeur de la patrie, en un mot, la prospérité de tous composée du bien-être de chacun. De l'autre côté, il y a des hommes qui veulent l'abîme. Il y a des hommes qui ont pour rêve et pour idéal d'embarquer la France sur une espèce de radeau de la Méduse où l'on se dévorerait en attendant la tempête et la nuit. [...] Je lutterai de front jusqu'à mon dernier souffle contre ces mauvais citoyens qui veulent imposer la guerre à la France par l'émeute, et la dictature au peuple par la terreur. Ils me trouveront toujours là, debout, comme citoyen à la tribune ou comme soldat dans la rue. »

Hugo se pose en défenseur de la liberté, de la légalité et du suffrage universel, et en contempteur de la violence, du terrorisme, de la dictature d'une minorité. Il ne croyait pas si bien dire. Moins d'un mois plus tard, il s'oppose à l'insurrection ouvrière de juin, une révolte du désespoir et de la faim plus qu'une tentative de révolution sociale. Il est un des soixante commissaires nommés par l'Assemblée pour imposer la raison aux « nouveaux doctrinaires du pillage et du vol » et pour rétablir l'ordre. Il paye courageusement de sa personne pour s'interposer et limiter les combats, mais l'insurrection est écrasée dans le sang et les exécutions sommaires. Les combats furent acharnés : au moins 5 000 morts du côté des insurgés et 1 000 du côté de l'armée et de la garde nationale, et plus de 15 000 prisonniers, dont 4 348 seront déportés en Algérie. Hugo est fortement marqué et proteste contre l'arbitraire des condamnations. Le 1er août, quand ses fils et ses amis créent le quotidien *L'Événement*, la devise « Haine vigoureuse de l'anarchie ; tendre et profond amour du peuple » résume bien son ambivalence. Le 6 mai 1849, il rendra compte de son mandat avec une réelle sincérité : « J'ai défendu énergiquement, résolument, de ma poitrine comme de ma parole, [...] l'ordre contre l'anarchie et la liberté contre l'arbitraire. »

Hugo peut-il tenir longtemps la balance entre l'ordre et la liberté ? Depuis juin 1848, il est en crise. Pour lui, l'arbitraire, c'est désormais ce parti de l'ordre qui entend remettre en question les libertés conquises en février, avant peut-être de remettre en question la République elle-même. Il trouve intolérables les violations du droit opérées par le général Cavaignac investi des pleins pouvoirs pour réprimer l'insurrection. Il s'indigne des journaux interdits, des journalistes arrêtés, des clubs politiques fermés, des exécutions et des déportations scandaleuses. Dès le 2 septembre 1848, comme en 1832, il condamne l'état de siège persistant : « L'état de siège est le commencement du coup d'État. L'état de siège est le pont où passe la dictature. » Il vote contre la Constitution créant un régime monocamériste et présidentiel, sans équilibre parlementaire des pouvoirs. Cependant, son hostilité à Ledru-Rollin, le chef des républicains avancés, l'amène à voir en Louis-Napoléon Bonaparte « l'élu des classes qui souffrent ». *L'Événement* contribue à l'élection du prince-président. Malentendu tragique ! Erreur dramatique d'un homme qui peut légitimement se défendre devant ses électeurs de ne pas avoir alors « poussé l'amour de l'ordre jusqu'au sacrifice de la liberté » ! Avant tout la liberté !

Les années de la métamorphose (1848-1851)

« Toutes les questions se présentèrent : indépendance nationale, liberté individuelle, liberté de conscience, liberté de pensée, liberté de parole, liberté de tribune et de presse, question du mariage dans la femme, question de l'éducation dans l'enfant » (Le Droit et la loi, *VII*).

Entre 1849 et 1851, Hugo se trouve dans une situation politique paradoxale. Il a été élu député sur la liste de l'Union libérale et siège au centre droit, « isolé », dit-il, mais il vote de plus en plus souvent avec la gauche, sans pour autant passer à la Montagne. Les élections législatives du 13 mai 1849 ont été marquées par le progrès des « républicains de la veille », des « démocrates-socialistes » de la Nouvelle Montagne, par la déroute complète des « républicains du lendemain », des ralliés modérés, et surtout par le triomphe de ceux qu'on appelle, par allusion au drame de Hugo, les « Burgraves » de l'Union libérale. Ces anciens légitimistes et orléanistes regroupés avec les bonapartistes autour de Montalembert, Falloux, Thiers et Rouher, se veulent les meilleurs défenseurs de l'ordre, de la famille, de la propriété et de la religion, ainsi que les fidèles soutiens du président de la République. Comment Hugo rallie-t-il la gauche ? Pareil glissement est assez rare pour intriguer et mériter explication. Hugo multiplie les discours sur la misère, l'affaire de Rome, la déportation, la liberté de presse, le suffrage universel et la réforme de la Constitution. Ce faisant, il se heurte de plus en plus à la réaction d'une majorité rassemblant tous les monarchistes et tous les conservateurs. Chacun de ses discours donne lieu à de multiples interruptions, obstructions, incidents. Attaqué, insulté, diffamé, il tient bon, argumente et se défend pied à pied. Il défend la liberté de parole, la « liberté de tribune », face à ses adversaires. « C'est une vie violente, dira-t-il, que celle des orateurs. » Mais Hugo entend rester fidèle à ses principes libéraux et démocratiques, et ses discours de combat sont parmi les plus retentissants de l'histoire parlementaire.

Ainsi, le 20 mai 1850, Hugo défend à la tribune de l'Assemblée législative le suffrage universel, expression de la souveraineté populaire, seule condition de la liberté politique, gage de l'égalité civile entre les citoyens et source de paix publique. Un suffrage universel que le ministre Baroche entend restreindre en éliminant du droit de vote trois millions de non-propriétaires ou de travailleurs ayant moins de six mois de résidence, afin de stopper net les progrès des républicains et de satisfaire les monarchistes hostiles à la souveraineté populaire. Pourquoi ne pas en éliminer six ou huit millions ? interpelle Hugo.

« Messieurs, vos rires me contraignent d'y insister. Oui, le merveilleux côté du suffrage universel, le côté efficace, le côté politique, le côté profond, ce ne fut pas de lever le bizarre interdit électoral qui pesait, sans qu'on pût deviner pourquoi [...], sur une partie de ce qu'on nommait la classe moyenne, et même de ce qu'on nommait la classe élevée ; ce ne fut pas de restituer son droit à l'homme qui était avocat, médecin, lettré, administrateur, officier, professeur, prêtre, magistrat, et qui n'était pas électeur ; à l'homme qui était juré, et qui n'était pas électeur ; à l'homme qui était membre de l'Institut, et qui n'était pas électeur ; à l'homme qui était pair de France, et qui n'était pas électeur ; non, le côté merveilleux, je le répète, le côté profond, efficace, politique, du suffrage universel, ce fut d'aller chercher dans les régions douloureuses de la société, dans les bas-fonds, comme vous dites, l'être courbé sous le poids des négations sociales, l'être froissé qui, jusqu'alors, n'avait eu d'autre espoir que la révolte, et de lui apporter l'espérance sous une autre forme *(Très-bien !)*, et de lui dire : Vote ! ne te bats plus ! *(Mouvement.)* Ce fut de rendre sa part de souveraineté à celui qui jusque-là n'avait eu que sa part de souffrance ! Ce fut d'aborder dans ses ténèbres matérielles et morales l'infortuné qui, dans les extrémités de sa détresse, n'avait d'autre arme, d'autre défense, d'autre ressource que la violence, et de lui retirer la violence, et de lui remettre dans les mains, à la place de la violence, le droit ! *(Bravos prolongés.)*

Oui, la grande sagesse de cette révolution de février qui, prenant pour base de la politique l'Évangile, *(À droite : Quelle impiété !)* institua le suffrage universel ; sa grande sagesse, et en même temps sa grande justice, ce ne fut pas seulement de confondre et de dignifier dans l'exercice du même pouvoir souverain le bourgeois et le prolétaire ; ce fut d'aller chercher dans l'accablement, dans le délaissement, dans l'abandon, dans cet abaissement qui conseille si mal, l'homme de désespoir, et de lui dire : Espère ! l'homme de colère, et de lui dire : Raisonne ! le mendiant, comme on l'appelle, le vagabond, comme on l'appelle, le pauvre, l'indigent, le déshérité, le malheureux, le misérable, comme on l'appelle, et de le sacrer citoyen ! *(Acclamation à gauche.)*

– Voyez, messieurs, comme ce qui est profondément juste est toujours en même temps profondément politique : le suffrage universel, en donnant un bulletin à ceux qui souffrent, leur ôte le fusil. En leur donnant la puissance, il leur donne le calme. Tout ce qui grandit l'homme l'apaise. *(Mouvement.)*

Messieurs, dissoudre les animosités, désarmer les haines, faire tomber la cartouche des mains de la misère, relever l'homme injustement abaissé et assainir l'esprit malade par ce qu'il y a de plus pur au monde, le sentiment du droit librement exercé ; reprendre à chacun le droit de force, qui est le fait naturel, et lui rendre en échange la part de souveraineté, qui est le fait social ; montrer aux souffrances une issue vers la lumière et le bien-être ; éloigner les échéances révolutionnaires et donner à la société, avertie, le temps de s'y préparer ; inspirer aux masses cette patience forte qui fait les grands peuples : voilà l'œuvre du suffrage universel *(Sensation profonde)*, œuvre éminemment sociale au point de vue de l'État, éminemment morale au point de vue de l'individu. »

La grande force de l'argumentation de Victor Hugo est d'affirmer, face à une assemblée très conservatrice, deux ans après juin 1848, que le suffrage universel est « la plus admirable formule de paix publique », car il substitue le droit égal pour tous à la force des puissants ou à la violence des pauvres. Le suffrage universel doit marquer la fin du cycle des révolutions violentes ; c'est « le droit d'insurrection aboli par le droit de suffrage ; [...] Quand le vote a parlé la souveraineté a prononcé, et il n'appartient pas à une fraction de défaire l'œuvre collective. » Découlent du suffrage universel la liberté et le pouvoir souverain. Le restreindre, ce serait donc une usurpation de la souveraineté nationale par une fraction du peuple ; ce serait aussi rétablir le droit légitime d'insurrection du peuple. De tels arguments vaudront à Hugo de multiples attaques *ad hominem*, en particulier de Montalembert. La loi sera adoptée par 433 voix contre 241.

Après le suffrage universel, c'est la liberté de presse qui est en danger. En juin 1849, la censure sur les théâtres est rétablie. Le 27 juillet 1849, le tarif postal des périodiques est fortement relevé pour endiguer la diffusion des journaux d'opposition. Le 31 mai 1850, le ministre Baroche, en accord avec le président Louis-Napoléon Bonaparte et la majorité de l'Assemblée, propose le rétablissement du timbre fiscal et le cautionnement financier sur les journaux qui risquent de lourdes amendes. Hugo continue le combat contre le rétablissement de la censure au théâtre et les restrictions de la liberté de presse. Il a déjà vu disparaître, le 11 juillet 1848, le *Peuple constituant*, le journal de Lamennais, dont le dernier numéro était ceint d'un liseré noir et barré d'un retentissant « Silence aux pauvres ». Hugo sait que la presse sans argent est fragile et n'accepte pas que le gouvernement frappe les journaux à la caisse. Le 9 juillet, il monte à la tribune :

« Messieurs, quoique les vérités fondamentales, qui sont la base de toute démocratie, et en particulier de la grande démocratie française, aient reçu le 31 mai dernier une grave atteinte, comme l'avenir n'est jamais fermé, il est toujours temps de les rappeler à une assemblée législative. Ces vérités, selon moi, les voici :

La souveraineté du peuple, le suffrage universel, la liberté de la presse sont trois choses identiques, ou, pour mieux dire, c'est la même chose sous trois noms différents. À elles trois, elles constituent notre droit public tout entier : la première en est le principe, la seconde en est le mode, la troisième en est le verbe. La souveraineté du peuple, c'est la nation à l'état abstrait, c'est l'âme du pays ; elle se manifeste sous deux formes : d'une main, elle écrit, c'est la liberté de la presse ; de l'autre, elle vote, c'est le suffrage universel. [...]

Partout où ces trois principes, souveraineté du peuple, suffrage universel, liberté de la presse, existent dans leur puissance et dans leur plénitude, la république existe, même sous le mot monarchie ; là où ces trois principes sont amoindris dans leur développement, opprimés dans leur action, méconnus dans leur solidarité, contestés dans leur majesté, il y a monarchie ou oligarchie, même sous le mot république. [...]

Prenons-y garde et ne l'oublions jamais, nous législateurs, ces trois principes, peuple souverain, suffrage universel, presse libre, vivent d'une vie commune. Aussi, voyez comme ils se défendent réciproquement ! La liberté de la presse est-elle en péril, le suffrage universel se lève et la protège. Le suffrage universel est-il menacé, la presse accourt et le défend. Messieurs, toute atteinte à la liberté de la presse, toute atteinte au suffrage universel est un attentat contre la souveraineté nationale. La liberté mutilée, c'est la souveraineté paralysée. La souveraineté du peuple n'est pas, si elle ne peut agir et si elle ne peut parler. Or, entraver le suffrage universel, c'est lui ôter l'action ; entraver la liberté de la presse, c'est lui ôter la parole.

Eh bien ! messieurs, la première moitié de cette entreprise redoutable *(Mouvement)* a été faite le 31 mai dernier ; on veut aujourd'hui faire la seconde. Tel est le but de la loi proposée. C'est le procès de la souveraineté du peuple qui s'instruit, qui se poursuit et qu'on veut mener à fin. *(Oui ! oui ! c'est cela !)* Il m'est impossible, pour ma part, de ne pas avertir l'assemblée. »

Continuer le combat des Lumières

« Une plume. Avec cette arme il a combattu, avec cette arme il a vaincu » (*Discours pour Voltaire, 30 mai 1878*).

Après avoir fortement souligné l'articulation entre les trois principes de la liberté d'expression, du suffrage universel et de la souveraineté nationale, Hugo élève le débat et replace son combat dans celui pour l'épanouissement de toutes les libertés personnelles, judiciaires, intellectuelles, politiques et sociales. Il entend poursuivre la lutte des Lumières contre l'intolérance et l'Inquisition, pour l'émancipation des hommes de toutes les tutelles.

« Messieurs, la haine pour l'intelligence, c'est là le fond de ce projet. Il se crispe, comme une main d'enfant en colère, sur quoi ? Sur la pensée du publiciste, sur la pensée du philosophe, sur la pensée du poète, sur le génie de la France. *(Bravo ! bravo !)*

Ainsi, la pensée et la presse opprimées sous toutes les formes, le journal traqué, le livre persécuté, le théâtre suspect, la littérature suspecte, les talents suspects, la plume brisée entre les doigts de l'écrivain, la librairie tuée, dix ou douze grandes industries nationales détruites, la France sacrifiée à l'étranger, la contrefaçon belge protégée, le pain ôté aux ouvriers, le livre ôté aux intelligences, le privilège de lire vendu aux riches et retiré aux pauvres *(Mouvement)* l'éteignoir posé sur tous les flambeaux du peuple, les masses arrêtées, chose impie ! dans leur ascension vers la lumière, toute justice violée, le jury destitué et remplacé par les chambres d'accusation, la confiscation rétablie par l'énormité des amendes, la condamnation et l'exécution avant le jugement, voilà ce projet ! *(Longue acclamation).* Je ne le qualifie pas, je le raconte. Si j'avais à le caractériser, je le ferais d'un mot : c'est tout le bûcher possible aujourd'hui. (*Mouvement. – Protestation à droite.*) »

Hugo retrouve la verve de Voltaire et la fougue de Diderot pour mettre en accusation les principaux adversaires de la liberté et les idéologues de la réaction cléricale, les Jésuites.

« Quant à nos adversaires jésuites, quant à ces zélateurs de l'inquisition, quant à ces terroristes de l'Église (*Applaudissements*), qui ont pour tout argument d'objecter 93 aux hommes de 1850, voici ce que j'ai à leur dire :

Cessez de nous jeter à la tête la terreur et ces temps où l'on disait : Divin cœur de Marat ! divin cœur de Jésus ! Nous ne confondons pas plus Jésus avec Marat que nous ne le confondons avec vous ! Nous ne confondons pas plus la Liberté avec la Terreur que nous ne confondons le christianisme avec la société de Loyola ; que nous ne confondons la croix du Dieu-agneau et du Dieu-colombe avec la sinistre bannière de saint Dominique ; que nous ne confondons le divin supplicié du Golgotha avec les bourreaux des Cévennes et de la Saint-Barthélemy, avec les dresseurs de gibets de la Hongrie, de la Sicile et de la Lombardie (*Agitation*) ; que nous ne confondons la religion, notre religion de paix et d'amour, avec cette abominable secte, partout déguisée et partout dévoilée, qui, après avoir prêché le meurtre des rois, prêche l'oppression des nations (*Bravo ! bravo !*) ; qui assortit ses infamies aux époques qu'elle traverse, faisant aujourd'hui par la calomnie ce qu'elle ne peut plus faire par le bûcher, assassinant les renommées parce qu'elle ne peut brûler les hommes, diffamant le siècle parce qu'elle ne peut plus décimer le peuple, odieuse école de despotisme, de sacrilège et l'hypocrisie, qui dit béatement des choses horribles, qui mêle des maximes de mort à l'Évangile et qui empoisonne le bénitier ! *Mouvement prolongé. – Une voix à droite : Envoyez l'orateur à Bicêtre !*) »

Hugo prend soin de dissocier le message spirituel du Christ et les intérêts temporels de l'Église. Il oppose le message évangélique libérateur au dogme oppresseur. Le parti clérical est pour lui le plus grand danger menaçant le christianisme. Hugo n'est pas hostile à la religion chrétienne, il est devenu anticlérical face au conservatisme de la papauté et des hommes politiques qui se réclament de la loi divine. « Le parti jésuite [...] à l'insu même de la réaction est aujourd'hui l'âme de la réaction, [...] ce parti qui ne comprend rien à ce siècle, dont il n'est pas ; [...] ce parti d'absolutisme, d'immobilité, d'imbécillité, de silence, de ténèbres, d'abrutissement monacal ; [...] Non, le parti jésuite n'égorgera pas la liberté : il fait trop grand jour pour cela. »

Ce qui fait cependant le plus peur à Hugo, c'est le jeu louche du gouvernement qui, en donnant des gages à la réaction extrême, joue la politique du pire et remet en question « trente-cinq années d'éducation du pays par la liberté de presse, [...] l'élément le plus certain de la paix civile ». Hugo redoute déjà un monarchisme liberticide. Les dix-huit mois qui suivront ne feront que confirmer toutes ses craintes. La défense des libertés publiques conduira Hugo à mettre en œuvre le droit légitime du peuple à se soulever contre la tyrannie pour défendre sa souveraineté, comme nous le verrons au chapitre cinq.

Défense et illustration de la liberté politique

« Cette tribune, c'était la terreur de toutes les tyrannies et de tous les fanatismes, c'était l'espoir de tout ce qui est opprimé sous le ciel » (Napoléon-le-Petit, *livre V, V*).

Contraint à l'exil après le coup d'État du 2 décembre, Victor Hugo utilise l'arme qui lui reste, sa plume. Il publie aussitôt le pamphlet *Napoléon-le-Petit* et prépare, tel un procureur au tribunal de l'histoire, le grand réquisitoire de *L'Histoire d'un crime.* Après l'histoire, il mobilise la poésie et publie *Les Châtiments* en 1853. Il multiplie les lettres pour rassembler les proscrits et les appels dans la presse internationale pour prendre à témoin l'opinion mondiale. Hugo s'identifie désormais à la résistance au despotisme. « Ce n'est pas moi qui suis proscrit, c'est la liberté. » Il approfondit aussi sa réflexion sur la nature de la liberté politique, sur son expression parlementaire et sur les rapports entre le droit et la loi. La Liberté (avec un L majuscule) lui apparaît désormais comme le principe fondamental des Droits de l'homme.

Conséquent avec une certaine idée de la démocratie comme libre élaboration des lois, Hugo a l'occasion de préciser sa conception de la liberté politique quand il vient plaider pour son fils Charles, lors d'un procès en cour d'assises de la Seine, le 11 juin 1851. Le chef d'accusation invoque le « manquement au respect dû à la loi » à propos d'un article du journal *L'Événement* dans lequel Charles Hugo dénonce l'horreur d'une exécution publique. Victor Hugo commence par distinguer le fait d'entraver l'exécution de la loi, inacceptable à ses yeux, et celui de contester le bien fondé de celle-ci, parfaitement légitime. La seconde attitude fait partie de la nécessaire liberté de critique, sans laquelle l'élaboration démocratique des lois par le peuple souverain demeure un vain mot. Une telle élaboration suppose en effet la liberté de se former une opinion éclairée, donc d'avoir accès à des points de vue différents sur la meilleure façon de réguler la vie commune. La liberté de la presse, si chère au poète, est à cet égard une condition essentielle. Charles Hugo n'a pas tenté d'empêcher l'application de la loi ; il a seulement manifesté sa répulsion et l'interrogation qu'elle entraîne concernant la légitimité d'une telle loi et des effets qu'elle engendre.

« Les bonnes définitions font les bonnes discussions. Ce mot : Respect dû aux lois, qui sert de base à l'accusation, quelle portée a-t-il ? que signifie-t-il ? quel est son vrai sens ? Évidemment, [...], ce mot ne peut signifier suppression, sous prétexte de respect, de la critique des lois. Ce mot signifie simplement respect de l'exécution des lois. Pas autre chose. Il permet la critique, il permet le blâme, même sévère, nous en voyons des exemples tous les jours, et même à l'endroit de la Constitution, qui est supérieure aux lois ; ce mot permet l'invocation au pouvoir législatif pour abolir une loi dangereuse ; il permet enfin qu'on oppose à la loi un obstacle moral, mais il ne permet pas qu'on lui oppose un obstacle matériel. Laissez exécuter une loi, même injuste, même mauvaise, même barbare, dénoncez-la à l'opinion, dénoncez-la au législateur, mais laissez-la exécuter ; dites qu'elle est mauvaise, dites qu'elle est injuste, dites qu'elle est barbare, mais laissez-la exécuter. La critique, oui ; la révolte, non. Voilà le vrai sens, le sens unique de ce mot : Respect des lois.

Autrement, messieurs, pesez ceci : Dans cette grave opération de l'élaboration des lois, opération qui comprend deux fonctions : la fonction de la presse, qui critique, qui conseille, qui éclaire, et la fonction du législateur, qui décide ; – dans cette grave opération, dis-je, la première fonction, la critique, serait paralysée, et par contre-coup la seconde. Les lois ne seraient jamais critiquées et, par conséquent, il n'y aurait pas de raison pour qu'elles fussent jamais améliorées, jamais réformées, l'Assemblée nationale législative serait parfaitement inutile. Il n'y aurait plus qu'à la fermer. Ce n'est pas là ce qu'on veut, je suppose. (*On rit.*) »

Encore faut-il qu'une institution politique permette à la fois l'élaboration, la critique et la réforme des lois : c'est la fonction traditionnelle du Parlement. Quand Louis Bonaparte, sous prétexte de faire taire les « bavards », fait démonter la tribune de la Chambre des députés, Hugo se livre à une défense de la « tribune française ». Au livre cinquième de *Napoléon-le-Petit*, il fait un plaidoyer vibrant en faveur du parlementarisme. Il réhabilite ce terme, alors utilisé avec mépris par les bonapartistes, et en fait la forme supérieure de la démocratie politique. Depuis Mirabeau et Danton, Saint-Just et Robespierre, jusqu'à Guizot, Thiers, Lamartine, Ledru-Rollin et Louis Blanc, la tribune française s'est avérée « la bouche ouverte de l'esprit humain […] faisant la révolution pour en tirer la république ».

> « Tout cela était vivant, ardent, fécond, tumultueux, grand. Et quand tout avait été plaidé, débattu, scruté, fouillé, approfondi, dit, contredit, que sortait-il du choc ? toujours l'étincelle ; que sortait-il du nuage ? toujours la clarté. Tout ce que pouvait faire la tempête, c'était d'agiter le rayon et de le changer en éclair. Là, à cette tribune, on a posé, analysé, éclairé, et presque toujours résolu toutes les questions ; questions de finances, questions de crédit, questions de travail, questions de circulation, questions de salaire, questions d'État, questions de territoire, questions de paix, questions de guerre. Là on a prononcé, pour la première fois, ce mot qui contenait toute une société nouvelle : les Droits de l'Homme. Là on a entendu sonner pendant cinquante ans l'enclume sur laquelle des forgerons surhumains forgeaient des idées pures ; les idées, ces glaives du peuple, ces lances de la justice, ces armures du droit. »

Hugo plaide l'efficacité du régime parlementaire et l'exercice public de la liberté politique. Le parlementarisme, c'est la meilleure forme de gouvernement intérieur, mais aussi une arme pour la diffusion de la liberté dans le monde et la « terreur de toutes les tyrannies et de tous les fanatismes, l'espoir de tout ce qui est opprimé sous le ciel ». Le parlementarisme est pour Hugo « la garantie des citoyens, la liberté de discussion, la liberté de la presse, la liberté individuelle, le contrôle de l'impôt, la clarté dans les recettes et dans les dépenses, la serrure de sûreté du coffre-fort public, le droit de savoir ce qu'on fait de votre argent, la solidité du crédit, la liberté de conscience, la liberté des cultes, le point d'appui de la propriété, le recours contre les confiscations et les spoliations, la sécurité de chacun, le contrepoids à l'arbitraire, la dignité de la nation, l'éclat de la France, les fortes mœurs des peuples libres, l'initiative publique, le mouvement, la vie ». L'idéal politique que Victor Hugo se forge en exil est celui de la démocratie réelle reposant sur un plein suffrage universel, un authentique régime parlementaire, la responsabilité des élus, l'exercice de toutes les libertés. Bref, le triomphe de l'État de droit.

La Liberté, le droit et la loi
« *Une des formules de sa vie politique a été :* Pro jura contra legem » (Le Droit et la loi, *II*).

Dès lors, Victor Hugo ne cesse de rappeler que toute son activité politique et personnelle a été inspirée par ce principe latin fondamental que nous traduisons « Pour les principes du droit, contre la lettre de la loi ». Le proscrit approfondit encore sa réflexion quand, après l'amnistie de 1859, il refuse d'en bénéficier pour ne pas cautionner le despotisme. Il refuse d'entrer dans le jeu politique des réformes à petits pas vers une certaine libération du régime qu'est contraint d'opérer l'empereur, à partir de 1860, à cause de divergences dans sa majorité à propos de sa politique italienne. Hugo refuse de tomber dans le piège. On ne joue pas avec la liberté. *Liberté,* tel est le titre d'un nouveau journal, fondé pour accompagner cette évolution du régime par Girardin et Duvernois, futurs animateurs du Tiers Parti. En réponse à un compte-rendu élogieux de son roman *Les Travailleurs de la mer,* Hugo leur adresse, le 19 mars 1866, une lettre ouverte.

« Vous arborez l'éternel drapeau, vous jetez l'éternel cri, vous revendiquez l'éternel droit : Liberté !

La liberté, c'est aujourd'hui, l'immense soif des consciences. La liberté est de tous les partis, étant le mode vital de la pensée. Toute âme veut la liberté comme toute prunelle veut la lumière. […]

Je veux, comme vous, la liberté ; je partage à cette heure son exil.

J'ai écrit : *Le jour où la liberté rentrera, je rentrerai.* J'attends la liberté avec une grande patience personnelle et une grande impatience nationale.

En quoi je diffère de vous, le voici : je suis un révolutionnaire. Pour moi la révolution continue. […]

Être tous frères, être tous libres, c'est vivre ; ce sont les deux mouvements de poumons de la civilisation.

Égalité, liberté, aspiration et respiration du genre humain.

Cela posé, il est étrange d'entendre raisonner sur les libertés *accessoires* et sur les libertés *nécessaires.*

Les *libertés,* cette énonciation est un non-sens. La liberté est. Elle a ceci de commun avec Dieu qu'elle exclut le pluriel.

Elle aussi dit : *sum qui sum (je suis qui je suis).* »

Cette lettre n'est pas un acte de ralliement, bien au contraire, c'est une mesure de clarification : libéraux, encore un effort ! Certes, la liberté, étant de tous les partis, est un bien commun, mais il est absurde et dangereux de réclamer, à la manière de

Thiers depuis 1864, les *libertés nécessaires,* comme s'il y avait des *libertés accessoires.* La Liberté est une et indivisible comme l'Égalité. Elle est un principe absolu, un droit fondamental des hommes.

Si la Liberté ne se divise pas, c'est qu'elle n'est pas un simple bien, ni le fruit d'un contrat que l'on pourrait négocier, monnayer, acheter. La liberté relève de l'ordre de l'être, de l'essence des droits de l'homme, et ne saurait être limitée par le despotisme, ni même par la loi elle-même. La Liberté, c'est le droit. Hugo se réfère aux philosophes des Lumières, qui ont forgé en même temps qu'ils l'illustraient une philosophie de la liberté. Parmi eux, Voltaire et Rousseau, les deux grands noms du refrain de Gavroche : la « faute à Voltaire », la « faute à Rousseau ». Voltaire, lui-même héritier de Descartes, lui a inspiré le refus de soumettre la raison aux dogmes et à toute autre autorité qu'elle-même, en même temps que la lutte résolue contre l'intolérance. Rousseau lui a révélé une idée majeure, présente aussi dans la conception du droit naturel qui s'affirme au dix-huitième siècle, la liberté inaliénable de tout homme. La liberté n'est pas un bien que l'on peut échanger, notamment contre la sécurité matérielle. Elle ne peut donc faire l'objet d'aucun contrat, sinon de dupes. Celui qui aliène sa liberté ne peut en effet rien recevoir d'équivalent en échange. C'est dire que l'asservissement du serf au seigneur, de l'esclave au maître, n'a aucune justification. Toutes les hiérarchies qui se croyaient ou se disaient légitimes s'effondrent. La dignité de tout homme interdit de concevoir qu'il devienne chose possédée par un autre. Sous ce rapport, tous les hommes sont bien égaux en dignité. Et cette égalité est considérée sous le rapport de ce qui est le plus précieux, de ce qui élève l'homme, à savoir la liberté. Cette conjonction décisive marque tout l'itinéraire philosophique et politique de Victor Hugo, et retentit dans son œuvre littéraire.

Mais, pour Hugo, le droit est une conquête de l'humanité, le fruit des révolutions. Faisant le bilan de ce que le dix-neuvième siècle doit au dix-huitième, il précise que c'est une révolution dans la pensée qui a permis une révolution dans la politique. C'est encore une idée chère à l'auteur du *Contrat social* que l'on trouve chez Hugo : la force ne crée jamais le droit, et l'expression « droit du plus fort » est aussi inepte que dangereuse. La loi n'est que la conséquence d'un certain rapport de force et n'en est que le déguisement et la codification. Le droit est au-dessus de la loi et la force à s'ajuster. Le droit, par son antériorité fondatrice et principielle, surplombe et juge toute loi, comme tout rapport de force. Cette idée est implicite très tôt dans la philosophie politique de Victor Hugo, portant en germe son ralliement à la République comme forme avérée du droit qui organise le liberté.

Après la Commune de Paris, le 1er novembre 1871, il écrit dans *Le Rappel*, le journal que ses fils avaient fondé : « Le grand péril, le vrai péril, je dirai presque le seul péril, le voici : c'est la victoire de la loi sur le droit. [...] La loi opprime le droit ! [...] C'est un grave désordre que l'exagération de la loi. » Hugo justifie cette idée révolutionnaire dans le texte qu'il insère en mai 1875 en préface à la seconde édition d'*Avant l'exil*, qu'il titre *Le Droit et la loi*. Le mot « République » vient juste d'être inscrit dans la future loi constitutionnelle par l'amendement Wallon, à une voix de majorité. Hugo s'interroge : « L'œuvre est-elle achevée ? Non, certes. D'un côté l'idéal, de l'autre l'incomplet. La vie et le droit sont le même phénomène. »

« Le droit et la loi, telles sont les deux forces ; de leur accord naît l'ordre, de leur antagonisme naissent les catastrophes. Le droit parle et commande du sommet des vérités ; la loi réplique du fond des réalités ; le droit se meut dans le juste, la loi se meut dans le possible ; le droit est divin, la loi est terrestre. Ainsi, la liberté, c'est le droit ; la société, c'est la loi. De là deux tribunes : l'une où sont les hommes de l'idée, l'autre où sont les hommes du fait ; l'une qui est l'absolu, l'autre qui est le relatif. De ces deux tribunes, la première est nécessaire, la seconde est utile. De l'une à l'autre il y a la fluctuation des consciences. L'harmonie n'est pas faite encore entre ces deux puissances, l'une immuable, l'autre variable, l'une sereine, l'autre passionnée. La loi découle du droit, mais comme le fleuve découle de la source, acceptant toutes les torsions et toutes les impuretés des rives. Souvent la pratique contredit la règle ; souvent le corollaire trahit le principe ; souvent l'effet désobéit à la cause ; telle est la fatale condition humaine. Le droit et la loi contestent sans cesse ; et de leur débat, fréquemment orageux, sortent tantôt les ténèbres, tantôt la lumière. Dans le langage parlementaire moderne, on pourrait dire : le droit, chambre haute ; la loi, chambre basse.

L'inviolabilité de la vie humaine, la liberté, la paix ; rien d'indissoluble, rien d'irrévocable, rien d'irréparable ; tel est le droit.

L'échafaud, le glaive et le sceptre, la guerre, toutes les variétés de joug, depuis le mariage sans le divorce dans la famille jusqu'à l'état de siège dans la cité, telle est la loi.

Le droit : aller et venir, acheter, vendre, échanger.

La loi : douane, octroi, frontière.

Le droit : l'instruction gratuite et obligatoire, sans empiètement sur la conscience de l'homme, embryonnaire dans l'enfant, c'est-à-dire l'instruction laïque.

La loi : les ignorantins.

Le droit : la croyance libre.

La loi : les religions d'État.

Le suffrage universel, le jury universel, c'est le droit ; le suffrage restreint, le jury trié, c'est la loi.

La chose jugée, c'est la loi ; la justice, c'est le droit.

Mesurez l'intervalle.

La loi a la crue, la mobilité, l'envahissement et l'anarchie de l'eau, souvent trouble ; mais le droit est insubmersible.

Pour que tout soit sauvé, il suffit que le droit surnage dans une conscience.

On n'engloutit pas Dieu. »

Ce texte est fondamental pour comprendre toute l'évolution politique et philosophique de Hugo. Est exposé l'idéal d'un ordre légal réalisant parfaitement les exigences du droit, telles qu'elles découlent des principes de liberté et d'égalité que requiert la dignité de tout homme. Les lois doivent devenir conformes à l'exigence de justice propre à fonder durablement les sociétés humaines si les hommes veulent qu'elles aient la même inflexibilité que les lois naturelles, comme par exemple le fameux « binôme de Newton » concernant les rapports entre les astres. Le droit est certes un principe immanent à tout homme et tient à sa nature, comme il l'est à l'ordre des choses, compris selon la justice. Pourtant, son inscription dans les lois et les institutions doit bien être conquise par les hommes, dans leur combats contre les puissances d'oppression. Ces dernières entendent plus codifier leur domination et la déguiser en ordre naturel que souscrire à des exigences de justice. C'est dire que les aspirations humaines au droit ont une dimension historique croissante, et que Hugo conçoit le droit naturel de façon dynamique, comme un combat permanent, selon une véritable philosophie de la libération. On y reviendra dans les deux derniers chapitres de l'ouvrage. Mais, en 1875, il peut affirmer avec sincérité que toute sa vie a été placée sous le signe de la liberté. « Ce n'est pas vainement que j'ai eu, tout petit, de l'ombre de proscrit sur ma tête et que j'ai entendu la voix de celui qui devait mourir dire ce mot du droit et du devoir : Liberté » (*Le Droit et la loi,* V).

Chapitre deux

Le poète dans les révolutions

Les prémisses de la liberté en art

« Un mot a été le contrepoids de mon éducation. »

L'épisode dramatique de l'exécution de Lahorie, rapporté au chapitre précédent, a bouleversé le jeune Victor. Le mot « liberté » a fait alors irruption dans sa vie. Souvenir indéfectible ! Pourquoi ne pas le croire quand il dit que ce seul mot a déterminé tout son avenir quand Paul Éluard affirme lui aussi : « Et par le pouvoir d'un mot je recommence ma vie. » La liberté, il en fait une première expérience par la création poétique. Aux jeux dans le merveilleux jardin des Feuillantines succède le jardin secret des cahiers couverts de vers et de dessins. Ce sont bientôt les fruits des nuits blanches passées à la pension Cordier où un adolescent enfermé et destiné par son père à Polytechnique rêve d'égaler Virgile ou Chateaubriand. À quinze ans, Victor Hugo traduit en vers l'*Énéide,* compose les trois chants du *Déluge,* rédige *Irtamène,* une tragédie en cinq actes et plus de mille cinq cents vers dédiée à ses « demi-dieux » Racine et Voltaire, plus le livret d'un opéra comique. Il s'attaque à quelques odes triomphales, d'un genre classique, considéré comme le plus élevé. Le lyrisme est déjà porté par la puissance de la création et le souffle de l'inspiration.

Les premiers poèmes de Victor Hugo sont cependant de circonstance, et bien conventionnels de prime abord. Le dernier vers d'*Irtamène,* « Quand on hait les tyrans, on doit aimer les rois », est un alexandrin de belle facture classique. Ses odes sur « La Mort de Louis XVII », sur le « Désir de gloire » ou « Les derniers bardes », sont quelque peu grandiloquentes. Mais il rédige à la même époque, en quinze jours, pour animer un banquet littéraire de jeunes auteurs, son premier roman, *Bug-Jargal*, où il défend la liberté et condamne l'esclavage. Ses odes sur « Le rétablissement de la statue d'Henri IV » et « Les Vierges de Verdun » lui valent d'être lauréat à seize ans des Jeux Floraux de Toulouse. Deux ans plus tard, son ode « Moïse sur le Nil » lui confère le titre viager de Maître des Jeux Floraux. Il fonde avec ses frères et des amis la revue très légitimiste *Le Conservateur littéraire*, qui survit de 1819 à 1821. Les odes sur « La mort du duc de Berry » et « La naissance du duc de Bordeaux » lui ouvrent les portes de la Cour et lui valent une première pension royale de 1 200 francs. Il évoque *Les Destins de la Vendée* et stigmatise la Terreur comme l'exemple du mal en politique. Bref, sa première inspiration a été très traditionaliste, très conservatrice. Le relatif classicisme des poèmes s'assortit d'une orientation royaliste bon teint. Et pourtant, une première tragédie, un premier roman, quelques vers intimes et un *Priape* inspiré d'Horace s'inscrivent déjà dans le registre de la liberté.

On a dit que Victor Hugo avait été un style avant même d'être un sens. À vingt ans, il publie son premier recueil, *Odes et poésies diverses*, frémissant de manières nouvelles, mêlées à un certain académisme. Le premier livre en est intitulé « Le poète dans les révolutions ». Il dessine encore la figure d'un poète officiel de la monarchie, chroniqueur lyrique des événements royaux. Une carrière de poète bien en cour semble s'esquisser devant le jeune prodige. Mais l'émancipation de l'art et la conscience tourmentée du poète, relais des tensions vives de l'époque, vont en décider autrement. C'est l'heure de la rencontre avec le premier romantisme et de l'ouverture aux angoisses comme aux espérances collectives du moment. Bientôt, des ballades plus pittoresques et aussi plus intimes, cheminant dans le temps vers la nostalgie élégiaque des troubadours, préparent la transition.

En cette troisième décennie du siècle, la pression de l'histoire semble s'être relâchée. Mais la notion même de Restauration signe une définition du présent trop hantée par le seul passé. Elle érige en idéal une sorte de passé pourtant peu glorieux, celui de l'Ancien Régime. Comment croire avec ardeur et conviction à un tel idéal ? Le « vague des passions » dont s'assortit le premier romantisme, illustré par *René*, une des œuvres les plus célèbres de Chateaubriand, n'est pas tout à fait étranger à l'histoire. Et la tentation du désenchantement, décrite par Musset dans sa *Confession d'un enfant du siècle*, exprime bien cette atmosphère étrange qui se développe alors. C'est que le moment présent apparaît comme une sorte d'impasse. Musset évoque la triste alternative entre la mélancolie brumeuse des insatisfaits, en panne d'idéal, et une nouvelle passion, toute terrestre, celle de l'argent, que l'aube du capitalisme fait miroiter aux premiers affairistes. « Il leur restait donc le présent, l'esprit du siècle, ange du crépuscule qui n'est ni la nuit ni le jour. » Le vague à l'âme n'est donc pas un simple tourment égocentré, survenant dans l'exacerbation du narcissisme et d'une intériorité hypertrophiée. Il tient fortement aux caractéristiques d'une époque et peut d'ailleurs ressurgir à d'autres moments de l'histoire, chaque fois qu'un monde en pleine mutation ne semble porté par aucun idéal véritable, sinon par la froide logique du développement imposé par les puissances dominantes de l'heure. En 1836, Musset exprimera bien ce malaise dans *La Confession d'un enfant du siècle :*

> « Trois éléments partageaient donc la vie qui s'offrait alors aux jeunes gens : derrière eux un passé à jamais détruit, s'agitant encore sur ses ruines, avec tous les fossiles des siècles de l'absolutisme ; devant eux l'aurore d'un immense horizon, les premières clartés de l'avenir ; et entre ces deux mondes [...] quelque chose de semblable à l'Océan qui sépare le vieux continent de la jeune Amérique, je ne sais quoi de vague et de flottant, une mer houleuse et pleine de naufrages, traversée de temps en temps par quelque blanche voile lointaine ou par quelque navire soufflant une lourde vapeur ; le siècle présent, en un mot, qui sépare le passé de l'avenir, qui n'est ni l'un ni l'autre et qui ressemble à tous deux à la fois, et où l'on ne sait, à chaque pas qu'on fait, si l'on marche sur une semence ou sur un débris.
>
> Voilà dans quel chaos il fallut choisir alors ; voilà ce qui se présentait à des enfants pleins de force et d'audace, fils de l'Empire et petits-fils de la Révolution, [...]
>
> Ce fut comme une dénégation de toutes choses du ciel et de la terre, qu'on peut nommer désenchantement ou, si l'on veut, désespérance ; comme si l'humanité en léthargie avait été crue morte par ceux qui lui tâtaient le pouls. [...] Dès lors il se forma comme deux camps : d'une part, les esprits exaltés, souffrants, toutes les âmes expansives qui ont besoin de l'infini, plièrent la tête en pleurant ; ils s'enveloppèrent de rêves maladifs et l'on ne vit plus que de frêles roseaux sur un océan d'amertume. D'une autre part, les hommes de chair restèrent debout,

inflexibles, au milieu des jouissances positives, et il ne leur prit d'autre souci que de compter l'argent qu'ils avaient. Ce ne fut qu'un sanglot et un éclat de rire, l'un venant de l'âme, l'autre du corps. »

Quant à la vocation universaliste de l'émancipation révolutionnaire, la mémoire en a été brouillée par les guerres de conquête de Napoléon et elle a tourné court. Les hommes d'argent prennent la place des anciens privilégiés. Les violences de 1793 sont régulièrement évoquées pour disqualifier une Révolution qui se réduirait à elles. L'idéal semble terni. Double déception en somme, sociale et politique. Et par contrecoup, idéalisation d'un passé d'autant plus légendaire qu'on ne veut plus retenir que les apparentes turpitudes qui lui ont succédé. Une génération cherche ses repères. Reconduite à l'intériorité, au « vague des passions », la jeunesse ne peut se reconnaître ni dans le présent du capitalisme montant et d'une politique sans gloire, ni dans le passé d'une révolution ternie ou d'un empire fauteur de guerre et, sur le tard, de despotisme.

On cherche à retrouver une nature plus ou moins mythique, en amont des avanies sociales qui l'ont enfouie ou bafouée. Désenchantement, voire désespérance, et retour mélancolique, largement mythifié, à la nature totale comme aux tourments du moi passionnel, sont les traits de ce premier romantisme qui, dans certains cas, entrera en résonance avec une idéologie réactionnaire ; mais cette correspondance ne sera pas systématique. Balzac fait remarquer, dans *Un grand homme de province à Paris*, que dans la France de 1820 bien des écrivains sont à la fois royalistes et romantiques, tandis que les libéraux ont épousé le classicisme. Étrange conjonction d'une option socio-politique passéiste et d'une théorie de l'art plutôt révolutionnaire. Chez Stendhal comme chez Hugo, à terme, la lucidité réaliste esquissera une tout autre figure, celle d'une critique sociale et politique progressiste. En ce qui concerne Hugo, la révolution en art le déliera de l'option politique passéiste et le tournera graduellement vers la révolution politique, puis sociale. Mais nous n'en sommes encore qu'à observer les prémisses d'un tel engagement.

Méditations sur le « mal du siècle ».
« L'ébranlement intime des fausses certitudes leur brouillait l'âme » (William Shakespeare).

Pour situer par contraste la version hugolienne du romantisme, il convient de rappeler le contexte idéologique de son développement. Comment une telle version est-elle venue au jeune poète des *Odes et ballades* ? Comment les souffrances de l'histoire parviennent-elles à trouver leur écho et leur relais au sein de son œuvre, pour s'y déployer bientôt dans des romans (*Le Dernier Jour d'un condamné, Notre-Dame de Paris*), des pièces de théâtre *(Hernani, Le roi s'amuse, Lucrèce Borgia, Ruy Blas)* et bien sûr des recueils poétiques *(Les Orientales, Les Voix intérieures, Les Feuilles d'automne)* ? Pour le comprendre, il a fallu croiser les éléments de la biographie personnelle du jeune Victor et les retentissements de l'histoire dans la conception même de la littérature.

Retour, d'abord, sur le « mal du siècle ». Celui-ci s'est apparenté chez certains à une nostalgie du passé de nature idéologique. Hugo a frôlé cette tendance, notamment lorsqu'il a admiré pour un temps très bref Joseph de Maistre et composé des poèmes royalistes. Il voit alors dans la royauté rétablie un gage de paix et de liberté, comme le montre une ode datée de novembre 1823, intitulée « La guerre d'Espagne » :

> « Oh que la royauté puissante et vénérable,
> Fille, aux cheveux blanchis, des âges révolus,
> Perçant de ses clartés leur nuit impénétrable,
> Où tant d'astres ne brillent plus ;
> Soumettant l'aigle au cygne et l'autour aux colombes [...]
> Oh que la royauté, peuples, est douce et belle ! »

Il faut noter que pour certains écrivains, dont Balzac, une telle nostalgie a d'ailleurs acquis une signification paradoxalement critique. À rebours du nouveau règne de l'argent qui s'annonce, évoqué notamment dans *La Comédie humaine,* mais aussi du legs politique et juridique de la révolution, les penseurs contre-révolutionnaires prennent allure de prophètes. Il semble alors facile de mettre en place un amalgame qui donnera à la nostalgie d'un passé mythifié l'allure d'une posture critique, puisqu'elle fait le procès du capitalisme émergent. Par une confusion typique des plans, l'invocation de la dure loi du profit, argument socio-économique, va servir à disqualifier la Révolution sur le plan politique. Comme si les droits de l'homme et l'avènement de l'idée de souveraineté populaire, assortie des conquêtes politiques correspondantes, pouvaient être invalidés par les rapports de production qui les ont utilisés pour promouvoir le commerce et la libre initiative économique.

Un tel constat donne occasion aux penseurs contre-révolutionnaires de rappeler les avantages supposés des liens quasi organiques tissés par l'Ancien Régime entre les hommes. Effectivement, la destruction de certaines dépendances traditionnelles (fiefs, corporations, etc.) comme des solidarités locales semble livrer l'individu à lui-même. Le mirage idéologique se fait total, tant le devenir semble confirmer la malignité d'une révolution qui finalement n'aurait fait que substituer une aristocratie à une autre. Joseph de Maistre et de Bonald instrumentalisent ces constats, essentiellement pour disqualifier la révolution. Pour eux, la monarchie d'Ancien Régime, bonne en son principe, ne se serait pervertie que dans son fonctionnement. Mais la Révolution aurait commis le crime d'interrompre brutalement la lente et naturelle sédimentation de la tradition et d'ériger en référence un citoyen abstrait. Elle aurait donc inventé des fictions en imaginant des sujets juridiques déliés de toute contrainte sociale et un engagement originaire fondateur, le fameux contrat social, dont les clauses relèvent ou doivent relever d'un libre-arbitre universel disponible en chaque homme. Cette référence aurait été opposée artificiellement aux hommes concrets, ancrés et formés dans des lieux et par des coutumes particulières, ayant de ce fait une identité singulière, sans distance possible.

Le volontarisme révolutionnaire, inspiré de Rousseau et de son souci de « refaire » l'ordre social, est stigmatisé au nom des atrocités qu'il aurait engendrées à l'époque de la Terreur, seul moment retenu de la rupture inscrite entre 1789 et 1793. L'exécution de Louis XVI au nom de la liberté devient une sorte d'image d'Épinal de la violence révolutionnaire. Évoquant la liberté promise alors par les « sages de la terre », Hugo écrit, dans une ode datée du 3 juillet 1823 :

« Ô Dieu ! leur Liberté, c'était un monstre immense,
Se nommant Vérité parce qu'il était nu,
Balbutiant les cris de l'aveugle démence [...]

Par le néant de l'âme il croyait grandir l'homme,
Et réveillait le vieux chaos [...]
Pour frapper leur couronne osant frapper leur tête,
Des rois, perdus dans la tempête,
Il brisait le trône avili ;
Et, de l'éternité lui laissant quelque reste,
Daignait à Dieu, muet dans son exil céleste,
Offrir un échange d'oubli. »

Tout y est, ou presque, du regard monarchiste sur la Révolution : le thème du crime de régicide, la critique de l'abstraction de la Liberté, « monstre nu », le chantage au chaos, la critique d'un humanisme qui anéantirait « l'âme », l'accusation de sacrilège puisque Dieu est exilé dans le ciel et ne règne plus sur la terre par roi interposé. D'autres vers renforcent cette critique du geste sacrilège :

« Quand l'impie a porté l'outrage au sanctuaire,
Tout fuit le temple en deuil, de splendeur dépouillé. »

Surtout, les promesses des « sages » qui ont inspiré la révolution sont évoquées pour être disqualifiées. L'idée que la révolution permet de renouer avec les temps glorieux de la démocratie athénienne ou lacédémonienne et de la république romaine, deux modèles effectivement récurrents en 1789 et 1793, est tournée en dérision. Et la promesse de souveraineté populaire taxée de mensonge :

« Et les sages disaient : "Gloire à notre sagesse !
Voici les jours de Rome et les temps de la Grèce !
Nations, de vos rois brisez l'indigne frein.
Liberté ! N'ayez plus de maîtres que vous-même ;
Car nous tenons de toi notre pouvoir suprême,
Sois donc heureux et libre, Ô peuple souverain ! [...]"
Tyrans adulateurs ! Caresses mensongères ! »

Victor Hugo restitue fidèlement le programme révolutionnaire, même si c'est pour le stigmatiser. Beaucoup plus tard, il qualifiera ce genre de poème de « bégaiement royaliste », à mettre sur le compte de l'égarement de ceux « qui sont nés aristocrates, qui sont arrivés au monde dépaysés en quelque sorte dans des familles du passé, qui ont fatalement reçu une de ces éducations premières dont l'effort stupide est de contredire le progrès » (*William Shakespeare*). On peut mesurer dès maintenant, par ce rappel du point de départ, l'importance du chemin parcouru.

Reste à souligner malgré tout l'ambivalence de la critique idéologique de la Révolution à l'époque de la Restauration. Elle peut certes relever d'une nostalgie monarchiste pure et simple, assortie d'un désir de retour sans ambages à l'Ancien Régime. Mais elle peut également coïncider avec le constat des limites d'une révolution juridique et politique, proclamatrice de droits vidés de leur substance par le maintien ou le développement d'une réalité sociale faite d'exploitation et de domination sans réel contrepoids. La proclamation de la liberté et de l'égalité juridiques peut d'abord être comprise comme un acte d'émancipation exemplaire. Cependant, elle peut également apparaître comme la mise en scène d'une fiction, dès lors que les rapports de forces économiques et sociaux proportionnent la faculté d'agir de chacun aux biens dont il dispose, brisant ainsi l'égalité pourtant posée en principe. Le droit est alors dénoncé comme une abstraction creuse. Les deux approches sont bien différentes. Le romantisme réactionnaire stipule que la Révolution en a trop fait. Le romantisme social jugera au contraire qu'elle n'en a pas fait assez et que son œuvre doit être poursuivie.

Ainsi se déploie le constat d'un « rêve écroulé », d'une révolution en partie raturée, dont le retour de la monarchie ne semble vouloir retenir que le souvenir de la Terreur. Ce climat idéologique est lié aux ambiguïtés aussi bien sociales que politiques d'une époque. Un malaise durable s'est formé, qui touche de nombreux écrivains, écartelés entre la soif d'un avenir mal défini, la mélancolie d'un passé vaguement idéalisé et malgré tout peu convaincant et la grisaille d'un présent sans perspective vraiment exaltante.

Une authentique pensée critique devra donc s'affranchir de deux illusions. L'une, propre au romantisme aristocratique et monarchiste, nostalgique de l'Ancien Régime, croit pouvoir invalider toute la Révolution en conjuguant, avec plus ou moins de bonne foi, le constat de son résultat du moment et une argumentation explicitement réactionnaire, de style théologico-politique, qui pose le caractère sacré de la monarchie dite de droit divin, et de la tradition coutumière, reconduction de hiérarchies supposées naturelles. L'autre, propre à une interprétation bourgeoise restrictive des conquêtes de la Révolution, se satisfait bien vite de l'abstraction juridique d'un État de droit avant tout garant du respect de la propriété privée. C'est par la critique graduelle de ces deux illusions que va s'accomplir le parcours global de Victor Hugo. Mais, pour l'heure, il faut identifier l'évolution de son romantisme, et par là même l'esprit de ses premiers grands engagements.

Au-delà du premier romantisme
« Je suis une force qui va ! »

Si Hugo traverse en partie l'ambiance mélancolique du « premier romantisme » et son corrélat idéologique, il ne s'y installe pas. En regard de l'intériorité mélancolique dont certains de ses poèmes sont habités, en écho à des tourments affectifs personnels, va surgir la force de passions vives, extraverties, propres à triompher des obstacles à une idylle ou à changer l'histoire. Hernani s'adresse ainsi à Dona Sol :

« Tu me crois peut-être
Un homme comme sont tous les autres, un être
Intelligent, qui court droit au but qu'il rêva.
Détrompe-toi. Je suis une force qui va !
Agent aveugle et sourd de mystères funèbres !
Une âme de malheur faite avec des ténèbres !
Où vais-je ? je ne sais. Mais je me sens poussé
D'un souffle impétueux, d'un destin insensé.
Je descends, je descends, et jamais ne m'arrête.
Si parfois, haletant, j'ose tourner la tête,
Une voix me dit : Marche ! et l'abîme est profond,
Et de flamme ou de sang je le vois rouge au fond !
Cependant, à l'entour de ma course farouche,
Tout se brise, tout meurt. Malheur à qui me touche !
Oh ! fuis ! détourne-toi de mon chemin fatal,
Hélas ! sans le vouloir, je te ferais du mal ! »

(*Hernani*, III, 4, 1830)

Le combat de Victor Hugo pour la liberté de l'art est une sorte de révélateur des questions les plus vives de son temps et par implications successives il va le conduire à rompre avec ses positions politiques premières, finalement assez éphémères. La fin de l'illusion monarchiste initiale va s'amorcer au gré des résistances que ne manque pas de susciter le déploiement de ce principe de liberté en art, briseur de conformisme et découvreur de vérités nouvelles.

On peut dire également, car cela aussi est vrai, que le poète s'est montré très tôt sensible aux questions politiques et sociales : l'esclavage fournit le thème de son premier roman, *Bug-Jargal*, et la peine de mort constitue le sujet du *Dernier Jour d'un condamné*, tandis que la lutte des Grecs pour la liberté inspire un poème des *Orientales*. Reste que la dialectique de ces deux orientations produit, dans le contexte particulier du « mal du siècle » et des différentes versions du romantisme, une conception originale de l'engagement de l'écrivain. Si Hugo n'entend nullement se rattacher à une école littéraire dont il aurait à suivre fidèlement les proclamations, il adoptera malgré tout le terme *romantisme*, non sans l'avoir délivré des ambiguïtés liées à la première version du romantisme.

La vision désabusée, voire tragique, de l'existence humaine, peut prendre prétexte de l'inhumanité glacée d'un nouvel ordre social naissant. Le romantisme de Vigny, dans *Chatterton*, exprime bien ce sentiment. Deux types de réaction politique s'esquissent alors. D'une part, celle qui associe l'occultation de la misère sociale et le souci de joindre les deux conservatismes (aristocratique et bourgeois) répond assez bien à la configuration politique de la Restauration. D'autre part, de façon moins affirmée d'abord, la reconversion progressiste du « premier romantisme » annonce le républicanisme et la prise en compte de la question sociale. L'abbé Lamennais, qui va bientôt rompre avec le Vatican, joue un certain rôle dans une telle évolution, qui concerne aussi, mais dans une moindre mesure que pour Victor Hugo, Lamartine, et même Chateaubriand.

Une formule rallie les « nouveaux romantiques », prêts à livrer la fameuse bataille d'*Hernani* : « Le libéralisme dans la littérature » (préface d'*Hernani*, février 1832).

Le sens du travail poétique

« Le poète est libre » (Les Feuilles d'automne, *préface*).

Écrire. Mettre en mots le cœur qui pense, la pensée qui se fait sensible. Un jeune poète naît à la beauté des choses, aux frissons nouveaux des sentiments, aux premiers tourments aussi. Et cette vie révélée, en retour, trace les lignes de son inspiration. La mystérieuse présence de la nature s'imagine, en deçà de la marque humaine et sociale qui pourrait la faire oublier. Mais une société n'existe pas sans ses tensions, ses normes plus ou moins fixées, sa mémoire collective. Elle ne vit pas sans ses codes et ses conventions, ses manières d'être et ses bienséances, ses gloires de référence et ses pôles d'autorité. En ces années passionnées, tous ces repères vacillent. Que sera l'art ?

La poésie est une, qu'elle dise « les émotions d'une âme » ou « les révolutions d'un empire » (Préface de juin 1822 aux *Odes*). Attentive à la beauté sensible des choses et des êtres, elle dit la plénitude d'un moment rare – sensation forte, voire inédite. Le goût du pittoresque ouvre à la diversité du monde, comme on le voit dans les *Ballades* et dans les *Orientales.* La remontée dans les époques de l'aventure humaine – Moyen Âge ou Antiquité – fait de même. Ce double décentrement, géographique et historique, tend à prendre la pleine mesure de l'homme, en même temps qu'il élargit le cadre de référence. Un style s'affirme et une orientation singulière se construit.

La poésie pénètre le plus intime des choses. L'inscription affective de l'homme dans son cadre familier remonte à son sens profond, oublié ou voilé par l'habitude. « Nous ne voyons jamais qu'un seul côté des choses. » Ce travail poétique délie la conscience des ancrages quotidiens pour l'ouvrir à la vie cosmique. Chaque chose est mise en perspective par ce qui la dépasse et la déborde. C'est alors que la méditation la plus intérieure découvre ce qui est le plus extérieur, s'associe à l'étrangeté découverte du lointain. Délivrance romantique : la mélancolie, comme la curiosité exotique, est élargissement de conscience. La poésie à la fois cosmique et intime de Hugo prépare son engagement ; car l'amour de l'humanité est un, comme celui de la nature qui l'héberge et l'habite, la fait naître et l'absorbe. À l'époque, ce sont les « classiques », tournés vers le rationalisme du dix-huitième siècle et la littérature des Lumières, qui sont secrètement les plus critiques à l'égard du nouveau régime. En revanche, ils restent assez conformistes en art et défendent les critères de l'esthétique léguée par le dix-huitième siècle.

Victor Hugo, pour sa part, ne veut pas choisir et ne le peut sans doute pas. Sa première référence littéraire et politique a été Chateaubriand, l'auteur de *René,* roman mélancolique du

« vague des passions ». « Je serai Chateaubriand ou rien », aurait-il dit en 1816. Monarchiste et libéral, l'auteur du *Génie du christianisme* est lui-même difficilement classable. Le prestige provisoire de la monarchie ne peut durer qu'aussi longtemps qu'elle s'accorde avec la liberté, notamment en art. Celle-ci, le jeune poète la ressent très vite comme une impérieuse nécessité. Sa poésie, puis son théâtre, débordent d'un lyrisme que l'invention de formes nouvelles pourra seule exprimer. Le devenir du romantisme et de ses alternatives, déjà évoqué, prend ici toute sa portée. Hugo y tient toute sa place, qui est grande, et y façonne une figure aussi forte qu'originale du génie littéraire.

La liberté en art affranchit des contraintes traditionnelles, en même temps qu'elle élargit le champ du lyrisme : « Le domaine de la poésie est illimité. Sous le monde réel, il existe un monde idéal qui se montre resplendissant à l'œil de ceux que des méditations graves ont accoutumés à voir dans les choses [...]. La poésie n'est pas dans la forme des idées mais dans les idées elles-mêmes. La poésie, c'est tout ce qu'il y a d'intime dans tout. » La préface de 1824 aux *Odes* dont est tiré cet extrait atteste bien une orientation marquée vers cette approche à la fois cosmique et intime. L'intérieur des choses n'est pas – ou pas seulement – le sentiment qu'y projette l'homme. Il est aussi l'idéal, c'est-à-dire qu'un avenir virtuel y est contenu : le monde peut être autre chose que ce qu'il est à un moment donné. Cette inscription du possible dans la lecture du réel immédiat en transcende les limites, tout en invitant dès maintenant à les dépasser. L'amour romantique des antithèses permettra bientôt de voir dans le misérable l'homme accompli qu'il pourrait être, dans le grotesque la figure sublime d'une humanité pour l'instant niée, mais bientôt affranchie de la condition qui lui est faite. Le poète ne tardera pas à rejeter les bornes trop étroites assignées à la poésie par l'esthétique classique : « Tout relève de l'art ; tout a droit de cité en poésie. »

Dans ses recueils poétiques, des *Odes et ballades* aux *Orientales*, la créativité hugolienne bouscule les normes. La formule évoquant « le poète dans les révolutions » ouvre le recueil des *Odes*. Mais c'est davantage par l'audace de la forme poétique et de l'inspiration que par les idées politiques que celui-ci innove. Un mouvement esthétique, partiellement en phase avec le romantisme, délivre son message propre. « L'art n'a que faire des lisières, des menottes, des bâillons ; il vous dit : “va” et vous lâche dans ce grand jardin de poésie, où il n’y a pas de fruit défendu » (Préface aux *Orientales*, janvier 1829). C’est dans ce même recueil que Hugo évoque directement la révolte des Grecs contre l’occupation turque ; « Je veux de la poudre et des balles », fait-il dire à un adolescent. La même préface radicalise la formulation d’une totale indépendance du poète à l’égard non seulement de toute pression politique, mais aussi de tout conformisme religieux : « Que le poète aille donc où il veut, en faisant ce qui lui plaît : c’est la loi. Qu’il croie en Dieu ou aux dieux, à Pluton ou à Satan, à Canidie ou à Morgane ou à rien, qu’il acquitte le péage du Styx, qu’il soit du sabbat [...] le poète est libre. » L’audace de la proclamation est remarquable : croyants des diverses religions et athées sont désormais égaux, sans qu’aucun privilège puisse être attaché à une option spirituelle. Nulle tutelle religieuse, nul dogmatisme ne doivent régenter l’art. La bataille d’*Hernani* n’est pas loin, les Trois Glorieuses non plus.

Éléments d’une poétique cosmique de l’engagement
« Tristesse d’Olympio. »

Subversive politiquement, la liberté de l’art se dote d’un cadre de référence : le grand tout des êtres, tout simplement, et l’aventure indéfinie qui l’affecte. La mélancolie, en poésie comme dans la vie, est porteuse d’un sens métaphysique. Conscience des choses révolues et partant de la précarité, elle invite la pensée à méditer le sens de ce qui est et devient, l’absurdité des souffrances produites par l’arbitraire humain, la réalité de la présence au monde. Peut-être faut-il partir des poèmes mélancoliques des *Feuilles d’automne*, voués à l’âme secrète des amours vécues et « oubliées » par la nature, apparemment indifférente aux tourments des hommes.

> « À présent j’ai senti, j’ai vu, je sais – qu’importe
> Si moins d’illusions viennent ouvrir ma porte
> Qui gémit en tournant. »

(*Les Feuilles d’automne*, XIV)

Une figure originale du romantisme se dessine, qui joint le sentiment de la nature (« J’aime les soirs sereins et beaux, j'aime les soirs », *Soleils couchants*) et le souci de l'humanité (« Je hais l'oppression d'une haine profonde », XL). Remarquable à cet égard est le poème « Ce qu'on entend dans la montagne », daté du 27 juillet 1829. Le lyrisme s'enracine dans une vision cosmique dont l'engagement littéraire et politique tire sa source et son fondement. Victor Hugo confronte la nature infinie et profonde, temple vivant d'une sorte de dieu Pan, répandu partout, et le spectacle d'une humanité issue d'elle, mais aux prises avec ses propres détresses. Son lyrisme, désormais, s'interroge sur ce qui mêle « le chant de la nature au cri du genre humain » :

> « Qu'était-ce que ce bruit dont mille échos vibraient ?
> Hélas c'était la terre et l'homme qui pleuraient.
> Frères ! De ces deux voix étranges, inouïes,
> Sans cesse renaissant, sans cesse évanouies,
> Qu'écoute l'Éternel durant l'éternité,
> L'une disait : Nature ! Et l'autre Humanité ! »

La métaphysique de la nature, au temps des *Feuilles d'automne* s'ouvre aux « mille objets de la création qui souffrent et languissent autour de nous ». Elle esquisse le regard sur ceux qui sont en déshérence : « Pour les Pauvres », entre autres, marque un souci qui ne se démentira jamais. Le poète décrit sa sensibilité comme un « écho sonore » du grand tout dont chaque être procède. Et il avoue sa « partialité passionnée pour les peuples ». Le recueil s'achève sur une longue énumération des tourments de l'histoire humaine, tels qu'ils existaient en ce mois de novembre 1831. Avec, pour finir, la fameuse résolution d'engagement du poète :

> « Oh ! la muse se doit aux peuples sans défense !
> J'oublie alors l'amour, la famille, l'enfance,
> Et les molles chansons, et les loisirs sereins,
> Et j'ajoute à ma lyre une corde d'airain ! »

Parallèlement au cheminement poétique, l'œuvre romanesque atteste et confirme la métamorphose du romantisme qui s'esquisse, et la métaphysique de l'engagement qu'elle met en œuvre. *Le Dernier Jour d'un condamné* et *Notre-Dame de Paris*, à la même période, inscrivent la vie humaine dans un horizon cosmique dont elle tire une valeur sacrée au regard des lois incertaines, voire franchement révoltantes, de l'histoire.

La mélancolie, Victor Hugo la connaît, témoignage simultané d'un bonheur sans ancrage certain et d'une insatisfaction éthique ou politique bien en phase avec le mal du siècle. *Les Chants du crépuscule* disent ce sentiment, mélange étrange d'attente inquiète et de regret indéfini : « C'est cet étrange état crépusculaire de l'âme et de la société dans le siècle où nous vivons : c'est cette brume au-dehors, cette incertitude au-dedans ; c'est ce je-ne-sais-quoi d'à demi éclairé qui nous environne » (1835). Reste qu'un tel état ne peut conduire le poète à simplement se morfondre. Il s'assortit d'une conscience vive de la souffrance injustement subie et du contraste entre misère et richesse provocante, même s'il n'envisage d'abord que la compassion. (« Oh ! n'insultez jamais une femme qui tombe ! », *Les Chants du crépuscule,* XIV).

Hugo s'inscrit bien dans le mouvement romantique, notamment par son cheminement poétique, qui le conduit aux profondeurs du recueil publié en 1840, *Les Rayons et les ombres.* La nature y est présente, témoin des amours et des espoirs des hommes, mais aussi de leurs tourments. Le poète se regarde en elle et il devine une symétrie inversée : la nature demeure, impassible, alors que les hommes passent et les paysages, identiques à eux-mêmes, ne renvoient plus qu'un écho affaibli des passions si vivement vécues. Un double sentiment de l'homme à l'égard de la nature, de proximité et d'étrangeté, se convertit en vision cosmique où bientôt viendront s'inscrire les luttes pour la liberté et la justice. La nature est témoin des aventures humaines ; elle en est aussi la source et l'horizon, soit qu'elle accueille ceux qui s'aiment et la font complice, soit qu'elle devienne paysage de l'absence, quand les amours anciennes ne sont plus et qu'elle demeure telle qu'en elle-même, apparemment impassible et transcendante par rapport aux vives émotions qu'elle hébergea. C'est le thème central notamment de « Tristesse d'Olympio » (1840) :

> « Dieu nous prête un moment les prés et les fontaines,
> Les grands bois frissonnants, les rocs profonds et sourds,
> Et les cieux azurés et les lacs et les plaines,
> Pour y mettre nos cœurs, nos rêves, nos amours ;
> Puis il nous les retire. Il souffle notre flamme ;
> Il plonge dans la nuit l'antre où nous rayonnons ;
> Et dit à la vallée, où s'imprima notre âme,

D'effacer notre trace et d'oublier nos noms.
« Eh bien ! oubliez-nous, maison, jardin, ombrages !
Herbe, use notre seuil ! ronce, cache nos pas !
Chantez, oiseaux ! ruisseaux, coulez ! croissez, feuillages !
Ceux que vous oubliez ne vous oublieront pas. [...] »

(*Les Rayons et les ombres*, XXXIV)

On retrouvera cette figure d'une nature divine, de ce cosmos sacré, comme référence principielle des grands combats de Victor Hugo, ainsi ancrés dans une métaphysique révolutionnaire. De la vie humaine inviolable au progrès tenu pour le « pas de Dieu », le lyrisme de l'engagement aura ainsi sa source et son horizon.

Le théâtre : « drame de la vie et drame de la conscience »

« Le théâtre est une chaire. »

L'art et la liberté sont indissociables. Mais le poète se faisant dramaturge découvre assez vite qu'il lui faut lutter pour avoir le droit, simplement, de faire vivre son art et de vivre de lui. Pour l'heure, la liberté prend son essor dans l'esthétique théâtrale elle-même. Pour le théâtre, une nouvelle conception s'affirme, notamment dans la fameuse préface de *Cromwell* (1827), véritable manifeste de la dramaturgie romantique. D'abord, et avant tout, la liberté théâtrale est l'expression d'une liberté plus générale : la liberté de regarder sans fard la réalité :

« Disons-le donc hardiment. Le temps en est venu, et il serait étrange qu'à cette époque, la liberté, comme la lumière, pénétrât partout, excepté dans ce qu'il y a de plus nativement libre au monde, les choses de la pensée. Mettons le marteau dans les théories, les poétiques et les systèmes. Jetons bas ce vieux plâtrage qui masque la façade de l'art ! Il n'y a ni règles ni modèles ; ou plutôt il n'y a d'autres règles que les lois générales de la nature qui planent sur l'art tout entier, et les lois spéciales qui, pour chaque composition, résultent des conditions d'existence propres à chaque sujet.

Le théâtre est un point d'optique. Tout ce qui existe dans le monde, dans l'histoire, dans la vie, dans l'homme, tout doit et peut s'y réfléchir, mais sous la baguette magique de l'art. L'art feuillette les siècles, feuillette la nature, interroge les chroniques, s'étudie à reproduire la réalité des faits, surtout celle des mœurs et des caractères, bien moins léguée au doute et à la contradiction que les faits, restaure ce que les annalistes ont tronqué, harmonise ce qu'ils ont dépouillé, devine leurs omissions et les répare, comble leurs lacunes par des imaginations qui aient la couleur du temps, groupe ce qu'ils ont laissé épars, rétablit le jeu des fils de la providence sous les marionnettes humaines, revêt le tout d'une forme poétique et naturelle à la fois, et lui donne cette vie de vérité et de saillie qui enfante l'illusion, ce prestige de réalité qui passionne le spectateur, et le poète le premier, car le poète est de bonne foi. Ainsi le but de l'art est presque divin : ressusciter, s'il fait de l'histoire ; créer, s'il fait de la poésie. »

Affirmation des droits du grotesque et de la fécondité des antithèses entre le grotesque et le sublime, expressives d'une réalité sans fard, bouleversement des codes verbaux notamment par l'introduction dans les dialogues de tous les niveaux de langue, remise en question de la règle classique des trois unités (d'action, de temps et de lieu), libération de la versification et de la prosodie. Il s'agit de « croiser le drame de la vie et le drame de la conscience ».

Un premier extrait de la préface de *Cromwell*, véritable manifeste de l'art nouveau, définit le champ d'intervention de la littérature en identifiant le drame et la poésie, coextensifs à tout ce qui est :

« La poésie de notre temps est donc le drame ; le caractère du drame est le réel ; le réel résulte de la combinaison toute naturelle de deux types, le sublime et le grotesque, qui se croisent dans le drame, comme ils se croisent dans la vie et dans la création. Car la poésie vraie, la poésie complète, est dans l'harmonie des contraires. Puis, il est temps de le dire hautement, et c'est ici surtout que les exceptions confirmeraient la règle, tout ce qui est dans la nature est dans l'art. »

D'où une émancipation du cadre théâtral et de ses repères pratiques :

« L'unité de temps n'est pas plus solide que l'unité de lieu. L'action, encadrée de force dans les vingt-quatre heures, est aussi ridicule qu'encadrée dans le vestibule. Toute action a sa durée propre comme son lieu particulier. Verser la même dose de temps à tous les événements ! appliquer la même mesure sur tout ! On rirait d'un cordonnier qui voudrait mettre le même soulier à tous les pieds. »

La liberté de l'écriture est dès lors de mise et cela rejaillit notamment sur la versification :

« Si nous avions le droit de dire quel pourrait être, à notre gré, le style du drame, nous voudrions un vers libre, franc, loyal, osant tout dire sans pruderie, tout exprimer sans recherche ; passant d'une naturelle allure de la comédie à la tragédie, du sublime au grotesque ; tour à tour positif et poétique, tout ensemble artiste et inspiré, profond et soudain, large et vrai ; sachant briser à propos et déplacer la césure pour déguiser sa monotonie d'alexandrin ; plus ami de l'enjambement qui l'allonge que de l'inversion qui l'embrouille ; fidèle de la rime, cette esclave reine, cette suprême grâce de notre poésie, ce générateur de notre mètre ; inépuisable dans la variété de ses tours, insaisissable dans ses secrets d'élégance et de facture. »

En février 1833, la préface de *Lucrèce Borgia* souligne l'enjeu d'un théâtre désormais conçu comme une expression publique des idéaux : « Le théâtre, on ne saurait trop le répéter, a de nos jours une importance immense, et qui tend à s'accroître sans cesse avec la civilisation même. Le théâtre est une chaire. Le théâtre parle fort et haut. » Et d'ajouter à propos du rôle du dramaturge : « Il se sait responsable, et il ne veut pas que cette foule puisse lui demander compte un jour de ce qu'il lui aura enseigné. Le poète aussi a charge d'âmes. » *Lucrèce Borgia* suscitera une hostilité durable des milieux cléricaux. Charles Nodier lui-même, pourtant écrivain romantique initialement proche, en fera une vive critique et s'opposera, pour des raisons explicitement idéologiques, à l'entrée de Victor Hugo à l'Académie française. En janvier 1836, il stigmatisera la pièce, qui « flétrit un pape et blesse les sentiments religieux ».

Préfaçant un recueil du jeune poète Charles Dovalle, en novembre 1829, Victor Hugo effectue pour la première fois la jonction entre la liberté en art et l'héritage de la révolution. L'art retrouve explicitement la politique et celle-ci ne s'y manifeste qu'à travers les exigences d'une réaffirmation des principes révolutionnaires. Liberté. Il écrit :

« Le mouvement, nous l'avons déjà dit bien des fois, n'est qu'une conséquence naturelle, qu'un corollaire immédiat de notre grand mouvement social de 1789. C'est le principe de liberté qui, après s'être établi dans l'État, et y avoir changé la face de toutes choses, poursuit sa marche, passe du monde matériel au monde intellectuel et vient renouveler l'art comme il a renouvelé la société. La liberté dans l'art, la liberté dans la société, voilà le double but auquel doivent tendre d'un même pas tous les esprits conséquents et logiques. [...] La liberté littéraire est fille de la liberté politique. Ce principe est celui du siècle et prévaudra. Les ultras de tout genre, classiques ou monarchiques, auront beau se prêter secours pour refaire l'ancien régime de toutes pièces, société et littérature, chaque progrès du pays, chaque développement des intelligences, chaque pas de la liberté, fera crouler tout ce qu'ils auront échafaudé. »

En somme, l'art est en retard d'une révolution et s'il doit lui aussi connaître un bouleversement décisif, ce n'est pas pour gommer 89 et revenir à un âge monarchique débarrassé des dérives qui conduisirent à la Révolution, comme certains romantiques réactionnaires veulent le croire, mais pour relayer une aspiration à la liberté conforme à sa nature. Victor Hugo ne tardera pas à penser qu'en retour l'art libéré peut être facteur de progrès, par l'exemple de liberté en acte qu'il représente autant que par les thèmes et les formes qu'il choisit. Bref, se met en place la dynamique d'un romantisme artistique qui, par sa logique propre, ouvre aux problèmes de la société en refusant une esthétique par trop sélective et exclusive, en affichant sa volonté d'embrasser tout le réel, avec ses contradictions et ses antithèses, ses noirceurs et ses lumières.

Le combat contre la censure

« Aujourd'hui on me fait prendre ma liberté de poète par un censeur, demain on me fera prendre ma liberté de citoyen par un gendarme » (19 décembre 1832).

Pour l'heure, le poète dramaturge, emporté par cette dynamique, va connaître sa première et grave déconvenue avec le régime. Le 1er août 1829, le drame qu'il vient d'écrire, *Marion de Lorme*, est censuré par les autorités royales. La première représentation à la Comédie-Française est interdite. Motif : le quatrième acte met en scène de façon peu flatteuse le roi Louis XIII, et l'on craint que le public ne fasse un parallèle avec Charles X ! Hugo proteste, multiplie vainement les démarches, y compris auprès du roi. Celui-ci croit bien faire en ordonnant le versement au poète d'une nouvelle pension de 4 000 francs, que Victor Hugo refuse. Dans sa situation d'alors, la somme serait pourtant bien venue. Mais la liberté de création passe avant tout. Il s'agit de rejeter ce qu'il appelle la « chiourme de la pensée » sans doute par analogie avec le bagne de Toulon : les problèmes se rejoignent, préparant cette synthèse originale d'un romantisme militant à visée sociale qui recevra sa théorie achevée pendant la période de l'exil.

La conjonction des deux gestes royaux – censure et manne financière – a quelque chose d'humiliant, typique du mécénat royal. On interdit, puis on dédommage. Elle est révélatrice d'un problème de fond : le statut de l'activité artistique en monarchie, lui-même expressif de la nature fondamentale du régime, à savoir la persistance de l'arbitraire, malgré la charte et l'engagement du roi qu'elle implique. Les artistes sont dépendants de pensions royales, alors qu'ils pourraient vivre de leur art si la propriété littéraire était mieux reconnue et si la censure – préalable ou *a posteriori* – n'y faisait pas obstacle. Deux questions se rejoignent ici : celles de la liberté du théâtre – et plus généralement de l'art –, et celle du statut social et juridique de l'activité artistique. Victor Hugo s'exclame : « Aujourd'hui on me bannit du théâtre, demain on me bannira du pays ; aujourd'hui on me bâillonne, demain on me déportera. »

À travers ces questions, Victor Hugo prend conscience du fait qu'en monarchie les libertés sont octroyées, accordées ou refusées, modulées selon un bon vouloir. Elles varient selon le bon plaisir du roi, ou l'idéologie qui conforte et préserve le régime. Elles sont secondes, voire secondaires, puisqu'elles dépendent d'une autorité extérieure, au lieu d'être premières et de dériver de la seule dignité des hommes. Il y a donc bien contradiction entre la Déclaration des droits de l'homme, dans laquelle la liberté et l'égalité sont des principes fondateurs, qui doivent s'imposer à toute autorité politique, et la figure d'une monarchie qui conserve au roi des prérogatives telles que les libertés lui restent assujetties. L'arbitraire du prince et de ses conseillers qui veillent au « royalement correct » est au principe même du régime, comme l'avait remarqué Montesquieu à propos des diverses formes du despotisme. Le système des pensions royales s'assortit d'une clause implicite de servilité : il est indigne. Qui décide de la conformité d'une œuvre ? Est-il même légitime qu'existe une exigence de conformité, dont les critères sont à la fois discutables et extérieurs à l'activité créatrice de l'artiste ?

Le refus de Victor Hugo amorce une rupture, au moins morale et bientôt politique, avec la monarchie. Il est le prélude à un combat qui se poursuivra jusqu'à l'établissement durable de la République, seule garantie politique et juridique de la liberté de l'écrivain et de la liberté tout court. Les mêmes causes produisant les mêmes effets, la censure royale – ou plus sourdement des manœuvres pour déconsidérer les œuvres suspectes, par exemple *Hernani*, sévira à nouveau. Le 22 novembre 1832, alors que la monarchie de Juillet a succédé à la Restauration, *Le roi s'amuse* est représenté pour la première fois à la Comédie-Française. La pièce est aussitôt interdite. La liberté avec laquelle Hugo y parle des rois est toujours en cause. En 1838, *Ruy Blas* ne connaîtra pas la mésaventure de l'interdiction ou de la censure, mais subira également des critiques, de nature idéologique et non artistique, à peine voilées. Un article du journal *La Quotidienne* du 22 novembre 1838, à cet égard, est très significatif : « Que Monsieur Hugo ne s'y trompe pas, ses pièces trouvent plus d'opposition à son système politique qu'à son système dramatique : on lui en veut moins de mépriser Aristote [N.B. : théoricien de la règle des trois unités, contestée par Hugo] que de mépriser les rois ; les luttes qui s'établissent à propos de ses ouvrages au théâtre et dans les journaux sont plus animées par l'esprit de parti que par l'esprit de doctrine, et on lui pardonnera toujours plus aisément d'imiter Shakespeare que Cromwell. »

À l'évidence, la liberté de l'art est devenue une vraie question politique. Victor Hugo ne manquera jamais une occasion de défendre « le droit de prendre l'initiative multiple et féconde de la liberté » et de solidariser des victimes de la censure. Il protestera quand celle-ci frappera Balzac pour son roman *Vautrin*, en mai 1840. Avec l'évolution du romantisme, et la nouvelle figure que lui donne le futur républicain, ce principe de liberté prend chair et vie. Enfin élu à l'Académie française en janvier 1841, le poète ne manquera pas d'inclure dans son discours de réception un éloge de la liberté en art et du courage de son prédécesseur, écrivain qui n'hésita pas à affronter la censure napoléonienne :

> « Le droit de critique, messieurs, paraît au premier abord découler naturellement du droit d'apologie. L'œil humain – est-ce perfection ? est-ce infirmité ? – est ainsi fait qu'il cherche toujours le côté défectueux de tout. Boileau n'a pas loué Molière sans restriction. Cela est-il à l'honneur de Boileau ? Je l'ignore, mais cela est. Il y a deux cent trente ans que l'astronome Jean Fabricius a trouvé des taches dans le soleil ; il y a deux mille deux cents ans que le grammairien Zoïle en avait trouvé dans Homère.

Du jour où il (Lemercier) crut de son devoir de lutter contre ce qui lui semblait l'injustice faite gouvernement, il immola à cette lutte sa fortune, qu'il avait retrouvée après la Révolution et que l'Empire lui reprit, son loisir, son repos, cette sécurité extérieure qui est comme la muraille du bonheur domestique et, chose admirable dans un poëte, jusqu'au succès de ses ouvrages. Jamais poëte n'a fait combattre des tragédies et des comédies avec une plus héroïque bravoure. Il envoyait ses pièces à la censure comme un général envoie ses soldats à l'assaut. Un drame supprimé était immédiatement remplacé par un autre qui avait le même sort. »

Le même discours sera également une occasion de préciser la fonction du poète :

« Dévouer sa pensée au développement continu de la sociabilité humaine ; avoir les populaces en dédain et le peuple en amour ; respecter dans les partis, tout en s'écartant d'eux quelquefois, les innombrables formes qu'a le droit de prendre l'initiative multiple et féconde de la liberté ; ménager dans le pouvoir, tout en lui résistant au besoin, le point d'appui, divin selon les uns, humain selon les autres, mystérieux et salutaire selon tous, sans lequel toute société chancelle ; confronter de temps en temps les lois humaines avec la loi chrétienne et la pénalité avec l'Évangile ; aider la presse par le livre toutes les fois qu'elle travaille dans le vrai sens du siècle ; répandre largement ses encouragements et ses sympathies sur ces générations encore couvertes d'ombre qui languissent faute d'air et d'espace et que nous entendons heurter tumultueusement de leurs passions, de leurs souffrances et de leurs idées les portes profondes de l'avenir ; verser par le théâtre sur la foule, à travers le rire et les pleurs, à travers les solennelles leçons de l'histoire, à travers les hautes fantaisies de l'imagination, cette émotion tendre et poignante qui se résout dans l'âme des spectateurs en pitié pour la femme et en vénération pour le vieillard ; faire pénétrer la nature dans l'art comme la sève même de Dieu ; en un mot civiliser les hommes par le calme rayonnement de la pensée sur leurs têtes, voilà aujourd'hui, messieurs, la mission, la fonction et la gloire du poëte. »

Ces propos sont à rapprocher d'un poème écrit en 1837 pour le recueil *Les Rayons et les ombres*, où le poète est défini comme un « rêveur sacré ». Victor Hugo écrit :

« Le poète en des jours impies
Vient préparer des jours meilleurs.
Il est l'homme des utopies,
Les pieds ici, les yeux ailleurs. »

Plus tard, en 1874, évoquant la révolution romantique, le poète s'inscrira dans un mouvement plus vaste, dont il n'est pas tant le précurseur que l'expression aiguë. Mutation caractéristique, par laquelle l'élite se résorbe dans la conscience critique commune dont elle devient davantage l'aiguillon que l'éclaireur solitaire. Le génie doit comprendre son temps et les exigences à assumer pour qu'il progresse. Mais il ne peut le faire sans prendre lui-même sa place dans les luttes, ni prendre en charge le point de vue de ceux qui souffrent le plus des injustices sociales. C'est ce que le poète appelle « voir à travers le peuple ». Le poète *dans* les révolutions, au sens fort, que ne soupçonnait pas, peut-être, le fringant royaliste qui écrivait *Les Odes et ballades.* Il faut lire les vers écrits en marge d'un poème dédié à Théophile Gautier, dans un des derniers recueils du poète, *Toute la lyre* :

> « La révolution, soleil dans le brouillard,
> Après avoir refait l'homme, refaisait l'art. »

L'art, levier d'émancipation

« Je mis un bonnet rouge au vieux dictionnaire. »

Le premier combat de Victor Hugo porte en lui tous les autres. En un sens, il est aussi la constante de son action. C'est, on l'a vu dans le premier chapitre, le combat pour la liberté, qui commence par la liberté en art et se poursuivra par la liberté dans sa portée la plus générale. « Malo pericolosam libertatem » (je préfère la périlleuse liberté). « Olympio » devient « Hierro », pseudonyme d'origine espagnole qui signifie fer, airain. C'est dire que la sérénité du mélancolique, sans disparaître, laisse désormais au premier plan le poète engagé.

Un art libéré est porteur de délivrance, car ses œuvres, en elles-mêmes, sont un témoignage de beauté qui nourrit et cultive. Elles suggèrent un mode d'existence humaine aussi accomplie que possible et elles élèvent vers lui ne serait-ce que le temps d'une émotion. Dépassant les fausses querelles qui opposent l'art pour l'art et l'art pour le progrès, Hugo montrera qu'il n'y a pas à choisir entre le beau et l'utile, car le beau fait signe vers une humanité déliée, même lorsqu'il assume des fonctions de révolte ou de critique sociale. Par sa liberté même, l'art se fera donc miroir et mémoire des tourments de son époque, sans transiger avec les nécessités d'une lucidité propre à briser les limites de tout conformisme. L'exigence originaire, que reflétera et assumera le romantisme social de Victor Hugo, est de connaître pleinement le réel, dans tous ses aspects, même les plus noirs et les moins intégrables aux plates visions idylliques des tenants de l'ordre établi. Ce principe qui ouvre l'art à ce qui en était exclu démocratise le lyrisme sans l'abaisser. En effet, tout ce qui existe mérite considération et porte intimement la dignité de l'être. Le parti pris esthétique et la conception de l'engagement de Victor Hugo relèvent d'une sorte d'éthique de la littérature, exprimée dans les textes consacrés à la mission du poète déjà évoqués.

Une telle évolution de la conception de l'art et du romantisme réaliste, voire du réalisme romantique dont elle relève, a pour corollaire un processus de rupture politique avec la monarchie. C'est que le romantisme des origines, inoffensif pour les rois, cède la place au romantisme d'une nature humaine accomplie en tout homme, prenant pour références l'avenir et le progrès et pour méthode la restitution sans concession du réel tel qu'il est, dans les noirceurs des injustices effectives qu'il héberge. La préface du recueil publié en 1831, *Les Feuilles d'automne*, a fait état d'une « partialité passionnée pour les peuples », tout en rappelant que « l'art a sa loi qu'il suit ».

Victor Hugo, en ces années décisives, se découvre « une sympathique intelligence des révolutions, qui implique le dédain de l'émeute ». Et il cultive « ce grave respect du peuple qui s'allie au mépris de la canaille » (*Les Voies intérieures*, 1837). Distinction capitale, qui s'approfondit dans un premier temps et se nuance ensuite, par une réhabilitation relative de la « canaille », lie du peuple par cumul des injustices subies. Le peuple s'installe dans l'œuvre de Victor Hugo et il ne la quittera plus. Il sera désormais un pôle de référence de sa radicalisation politique. Les premières batailles vont bientôt déboucher sur l'engagement républicain le plus résolu, puis sur l'exil. L'heure d'un bilan provisoire, alors, aura sonné. Tant sur le plan artistique que sur le plan politique, si étroitement unis désormais.

Un poème remarquable, inséré dans le recueil des *Contemplations* publiées en 1856, raconte avec verve et vigueur la révolution politico-littéraire qui éclaire la première période de la vie de Hugo. Il s'agit de la fameuse « Réponse à un acte d'accusation », datée de 1834, mais en fait réécrite plutôt en 1854, car les thèmes prouvent qu'elle a été antidatée pour être rapprochée du roman *Claude Gueux* et de l'*Étude sur Mirabeau.*

« Quand, tâchant de comprendre et de juger, j'ouvris
Les yeux sur la nature et sur l'art, l'idiome,
Peuple et noblesse, était l'image du royaume ;
La poésie était la monarchie ; un mot
Était un duc et pair, ou n'était qu'un grimaud ;
Les syllabes, pas plus que Paris et que Londres,
Ne se mêlaient ; ainsi marchent sans se confondre
Piétons et cavaliers traversant le pont Neuf ;
La langue était l'État avant quatre-vingt-neuf ;
Les mots, bien ou mal nés, vivaient parqués en castes [...]
Alors, brigand, je vins ; je m'écriai : Pourquoi
Ceux-ci toujours devant, ceux-là toujours derrière ?
Et sur l'Académie, aïeule et douairière,
Cachant sous ses jupons les tropes effarés,
Et sur les bataillons d'alexandrins carrés,
Je fis souffler un vent révolutionnaire.
Je mis un bonnet rouge au vieux dictionnaire.
Plus de mot sénateur ! plus de mot roturier !
Je fis une tempête au fond de l'encrier,
Et je mêlai, parmi les ombres débordées,
Au peuple noir des mots l'essaim blanc des idées. [...]

Liberté ! c'est ainsi qu'en nos rébellions,
Avec des épagneuls nous fîmes des lions,
Et que, sous l'ouragan maudit que nous soufflâmes,
Toutes sortes de mots se couvrirent de flammes. [...]
Aux armes, prose et vers ! formez vos bataillons !
Voyez où l'on en est : la strophe a des bâillons !
L'ode a les fers aux pieds, le drame est en cellule. [...]

Oui, je suis ce Danton ! je suis ce Robespierre !
J'ai, contre le mot noble à la longue rapière,
Insurgé le vocable ignoble, son valet [...]

J'ai dit à la narine : Eh mais ! tu n'es qu'un nez !
J'ai dit au long fruit d'or : Mais tu n'es qu'une poire ! [...]

Tous les mots à présent planent dans la clarté.
Les écrivains ont mis la langue en liberté. »

Paris, janvier 1834

Désormais, les grandes lignes de l'engagement semblent définies. Elles vont féconder les combats politiques pour le droit et les libertés publiques, et s'affirmer dans les interventions pour l'humanisation du droit pénal, dans le combat pour l'émancipation laïque et l'instruction, enfin dans l'engagement résolu en faveur de la république et de la démocratie.

Chapitre trois

Contre le « meurtre légal »

Des souvenirs qui marquent

« Ce reste des pénalités sauvages [...]. »

Lors d'un voyage en Italie, Victor Hugo enfant assiste à un spectacle funèbre. En compagnie de ses frères et de sa mère, il est horrifié par la vision d'hommes tués, dont les cadavres mutilés sont placés sur le bord des routes afin d'inspirer la peur. Adèle Hugo, la femme du poète, raconte : « Ils passaient, glacés de terreur, près de têtes coupées déjà desséchées ou saignant encore, de bras ou de mains cloués à d'autres arbres, affreux épouvantails qui disaient aux tueurs de grandes routes : voilà ce que vous serez ! »

Un autre souvenir a marqué le poète. Dans l'Espagne envahie par les armées de Napoléon, Victor Hugo a également été témoin de scènes affreuses. Il a vu les suppliciés sur des croix, au bord des routes. Et la répression impitoyable de ceux qui combattaient l'occupant. Une sorte de tableau vivant du *Tres de mayo* où Goya dépeint le massacre des résistants madrilènes. La peine de mort politique s'est présentée à lui dans toute son horreur.

Plus tard, le spectacle du supplice donné en public, pour des délits de droit commun cette fois-ci, le bouleversera également. Lors d'une exécution en place de Grève (aujourd'hui place de l'Hôtel de Ville), au moment où le bourreau tranche d'un coup de hache le poignet d'un condamné pour parricide, l'écrivain détourne la tête. Mais il ne peut échapper à l'ambiance sonore. Cris et silence se succèdent, murmures d'horreur et attention morbide tendent l'atmosphère, dans le souffle retenu de la foule. Une émotion vive et une répulsion immédiate laissent à tout jamais leur empreinte.

Mais il y a aussi, plus généralement, les supplices publics de « peines irréparables », « insulte de la barbarie à la civilisation ». Un récit de 1862, extrait de *Genève et la peine de mort*, en témoigne :

> « À Paris, en 1818 ou 19, un jour d'été, vers midi, je passais sur la place du Palais de justice. Il y avait là une foule autour d'un poteau. Je m'approchai. À ce poteau était liée, carcan au cou, écriteau sur la tête, une créature humaine, une jeune femme ou une jeune fille. Un réchaud plein de charbons ardents était à ses pieds devant elle, un fer à manche de bois, plongé dans la braise, y rougissait, la foule semblait contente. Cette femme était coupable de ce que la jurisprudence appelle vol domestique et la métaphore banale, danse de l'anse du panier. Tout à coup, comme midi sonnait, en arrière de la femme et sans être vu d'elle, un homme monta sur l'échafaud ; j'avais remarqué que la camisole de bure de cette femme avait par derrière une fente rattachée par des cordons ; l'homme dénoua rapidement les cordons, écarta la camisole, découvrit jusqu'à la ceinture le dos de la femme, saisit le fer dans le réchaud, et l'appliqua, en appuyant profondément, sur l'épaule nue. Le fer et le poing du bourreau disparurent dans une fumée blanche. J'ai encore dans l'oreille, après plus de quarante ans, et j'aurai toujours dans l'âme l'épouvantable cri de la suppliciée. Pour moi, c'était une voleuse, ce fut une martyre. Je sortis de là déterminé – j'avais seize ans – à combattre à jamais les mauvaises actions de la loi.
>
> De ces mauvaises actions la peine de mort est la pire. »

La guillotine

« L'échafaud achevait, resté seul sur la Grève,
Sa journée, en voyant expirer le soleil. »

Quant à l'échafaud, sa seule évocation rappelle, entre autres, l'ombre portée sur la Révolution française. Utilisée pour les coupables de droit commun comme pour les condamnations de type politique, la guillotine a uniformisé la peine capitale : nobles et roturiers, riches et pauvres, personnages influents et « misérables » doivent mourir de la même manière. C'en est fini, notamment, des affres de la pendaison, réservée naguère aux déshérités. Reste que ce relatif « progrès » – ainsi pensé par le docteur Guillotin – conserve malgré tout pour Hugo une trace de barbarie évidente.

À nouveau les souvenirs. Évoquant son passage place de Grève, où avaient lieu les exécutions capitales, Victor Hugo raconte comment lui est venue l'idée de la barbarie de la peine capitale : « C'est là qu'un jour en passant il a ramassé cette idée fatale, gisante dans une mare de sang sous les rouges moignons de la guillotine. »

De fait, sa première vision de la guillotine remonte au 7 juin 1820. Le poète a dix-huit ans. Il voit conduire à l'échafaud Louvel, le meurtrier du duc de Berry. C'est à ce duc, notamment, qu'est dédiée une des premières odes de Victor Hugo. « Sa haine pour l'assassin se change en pitié pour le patient. » Aussitôt lui vient une observation d'une profondeur saisissante, qui contient en germe ce que sera l'essentiel de son argumentation contre la peine de mort. Victor Hugo racontera qu'il s'étonnait que « la société fît au coupable, et de sang froid, sans danger, précisément la même chose dont elle le punissait ».

L'idée d'œuvrer pour l'abolition de la peine de mort, comme plus généralement pour l'humanisation des peines, ne va plus le quitter. « Faisons une émeute de philosophes pour l'adoucissement des codes. » La sensibilité du poète prépare et relaie tout à la fois la conscience du citoyen. Il s'agit de penser à hauteur d'homme. Peut-on décider de la vie d'un autre ? Qui est habilité à punir ? Et de quelles peines ? Comment la société peut-elle enfin refuser de faire ce qu'elle réprouve ? C'est le combat pour une authentique justice qui s'annonce dans ces questions porteuses d'angoisse, où l'humanité réfléchit sur elle-même.

Ce combat prendra d'abord la forme d'un beau roman : *Le Dernier Jour d'un condamné*, qui paraîtra le 7 février 1829. Il se traduira également par une action multiforme pour atteindre l'objectif visé. Nombreuses seront les interventions, plus ou moins couronnées de succès, auprès des gouvernements, pour obtenir la grâce des condamnés à mort. Articles et témoignages iront toujours dans le même sens : clémence suprême et justice enfin humaine, pleinement conforme à la belle idée du droit. Victor Hugo sera conduit à défendre lui-même son fils, Charles Hugo, victime d'un procès pour avoir dénoncé dans le journal *L'Événement* la barbarie d'une exécution publique (cour d'assises de Paris, 11 juin 1851).

Le « meurtre légal » : état de faits
« Le fatal couperet relevé triomphait » (*« L'échafaud »*, La Légende des siècles).

La parution du *Dernier Jour d'un condamné*, en 1829, est précédée par des années particulièrement meurtrières. En 1826, 150 condamnations à la peine capitale ont été prononcées en France ; 110 ont été exécutées. En 1828, 114, dont 75 exécutées. La loi elle-même codifie la cruauté. Pour les parricides, le code de 1812 prévoit que le poing droit du coupable sera tranché avant l'exécution capitale. Il faut observer que, en raison de la survivance d'une vieille tradition qui assimile le roi au père suprême du peuple, toute tentative de meurtre sur sa personne – ou par analogie sur celle de l'empereur – est punie de la même peine.

Le 20 avril 1825, la peine de mort est étendue à toute personne reconnue coupable de sacrilège et le supplice appliqué au parricide l'est également en cas de profanation des hosties. Ces châtiments hérités de l'Ancien Régime avaient été abolis à l'époque révolutionnaire par la Constituante. Cette abolition, aux yeux de Victor Hugo, avait sans doute le double mérite de restreindre le champ d'application d'une peine à ses yeux scandaleuse et de délivrer la loi de l'arbitraire clérical, puisque le sacrilège et la profanation ne sont des fautes que pour des croyants et non pour tous les hommes.

Les faits, Hugo veut les connaître et il n'entend pas se contenter d'approximations. C'est sur les « peines irréparables » en général qu'il veut réfléchir et pour cela se documenter. Il s'informe sur les forçats du bagne de Toulon, avec le souci de comprendre quelles conditions sociales ont pu les conduire aux délits. Le roman *Claude Gueux* se fera l'écho des statistiques recueillies alors. Le poète visite également la prison de la Conciergerie en 1826 et assiste au ferrement des forçats. Il se tient informé de tous les procès pouvant déboucher sur la peine capitale.

Le 6 décembre 1820, il a assisté à l'exécution de Pierre-Louis Martin, qui avait tiré sur son père sans toutefois le toucher. Le supplice habituel destiné au parricide est appliqué, et le poète, on l'a vu, est horrifié. Comme il l'est par le voyeurisme, à ses yeux malsain, de ceux qui accourent au « spectacle » de la mise à mort. L'un de ses premiers romans, *Han d'Islande* (février 1823), a d'ailleurs décrit avec effroi la scène d'hommes courant voir les supplices publics. L'enjeu, pour la réflexion, est la question de la prétendue exemplarité et de la fonction supposée dissuasive de telles « démonstrations ».

Le 21 septembre 1822, c'est la peine de mort pour raisons politiques qui est tragiquement illustrée. On exécute les « quatre sergents de La Rochelle », impliqués dans un complot républicain. Hugo a assisté partiellement au procès. Il apprend au même moment qu'Édouard Delon, un de ses amis d'enfance, est condamné à mort par contumace pour le même motif.

Enfin, parmi les faits multiples qui ont pu frapper Hugo, il faut en retenir deux, suivis tous les deux d'une exécution capitale. D'une part, l'exécution, le 10 septembre 1827, de Louis Ulbach, qui a été conduit au meurtre de la femme qu'il aimait par le désespoir d'en être séparé. L'événement retient l'attention du poète et l'on peut penser que certains épisodes du *Dernier Jour* s'en inspirent. D'autre part, le 7 novembre 1831, Claude Gueux, détenu pour huit ans à la prison de Clairvaux, en tue le gardien-chef Delacelle. Les autres détenus ne cachent pas leur joie. À l'évidence, la sanglante révolte est un signe. Les conditions de détention attestent une certaine conception du rôle de la prison. Et aussi l'oubli des facteurs sociaux de la faute. Le constat s'ouvre sur deux interventions tenaces du poète : contre l'existence des peines irréparables elles-mêmes et contre les causes profondes des délits. En premier lieu, il faut rappeler les fondements raisonnés du combat contre la peine de mort.

La barbarie de la peine de mort

« Un homme tué par un homme effraye la pensée ; un homme tué par des hommes la consterne. »

La lutte contre le « meurtre légal » s'enracine tout d'abord dans le respect de la vie, et de la vie humaine en particulier. Dans la hiérarchie des êtres, celle-ci occupe une place majeure. Prenant à la lettre l'idée d'un caractère sacré de ce qui est, Victor Hugo développe une métaphysique explicitement porteuse de valeurs sociales, fondatrices de droit. Une idée-force : il n'appartient pas à l'homme de suspendre le cours d'une vie qui provient de la spontanéité créatrice de la Nature ou de Dieu, si ce terme englobe, comme il tend à le faire chez Hugo, le dynamisme infini d'une vie s'exprimant dans des formes diverses et tendant à s'y accomplir de façon toujours plus pleine. « C'est à un certain respect mystérieux de la vie qu'on reconnaît l'homme qui pense. » C'est ce que le poète appelle la « dimension religieuse » de la question, et qu'il apparente également à son caractère philosophique.

On pourrait dire, d'un point de vue métaphysique, que tous les hommes sont destinés à mourir, condamnés à mort, en quelque sorte. Mais qui a le droit de couper le fil de la vie ? Les Grecs confiaient ce soin à des divinités, les Parques, et plus spécialement à l'une d'entre elles, Atropos, chargée du ciseau fatal et habilitée à couper le fil de la vie des « mortels ». Ce qui est une façon de soustraire symboliquement la possibilité d'interrompre la vie humaine à des hommes en l'attribuant à une instance supérieure. La finitude est de tous et nul ne peut, même sous les prétextes les plus graves, décider de devancer le terme. De façon saisissante, Hugo dénonce ce qui est à ses yeux une usurpation par laquelle les hommes s'attribuent un pouvoir qui n'est que de la Nature ou de Dieu. Ainsi peut s'interpréter selon lui la figure humaine exemplaire du sacrifice, qui rend visible à tout jamais la barbarie. « Le Christ a aboli la peine de mort en la subissant. »

Deux courts extraits tirés de *Genève et la peine de mort* disent bien l'interrogation tragique devant un « cimetière fait par l'homme » :

> « Vous ne vous êtes donc jamais penchés sur l'inconnu ? Comment osez-vous précipiter là-dedans quoi que ce soit ? Dès que, sur le pavé de nos villes, un échafaud apparaît, il se fait dans les ténèbres autour de ce point terrible un immense frémissement qui part de votre place de Grève et ne s'arrête qu'à Dieu. Cet empiétement étonne la nuit. Une exécution capitale, c'est la main de la société qui tient un homme au-dessus du gouffre, s'ouvre et le lâche. L'homme tombe. Le penseur, à qui certains phénomènes de l'inconnu sont perceptibles, sent tressaillir la prodigieuse obscurité. Ô hommes, qu'avez-vous fait ? qui donc connaît les frissons de l'ombre ? où va cette âme ? que savez-vous ? »

Et d'interroger les hommes sur l'incertain fondement du droit qu'ils s'arrogent de donner la mort :

> « De quel droit constituez-vous Dieu juge avant son heure ? quelle qualité avez-vous pour le saisir ? est-ce que cette justice-là est un des degrés de la vôtre ? est-ce qu'il y a plain-pied de votre barre à celle-là ?

De deux choses l'une : ou vous êtes croyant, ou vous ne l'êtes pas. Si vous êtes croyant, comment osez-vous jeter une immortalité à l'éternité ? si vous ne l'êtes pas, comment osez-vous jeter un être au néant ? »

Ce respect de la vie humaine, le poète se l'applique à lui-même au moment où il songe à une mort-délivrance. Submergé par la douleur consécutive à la disparition tragique en septembre 1843 de sa fille Léopoldine, il élève sa plainte vers l'instance suprême de la vie et de la mort. Cependant, s'il dit vouloir disparaître en raison de son accablement, il sollicite cette mort, mais n'en prend pas l'initiative :

« Oh Seigneur, ouvrez-moi les portes de la nuit
Afin que je m'en aille et que je disparaisse. »

(« À Villéquier »)

Un tel consentement au destin, trajectoire vers un terme dont Dieu seul – ou la Nature – doit décider, s'assortit d'un refus de la « fatalité sociale », c'est-à-dire de la « destinée ». Le meurtre, illégal ou « légal », brouille illégitimement les domaines, en imposant une autre temporalité, arbitraire au regard de l'échéance « normale » dont aucun homme ne doit disposer. *A fortiori* s'il s'agit des hommes, constitués en corps social : la barbarie du meurtre concerté s'apparente au crime et révèle que la réunion de subjectivités particulières s'aligne sur la dimension passionnelle propre aux individus au lieu d'en corriger les excès spontanés comme elle devrait le faire. Hugo le dit bien dans *Genève... :*

« Quelle idée les hommes se font-ils donc du meurtre ? Quoi ! en habit, je ne puis tuer ; en robe je le puis ! comme la soutane de Richelieu, la toge couvre tout ! Vindicte publique ? Ah ! je vous en prie, ne me vengez pas ! meurtre, meurtre vous dis-je ! hors le cas de légitime défense entendu dans son sens le plus étroit (car, une fois votre agresseur blessé par vous et tombé, vous lui devez secours), est-ce que l'homicide est jamais permis ? est-ce que ce qui est interdit à l'individu est permis à la collection ? Le bourreau, voilà une sinistre espèce d'assassin ! l'assassin officiel, l'assassin patenté, entretenu, renté, mandé à certains jours, travaillant en public, tuant au soleil, ayant pour engins “les bois de justice”, reconnu assassin de l'État ! l'assassin fonctionnaire, l'assassin qui a un logement dans la loi, l'assassin au nom de tous ! Il a ma procuration et la vôtre, pour tuer. Il étrangle ou égorge, puis frappe sur l'épaule de la société, et lui dit : Je travaille pour toi, paye-moi. Il est l'assassin *cum privilegio legis*, l'assassin dont l'assassinat est décrété par le législateur, délibéré par le juré, ordonné par le juge, consenti par le prêtre, gardé par le soldat, contemplé par le peuple. Il est l'assassin qui a parfois pour lui l'assassiné ; car j'ai discuté, moi qui parle, avec un condamné à mort appelé Marquis, qui était en théorie partisan de la peine de mort ; de même que, deux ans avant un procès célèbre, j'ai discuté avec un magistrat nommé Teste qui était partisan des peines infamantes. Que la civilisation y songe, elle répond du bourreau. Ah ! vous haïssez l'assassinat jusqu'à tuer l'assassin ; moi je hais le meurtre jusqu'à vous empêcher de devenir meurtrier. Tous contre un, la puissance sociale condensée en guillotine, la force collective employée à une agonie, quoi de plus odieux ? Un homme tué par un homme effraye la pensée, un homme tué par les hommes la consterne. »

L'ineptie sociale de la peine de mort

« L'horreur des peines irrévocables et irréparables » (Procès de Charles Hugo).

La conviction, qui se manifeste dans le *Dernier Jour* et qui se renforcera au fil des années, est que nulle peine sociale, c'est-à-dire en principe conforme au droit, ne doit produire dans celui qu'elle frappe un endurcissement et une rancœur qui aggravent la propension à la faute et au comportement asocial. Au fondement de cette approche, une conception généreuse, qui tient l'humanité de chaque homme pour un ensemble de potentialités jamais épuisé et la crédite d'une sensibilité à la bonté d'une attitude humaine soucieuse de purifier la sanction de toute humiliation comme de tout acharnement.

C'est de ce point de vue, par exemple, qu'il faut donner toute sa portée à un épisode clé des *Misérables.* Le forçat Jean Valjean rencontre Mgr Bienvenu, le bien nommé, après les avanies du bagne qui ne pouvaient que le désespérer de lui-même comme de l'humanité. On sait que malgré la générosité de l'accueil dont il fait l'objet, il ne peut résister encore à la tentation endurcie en lui de voler à nouveau, comme si la blessure prolongée du bagne l'avait enfermé de façon irréparable dans la destinée du voleur à vie. Il faut alors un événement propre à briser ce cercle vicieux, au sens strict du terme. C'est le rôle que va jouer le geste du prêtre. Le renversement inouï du vol des couverts d'argent en cadeau, assorti d'une sorte de prime quand l'évêque offre de surcroît des chandeliers à Jean Valjean, remplit la fonction d'un refus en acte de l'irréparable. Pour la première fois, dans une existence apparemment vouée à la malédiction d'un enchaînement inexorable, un geste rompt la logique fatale.

À la disproportion initiale de la « réponse sociale » à un délit (le bagne pour le vol d'un pain) s'oppose l'incommensurable confiance manifestée enfin par un homme, alors que tout semblait devoir attirer sa réprobation et un retour aggravé à la condition de forçat. Volé par Jean Valjean alors même qu'il lui avait tendu la main, Mgr Bienvenu réitère sa confiance et l'amplifie même, en transformant le vol en don. Il fait donc crédit à l'homme Jean Valjean et le délie du bagne intérieur qu'est l'image de soi renvoyée par la société : celle du voleur jugé comme tel à tout jamais. C'est en ce sens qu'il répare, sans les effacer, les terribles souffrances du bagne. Il ne s'agit pas tant d'une expérience de la charité que d'une invitation à la liberté la plus essentielle : celle de se redéfinir en se choisissant autre. Et c'est en somme le droit à une telle liberté qu'assure le rejet des peines irréparables.

La suite du roman et l'épisode d'un nouveau vol (la pièce du Petit-Gervais) montrent que cette redéfinition de soi ne peut être conquise d'un seul coup, et que de trop longues années d'exclusion ne peuvent être si facilement dépassées. Beaucoup plus tard dans le roman, le policier Javert, vouvoyant pour la première fois Jean Valjean, comme l'avait fait Mgr Bienvenu, manifeste de façon similaire qu'il ne le tient plus, décidément, pour un bagnard par essence mais, si l'on ose dire, par accident. Le *vous* restaure la considération de l'homme, irréductible aux versions les plus noires de lui-même qu'a engendrées la « fatalité sociale ». De la nature à la société, la responsabilité est reconduite. La question de la genèse sociale des conditions du délit peut alors apparaître en toute lumière.

Vengeance ou justice : l'alternative

« Talion, œil pour œil, dent pour dent, mal pour mal, voilà à peu près notre code. »

L'idée que la société ne peut ni ne doit se comporter à l'égard d'un de ses membres comme un homme particulier agissant par passion ou intérêt à l'égard d'un autre annonce la distinction entre vengeance et justice. Elle appelle du même coup le refus de la loi du talion. On ne peut en effet confondre la légitime proportionnalité des peines à la gravité des délits avec une stricte symétrie, qui reproduit à l'identique une violence qu'elle prétend combattre, voire faire disparaître. Et ce froidement, sans qu'aucune circonstance atténuante puisse être invoquée. La dissymétrie du délit et de la peine devient un principe. Elle décroche, si l'on peut dire, l'ordre social conforme au droit du désordre établi qu'est la loi de la jungle. Dans celle-ci domine le plus fort, qui n'est d'ailleurs que le héros du moment et dont la moindre faiblesse (fatigue, maladie) abolira le règne. Tuer celui qui tue est un cercle vicieux et quiconque y réfléchit ne peut que s'étonner de voir une société soucieuse de droit préserver en elle une simple codification du rapport de forces, étrange institutionnalisation de la vengeance, glaciale réciprocité du Talion comme Hugo l'écrit dans la préface de 1832 au *Dernier Jour d'un condamné* :

> « Ceux qui jugent et qui condamnent disent la peine de mort nécessaire. D'abord, – parce qu'il importe de retrancher de la communauté sociale un membre qui lui a déjà nui et qui pourrait lui nuire encore. – S'il ne s'agissait que de cela, la prison perpétuelle suffirait. À quoi bon la mort ? Vous objectez qu'on peut s'échapper d'une prison ? Faites mieux votre ronde. Si vous ne croyez pas à la solidité des barreaux de fer, comment osez-vous avoir des ménageries ?
>
> Pas de bourreau où le geôlier suffit.
>
> Mais, reprend-on, – il faut que la société se venge, que la société punisse. – Ni l'un, ni l'autre. Se venger est de l'individu, punir est de Dieu.
>
> La société est entre deux. Le châtiment est au-dessus d'elle, la vengeance au-dessous. Rien de si grand et de si petit ne lui sied. Elle ne doit pas "punir pour se venger" ; elle doit corriger pour améliorer. Transformez de cette façon la formule des criminalistes, nous la comprenons et nous y adhérons. »

Ce caractère finalement absurde du « meurtre légal », pour reprendre une expression de Hugo, va de pair avec la barbarie délibérée qu'il trahit : il y a en effet préméditation du supplice, infligé « de sang-froid ». Tout se passe alors comme si la « société » oubliait sa raison d'être : instaurer entre les hommes d'autres types de rapports que les rapports de forces. C'est pourtant cette finalité constitutive qui fait d'elle une instance bien distincte des hommes singuliers, voire des groupes qui se forment autour d'intérêts particuliers. La peine de mort ne permet pas à la société de se protéger. Hugo sait que l'abolition de la peine capitale n'entraînera aucune recrudescence de la criminalité. Bien au contraire. Car le mal est ailleurs. On se trompe de thérapeutique parce qu'on se trompe de diagnostic. Si la société se venge de ses membres, ceux-ci peuvent la rejeter au point de ne plus la reconnaître. Et c'est le cas notamment de tous ceux que la misère sociale a exclus, comme le montrent les chiffres du bagne de Toulon, consultés par le poète. Ils seront donc sans foi ni loi et se vengeront à leur tour de la société en lui signifiant que son « droit » leur importe peu, puisqu'il enveloppe cette même vengeance qu'elle prétend pourtant condamner. Peine de mort. Vengeance pour vengeance : où donc est le progrès ?

Pour disjoindre radicalement justice et vengeance, Hugo se souvient d'Eschyle. Le grand dramaturge grec évoque dans *Les Euménides* (vers 684 à 702) l'invention légendaire de l'Aréopage, tribunal fondé par décision d'Athéna. C'est sur la colline d'Arès que siège l'aréopage, assemblée constituée de juges extérieurs aux parties qui s'affrontent et aptes à dire le droit. Une telle extériorité les délivre en effet des intérêts et des passions partisanes. Elle permet de rompre avec une logique de vengeance. La tragédie sinistre des Atrides illustrait cette terrible logique du « sang qui appelle le sang » : la vengeance indéfinie amoncelle les cadavres, noircit la mémoire, nourrit le ressentiment. Elle se reproduit dans un cycle sans issue, destructeur à terme de toute possibilité de vivre sereinement. En l'occurrence, la question se pose de savoir s'il faut faire mettre à mort Oreste, meurtrier de sa mère Clytemnestre et de son amant Égisthe, eux-mêmes assassins d'Agamemnon. Oreste n'a donc fait que se venger et il a cru pouvoir se faire justice lui-même. Le résultat est une impasse. Qui vengera désormais Clytemnestre ? Le meurtre commis par Oreste peut-il rester impuni ? La justice nouvelle change les termes du problème. Si c'est le meurtre lui-même qui est réprouvé, comment en programmer un nouveau ? Un simple raisonnement par l'absurde montre la contradiction d'une telle logique. Comment la société peut-elle faire, selon une interrogation déjà citée, « au coupable, et de sang-froid, sans danger, précisément la même chose dont elle le punissait » ?

Substituer la justice et le droit à la vengeance, ce n'est pas désarmer la société ni ouvrir la voie à l'impunité, mais changer le registre des rapports entre les hommes : la loi du plus fort doit céder la place à l'état de droit. Nul ne peut « se faire justice soi-même ». Le châtiment personnel, inspiré par la souffrance et ses affects mal maîtrisés, n'est jamais une garantie de juste mesure. On retrouve ici l'orientation résolue vers la promotion d'un droit authentique. Celui-ci se distingue rigoureusement de toute violence légalisée. Sa construction historique doit l'émanciper graduellement de toute trace de brutalité aveugle, mais aussi de toute transposition dans l'ordre social d'une logique de la vengeance ou du ressentiment.

Contre la déportation

« Toute loi pénale a de moins en puissance ce qu'elle a de trop en sévérité » (Discours contre la déportation, 5 avril 1850).

Dans le sillage et l'esprit de la lutte contre les « peines irréparables », Hugo en vient à prendre position contre la déportation. Dans un discours resté célèbre du 5 avril 1850 à l'Assemblée législative, il montre l'inhumanité foncière de cette peine et la décrit comme une peine de mort déguisée, suscitant des souffrances moins spectaculaires mais plus durables. À l'arrière-plan, la défense des victimes de la répression consécutive aux journées de juin 1848. Vingt-trois ans plus tard, il s'insurgera également contre la déportation des communards et luttera encore pour l'amnistie.

Contre les « peines irréparables », contre les pénalités qui ne sont pas des châtiments propres à amender mais des humiliations génératrices d'enfermement dans le mal, la pensée de l'écrivain se précise et s'affirme : elle donnera aux combats engagés la force d'une argumentation qui fait système avec toute une vision de l'homme et de la société. Victor Hugo combat dans cet esprit le projet de loi qui organise la déportation, sorte de « guillotine sèche » qu'il dénonce dans un discours qui pose clairement le problème de la « peine juste » et des limites que lui reconnaît la conscience :

« On veut donc simplement remplacer la peine de mort. Et que fait-on ? On combine le climat, l'exil et la prison : le climat donne sa malignité, l'exil son accablement, la prison son désespoir ; au lieu d'un bourreau, on en a trois. La peine de mort est remplacée. *(Profonde sensation.)* Ah ! quittez ces précautions de paroles, quittez cette phraséologie hypocrite ; soyez du moins sincères, et dites avec nous : La peine de mort est rétablie ! *(Bravo ! à gauche.)*

Oui, rétablie ; oui, c'est la peine de mort ! et, je vais vous le prouver tout à l'heure, moins terrible en apparence, plus horrible en réalité ! *(C'est vrai ! c'est cela !)*

Mais voyons, discutons froidement. Apparemment vous ne voulez pas faire seulement une loi sévère, vous voulez faire aussi une loi exécutable, une loi qui ne tombe pas en désuétude le lendemain de sa promulgation ? Eh bien ! pesez ceci :

Quand vous déposez un excès de sévérité dans la loi, vous y déposez l'impuissance. *(Oui ! oui ! c'est vrai !)* Vouloir faire rendre trop à la sévérité de la loi, c'est le plus sûr moyen de ne lui faire rendre rien. Savez-vous pourquoi ? C'est parce que la peine juste a, au fond de toutes les consciences, de certaines limites qu'il n'est pas du pouvoir du législateur de déplacer. Le jour où, par votre ordre, la loi veut transgresser cette limite, cette limite sacrée, cette limite tracée dans l'équité de l'homme par le doigt même de Dieu, la loi rencontre la conscience qui lui défend de passer outre. D'accord avec l'opinion, avec l'état des esprits, avec le sentiment public, avec les mœurs, la loi peut tout. En lutte avec ces forces vives de la société et de la civilisation, elle ne peut rien. Les tribunaux hésitent, les jurys acquittent, les textes défaillent et meurent sous l'œil stupéfait des juges. *(Mouvement.)* Songez-y, messieurs, tout ce que la pénalité construit en dehors de la justice s'écroule promptement, et, je le dis pour tous les partis, eussiez-vous bâti vos iniquités en granit, à chaux et à ciment, il suffira pour les jeter à terre d'un souffle (Oui ! oui !), de ce souffle qui sort de toutes les bouches et qu'on appelle l'opinion. (Sensation.) Je le répète, et voici la formule du vrai dans cette matière : Toute loi pénale a de moins en puissance ce qu'elle a de trop en sévérité. *(C'est vrai !)* »

Le poète élargit donc son action à l'ensemble des « pénalités barbares » et dans le même esprit, il conteste d'autres pénalités, barbares également. Il en est une, la prison pour dettes, qui l'est tout particulièrement parce qu'elle met en balance des choses incomparables : de l'argent et la liberté. Hugo écrit : « L'incarcération pour dettes est un des crimes de la civilisation : elle fait partie de l'esclavage. […] La guerre, l'échafaud, la case du nègre, la prison pour dettes, tous ces hideux mots-là représentent le passé » (Lettre ouverte du 26 avril 1866, reprise le 16 mai dans le *Journal de Bruges*).

Prévention et répression : le crime comme maladie sociale

« Toutes les questions, sans exception, se dressent autour de la peine de mort : la question sociale, la question morale, la question philosophique, la question religieuse. »

Sans brusquer les étapes d'une évolution à venir, on peut considérer l'approche simultanée de la peine de mort et des « peines irréparables » comme un des leviers majeurs de l'évolution de Victor Hugo.

À l'horizon, la notion de *misérables*, dont l'ambivalence va être assumée clairement : si la misère au sens de détresse matérielle n'est évidemment pas une faute, elle peut faire surgir des dispositions radicalement hostiles à toute loi comme à toute exigence morale. En ce sens, il n'y a de misère que sociale et il convient de rompre avec la thématique théologique d'une misère inhérente à la condition humaine, telle que la fonde le dogme du péché originel. Certes, la finitude de tout homme est aussi misère, mais à un autre niveau, métaphysique, et la confusion des deux misères peut conduire à la justification de l'injustice sociale, comme le montre le discours des papes du dix-neuvième siècle. En réalité, il n'y a que des misérables par fait social : c'est cette conviction qui conduira Hugo à la conception définitive comme au titre de son roman majeur. La conjonction du manque ressenti et du spectacle de la richesse, confusément associée à l'idée que la société contredit par son injustice effective les principes qu'elle prétend invoquer, enlise ceux qui ont commis une première faute (un vol par exemple) dans une conscience d'exclus définitifs, prêts aux pires récidives.

Hugo évoque cette séquence tragique en observant que souvent le bagne entraîne inexorablement l'échafaud. C'est dans un tel contexte que le terme *misérables* prend son sens péjoratif pour la bien-pensance et simplement sociologique pour qui entend comprendre avant de juger. Le romantisme réaliste de Hugo ne dédaigne pas les statistiques, qui manifestent la corrélation de la criminalité avec l'ignorance et la déshérence sociale :

« Ouvrez la première statistique venue. En voici une qui nous tombe sous la main : Bagne de Toulon. 1862. Trois mille dix condamnés. Sur ces trois mille dix forçats, quarante savent un peu plus que lire et écrire, deux cent quatre-vingt-sept savent lire et écrire, neuf cent quatre lisent mal et écrivent mal, dix-sept cent soixante-dix-neuf ne savent ni lire ni écrire. Dans cette foule misérable, toutes les professions machinales sont représentées par des nombres décroissant à mesure qu'on monte vers les professions éclairées, et vous arrivez à ce résultat final : orfèvres et bijoutiers au bagne, quatre ; ecclésiastiques, trois ; notaires deux ; comédiens, un ; artistes, musiciens, un ; hommes de lettres, pas un »

Par quel mécanisme un tel processus se produit-il ? La pensée du poète se précise en se portant vers les causes sociales de la misère. Pour l'heure, un constat s'impose : l'inhumanité des peines n'est nullement dissuasive ; elle aggrave bien plutôt le mal qu'elle prétend combattre, parce que loin de le soigner, elle le reproduit et l'amplifie en inscrivant dans l'être des coupables une sombre propension à confirmer la noirceur du personnage auquel on les identifie par force. Le forçat se criminalise à mesure qu'il est traité dans l'oubli total de ce qui le fait homme ou pourrait le refaire manifestement tel, si une chance lui était donnée. Tragique amnésie, qui traite l'humanité comme une qualité que l'on pourrait perdre, alors qu'elle tient à l'être même des hommes et doit donc être considérée comme indestructible.

Ici s'esquisse une philosophie de la misère et de l'humanité qu'elle peut voiler, faire régresser, mais jamais détruire totalement. L'inhumanité du forçat Jean Valjean se révélera pour ce qu'elle est : un produit social soluble à l'exemple de la bonté en acte, à la générosité. Celle-ci rappelle l'homme à ce qu'il a de meilleur. Elle le crédite en effet de ce qu'il peut faire au lieu de le clouer à ce qu'il a fait. Reste que la disproportion du châtiment subi l'aura presque enfermé dans la destinée d'un bagnard à vie. Une belle page de la première partie des *Misérables* (livre II, VII) évoque cet enchaînement sinistre. Jean Valjean fait alors retour sur son passé, en évoquant l'épisode du vol d'un pain :

« Il faut bien que la société regarde ces choses, puisque c'est elle qui les fait.

C'était, nous l'avons dit, un ignorant ; mais ce n'était pas un imbécile. La lumière naturelle était allumée en lui. Le malheur, qui a aussi sa clarté, augmenta le peu de jour qu'il y avait dans cet esprit. Sous le bâton, sous la chaîne, au cachot, à la fatigue, sous l'ardent soleil du bagne, sur le lit de planches des forçats, il se replia en sa conscience et réfléchit.

Il se constitua tribunal.

Il commença par se juger lui-même.

Il reconnut qu'il n'était pas un innocent injustement puni. Il s'avoua qu'il avait commis une action extrême et blâmable ; qu'on ne lui eût peut-être pas refusé ce pain, s'il l'avait demandé ; que dans tous les cas il eût mieux valu l'attendre, soit de la pitié, soit du travail ; que ce n'est pas tout à fait une raison sans réplique de dire : peut-on attendre quand on a faim ? Que d'abord il est très rare qu'on meure littéralement de faim ; ensuite que, malheureusement ou heureusement, l'homme est ainsi fait qu'il peut souffrir longtemps et beaucoup, moralement et physiquement, sans mourir ; qu'il fallait donc de la patience ; que cela eût mieux valu même pour ces pauvres petits enfants ; que c'était un acte de folie, à lui, malheureux homme chétif, de prendre violemment au collet la société tout entière et de se figurer qu'on sort de la misère par le vol ; que c'était, dans tous les cas, une mauvaise porte pour sortir de la misère que celle par où l'on entre dans l'infamie ; enfin qu'il avait eu tort.

Puis il se demanda :

S'il était le seul qui avait eu tort dans sa fatale histoire ? Si d'abord ce n'était pas une chose grave qu'il eût, lui travailleur, manqué de travail, lui laborieux, manqué de pain. Si, ensuite, la faute commise et avouée, le châtiment n'avait pas été féroce et outré. S'il n'y avait pas plus d'abus de la part de la loi dans la peine qu'il n'y avait eu d'abus de la part du coupable dans la faute. S'il n'y avait pas excès de poids dans un des plateaux de la balance, celui où est l'expiation. [...]

Il se demanda si la société humaine pouvait avoir le droit de faire également subir à ses membres, dans un cas son imprévoyance déraisonnable, et dans l'autre cas sa prévoyance impitoyable ; et de saisir à jamais un pauvre homme entre un défaut et un excès, défaut de travail, excès de châtiment.

S'il n'était pas exorbitant que la société traitât ainsi précisément ses membres les plus mal dotés dans la répartition de biens que fait le hasard, et par conséquent les plus dignes de ménagements.

Ces questions faites et résolues, il jugea la société et la condamna.

Il la condamna à sa haine. »

Il est temps dès lors de dénoncer l'étrange cercle vicieux qui génère le vice en prétendant le combattre, qui aggrave la criminalité en prétendant la faire disparaître. La société tend à enfermer ceux qu'elle réprime dans la destinée de « criminels » qui se jugent eux-mêmes définitivement exclus et sont presque condamnés, absurdement, à reproduire ce pour quoi ils ont été incarcérés. Cette incarcération mentale, en quelque sorte, neutralise d'emblée les bienfaits supposés de l'incarcération physique et son rôle imaginaire de sanction qui amende. Elle sécrète à son insu le contraire de ce qu'elle vise, et ce serait manquer de lucidité que de ne pas s'en aviser. Une telle pensée, Victor Hugo aura l'occasion de la déployer à diverses reprises. Avec toujours un souci généalogique, propre à dénoncer la fatalité du crime et de la délinquance comme dans ce passage de *Claude Gueux* où il imagine un discours aux législateurs :

« Le peuple a faim, le peuple a froid. La misère le pousse au crime ou au vice, selon le sexe. Ayez pitié du peuple, à qui le bagne prend ses fils, et le lupanar ses filles. Vous avez trop de forçats, vous avez trop de prostituées. Que prouvent ces deux ulcères ? Que le corps social a un vice dans le sang. Vous voilà réunis en consultation au chevet du malade ; occupez-vous de la maladie.

Cette maladie, vous la traitez mal. Étudiez-la mieux. Les lois que vous faites, quand vous en faites, ne sont que des palliatifs et des expédients. Une moitié de vos codes est routine, l'autre moitié empirisme. La flétrissure était une cautérisation qui gangrenait la plaie ; peine insensée que celle qui pour la vie scellait et rivait le crime sur le criminel ! qui en faisait deux amis, deux compagnons, deux inséparables ! Le bagne est un vésicatoire absurde qui laisse résorber, non sans l'avoir rendu pire encore, presque tout le mauvais sang qu'il extrait. La peine de mort est une amputation barbare.

Or, flétrissure, bagne, peine de mort, trois choses qui se tiennent. Vous avez supprimé la flétrissure, si vous êtes logiques, supprimez le reste. Le fer rouge, le boulet et le couperet, c'étaient les trois parties d'un syllogisme. Vous avez ôté le fer rouge ; le boulet et le couperet n'ont plus de sens. Farinace était atroce, mais il n'était pas absurde.

Démontez-moi cette vieille échelle boiteuse des crimes et des peines, et refaites-la. Refaites votre pénalité, refaites vos codes, refaites vos prisons, refaites vos juges. Remettez les lois au pas des mœurs. Messieurs, il se coupe trop de têtes par an en France. Puisque vous êtes en train de faire des économies, faites-en là-dessus. Puisque vous êtes en verve de suppressions, supprimez le bourreau. Avec la solde de vos quatre-vingts bourreaux, vous payerez six cents maîtres d'école. »

L'art du plaidoyer politique

« Tant que la peine de mort existera, on aura froid en entrant dans une cour d'assises, et il y fera nuit » (*Préface au* Dernier Jour d'un condamné).

Si l'on réunit en une sorte de trilogie la version initiale du *Dernier jour*, la *Préface* rédigée en 1832 pour déployer l'argumentation rationnelle qui complète l'émotion propre au roman et *Claude Gueux*, davantage consacré aux aspects sociaux, on voit que l'œuvre de Hugo s'élève à l'universalité de deux façons.

D'une part, lorsqu'il s'agit de sensibiliser l'opinion publique, le législateur et le juge à l'inhumanité de la peine capitale, Hugo se dégage de toute biographie particulière afin de donner à son texte une portée universelle, une valeur exemplaire pour tout homme. Que peut-être nul individu en particulier ne puisse se reconnaître dans l'individu qui va mourir, cela signifie que tous les hommes le peuvent, mais à un autre niveau que celui de l'identification personnelle. Le ressort de l'émotion suscitée ne peut alors, et pour cause, être une sorte d'analogie entre l'histoire personnelle du « héros » et celle du lecteur. Il s'agit bien plutôt d'affranchir la sympathie (au sens étymologique de souffrance partagée) des facteurs particuliers d'identification subjective, pour faire éprouver l'angoisse universelle devant la mort, quelles que soient par ailleurs les différences de trajectoire. Il n'est pas question d'innocenter le criminel, encore moins de désarmer la société de la possibilité de le juger. Il s'agit de promouvoir en chacun une sorte de référence délivrée de toute contingence et de ce fait fondatrice de valeurs communes : l'universalité coïncide alors avec la transcendance d'une humanité déliée de tout déterminisme particulier. Pour cela, le lecteur est mis en présence de la nudité humaine devant la mort imminente, mort qui ne survient pas par déterminisme naturel mais par décision humaine. C'est pourquoi l'interrogation angoissée d'une « pensée agonisante » se développe en dehors de tout récit biographique. Ceux qui en ont fait le reproche à Victor Hugo, comme Charles Nodier, manifestent ainsi qu'ils n'ont guère compris – ou voulu comprendre – son intention réelle et le projet philosophique et politique qui la soutient. Charles Nodier s'interroge :

« Qu'est-ce, après tout, que ce condamné ? C'est un être abstrait qui se creuse et s'examine en tous sens. C'est un esprit de condamné qui s'analyse et se scrute avec une rigueur et une patience toutes métaphysiques ; c'est comme un empirique qui veut avoir conscience de tout un ordre de phénomènes particuliers qui traversent son âme. Ce criminel n'a pas de passé : il vient là, sans antécédents, sans souvenirs : on dirait qu'il n'a pas vécu avant d'être criminel. [...] On est froid pour cet être qui ne ressemble à personne.

L'impopularité du code criminel n'est plus une fantaisie de sensibilité pure, mais une opinion de raison et de bonne justice. L'homme a-t-il le droit de faire mourir l'homme ? Voilà comment on entre dans la question. Les considérations du droit naturel veulent être seules en cause, et dans l'abondance des moyens de conviction, on dédaigne presque de persuader et d'apitoyer le législateur. Ainsi procèdent à présent les publicistes et les jurisconsultes, qui seuls paraissent avoir la propriété et comme le monopole de ce grand procès. Pourquoi donc le poète n'y mettrait-il pas la main ? Pourquoi ne plaiderait-il pas pour l'humanité, par la pitié, comme ceux-ci plaident par la raison, par le droit ? M. Victor Hugo a fait son livre dans ce noble dessein, je l'en crois sur parole ; et pendant que les avocats battaient en ruine, sur d'autres points, cette vieille cruauté de notre législation, le poète s'est adressé à l'imagination et au cœur, et il a montré tout ce que l'âme d'un homme a de puissance pour souffrir, tout ce qui peut se passer et s'épuiser de douleurs au fond d'un cachot. »

Étrangement, la critique portant sur « l'abstraction » du personnage ne veut pas voir que celle-ci permet de camper l'allégorie de l'humanité, confrontée à la façon dont elle se traite elle-même. Tous peuvent se projeter dans cette conscience déchirée par l'angoisse, penchée sur le gouffre de la disparition définitive. C'est bien cette fonction que remplit l'élision de toute biographie singulière.

D'autre part, s'il s'agit d'esquisser une explication sur les causes, le recours à la nature humaine qui fatalise est une paresse. D'où une approche plus sociologique, attentive à la façon dont les conditions sociales produisent la probabilité du délit. Hugo n'a pas voulu de cette mauvaise généralité que représente l'idée d'une nature humaine mauvaise ou bonne par essence. Il n'a pas non plus retenu la démarche d'un réalisme psychologique hasardeux et peut-être hors sujet. Par principe, il s'attache à délivrer l'humanité et l'idée de sa réalisation possible des situations qui la mutilent ou l'aliènent. La voie s'ouvre alors à une explication soucieuse de dégager les constantes sociales qui contribuent à la genèse des délits, voire des « types » criminels ou délinquants. À ces processus il est toujours possible de remédier, par l'instruction notamment. « Ouvrez des écoles, vous fermerez des prisons. » Mais c'est là une autre facette du grand combat de Victor Hugo pour l'émancipation humaine.

Le roman des *Misérables*, qui selon Lamartine donne « trop à espérer aux malheureux », ce sera bien le roman de l'espoir, qui fait appel de toutes les fatalités sociales.

Un réquisitoire exemplaire
« Affirmons le progrès dans le châtiment même » (« *Nox* »).

Hugo a précisé lui-même l'ensemble des raisons qui fondent son action. Sans doute pour répondre à ceux qui lui reprochaient d'avoir fait la part trop belle à la seule émotion dans *Le Dernier Jour d'un condamné,* il a rédigé en 1832 une préface, déjà citée. Ce texte pourrait valoir comme un vade-mecum de tous les abolitionnistes du monde. Après avoir réfuté les deux premières « raisons » des partisans de la peine capitale (protéger la société, venger les victimes), Hugo aborde la troisième :

« Reste la troisième et dernière raison, la théorie de l'exemple. – Il faut faire des exemples ! il faut épouvanter par le spectacle du sort réservé aux criminels ceux qui seraient tentés de les imiter ! – Voilà bien à peu près textuellement la phrase éternelle dont tous les réquisitoires des cinq cents parquets de France ne sont que des variations plus ou moins sonores. Eh bien ! nous nions d'abord qu'il y ait exemple. Nous nions que le spectacle des supplices produise l'effet qu'on en attend. Loin d'édifier le peuple, il le démoralise, et ruine en lui toute sensibilité, partant toute vertu. Les preuves abondent, et encombreraient notre raisonnement si nous voulions en citer. [...]

Que si, malgré l'expérience, vous tenez à votre théorie routinière de l'exemple, alors rendez-nous le seizième siècle, soyez vraiment formidables, rendez-nous la variété des supplices, rendez-nous Farinacci. Toutes les raisons pour la peine de mort, les voilà donc démolies. Voilà tous les syllogismes de parquets mis à néant. Tous ces copeaux de réquisitoires, les voilà balayés et réduits en cendres. Le moindre attouchement de la logique dissout tous les mauvais raisonnements. [...]

Espérons que le jour est prochain où la loi abolira ces fonctions funèbres. L'air seul de notre civilisation doit dans un temps donné user la peine de mort.

On est parfois tenté de croire que les défenseurs de la peine de mort n'ont pas bien réfléchi à ce que c'est. Mais pesez donc un peu à la balance de quelque crime que ce soit ce droit exorbitant que la société s'arroge d'ôter ce qu'elle n'a pas donné, cette peine, la plus irréparable des peines irréparables !

De deux choses l'une :

Ou l'homme que vous frappez est sans famille, sans parents, sans adhérents dans ce monde. Et dans ce cas, il n'a reçu ni éducation, ni instruction, ni soins pour son esprit, ni soins pour son cœur ; et alors de quel droit tuez-vous ce misérable orphelin ? Vous le punissez de ce que son enfance a rampé sur le sol sans tige et sans tuteur ! Vous lui imputez à forfait l'isolement où vous l'avez laissé ! De son malheur vous faites son crime ! Personne ne lui a appris à savoir ce qu'il faisait. Cet homme ignore. Sa faute est à sa destinée, non à lui. Vous frappez un innocent.

Ou cet homme a une famille ; et alors croyez-vous que le coup dont vous l'égorgez ne blesse que lui seul ? que son père, que sa mère, que ses enfants, n'en saigneront pas ? Non. En le tuant, vous décapitez toute sa famille. Et ici encore vous frappez des innocents.

Gauche et aveugle pénalité, qui, de quelque côté qu'elle se tourne, frappe l'innocent ! »

Autre intervention remarquable dans le débat : le 11 juin 1851, devant la cour d'assises de la Seine, Hugo défend son propre fils Charles, qui a exprimé son indignation dans un article de presse après les atrocités d'une exécution publique. Le condamné s'est débattu et il a fallu s'y reprendre à deux fois. Hugo décrit l'horreur qui saisit alors le peuple et son fils, qui en témoigne :

« Le soir, on prend un renfort de bourreaux, on garrotte l'homme de telle sorte qu'il ne soit plus qu'une chose inerte, et, à la nuit tombante, on le rapporte sur la place publique, pleurant, hurlant, hagard, tout ensanglanté, demandant la vie, appelant Dieu, appelant son père et sa mère, car devant la mort cet homme était redevenu un enfant. *(Sensation.)* On le hisse sur l'échafaud, et sa tête tombe ! – Et alors un frémissement sort de toutes les consciences ; jamais le meurtre légal n'avait apparu avec plus de cynisme et d'abomination ; chacun se sent, pour ainsi dire, solidaire de cette chose lugubre qui vient de s'accomplir ; chacun sent au fond de soi ce qu'on éprouverait si l'on voyait en pleine France, en plein soleil, la civilisation insultée par la barbarie. C'est dans ce moment-là qu'un cri échappe à la poitrine d'un jeune homme, à ses entrailles, à son cœur, à son âme, un cri de pitié, un cri d'angoisse, un cri d'horreur, un cri d'humanité ; et ce cri, vous le puniriez ! Et, en présence des épouvantables faits que je viens de remettre sous vos yeux, vous diriez à la guillotine : Tu as raison ! et vous diriez à la pitié, à la sainte pitié : Tu as tort ! »

Hugo demande alors à être lui-même poursuivi, si l'on y tient, car l'article indigné de son fils n'est que le prolongement de l'éducation reçue par lui :

« Il faut bien vous le dire, messieurs les jurés, et vous allez comprendre combien devait être profonde mon émotion, le vrai coupable dans cette affaire, s'il y a un coupable, ce n'est pas mon fils, c'est moi.

Le vrai coupable, j'y insiste, c'est moi, moi qui, depuis vingt-cinq ans, ai combattu sous toutes les formes les pénalités irréparables ! Moi qui, depuis vingt-cinq ans, ai défendu en toute occasion l'inviolabilité de la vie humaine !

Ce crime, défendre l'inviolabilité de la vie humaine, je l'ai commis bien avant mon fils, bien plus que mon fils. Je me dénonce, monsieur l'avocat général ! Je l'ai commis avec toutes les circonstances aggravantes, avec préméditation, avec ténacité, avec récidive !

Oui, je le déclare, ce reste des pénalités sauvages, cette vieille et inintelligente loi du talion, cette loi du sang pour le sang, je l'ai combattue toute ma vie – toute ma vie, messieurs les jurés ! – et, tant qu'il me restera un souffle dans la poitrine, je la combattrai de tous mes efforts comme écrivain, de tous mes actes et de tous mes votes comme législateur, je le déclare (M. Victor Hugo étend le bras et montre le christ qui est au fond de la salle, au-dessus du tribunal) devant cette victime de la peine de mort qui est là, qui nous regarde et qui nous entend ! Je le jure devant ce gibet où, il y a deux mille ans, pour l'éternel enseignement des générations, la loi humaine a cloué la loi divine ! *(Profonde et inexprimable émotion.)* »

On le voit, c'est tout le problème de l'humanisation des peines et plus généralement du droit pénal qui se joue ici.

Les victoires de la ténacité

« Frappons à grands coups de vérité, et nous ferons éclater le billot. »

Dressant par une sorte d'anticipation optimiste le bilan du dix-neuvième siècle, Victor Hugo écrit dans *Genève et la peine de mort* :

« Les écrivains du dix-huitième siècle ont détruit la torture ; les écrivains du dix-neuvième, je n'en doute pas, détruiront la peine de mort. Ils ont déjà fait supprimer en France le poing coupé et le fer rouge ; ils ont fait abroger la mort civile ; et ils ont suggéré l'admirable expédient provisoire des circonstances atténuantes. – « C'est à “d'exécrables livres comme *Le Dernier Jour d'un condamné*, disait le député Salverte, qu'on doit la détestable introduction des circonstances atténuantes”. Les circonstances atténuantes, en effet, c'est le commencement de l'abolition. Les circonstances atténuantes dans la loi, c'est le coin dans le chêne. Saisissons le marteau divin, frappons sur le coin sans relâche, frappons à grands coups de vérité, et nous ferons éclater le billot. »

Au crédit des succès du poète, il faut porter d'abord les grâces obtenues pour des condamnés à mort. Barbès, condamné à la peine capitale pour raisons politiques, après une insurrection républicaine vite jugulée de la Société des saisons, fut gracié le 1er juillet 1839, après un poème-lettre à Louis-Philippe (« Grâce encore une fois, grâce au nom de la tombe ! », publié dans *Les Rayons et les ombres*). Il en sera de même pour un soldat condamné en 1875, nommé Blanc (« Si l'on veut savoir de quel droit j'interviens dans cette douloureuse affaire, je réponds : de l'immense droit du premier venu. Le premier venu, c'est la conscience humaine. ») Malheureusement, les interventions de Victor Hugo furent vaines pour Lecomte, condamné en juin 1846 pour attentat contre le roi, et pour lequel le poète, à la Chambre des pairs, avait demandé que la peine soit commuée en prison perpétuelle, ainsi que dans le cas de Tapner exécuté à Jersey. Victor Hugo n'eut pas davantage de succès avec sa lettre ouverte du 21 juin 1867 dans laquelle il demandait la vie sauve pour Maximilien, l'empereur installé par Napoléon III sur le trône du Mexique et exécuté par les patriotes mexicains que dirigeait Juarez.

En revanche, sur le plan des avancées législatives, deux succès sont obtenus en Europe et un succès relatif en France.

Le premier concerne la Suisse. Après son long plaidoyer contre la peine de mort *(Genève et la peine de mort)* et une lettre allant dans le même sens, un vote populaire, à la fin de l'année 1862, abolit la peine capitale. A. Gayet, représentant des abolitionnistes, lui écrit pour le remercier, en évoquant au passage un autre combat décisif pour le poète, celui de la laïcité :

« On regarde ici l'abolition de l'échafaud comme certaine, et l'honneur, Monsieur, vous en revient. J'espère que nous arriverons aussi à cet autre grand progrès, la séparation de l'Église et de l'État. Je ne suis qu'un homme bien obscur, monsieur, mais je suis heureux ; je vous félicite et je nous félicite. L'immense effet de votre lettre nous honore. La patrie de M. de Sellon ne pouvait être insensible à la voix de Victor Hugo.

« Excusez cette lettre écrite en hâte et veuillez agréer mon profond respect.

A. Gayet (de Bonneville). »

Le second succès concerne le Portugal. Hugo apprend l'abolition par lettre de Pedro de Brito Aranha, le 27 juin 1867.

« Le Portugal est une contrée petite, sans doute ; mais l'arbre de la liberté s'y est déjà vigoureusement épanoui ; le Portugal est une contrée petite, sans doute, mais on n'y rencontre plus un seul esclave ; le Portugal est une contrée petite, c'est vrai, mais, c'est vous qui l'avez dit, c'est une grande nation.

« Maître ! on vient de remporter un grand triomphe, je vous l'annonce. Les deux Chambres du Parlement ont voté dernièrement l'abolition de la peine de mort.

Cette abolition, qui depuis plusieurs années existait de fait, est aujourd'hui de droit. C'est déjà une loi. Et c'est une grande loi dans une nation petite. Noble exemple ! Sainte leçon !

Recevez l'embrassement respectueux de votre dévoué ami et très-humble disciple,

Pedro de Brito Aranha. »

Et Victor Hugo de saluer cette avancée par une lettre mémorable :

« J'aime et je glorifie votre beau et cher Portugal. Il est libre, donc il est grand.

Le Portugal vient d'abolir la peine de mort.

Accomplir ce progrès, c'est faire le grand pas de la civilisation.

Dès aujourd'hui le Portugal est à la tête de l'Europe.

Vous n'avez pas cessé d'être, vous Portugais, des navigateurs intrépides. Vous allez en avant, autrefois dans l'Océan, aujourd'hui dans la vérité. Proclamer des principes, c'est plus beau encore que de découvrir des mondes.

Je crie : Gloire au Portugal, et à vous : Bonheur !

Je presse votre cordiale main. »

En ce qui concerne la France, la seule véritable avancée est l'abolition de la peine de mort pour raison politique, le 26 février 1848, par le Gouvernement provisoire de la Seconde République. Hugo adresse ses félicitations à Lamartine. Mais lorsqu'en septembre de la même année Hugo soutient à l'Assemblée un amendement destiné à étendre au droit commun cette abolition, qui figure dans l'article cinq de la Constitution, il n'obtient pas gain de cause. Après son retour d'exil, il va poursuivre la lutte sous une autre forme, en demandant l'amnistie des Communards (cf. *infra*, chapitre onze).

Lors de son exil, une occasion dramatique d'appliquer ses idées s'offre au poète. Au cours d'une réunion de proscrits, le 20 novembre 1853, afin de juger un mouchard dénommé Hubert responsable de multiples arrestations, il sauve l'accusé de la mort, *in extremis*, contre l'avis de nombreuses personnes présentes (rapporté dans *Choses vues*).

Victor Hugo aurait sans doute été surpris et attristé de savoir qu'en France il a fallu attendre l'année 1982 pour que soit enfin abolie la peine de mort par Robert Badinter et que s'engage un débat sur les peines de prison incompressibles, dans le sillage de cette réflexion sur l'irréparable qui hanta littéralement la vie du grand poète. Il le serait tout autant sans doute de savoir qu'au début du troisième millénaire une des nations qui se donne elle-même comme la plus avancée, les États-Unis d'Amérique, conserve dans certains de ses États la peine capitale, au risque avéré d'injustices irréparables, comme les exécutions de prévenus dont l'innocence est révélée *post mortem.*

L'histoire ne progresse décidément pas de façon linéaire, ni au rythme que laissent espérer parfois de belles conquêtes de la justice. Aucun progrès ne semble acquis de façon irréversible.

Chapitre quatre

L'émancipation laïque

Le roman de l'émancipation

« Toute civilisation commence par la théocratie et finit par la démocratie » (Notre-Dame de Paris).

Le jeune poète monarchiste a célébré naguère l'union du trône et de l'autel, remise au goût du jour par la Restauration. Mais rapidement il a pris ses distances. La liberté de création, la liberté tout court, ne sont guère compatibles avec des dogmes de référence qui font autorité et fondent la censure. L'influence de Lamennais, abbé libéral, lui a permis de disjoindre la croyance religieuse et la soumission au pouvoir temporel de l'Église. Son catholicisme social et libéral a d'ailleurs sa sympathie, mais Hugo n'entend pas s'y rallier. Tous deux, au demeurant, sont d'accord sur l'essentiel concernant les rapports entre religion et pouvoir politique. La première n'a pas à régenter le second. La religion véritable s'est compromise et altérée en se faisant puissance temporelle. Et le pouvoir politique s'est dénaturé en se faisant l'auxiliaire d'une confession. Ainsi du christianisme, devenu religion officielle depuis le cinquième siècle après Jésus-Christ, avec la décision des empereurs Constantin et Théodose de l'imposer comme telle. La monarchie dite de droit divin a mélangé les genres et elle a consacré une forme de pouvoir absolu peu compatible avec la liberté, comme le montre la persécution religieuse au nom d'un credo obligatoire.

Chateaubriand lui-même, chrétien et monarchiste, juge essentielle la Charte qui tempère le pouvoir royal et fait de la liberté une exigence régulatrice. Il a pesté contre le sacre de

Charles X, le 29 mai 1825 à Reims : trop d'apparat et un « oubli » du rôle de cette charte, qui tend à faire du roi davantage un monarque constitutionnel, de droit humain, qu'un émissaire de Dieu, de droit divin. Adèle Hugo rapporte ses propos : « J'aurais compris le sacre tout autrement. L'église nue, le roi à cheval, deux livres ouverts, la Charte et l'Évangile, la religion attachée à la liberté » *(Victor Hugo raconté par un témoin de sa vie).* À la même époque, la collusion des autorités théologique et politique sévit de plus belle, comme le montre le retour à des dispositions répressives de l'Ancien Régime, que la révolution avait supprimées. Une loi de 1825, par exemple, réintroduit dans les délits de droit commun les manquements à certaines exigences de la religion. Cette loi rétablit la peine de mort, commune sous l'Ancien Régime, pour sacrilège et profanation des hosties...

On reviendra sur les audaces de Victor Hugo penseur de l'émancipation laïque. Notons simplement le sens de son itinéraire personnel que lui-même a explicité avec précision. S'il souligne souvent le rôle de sa « mère voltairienne », tout en caractérisant sa première éducation comme trop conformiste, c'est pour s'inscrire dans l'héritage d'un rationalisme cartésien et le sillage de la philosophie des Lumières, qui ne font pas chez lui l'objet des réticences de certains romantiques. Il s'agit de dénoncer toute violence faite aux hommes en raison de leurs options spirituelles, comme de s'insurger contre leur maintien dans l'ignorance.

Premier grand roman, *Notre-Dame de Paris*, achevé en janvier 1831, évoque la fatalité qui pèse sur les hommes (*anankè*) et non la providence divine. Hugo y construit une opposition entre la lumière et l'ombre, allégorie du conflit entre l'esprit de liberté d'une part et les puissances obscures du préjugé, de la croyance superstitieuse d'autre part. Les hommes du pouvoir ecclésiastique sont rangés dans les puissances obscures, qui se méfient du savoir diffusé à tous et veulent le réserver aux seuls représentants officiels de la foi, les clercs. La belle et lumineuse Esmeralda, jeune bohémienne aussi pure qu'innocente, doit affronter les tribunaux ecclésiastiques. Un prêtre est dépeint saisi par les transes du désir pour elle, puis terrassé par la jalousie et le ressentiment. En face, la lumière d'Esmeralda elle-même et de son amoureux, le beau Phoebus, soleil ou rayonnement. L'Église, comme édifice et institution, s'oppose au livre devenu commun à tous grâce à l'imprimerie. « Ceci tuera cela. [...] La presse tuera l'Église. » La fameuse prophétie culturelle ne prédit nullement la mort de la religion, mais le changement de registre des grands moyens d'expression, en même temps que la disparition du principe d'autorité clérical, dès lors que le livre a répandu les Lumières pour tous. Deux pages admirables évoquent la crainte manifestée par le prêtre devant la perspective d'une diffusion du savoir et d'une culture du libre examen, capable de déborder ou de subvertir l'interprétation des textes par les clercs, agents officiels de l'Église et gardiens du dogme. Ces pages font partie d'un chapitre qui ne figurait pas dans la première édition du roman, peut-être pour ne pas déplaire à Lamennais devenu ami du poète. On les lira comme un diagnostic saisissant sur le rôle émancipateur de la culture par le livre, opposée à la tradition dogmatique d'une Église rivée à ses dogmes. On remarquera aussi que Hugo y oppose la portée universelle d'un mode d'expression et de communication (le livre) à une pratique cléricale du savoir, réservé à un petit nombre, dépositaire de l'orthodoxie. Véritable texte « médiologique » avant la lettre, cet extrait marque nettement la solidarité entre la culture du libre examen fondée sur le livre rendu accessible à tous par l'imprimerie, et l'émancipation laïque. L'auteur y commente la prédiction concernant l'effet de l'imprimerie sur la cathédrale, au livre V, chapitre II, intitulé « ceci tuera cela » :

« À notre sens, cette pensée avait deux faces. C'était d'abord une pensée de prêtre. C'était l'effroi du sacerdoce devant un agent nouveau, l'imprimerie. C'était l'épouvante et l'éblouissement de l'homme du sanctuaire devant la presse lumineuse de Gutenberg. C'était la chaire et le manuscrit, la parole parlée et la parole écrite, s'alarmant de la parole imprimée ; quelque chose de pareil à la stupeur d'un passereau qui verrait l'ange Légion ouvrir ses six millions d'ailes. C'était le cri du prophète qui entend déjà bruire et fourmiller l'humanité émancipée, qui voit dans l'avenir l'intelligence saper la foi, l'opinion détrôner la croyance, le monde secouer Rome. Pronostic du philosophe qui voit la pensée humaine, volatilisée par la presse, s'évaporer du récipient théocratique. Terreur du soldat qui examine le bélier d'airain et qui dit : La tour croulera. Cela signifiait qu'une puissance allait succéder à une autre puissance. Cela voulait dire : La presse tuera l'église.

Mais sous cette pensée, la première et la plus simple sans doute, il y en avait à notre avis une autre, plus neuve, un corollaire de la première moins facile à apercevoir et plus facile à contester, une vue, tout aussi philosophique, non plus du prêtre seulement, mais du savant et de l'artiste. C'était le pressentiment que la pensée humaine en changeant de forme allait changer de mode d'expression, que l'idée capitale de chaque génération ne s'écrirait plus avec la même matière et de la même façon ; que le livre de pierre, si solide et si durable, allait faire place au livre de papier, plus solide et plus durable encore. Sous ce rapport, la vague formule de l'archidiacre avait un second sens ; elle signifiait qu'un art allait détrôner un autre art. Elle voulait dire : L'imprimerie tuera l'architecture. [...]

Toute civilisation commence par la théocratie et finit par la démocratie. Cette loi de la liberté succédant à l'unité est écrite dans l'architecture. Car, insistons sur ce point, il ne faut pas croire que la maçonnerie ne soit puissante qu'à édifier le temple, qu'à exprimer le mythe et le symbolisme sacerdotal, qu'à transcrire en hiéroglyphes sur ses pages de pierre les tables mystérieuses de la loi. S'il en était ainsi, comme il arrive dans toute société humaine un moment où le symbole sacré s'use et s'oblitère sous la libre pensée, où l'homme se dérobe au prêtre, où l'excroissance des philosophies et des systèmes ronge la face de la religion, l'architecture ne pourrait reproduire ce nouvel état de l'esprit humain, ses feuillets, chargés au recto, seraient vides au verso, son œuvre serait tronquée, son livre serait incomplet. [...]

La pensée humaine découvre un moyen de se perpétuer non seulement plus durable et plus résistant que l'architecture, mais encore plus simple et plus facile. L'architecture est détrônée. Aux lettres de pierre d'Orphée vont succéder les lettres de plomb de Gutenberg.

Le livre va tuer l'édifice.

L'invention de l'imprimerie est le plus grand événement de l'histoire. C'est la révolution mère. C'est le mode d'expression de l'humanité qui se renouvelle totalement, c'est la pensée humaine qui dépouille une forme et en revêt une autre, c'est le complet et définitif changement de peau de ce serpent symbolique qui, depuis Adam, représente l'intelligence.

Sous la forme imprimerie, la pensée est plus impérissable que jamais ; elle est volatile, insaisissable, indestructible. Elle se mêle à l'air. Du temps de l'architecture, elle se faisait montagne et s'emparait puissamment d'un siècle et d'un lieu. Maintenant elle se fait troupe d'oiseaux, s'éparpille aux quatre vents, et occupe à la fois tous les points de l'air et de l'espace.

Nous le répétons, qui ne voit que de cette façon elle est bien plus indélébile ? De solide qu'elle était, elle devient vivace. Elle passe de la durée à l'immortalité. On peut démolir une masse, comment extirper l'ubiquité ? »

N'oublions pas que les admirables descriptions architecturales du roman vont par ailleurs contribuer à susciter l'intérêt pour le patrimoine monumental de la France et à inspirer l'idée de leur restauration. Celle de Notre-Dame de Paris, on le sait, fut confiée à Viollet-le-Duc. Ainsi, Hugo n'est pas iconoclaste. Il distingue comme tel le legs culturel de la civilisation marquée par le christianisme de l'emprise cléricale exercée sur les hommes par une certaine vision du monde. La culture du passé est délivrée des oppressions qui en furent contemporaines. La disjonction est essentielle et marque une rupture nette avec l'idéologie qui entendait sacraliser la tradition en la présentant comme un élément inévitable de l'identité des hommes. Le poète s'oppose ainsi à un penseur qu'il estima naguère : Joseph de Maistre, adepte de l'Ancien Régime. On ne peut justifier des rapports de pouvoir et de domination en les présentant comme partie prenante d'une culture. C'est dire que l'Europe des cathédrales, si belles soient-elles, ne rachète pas celle de l'oppression cléricale.

Place est faite non à la Providence chrétienne d'un dieu-personne, mais à la nécessité impersonnelle qui prend les êtres dans un destin et les assujettit à leurs passions : la figure grecque de l'*anankè*, la nécessité, s'installe dans l'œuvre de Hugo. Lamartine, admiratif devant la puissance de l'imaginaire romanesque, lui reproche néanmoins le peu de rôle finalement tenu par la religion : « C'est le Shakespeare du roman, c'est l'épopée du Moyen Âge, c'est je ne sais quoi, mais grand, fort, profond, immense, ténébreux comme l'édifice dont vous en avez fait le symbole. Seulement c'est immoral par le manque de Providence assez sensible ; il y a de tout dans votre temple, excepté un peu de religion. »

Pouvoir politique et pouvoir religieux : l'affaire de Rome

« Le droit divin a un synonyme : glaive » (La Civilisation).

Notre-Dame de Paris marque donc une première approche du lien entre religion et culture. Le roman recoupe et relaie l'aspiration première de Hugo à la liberté. Cette aspiration à la liberté, Hugo l'éprouve en tant que poète, dramaturge et romancier. Mais surtout en tant que citoyen. Il se sent dépositaire des exigences d'une conscience critique, conçue désormais comme la condition d'une citoyenneté éclairée. Un tel engagement, qui l'a conduit au rejet de la censure intellectuelle et artistique, s'élargit à celui de la contrainte exercée sur les corps et les esprits par tout credo obligé. La conviction laïque de Victor Hugo s'est formée de 1830 à 1850 et, au moment du débat sur la loi Falloux, elle est pleinement établie dans ses traits essentiels.

Mais une première affaire radicalise la formation de cette conviction en ce qui concerne la laïcité de l'État. Elle conduit le poète à s'opposer vivement à la droite cléricale : c'est l'affaire de Rome, en 1849. Ce qui se joue à travers elle, c'est en effet la question du rapport entre le pouvoir politique et le pouvoir religieux. Le premier doit s'émanciper du second, selon Hugo, pour que la religion retourne à sa vocation éthique et spirituelle, et l'État à sa liberté.

L'affaire de Rome résulte du désir du prince-Président de donner des gages à la droite catholique. Elle met en jeu l'émancipation laïque de tout un peuple – romain et italien – et donne occasion à Hugo de défendre simultanément trois valeurs clés de sa philosophie politique : souveraineté nationale, laïcité et libertés démocratiques. Nous sommes en octobre 1849. Le président a organisé une expédition militaire contre la République romaine de Mazzini, afin de restaurer le pape dans son pouvoir temporel. Le général Oudinot a pris Rome et restitué au Saint-Siège son pouvoir. Mais l'expédition n'est guère populaire, et Louis-Napoléon juge utile de se démarquer du cléricalisme de combat de la droite traditionnelle. Il rend publique une lettre à son aide de camp, Edgar Ney, où il se prononce pour la liberté du peuple de Rome, et invite le pape à faire preuve de clémence pour ses opposants. Pie IX, futur auteur du *Syllabus* contre les libertés, répond par un texte violent, *Motu Proprio*, dans lequel il affirme le caractère absolu de son pouvoir. Ainsi, quoi qu'en disent les cléricaux proches du Président, l'armée française a fait une mauvaise besogne en intervenant contre les patriotes romains. Dernière manœuvre : les séides du Président entreprennent de démontrer que le *Motu Proprio* est compatible avec le souci de liberté. Devant tant de mauvaise foi, Hugo monte au créneau. Son discours à l'Assemblée, sans concession, marque une rupture définitive avec le prince-Président et la droite cléricale. Il montre que la lettre à Ney, quoique trop timide, est juste et totalement incompatible avec la bulle du pape. Il rappelle que le pape a répondu par une « proscription de masse » à l'invitation qui lui était faite de prononcer une amnistie. Il parle de honte.

Le discours est applaudi par la gauche. Montalembert, le clérical, voit dans cette ovation un châtiment pour le poète, pris à contre-pied de son apparentement traditionnel. En fait, en guise de châtiment, il s'agit plutôt d'une clarification. Hugo rend manifeste une évolution politique conforme aux principes auxquels il a décidé de consacrer son énergie. La laïcité et la souveraineté des peuples vont de pair : éclatante vérité, qui fait dire à Victor Hugo, dans sa réponse à Montalembert du 20 octobre 1849 : « Je reste du côté de ceux qui sont opprimés. »

La loi Falloux : mainmise cléricale sur l'École

« Sous un gouvernement républicain, tout se fait par le peuple et pour le peuple ; l'instruction du peuple est donc le premier besoin du pays » (Hippolyte Carnot, mars 1848).

Une seconde affaire donne à Victor Hugo l'occasion de prononcer un discours mémorable, véritable charte de la laïcité. C'est celle qui commence avec un projet de loi rédigé par Falloux, dans lequel est établi, sous le nom trompeur de « liberté de l'enseignement », le contrôle du clergé sur l'enseignement. Montalembert, devenu combattant clérical, déclare qu'« il faut faire une expédition de Rome à l'intérieur ». En clair, il s'agit de renouveler contre les républicains laïques de France l'équivalent de ce qui a été fait contre les Républicains italiens. Et pour cela, « confier » les écoles à l'Église. Hugo remarque : confier, en l'occurrence, c'est livrer.

De fait, le retour en force des jésuites fait peser sur l'enseignement la menace d'une emprise cléricale générale. La conception laïque du poète, qui s'est forgée dans le sillage de sa philosophie de l'émancipation et de la liberté, trouve une nouvelle occasion de s'exprimer, cette fois-ci dans le combat pour la laïcité de l'École, cœur de l'émancipation laïque universelle. Les grands registres de la pensée laïque y sont représentés : c'est que Hugo remonte du problème de l'éducation et de l'instruction à celui des institutions publiques, et de la liberté de la culture. Le discours mémorable du 15 janvier 1851 scelle son orientation républicaine et fixe les jalons de l'émancipation laïque. Après l'affaire de Rome, la rupture avec la droite cléricale est consommée une seconde fois. Et elle est totale. Un rappel du contexte politique et scolaire permettra d'en saisir l'enjeu et la portée.

Après les élections législatives du 13 mai 1849, les députés de la majorité conservatrice du parti de l'ordre se sentaient le vent en poupe, mais ils redoutaient néanmoins la possible renaissance d'une Montagne affaiblie, mais pas éliminée. Les sociaux-démocrates pouvaient espérer rallier tout un pan de la paysannerie grâce à l'armée des instituteurs sortis des Écoles normales, ces « affreux petits rhéteurs » aux yeux de Montalembert. Même si Hippolyte Carnot, le ministre de l'Instruction publique en 1848, avait dû ajourner son projet d'enseignement primaire et obligatoire, il avait demandé aux enseignants d'être les agents de l'instruction civique des adultes. Politiquement divisée, la réaction se rassemble pour reprendre en mains l'enseignement primaire et secondaire afin de renforcer son contrôle sur les esprits. Tel est l'enjeu de la loi Falloux.

La Révolution n'avait pas eu le temps de mettre en œuvre les projets de Condorcet et Le Pelletier de Saint-Fargeau, mais elle avait lancé l'idée d'un service d'enseignement public, obligatoire et laïque. Napoléon avait négligé l'enseignement primaire, mais créé les lycées pour former les élites et fondé l'université pour que l'État puisse contrôler le système éducatif. Sous la Restauration, l'Église avait mis la main sur l'université, favorisant le développement des petits séminaires, des collèges privés et des « petites écoles » tenues par des congrégations religieuses, en particulier les jésuites autorisés à revenir en France. Comme la demande sociale d'instruction ne cessait de croître et que la France accusait un sensible retard, le ministre protestant et libéral Guizot entendit généraliser l'école primaire pour les garçons quand il fit adopter les lois de 1832 et 1833 exigeant la création d'Écoles normales d'instituteurs dans chaque département et l'ouverture d'une école primaire dans chaque commune. L'enseignement primaire pouvait être privé ou public et dispenser une éducation morale et religieuse ; le corps docile des 40 000 instituteurs à former devait, sous le contrôle des maires et des notables, détacher du légitimisme ses derniers fidèles et détourner de la République un peuple assoiffé de lumières.

De tels objectifs, libéraux mais non laïques, provoquèrent cependant une levée de boucliers. Des évêques intransigeants dénoncèrent le monopole de l'Université et les écoles publiques accusées de faire un « terrible carnage d'âmes » et de transformer « les enfants en animaux immondes ». D'où la riposte des historiens Quinet et Michelet qui, au Collège de France, prononcèrent en 1843-1844 de célèbres cours sur l'histoire des Jésuites, la congrégation fondée par Ignace de Loyola. Ces conférences furent vite suspendues par le gouvernement, mais appréciées par Victor Hugo. En dépit du conflit croissant entre l'université et l'Église, les lois Guizot firent avancer nettement la scolarisation : en 1848, on comptait 43 600 écoles primaires, en majorité publiques, scolarisant plus de deux millions de garçons et 19400 écoles de filles tenues le plus souvent par des religieuses. Alors qu'en 1816 20 500 communes n'avaient pas d'écoles, seules 3213 en étaient dépourvues en 1848. L'Église formait la majorité des élites car les collèges privés scolarisaient plus d'adolescents que les lycées. Mais la grande majorité des instituteurs et des professeurs publics, souvent fort pauvres, se révélèrent en 1848 de fervents républicains, voire des socialistes.

Après le ralliement apparent de l'Église à la République lors de l'illusion lyrique des débuts de la Deuxième République, tous les conservateurs pratiquèrent l'union sacrée face à l'insurrection ouvrière de juin 1848 et aux progrès politiques des « rouges ». C'est sur l'objectif ambigu de la « liberté d'enseignement » que les ultramontains intransigeants et les catholiques modérés, les légitimistes et les anciens voltairiens convertis au cléricalisme unirent leurs forces. Par haine de la démocratie et terreur du socialisme, bourgeois et conservateurs rallient la cause de l'Église et acceptent de lui livrer l'enseignement primaire et de lui sacrifier la laïcité au nom de la garantie de l'ordre.

Qu'un Montalembert dénonce l'« armée des instituteurs, ces « affreux petits rhéteurs », et fasse l'apologie de l'« armée des curés » qui « instinctivement et avec une force et une persévérance admirables » défend l'ordre, rien d'étonnant à cela ! Pour lui, dans l'éducation publique, « on tue le respect de Dieu, le respect du père, c'est-à-dire de la famille, et enfin le respect du pouvoir et de l'État ». Le remède est de rendre l'école à l'Église : « Ce remède, c'est de faire rentrer la religion dans l'éducation par la liberté, de l'y faire pénétrer non pour tuer la raison, mais pour la régler, la discipliner, pour l'éclairer et l'épurer » (discours à l'Assemblée, 15 janvier 1850). Qu'un Veuillot, directeur de *L'Œuvre*, chante les louanges d'une éducation pour tous sous le contrôle de l'Église, seule détentrice de la Vérité, rien que de plus naturel pour ce catholique intransigeant. Mais que penser des propos d'un Lamartine, ce catholique libéral, qui dénonce « les missionnaires de cette nouvelle religion, qui consiste à nier Dieu, à diviniser la nature, à adorer le plus brutal sensualisme, à renverser les autels, à arracher les bornes des champs, à convier le genre humain à une gamelle universelle. » L'assimilation entre la laïcité de l'école républicaine et le socialisme, voire le communisme, constitue un procédé bien peu honnête, qui révèle la profondeur du conservatisme social de l'homme symbolisant les espoirs déçus de février 1848.

Quant au cynisme de Thiers, l'ancien voltairien anticlérical, il est encore plus spectaculaire car un froid calcul est avoué : « Moi, qui à une autre époque ne voulais pas immoler l'Université au clergé, et qui certes n'y serais pas encore disposé aujourd'hui, je suis prêt à donner au clergé tout l'enseignement primaire. » Dans son livre *De la propriété*, publié à la fin de l'année 1849, il n'hésite pas à écrire que seule la religion pouvait être la parade à la remise en cause de l'ordre social. « Cette puissante religion qu'on appelle le christianisme exerce sur le monde une domination continue, et elle le doit à un avantage que seule elle possède entre les religions. Cet avantage, savez-vous quel il est ? C'est d'avoir donné un sens à la douleur. » L'école doit passer sous la coupe de l'Église pour enseigner la sanctification de la souffrance et la résignation sur terre indispensable à la survie de la société.

Contre la loi Falloux : le premier manifeste de la laïcité

« Les superstitions enseignées ne nourrissent pas, elles empoisonnent » (15 janvier 1850).

Quand commence le 14 janvier 1850, à l'Assemblée législative, la discussion finale sur la loi Falloux, la Montagne est incapable de présenter un véritable système de défense. De fait, elle n'est pas en mesure de défendre un système éducatif cohérent. Pourtant, le retour en force des jésuites et le projet Falloux font peser sur l'enseignement la menace d'une emprise cléricale générale. Le 20 janvier 1850, Victor Hugo monte à la tribune et son discours constitue un véritable morceau d'anthologie pour la pensée laïque. En prononçant un réquisitoire éclatant et aussi solide, il construit le premier grand manifeste public de la laïcité civile et scolaire. Tout y est : la distinction principielle de la religion et du cléricalisme, le rappel des persécutions auxquelles la laïcité permet d'échapper, le livre noir du christianisme institutionnel, le refus de toute mise en tutelle de la science ou de l'art, la dénonciation des obscurantismes religieux, le principe de séparation de l'État et de l'Église, l'affirmation de la vocation émancipatrice de l'École publique et laïque. Ce manifeste fera date.

Dans son discours, Hugo rompt non seulement avec l'idée d'une religion d'État, mortifère pour la liberté de conscience, mais aussi avec le modèle concordataire napoléonien, qui, en restaurant des emprises publiques pour les églises, avait fait régresser en 1801-1802 le processus de laïcisation enclenché par la Convention. Il propose en outre la création d'une école laïque, gratuite à tous les degrés et obligatoire au niveau élémentaire, afin que tous puissent disposer des moyens d'accéder à la culture. Lire, écrire, et compter, comme le stipulaient les *Mémoires sur l'instruction publique* de Condorcet. Le poète anticipe ainsi les grandes lois scolaires que Jules Ferry mènera à bien une trentaine d'années plus tard, ainsi que l'émancipation laïque générale entérinée par la Loi de séparation de décembre 1905. La violence des réactions de la droite cléricale à l'Assemblée est rapportée par le poète dans cette sorte d'autobiographie politique qu'est *Le Droit et la loi*, VII, rédigée en juin 1875 :

> « Être un contre tous, cela est quelquefois laborieux.
>
> Il ripostait dans l'occasion, tâchant de rendre coup pour coup.
>
> Une fois, à propos d'une loi d'éducation cléricale cachant l'asservissement des études sous cette rubrique : liberté de l'enseignement, il lui arriva de parler du Moyen Âge, de l'Inquisition, de Savonarole, de Giordano Bruno et de Campanella, appliqué vingt-sept fois à la torture pour ses opinions philosophiques, les hommes de la droite lui crièrent :
>
> – À la question !
>
> Il les regarda fixement, et leur dit :
>
> – Vous voudriez bien m'y mettre.
>
> Cela les fit taire. »

La question de l'enseignement est évidemment décisive et si elle ne représente pas l'ensemble de la question laïque, elle en condense, par implication, les points essentiels. Hugo en formule le sens de façon radicale dans *Le Droit et la loi*, IV :

> « Cette chimère, qu'elles appellent articles de foi et mystères, les religions la mêlent à Dieu, et l'enseignent. Peuvent-elles faire autrement ?

l'enseignement de la mosquée et de la synagogue est étrange ; mais c'est innocemment qu'il est funeste ; le prêtre, nous parlons du prêtre convaincu, n'en est pas coupable ; il est à peine responsable ; il a été lui-même anciennement le patient de cet enseignement dont il est aujourd'hui l'opérateur ; devenu maître, il est resté esclave. De là ses leçons redoutables. Quoi de plus terrible que le mensonge sincère ? le prêtre enseigne le faux, ignorant le vrai ; il croit bien faire.

Cet enseignement a cela de lugubre que tout ce qu'il fait pour l'enfant est fait contre l'enfant ; il donne lentement on ne sait quelle courbure à l'esprit ; c'est de l'orthopédie en sens inverse ; il fait torse ce que la nature a fait droit ; il lui arrive, affreux chefs-d'œuvre, de fabriquer des âmes difformes, ainsi Torquemada ; il produit des intelligences inintelligentes, ainsi Joseph de Maistre ; ainsi tant d'autres, qui ont été les victimes de cet enseignement avant d'en être les bourreaux.

Étroite et obscure éducation de caste et de clergé qui a pesé sur nos pères et qui menace encore nos fils !

Cet enseignement inocule aux jeunes intelligences la vieillesse des préjugés ; il ôte à l'enfant l'aube et lui donne la nuit, et il aboutit à une telle plénitude du passé que l'âme y est comme noyée, y devient on ne sait quelle éponge de ténèbres, et ne peut plus admettre l'avenir. »

Une distinction de principe : religion et cléricalisme

« Nous connaissons le parti clérical. C'est lui qui fait défense à la science et au génie d'aller au-delà du missel et qui veut cloîtrer la pensée dans le dogme » (Discours contre la loi Falloux).

Il existe une forme de contrainte qui pèse depuis des siècles dans de nombreux pays : c'est la contrainte cléricale exercée au nom d'une religion qui entend dire la norme en matière spirituelle, mais aussi dans le domaine temporel de la conduite de la vie et dans le champ culturel. Une « chiourme de la pensée », comme dit fortement Hugo, n'a cessé d'entraver la science et de régenter la culture, d'interdire ou de confiner l'esprit de libre examen et sa mise en œuvre, d'imposer une orthodoxie propre à exclure et à stigmatiser. Un tel constat s'applique à tous les lieux où la religion s'est faite violence aux corps et aux esprits, ne respectant ni l'*habeas corpus* (libre disposition de son corps, c'est-à-dire de sa liberté physique) ni l'*habeas animum* (libre disposition de sa conscience et de son esprit).

Hugo remarque souvent qu'il y a une notable contradiction entre l'invocation de la religion comme registre d'action purement spirituel, supposant la totale liberté de conscience, et le souci frénétique de nombreux religieux de disposer d'instances de pouvoir temporel, exerçant contrôle et contrainte, conditionnement et enrôlement. La charge contre le « parti clérical » prononcée dans le discours contre la loi Falloux, le 15 janvier 1850, s'accompagne alors logiquement d'une définition du véritable « enseignement religieux », qui doit tenir à ses yeux dans la seule vertu de l'exemple de désintéressement, de dévouement et de bonté en acte. Diamétralement opposée à cette exigence, la contrainte multiforme exercée par le « parti clérical » est vivement dénoncée. L'opposition centrale du discours de 1850 entre religion et cléricalisme est donc décisive :

« Votre loi est une loi qui a un masque. *(Bravo !)*

Elle dit une chose et elle en ferait une autre. C'est une pensée d'asservissement qui prend les allures de la liberté. C'est une confiscation intitulée donation. Je n'en veux pas. *(Applaudissements à gauche.)*

C'est votre habitude. Quand vous forgez une chaîne, vous dites : Voici une liberté ! Quand vous faites une proscription, vous criez : Voilà une amnistie ! *(Nouveaux applaudissements.)*

Ah ! je ne vous confonds pas avec l'Église, pas plus que je ne confonds le gui avec le chêne. Vous êtes les parasites de l'Église, vous êtes la maladie de l'Église. *(On rit.)* Ignace est l'ennemi de Jésus. *(Vive approbation à gauche.)* Vous êtes, non les croyants, mais les sectaires d'une religion que vous ne comprenez pas. Vous êtes les metteurs en scène de la sainteté. Ne mêlez pas l'Église à vos affaires, à vos combinaisons, à vos stratégies, à vos doctrines, à vos ambitions. Ne l'appelez pas votre mère pour en faire votre servante. *(Profonde sensation.)* Ne la tourmentez pas sous le prétexte de lui apprendre la politique ; surtout ne l'identifiez pas avec vous. Voyez le tort que vous lui faites. M. l'évêque de Langres vous l'a dit. *(On rit.)*

Voyez comme elle dépérit depuis qu'elle vous a ! Vous vous faites si peu aimer que vous finiriez par la faire haïr ! En vérité, je vous le dis *(On rit)*, elle se passera fort bien de vous. Laissez-la en repos. Quand vous n'y serez plus, on y reviendra. Laissez-la, cette vénérable Église, cette vénérable mère, dans sa solitude, dans son abnégation, dans son humilité. Tout cela compose sa grandeur ! Sa solitude lui attirera la foule ; son abnégation est sa puissance, son humilité est sa majesté. *(Vive adhésion.)*

Vous parlez d'enseignement religieux ! Savez-vous quel est le véritable enseignement religieux, celui devant lequel il faut se prosterner, celui qu'il ne faut pas troubler ? C'est la sœur de charité au chevet du mourant. C'est le frère de la Merci rachetant l'esclave. C'est Vincent de Paul ramassant l'enfant trouvé. C'est l'évêque de Marseille au milieu des pestiférés. C'est l'archevêque de Paris abordant avec un sourire ce formidable faubourg Saint-Antoine, levant son crucifix au-dessus de la guerre civile, et s'inquiétant peu de recevoir la mort, pourvu qu'il apporte la paix. Voilà le véritable enseignement religieux, l'enseignement religieux réel, profond, efficace et populaire, celui qui, heureusement pour la religion et l'humanité, fait encore plus de chrétiens que vous n'en défaites ! *(Longs applaudissements à gauche.)*

Ah ! nous vous connaissons ! nous connaissons le parti clérical. C'est un vieux parti qui a des états de service. *(On rit.)* C'est lui qui monte la garde à la porte de l'orthodoxie. *(On rit.)* C'est lui qui a trouvé pour la vérité ces deux étais merveilleux, l'ignorance et l'erreur. C'est lui qui fait défense à la science et au génie d'aller au-delà du missel et qui veut cloîtrer la pensée dans le dogme. Tous les pas qu'a faits l'intelligence de l'Europe, elle les a faits malgré lui. Son histoire est écrite dans l'histoire du progrès humain, mais elle est écrite au verso. »

Il faut noter que le combat laïque de Victor Hugo confirmera toute sa raison d'être après le coup d'État de décembre 1851, largement soutenu ou organisé par les forces cléricales. La dénonciation d'une nouvelle figure de l'alliance du trône et de l'autel donnera lieu dans *Les Châtiments* au groupe de poèmes réunis sous le titre ironique emprunté à la propagande impériale « La société est sauvée ». Par exemple, à propos du « *Te Deum* du premier janvier 1852 », le poète ne mâchera pas ses mots :

« Prêtre, on voit frissonner, aux cieux d'où nous venons,
Les anges et les vierges
Quand un évêque prend la mèche des canons
Pour allumer les cierges. »

Contre les Jésuites, grands bénéficiaires de la loi Falloux et soutiens du nouveau régime de 1851-1852, Hugo intitule un de ses poèmes « *Ad Majorem Dei Gloriam* » (Pour la plus grande gloire de Dieu). Il reprend ainsi, ironiquement, leur devise, et rappelle un des avertissements donnés naguère par le général des jésuites : « Les insensés ! En nous appelant jésuites, ils croient nous couvrir d'opprobre ! Mais ces jésuites leur réservent la censure, un bâillon et du feu. »

Le livre noir du cléricalisme

« Voilà longtemps déjà que la conscience humaine se révolte contre vous et vous demande : qu'est-ce que vous me voulez ? »

Rappelant les différentes formes de contrainte directe sur les corps, puis de contrainte morale et intellectuelle systématisée en police de la pensée, Hugo évoque le livre noir du cléricalisme dans des termes terribles. Qu'on en juge :

« C'est lui qui a fait battre de verges Prinelli pour avoir dit que les étoiles ne tomberaient pas. C'est lui qui a appliqué Campanella vingt-sept fois à la question pour avoir affirmé que le nombre des mondes était infini et entrevu le secret de la création. C'est lui qui a persécuté Harvey pour avoir prouvé que le sang circulait. De par Josué, il a enfermé Galilée ; de par saint Paul, il a emprisonné Christophe Colomb. *(Sensation.)* Découvrir la loi du ciel, c'était une impiété ; trouver un monde, c'était une hérésie. C'est lui qui a anathématisé Pascal au nom de la religion, Montaigne au nom de la morale, Molière au nom de la morale et de la religion. Oh ! oui, certes, qui que vous soyez, qui vous appelez le parti catholique et qui êtes le parti clérical, nous vous connaissons. Voilà longtemps déjà que la conscience humaine se révolte contre vous et vous demande : Qu'est-ce que vous me voulez ? Voilà longtemps déjà que vous essayez de mettre un bâillon à l'esprit humain.

Et vous voulez être les maîtres de l'enseignement ! Et il n'y a pas un poète, pas un écrivain, pas un philosophe, pas un penseur, que vous acceptiez ! Et tout ce qui a été écrit, trouvé, rêvé, déduit, illuminé, imaginé, inventé par les génies, le trésor de la civilisation, l'héritage séculaire des générations, le patrimoine commun des intelligences, vous le rejetez ! Si le cerveau de l'humanité était là devant vos yeux, à votre discrétion, ouvert comme la page d'un livre, vous y feriez des ratures ! »

La liste est donc longue des attentats à la liberté commis sinon par les religions, du moins en leur nom. Victor Hugo s'est documenté de façon précise. Le poète a retenu, entre autres, ce qui rend manifestes à ses yeux les méfaits du cléricalisme religieux, qu'il entend distinguer de la démarche spirituelle de type religieux. Il évoque le mal fait à l'Italie et à l'Espagne, puis les bûchers de l'Inquisition catholique et ses victimes, dont le célèbre Giordano Bruno, brûlé vif pour avoir soutenu que le monde est infini et n'a pas de centre :

« Ah ! vous voulez qu'on vous donne des peuples à instruire ! Fort bien.

– Voyons vos élèves. Voyons vos produits. *(On rit.)* Qu'est-ce que vous avez fait de l'Italie ? Qu'est-ce que vous avez fait de l'Espagne ? Depuis des siècles vous tenez dans vos mains, à votre discrétion, à votre école, sous votre férule, ces deux grandes nations, illustres parmi les plus illustres ; qu'en avez-vous fait ? *(Mouvement.)*

Je vais vous le dire. Grâce à vous, l'Italie, dont aucun homme qui pense ne peut plus prononcer le nom qu'avec une inexprimable douleur filiale, l'Italie, cette mère des génies et des nations, qui a répandu sur l'univers toutes les plus éblouissantes merveilles de la poésie et des arts, l'Italie, qui a appris à lire au genre humain, l'Italie aujourd'hui ne sait pas lire ! *(Profonde sensation.)*

Oui, l'Italie est de tous les États de l'Europe celui où il y a le moins de natifs sachant lire ! *(Réclamations à droite. – Cris violents.)*

L'Espagne, magnifiquement dotée, l'Espagne, qui avait reçu des Romains sa première civilisation, des Arabes sa seconde civilisation, de la Providence, et malgré vous, un monde, l'Amérique ; l'Espagne a perdu, grâce à vous, grâce à votre joug d'abrutissement, qui est un joug de dégradation et d'amoindrissement *(Applaudissements à gauche)*, l'Espagne a perdu ce secret de la puissance qu'elle tenait des Romains, ce génie des arts qu'elle tenait des Arabes, ce monde qu'elle tenait de Dieu, et en échange de tout ce que vous lui avez fait perdre, elle a reçu de vous l'Inquisition. *(Mouvement.)*

L'inquisition, que certains hommes du parti essayent aujourd'hui de réhabiliter avec une timidité pudique dont je les honore. *(Longue hilarité à gauche. – Réclamations à droite.)* L'Inquisition, qui a brûlé sur le bûcher ou étouffé dans les cachots cinq millions d'hommes ! *(Dénégations à droite.)* Lisez l'histoire ! L'Inquisition, qui exhumait les morts pour les brûler comme hérétiques *(C'est vrai !)*, témoin Urgel et Arnault, comte de Forcalquier. L'Inquisition, qui déclarait les enfants des hérétiques, jusqu'à la deuxième génération, infâmes et incapables d'aucuns honneurs publics, en exceptant seulement, ce sont les propres termes des arrêts, ceux qui auraient dénoncé leur père ! *(Long mouvement.)* L'Inquisition, qui, à l'heure où je parle, tient encore dans la bibliothèque vaticane les manuscrits de Galilée clos et scellés sous le scellé de l'index ! *(Agitation.)* […]

Voilà vos chefs-d'œuvre ! Ce foyer qu'on appelait l'Italie, vous l'avez éteint. Ce colosse qu'on appelait l'Espagne, vous l'avez miné. L'une est en cendres, l'autre est en ruine. Voilà ce que vous avez fait de deux grands peuples. Qu'est-ce que vous voulez faire de la France ? »

Défini comme religion d'État imposée, le catholicisme officiel a culminé dans la formule : « Un roi, une loi, une foi », invoquée par Louis XIV au moment de la révocation de l'Édit de Nantes (1598) par l'Édit de Fontainebleau (1685), qui déclencha de nouvelles persécutions contre les protestants. Il eut son livre de référence : la théorie du monarque de roi divin est défendue par Bossuet dans la *Politique tirée des propres paroles de l'écriture sainte*. Elle l'est aussi par Joseph de Maistre, qui, dans *Du pape*, justifie la peine de mort en sacralisant le bourreau, mandataire supposé de Dieu par la médiation du roi. Hugo y revient :

« Le droit divin a un synonyme : Glaive. Il est un peu dans le soldat, beaucoup dans le bourreau. Associé à la gloire, il est la guerre, associé à la justice, il est la mort. L'échafaud est, lui aussi, un mystère. Il a du ciel en lui, comme le trône. L'échafaud, ne pouvant être humain, est forcé d'être divin. Il l'est. Le juif l'extrait de la Bible, le turc du Koran, l'indou du Véda, le parsi du Zend-Avesta. Le bourreau a un cousin, le sacrificateur. L'allumeur d'autodafé touche d'un coude Saint-Pie V et de l'autre coude Sanson. Les rois de Perse, comprenant le pontificat du coupe-tête, font du bourreau le premier fonctionnaire de leur royaume. Joseph de Maistre, non moins intelligent, sacre et couronne le bourreau. Il écrit un livre dont le pape est la surface et le bourreau le fond. La veste de l'exécuteur a pour doublure la pourpre du droit divin. Cette logique révèle un homme farouche, mais sincère. De Maistre est féroce avec foi. Faire un livre exprès, pour mettre le bourreau dedans, l'idée est lugubre. Ce sombre livre est au sommet de la théocratie. »

(*La Civilisation*)

Autre forme d'assujettissement : l'imposition de la religion du prince à ses sujets, chère aux protestants là où ils dominent, selon le principe « *Cujus regio, ejus religio* » (Tel roi telle religion). Calvin, à Genève, fit brûler le médecin Servet, jugé hostile à la vérité de l'Évangile. Il entendait en l'occurrence faire régner un strict conformisme religieux là où il contrôlait le pouvoir temporel.

Quant à la création de l'*Index des livres interdits (Index librorum prohibitorum)*, qui condamne tout ouvrage jugé non conforme à l'orthodoxie, elle marque l'obscurantisme d'une attitude religieuse méfiante à l'égard de la culture humaine et de son pouvoir d'émancipation. Cette censure officielle des autorités ecclésiastiques consiste à « raturer » le cerveau humain, et le meilleur de la culture. « Les génies matés par les bedeaux »... Elle incarne à ses yeux le caractère rétrograde du cléricalisme, sa haine de la pensée entendue comme fondement de liberté. Hugo ne manque aucune occasion de rappeler le rôle idéologique néfaste de l'obscurantisme : « Où l'âne est professeur, le loup est berger » (*Les Misérables*, fragment abandonné).

Comme pour bien montrer l'actualité de l'obscurantisme clérical, en 1864 Pie IX publie l'encyclique *Quanta cura*, et son fameux *Syllabus* des « erreurs de son époque ». Il y condamne la liberté de conscience, l'idée de séparation de l'État et de l'Église, la tolérance elle-même, et renouvelle la traditionnelle condamnation de l'apostasie (abandon d'une religion). Victor Hugo commente de façon implacable, en déplorant que « *l'erreur soit ivre au point de finir en blasphème* ». Confirmation d'une formule très sévère à l'égard des papes, utilisée le

19 octobre 1849 : « Voilà trop longtemps déjà que les papes s'isolent de la marche de l'esprit humain et de tous les progrès du continent. » Un de ses poèmes ultérieurs dénonce « l'esprit de nuit » propre au cléricalisme :

« Le vieil esprit de nuit, d'ignorance et de haine
Des clous de Jésus Christ forge à l'homme une chaîne,
Change l'enfant candide et pur en nain vieillot,
Lie au bûcher Jean Huss et Morus au billot,
Frappe de sa férule Horace, et, si Voltaire
Et Rousseau font du bruit en classe, il les fait taire.
Il donne sur les doigts au bon Dieu stupéfait.
Il refroidit les fronts que l'aube réchauffait,
Il insulte le ciel dans la femme, et le nie
Dans l'astre, dans la fleur, dans l'art, dans le génie.
L'éteignoir sur les yeux, la torche au poing, boudeur,
Sournois, pédant, féroce, il aspire l'odeur
De la pensée éteinte et de la chair brûlée.
Il fait mettre à genoux le vieillard Galilée
Sur la terre qui tourne et devant le soleil. »

(*Les Quatre Vents de l'esprit,* XXXI)

La persécution religieuse : des exemples emblématiques

« À ce moment de la société humaine, qu'était-ce que le peuple ? C'était l'ignorance. Qu'était-ce que la religion ? C'était l'intolérance. Et qu'était-ce que la justice ? C'était l'injustice. »

Des exemples précis de persécution religieuse permettent de démontrer par l'absurde la valeur de la laïcité. Ils montrent en effet à quoi elle permet d'échapper. Sans ressasser le passé, Hugo aime participer aux commémorations républicaines. Celles-ci jouent un rôle dans la mémoire des principes et des fondements de la liberté. Commémorer les grands penseurs, mais aussi les événements – malheureux ou heureux – qui scandent la difficile marche de l'humanité vers son émancipation, c'est une manière de rendre sensible le processus parfois tragique de réalisation des idéaux de justice. Les éloges de Voltaire, de Diderot, de Condorcet, vont de pair avec le combat contre l'obscurantisme. Le jour du centenaire de la mort de Voltaire, le 30 mai 1878, Hugo prononce un hommage, assorti d'un réquisitoire. Avec Voltaire, notamment, c'est l'intolérance et la superstition qui sont mises en accusation. De l'auteur du *Traité sur la tolérance*, Hugo veut retenir la révolte contre « l'infâme », que représente non la religion, mais son instrumentalisation politique pour asseoir une domination toute temporelle. Il rend hommage au défenseur de Calas et du chevalier de Labarre. L'hommage évoque la révolte du philosophe devant les crimes commis au nom de la religion et souvent à l'instigation de certains ecclésiastiques. Contrainte sur les consciences, par le truchement de la contrainte sur les corps. « Chiourme de la pensée », par l'Inquisition, tribunal habilité à prononcer des châtiments charnels, pouvant aller jusqu'à la torture et à la mort brûlé vif sur un bûcher.

La contrainte physique et morale est illustrée par un premier exemple de la persécution religieuse qui découle du cléricalisme catholique devenu puissance temporelle effective. Il s'agit du supplice infligé le 10 mars 1762 au protestant Calas, accusé d'avoir tué son fils pour l'empêcher de se convertir au catholicisme. Malgré l'inconsistance de l'accusation et des preuves, la rumeur publique, porte-voix des préjugés et des calomnies, fournit à la fois un prétexte et une sorte de pseudo-légitimation de la condamnation. Le supplice de Jean Calas, qui ne cesse de protester de son innocence, commence par la « question ordinaire » : ses membres sont étirés graduellement par de lourds palans. Il se poursuit par la « question extraordinaire » : absorption forcée de dix cruches d'eau. Puis Jean Calas est couché sur la roue et reçoit des coups de barre qui lui brisent bras et jambes. Il hurle son innocence. On l'étrangle et son corps est brûlé. Il n'a pas avoué, au grand dam des juges, qui comptaient sur les supplices pour confirmer le verdict. Ce drame, entre autres, a conduit Voltaire à rédiger le *Traité sur la tolérance*. Victor Hugo évoque le supplice de Calas lors de son discours pour le centenaire de la mort de Voltaire.

« À Toulouse, le 13 octobre 1761, on trouve dans la salle basse d'une maison un jeune homme pendu. La foule s'ameute, le clergé fulmine, la magistrature informe. C'est un suicide, on en fait un assassinat. Dans quel intérêt ? Dans l'intérêt de la religion. Et qui accuse-t-on ? Le père. C'est un huguenot, et il a voulu empêcher son fils de se faire catholique. Il y a monstruosité morale et impossibilité matérielle ; n'importe ! ce père a tué son fils, ce vieillard a pendu ce jeune homme. La justice travaille, et voici le dénouement. Le 9 mars 1762, un homme en cheveux blancs, Jean Calas, est amené sur une place publique, on le met nu, on l'étend sur une roue, les membres liés en porte-à-faux, la tête pendante. Trois hommes sont là, sur l'échafaud, un capitoul, nommé David, chargé de soigner le supplice, un prêtre, qui tient un crucifix, et le bourreau, une barre de fer à la main. Le patient, stupéfait et terrible, ne regarde pas le prêtre et regarde le bourreau. Le bourreau lève la barre de fer et lui brise un bras. Le patient hurle et s'évanouit. Le capitoul s'empresse, on fait respirer des sels au condamné, il revient à la vie ; alors nouveau coup de barre, nouveau hurlement ; Calas perd connaissance ; on le ranime, et le bourreau recommence ; et comme chaque membre, devant être rompu en deux endroits, reçoit deux coups, cela fait huit supplices. Après le huitième évanouissement, le prêtre lui offre le crucifix à baiser, Calas détourne la tête, et le bourreau lui donne le coup de grâce, c'est-à-dire lui écrase la poitrine avec le gros bout de la barre de fer. Ainsi expira Jean Calas. Cela dura deux heures. Après sa mort, l'évidence du suicide apparut. Mais un assassinat avait été commis. Par qui ? Par les juges. »

Autre persécution, contre le libre-penseur de Labarre cette fois-ci. Victor Hugo poursuit :

« En 1765, à Abbeville, le lendemain d'une nuit d'orage et de grand vent, on ramasse à terre sur le pavé d'un pont un vieux crucifix de bois vermoulu qui depuis trois siècles était scellé au parapet. Qui a jeté bas ce crucifix ? Qui a commis ce sacrilège ? On ne sait. Peut-être un passant. Peut-être le vent. Qui est le coupable ? L'évêque d'Amiens lance un monitoire. Voici ce que c'est qu'un monitoire : c'est un ordre à tous les fidèles, sous peine de l'enfer, de dire ce qu'ils savent ou croient savoir de tel ou tel fait ; injonction meurtrière du fanatisme à l'ignorance. Le monitoire de l'évêque d'Amiens opère ; le grossissement des commérages prend les proportions de la dénonciation. La justice découvre, ou croit découvrir, que dans la nuit où le crucifix a été jeté à terre, deux hommes, deux officiers, nommés l'un Labarre, l'autre d'Étallonde, ont passé sur le pont d'Abbeville, qu'ils étaient ivres, et qu'ils ont chanté une chanson de corps de garde. Le tribunal, c'est la sénéchaussée d'Abbeville. Les sénéchaux d'Abbeville valent les capitouls de Toulouse. Ils ne sont pas moins justes. On décerne deux mandats d'arrêt. D'Étallonde s'échappe, Labarre est pris. On le livre à l'instruction judiciaire. Il nie avoir passé sur le pont, il avoue avoir chanté la chanson. La sénéchaussée d'Abbeville le condamne ; il fait appel au parlement de Paris. On l'amène à Paris, la sentence est trouvée bonne et confirmée. On le ramène à Abbeville, enchaîné. J'abrège. L'heure monstrueuse arrive. On commence par soumettre le chevalier de Labarre à la question ordinaire et extraordinaire pour lui faire avouer ses complices ; complices de quoi ? d'être passé sur un pont et d'avoir chanté une chanson ; on lui brise un genou dans la torture ; son confesseur, en entendant craquer les os, s'évanouit ; le lendemain, le 5 juin 1766, on traîne Labarre dans la grande place d'Abbeville ; là flambe un bûcher ardent ; on lit sa sentence à Labarre, puis on lui coupe le poing, puis on lui arrache la langue avec une tenaille de fer, puis, par grâce, on lui tranche la tête, et on le jette dans le bûcher. Ainsi mourut le chevalier de Labarre. Il avait dix-neuf ans. Alors, ô Voltaire, tu poussas un cri d'horreur, et ce sera ta gloire éternelle ! »

La récurrence des persécutions au nom de la religion et des gestes racistes qui se donnent ainsi leur prétexte inspire plus tard au poète une remarque triste : « Les multitudes vont et tâtent dans l'ombre ». Apprenant à la fin de sa vie l'organisation de pogromes antisémites en Russie, inspirés par des chrétiens, Victor Hugo y voit une dernière occasion de dénoncer les fanatismes religieux (« le christianisme martyrise le judaïsme »). Avec en arrière-fond ce qu'il appelle « la monstruosité » du racisme. Nouvelle preuve à ses yeux de la valeur de l'idéal laïque, qui met hors jeu les motifs d'affrontement entre les hommes, ou du moins les prétextes imaginaires qu'ils se donnent pour en découdre (cf. ci-dessous le chapitre treize).

La forme « douce » de l'emprise sur la conscience

« La Bible a parlé, tout est dit. »

Une autre forme de servitude existe. C'est celle du préjugé ordinaire, incarnée par un certain fidéisme que Hugo découvre dans l'Angleterre victorienne. La religion protestante y nourrit un strict conformisme, conjuguant le moralisme et une référence sempiternelle à la Bible lue littéralement pour réguler toute chose dans la vie sociale. La servitude cléricale émigre dans la société civile, à ceci près que le clerc est, cette fois-ci, intériorisé par les fidèles eux-mêmes. La sécularisation protestante investit pourtant le droit commun, comme le montre la pénalisation du blasphème. Elle provoque la torpeur d'une démocratie prisonnière du préjugé, c'est-à-dire de représentations religieuses très rigides, comme l'a implicitement reconnu Tocqueville dans son ouvrage *De la démocratie en Amérique*. Le livre biblique, idolâtré, devient « texte indiscutable ». « *Sola scripta.* » Seule compte l'écriture. « *Sola fide.* » Seule compte la foi… dans l'Écriture. On se souvient que Melanchton, lieutenant de Luther, a été un des premiers à condamner l'héliocentrisme copernicien, au nom du texte de la Genèse, interprété littéralement. C'est la réalité anglaise que Victor Hugo a pu observer et il n'est pas inintéresse ressant de citer ici le texte *La Bible et l'Angleterre*, qu'il écrit en préparant son essai *William Shakespeare.*

« La Bible en Angleterre, c'est l'oracle à Delphes. Le progrès se présente, on consulte la Bible. Dans la chambre des lords, un pair se lève et dit : "Je suis pour le bill du divorce, mais si la Bible est contre, je voterai contre." Qui protège la royauté ? la Bible. Rends à César ce qu'on doit à César. Qui protège la peine de mort ? la Bible. Œil pour œil. Dent pour dent. Qui consacre la misère ? la Bible. Il y aura toujours des pauvres parmi vous. Qui autorise l'esclavage ? la Bible.

Si tu frappes ton esclave, on ne te fera rien, car c'est ton argent. La Bible a parlé, tout est dit. C'est le texte indiscutable. Une syllabe est un verdict, un mot est une loi. [...] Les purs croyants bibliques rejettent les idoles. À-bas les idoles de bois, les idoles de pierre, les idoles d'airain. Ils en ont une. En quoi ? en papier. Le Livre. [...]

La Bible est, pour l'art, splendeur, pour la science, ténèbres. Admirer la Bible, soit. L'adorer, c'est autre chose. On ne peut adorer que la certitude. L'infini est une certitude. Nous l'adorons. Qu'est-ce que la Bible ? c'est l'incertain. Toute la Bible est à mettre en question, dans son texte, dans ses dates, dans ses auteurs, dans Moïse, dans Job, dans Esdras, dans les Septante. [...]

C'est sur la certitude de ce livre que le protestantisme et l'anglicanisme appuient leur foi. Dans cet admirable pays de franchise, l'Angleterre, des pénalités sortent de ce livre. Nous l'avons dit, le gibet s'adosse à la Bible. À cause de tel verset de tel chapitre, on pend. Le dimanche anglais est irréductible. Défense aux journaux, à ces puissants journaux libres, de paraître « le septième jour ». La population ouvrière n'a que le dimanche pour prendre sa part du musée ou de la bibliothèque. Clôture. Défense d'entrer. Dernièrement un barbier de Southampton, ayant rasé un passant un dimanche, a été condamné à trois livres sterling d'amende, parce que Dieu s'est reposé ce jour-là.

Nous venons de dire, il sort de ce livre des pénalités. Ajoutons, il en sort des préjugés. Le plus irréductible de ces préjugés pèse sur l'art, et dans l'art, la haine de ce préjugé choisit le théâtre. La désagrégation du protestantisme en sectes met en poussière l'anglicanisme, mais non le préjugé. Loin de là. La haute Église est relativement tolérante. Les dissidents, calvinistes, presbytériens, méthodistes, wesleyens, anabaptistes, baptistes, sont hérissés devant le théâtre, devant le concert, devant le bal, jusqu'à l'indignation. Rien hors de l'Écriture. Tout le protestantisme est le captif de ce livre. Plus on s'intitule indépendant, plus on est enchaîné. »

L'émancipation laïque : de l'État à l'École

« L'Église chez elle et l'État chez lui » (Discours du 15 janvier 1850).

De fait, mais aussi de droit, la libre expression des religions, légitime, ne peut vouloir dire liberté de s'emparer de la sphère publique et de l'enseignement, pour procéder au conditionnement des consciences et normer toute activité intellectuelle et artistique selon des critères et des points de vue particuliers. Le poète y insiste, et dénonce le fait d'appeler liberté un pouvoir d'endoctrinement. *Liberté de* a pour limite *pouvoir sur* : le cerveau des enfants est une cire malléable et sa liberté doit être respectée avec une infinie précaution. La contestation hugolienne des emprises cléricales part de la distinction entre religion et cléricalisme et elle ira loin. Elle formera le concept de laïcité dans son contenu positif.

L'idéal laïque hugolien recouvre un ensemble de valeurs fondatrices tenues pour des principes et il voit dans le dispositif institutionnel de séparation de l'Église et de l'État le meilleur moyen pour affirmer ces valeurs. Le poète mettra même en cause le « mariage irrévocable » et ironisera sur les défenseurs « de la famille, de l'Église, et de la société » qui ne conçoivent de liberté que dans la possibilité d'imposer sans entrave un conditionnement et un conformisme éthico-religieux peu compatibles avec une véritable autonomie des hommes. Si l'adultère est une faute morale au regard d'une certaine éthique, sa pénalisation n'a aucune justification : elle revient à imposer à tous des valeurs qui ne sont reconnues que par certains. La laïcisation du droit consiste à l'émanciper de la tutelle exercée par des normes particulières. L'imposition de celles-ci à la sphère publique n'a rien d'une liberté. Hugo s'insurge : « Quand vous forgez une chaîne, vous dites : voici une liberté ! » On peut remarquer que cette critique de l'usage abusif du terme « liberté » afin de caractériser la consécration d'un pouvoir sur d'autres hommes est d'une portée décisive pour déjouer les illusions d'un certain « libéralisme ».

Les emprises traditionnelles des religions sur le monde social bafouent aux yeux du poète deux principes mis au jour par la Révolution française : la liberté et l'égalité. La liberté, dans sa forme la plus radicale sans doute, implique la liberté de conscience absolue et la faculté de choisir, sans entrave ni conditionnement, son option spirituelle et son éthique de vie. L'égalité, quant à elle, suppose l'absence de tout privilège accordé aux tenants d'une de ces options spirituelles. Ce qui exclut aussi bien la religion d'État ou l'athéisme d'État que des accords concédant aux confessions tout ou partie de la maîtrise des activités sociales. Dans son discours du 15 janvier 1850, Hugo, comme Lamennais, défend une stricte séparation, qui exclut les dispositions concordataires napoléoniennes (1801-1802) par lesquelles un rôle public était maintenu pour les Églises. « J'entends maintenir, quant à moi, et au besoin faire plus profonde que jamais, cette antique et salutaire séparation de l'Église et de l'État, qui était l'utopie de nos pères, et cela dans l'intérêt de l'Église comme dans l'intérêt de l'État. »

Belle approche du principe de laïcité. Ce dernier se fonde sur des valeurs intégralement positives : liberté de conscience fortifiée par l'instruction et la culture, égalité de principe de tous les hommes quelles que soient leurs options spirituelles, c'est-à-dire qu'ils soient athées, croyants, ou agnostiques, fraternité que rend possible l'existence d'une sphère publique régie par le seul souci du bien commun à tous, à l'exclusion de tout privilège accordé à une option spirituelle ou à une croyance particulières.

Hugo précise au sujet de la laïcité de l'École publique qu'elle peut coexister avec un réseau d'écoles privées, si les règles du droit commun sont respectées.

> « Je veux, je le déclare, la liberté de l'enseignement ; mais je veux la surveillance de l'État, et comme je veux cette surveillance effective, je veux l'État laïque, purement laïque, exclusivement laïque. L'honorable M. Guizot l'a dit avant moi, en matière d'enseignement, l'État n'est pas et ne peut pas être autre chose que laïque. Je veux, dis-je, la liberté de l'enseignement sous la surveillance de l'État, et je n'admets, pour personnifier l'État dans cette surveillance si délicate et si difficile, qui exige le concours de toutes les forces vives du pays, que des hommes appartenant sans doute aux carrières les plus graves, mais n'ayant aucun intérêt, soit de conscience, soit de politique, distinct de l'unité nationale. »

Si le croyant Hugo peut juger aberrant l'athéisme, comme le donnent à penser certains de ses textes, il tient pour impie toute violence qui serait faite à l'athée, toute stigmatisation qui en ferait un citoyen de seconde zone. Seule est légitime pour lui la sollicitation s'exerçant soit par la persuasion rationnelle, soit par la dimension exemplaire d'une conduite. Encore les deux ne doivent-elles opérer que sur des esprits libres, formés au jugement autonome. De la culture avant tout. Deux combats sont désormais solidaires : celui de l'affranchissement laïque général, et celui de l'instruction. Aux adeptes cléricaux de l'obscurantisme, Hugo réplique : « Vous en voulez à la raison humaine. Pourquoi ? Parce qu'elle fait le jour. »

Tout naturellement, le combat pour l'émancipation laïque des institutions publiques débouche donc sur l'idéal d'une instruction dispensée à tous pour « rendre la raison populaire », comme le disait Condorcet. Cette instruction, publique elle-même, est un devoir d'État, et elle ne peut se trouver à la merci d'un groupe religieux particulier, qui est libre de cultiver ses croyances propres, de les exprimer sans entrave, mais non de les imposer aux autres. C'est dire qu'elle ne peut être que laïque, autrement dit commune à tous et affranchie pour cela de toute tutelle. Ce lien entre laïcité et instruction libératrice, Hugo l'exprime en juillet 1876, dans un passage saisissant de *Paris et Rome*, où il stigmatise la volonté cléricale de régir les consciences par un pouvoir exercé sur l'enseignement :

« Le prêtre peut être de bonne foi ; il croit avoir une vérité à lui, différente de la vérité universelle. Chaque religion a sa vérité, distincte de la vérité d'à côté ; cette vérité ne sort pas de la nature, entachée de panthéisme aux yeux des prêtres ; elle sort d'un livre. Ce livre varie. La vérité qui sort du Talmud est hostile à la vérité qui sort du Koran. Le rabbin croit autrement que le marabout, le fakir contemple un paradis que n'aperçoit pas le caloyer, et le Dieu visible au capucin est invisible au derviche. On me dira que le derviche en voit un autre ; je l'accorde, et j'ajoute que c'est le même ; Jupiter, c'est Jovis, qui est Jova, qui est Jehovah ; ce qui n'empêche pas Jupiter de foudroyer Jehovah, et Jehovah de damner Jupiter ; Fô excommunie Brahmâ, et Brahmâ anathématise Allah ; tous les dieux se revomissent les uns les autres ; toute religion dément la religion d'en face ; les clergés flottent dans tout cela, se haïssant, tous convaincus, à peu près ; il faut les plaindre et leur conseiller la fraternité. Leur pugilat est pardonnable. On croit ce qu'on peut, et non ce qu'on veut. Là est l'excuse de tous les clergés ; mais ce qui les excuse les limite. Qu'ils vivent, soit ; mais qu'ils n'empiètent pas. Le droit au fanatisme existe, à la condition de ne pas sortir de chez lui ; mais dès que le fanatisme se répand au-dehors, dès qu'il devient véda, pentateuque ou syllabus, il veut être surveillé. La création s'offre à l'étude de l'homme ; le prêtre déteste cette étude et tient la création pour suspecte ; la vérité latente dont le prêtre dispose contredit la vérité patente que l'univers propose. De là un conflit entre la foi et la raison. De là, si le clergé est le plus fort, une voie de fait du fanatisme sur l'intelligence. S'emparer de l'éducation, saisir l'enfant, lui remanier l'esprit, lui repétrir le cerveau, tel est le procédé ; il est redoutable. Toutes les religions ont ce but : prendre de force l'âme humaine. »

L'instruction laïque : droit de l'enfant et devoir d'État

« L'instruction primaire obligatoire, c'est le droit de l'enfant qui est plus sacré encore que le droit du père et qui se confond avec le droit de l'État » (Discours du 15 janvier 1850).

L'enseignement clérical est pour Hugo une pression impie sur la liberté de l'intelligence. « Cet enseignement inocule aux jeunes intelligences la vieillesse des préjugés » (*Le Droit et la loi*, IV).

De la distinction entre la religion et les religions, sur laquelle nous reviendrons dans le chapitre quinze, à la distinction entre religion et cléricalisme, la réflexion de Hugo rencontre tout naturellement la question de l'enseignement. Lui-même a été confié, enfant, à un prêtre, l'abbé de La Rivière, auquel il voue un grand respect. Il oppose la grande sincérité du prêtre, qui croit bien faire, à ce qui est à ses yeux l'inévitable puissance d'erreur de son enseignement, dès lors qu'il est régi par des dogmes et qu'il représente l'intériorisation d'une soumission inconditionnelle à une croyance donnée comme indiscutable. D'où des formules terribles, comme celle qui évoque la « courbure » lentement donnée à l'esprit.

L'inculcation d'une vision du monde particulière, héritage familial ou legs d'une tradition, ne peut certes être interdite et les parents revendiquent cette possibilité de marquer l'éducation de leurs enfants à leur manière. Mais elle a pour limite intangible le *droit de l'enfant* à devenir tout ce qu'il peut être. Hugo, en dissociant le droit de l'enfant du « droit du père », entend marquer nettement que nul enfant ne peut être réduit à une chose possédée, car les potentialités qu'il recèle doivent pouvoir se déployer sans mutilation ni entrave, sans aliénation aucune.

« Pour moi, l'idéal de cette question de l'enseignement, le voici : L'instruction gratuite et obligatoire. Obligatoire au premier degré seulement, gratuite à tous les degrés. *(Murmures à droite. – Applaudissements à gauche.)* L'instruction primaire obligatoire, c'est le droit de l'enfant *(Mouvement)* qui, ne vous y trompez pas, est plus sacré encore que le droit du père et qui se confond avec le droit de l'État. » [...]

« Un grandiose enseignement public, donné et réglé par l'État, partant de l'école de village et montant de degré en degré jusqu'au Collège de France, plus haut encore, jusqu'à l'Institut de France. Les portes de la science toutes grandes ouvertes à toutes les intelligences. Partout où il y a un champ, partout où il y a un esprit, qu'il y ait un livre. Pas une commune sans une école, pas une ville sans un collège, pas un chef-lieu sans une faculté. Un vaste ensemble, ou, pour mieux dire, un vaste réseau d'ateliers intellectuels, lycées, gymnases, collèges, chaires, bibliothèques, mêlant leur rayonnement sur la surface du pays, éveillant partout les aptitudes et échauffant partout les vocations. En un mot, l'échelle de la connaissance humaine dressée fermement par la main de l'État, posée dans l'ombre des masses les plus profondes et les plus obscures, et aboutissant à la lumière. Aucune solution de continuité : le cœur du peuple mis en communication avec le cerveau de la France. Voilà comme je comprendrais l'éducation publique nationale. »

Un petit homme s'appartient d'abord à lui-même et deux caractères complémentaires de l'instruction propre à lui assurer la plénitude de son développement autonome le soulignent. Le premier est le *caractère obligatoire* de l'instruction, le second son *caractère laïque*. L'un implique l'autre, car il ne saurait être question selon Hugo de substituer un conditionnement à un autre. Au moment où l'enseignement s'universalise, il ne peut que dispenser un bien universel, à savoir une instruction qui forme le jugement sans lui imposer une orientation particulière. Enseigner n'est pas inculquer, mais délivrer. Et pour cela mettre la plus haute culture à la portée des enfants du peuple, dit-il avec force le 15 janvier 1850.

L'obligation scolaire soustrait les enfants à l'emprise de parents qui entendraient les « utiliser » dès leur plus jeune âge pour contribuer à la subsistance de la famille. Une telle obligation, dans certains cas de misère extrême, suppose la gratuité absolue de l'enseignement, voire une aide compensatoire, permettant de libérer l'enfant d'une telle nécessité. Le terme prolétaire, on peut le rappeler, signifie étymologiquement « qui ne peut disposer, pour être utile, que de ses enfants » (de *proles*, nom collectif de la lignée, de l'ensemble des enfants). Tenir tous les enfants qui naissent pour les enfants de la société, sur le plan intellectuel, c'est aussi s'assurer qu'aucun esprit, laissé en jachère, ne doit manquer à la vie de la cité : comme Condorcet et Auguste Comte, Hugo pense donc que l'inégalité des enfants dans l'accès à l'instruction n'est pas seulement une injustice pour les plus démunis, un risque pour la démocratie menacée par les démagogues, mais aussi un immense gâchis pour la richesse nationale.

L'exigence de laïcité, qui fait obligation de n'enseigner que des vérités pour cultiver l'autonomie de jugement, participe de la lutte contre toute conception obscurantiste de l'éducation. Si elle entre en contradiction avec le « droit du père », entendu comme faculté de modeler l'éducation, ce ne doit pas être par l'imposition sourde ou avouée d'une autre idéologie, mais par l'effet d'une puissance interrogative née de l'autonomie intellectuelle.

« Qui dit éducation dit gouvernement ; enseigner, c'est régner ; le cerveau humain est une sorte de cire terrible qui prend l'empreinte du bien ou du mal selon qu'un idéal le touche ou qu'une griffe le saisit.

L'éducation par le clergé, c'est le gouvernement par le clergé. Ce genre de gouvernement est jugé. C'est lui qui sur la cime auguste de la glorieuse Espagne a mis cet effroyable autel de Moloch, le quemadero de Séville. C'est lui qui a superposé à la Rome romaine la Rome papale, monstrueux étouffement de Caton sous Borgia.

La dialectique a une double loi : voir de haut et serrer de près. Les gouvernements-prêtres ne résistent à aucune de ces deux formes du raisonnement ; de près, on voit leurs défauts ; de haut, on voit leurs crimes. »

(*Paris et Rome*, VII)

Quant à l'État, Hugo l'entend ici comme forme organisée de la communauté politique, c'est-à-dire la République qui prend en charge le bien commun. L'accès de tous à une instruction fondatrice de jugement éclairé fait partie de ce bien commun. Le droit de l'État n'est donc autre que la possibilité de promouvoir cette instruction. C'est aussi son devoir, car tout renoncement dans ce domaine reviendrait à laisser le champ libre aux disparités des conditions de fortune et de culture familiale, donc à priver de leurs chances les enfants des familles démunies. L'obligation scolaire représente donc bien un devoir de l'État en même temps qu'un principe d'autonomie des enfants par rapport aux familles. À ce point apparaît la difficile conciliation entre la volonté des familles de « faire » des enfants à leur image, contrebalancée il est vrai, chez les plus modestes, par un désir de promotion sociale, et le développement d'un système d'instruction ayant ses exigences propres, indépendantes de tout préjugé comme de toute réticence devant les avancées du savoir.

Bref, obligation scolaire et laïcité sont le recto et le verso du processus d'émancipation. Les deux exigences sont celles d'une école publique, ouverte à tous sans discrimination ni privilège, sans connivence non plus avec une croyance particulière, c'est-à-dire propre à certains et non à d'autres. Elles assurent l'universalité d'un accueil et d'une finalité libératrice. Participant à la lutte contre l'ignorance, elles participent du même coup au reflux de la misère. On trouve un écho de cette mise en perspective sociale de l'école laïque dans une page où le lyrisme de la perspective est à la hauteur de l'espérance déployée. Il s'agit d'un fragment abandonné des *Misérables* :

> « Comment supprimer la misère ?
> Nous l'avons dit, en supprimant l'ignorance.
> Plus de ténébreux, plus de misérables.
> Il n'y a pas de cécité sociale ; il n'y a que la nuit.
>
> Comment supprimer l'ignorance ? par le moyen le plus simple, le plus élémentaire, le plus pratique, devant lequel on recule, comme devant toutes les évidences, mais auquel on arrivera. Par l'enseignement gratuit et obligatoire. Topique dont les prodigieux effets se feraient sentir en moins d'un quart de siècle. Retirer au parasitisme le budget que les nations lui allouent, et doter de ce budget l'enseignement, changer tous ces millions bêtes en millions utiles, ce serait la plus radicale mesure sanitaire que la civilisation pût prendre. Un point d'appui et le levier soulèvera le monde. Le point d'appui est trouvé. C'est l'enseignement gratuit et obligatoire. [...]
>
> Enseignement logique, scientifique, radical ; enseignement de choses saines et fortes. En dehors de cet enseignement-là, tout est danger. Pas de superstitions, pas de faux jour. Les superstitions enseignées ne nourrissent pas, elles empoisonnent. L'obscurité est amie de cette clarté-là. L'enseignement qui se trompe ou qui trompe est plus redoutable que l'ignorance même. [...] Où l'âne est professeur, le loup est berger. Là où l'erreur est maîtresse d'école, là où le mensonge commence son crime par l'enfant, là où l'imposture tient la férule, là où l'iniquité est enseignée comme justice et la chimère comme vérité, l'asphyxie des âmes se fait, l'obscurité s'épaissit et devient opacité, le brouillard gagne et se répand, le crépuscule offre sa complicité. [...]
>
> L'instruction primaire et secondaire à flots, la science à flots, la logique à flots, l'amour à flots, et tous les malades que la nuit fait, tous les bègues de l'intelligence, tous les eunuques de la pensée, tous les infirmes de la raison, et les esprits haillons, et les âmes ordures, et le sabre, et la hache, et le poignard, et les pénalités monstres, et les codes féroces, et les enseignements imbéciles, et Dracon avec Loriquet, et les erreurs et les idolâtries, et les exploitations, et les superstitions, et les immondices, et les mensonges, et les opprobres, disparaîtront dans cet immense lavage de l'humanité par la lumière. »

L'enjeu politique de l'école laïque prend tout son sens, également, au regard de la formation du citoyen. Il s'agit de prémunir contre la crédulité qui assujettit aux faux-semblants. La superstition qui se réfugie dans des illusions aliénantes, clairement distinguée du libre témoignage religieux, doit pouvoir refluer. Ainsi, l'oppression obscurantiste au nom d'une religion n'est plus seulement combattue dans ses effets ; elle est éradiquée au niveau de ses causes.

Une telle évolution de la pensée de Victor Hugo rejoint celle qui s'accomplit par ailleurs au sujet de la « misère » et du rôle que joue l'ignorance dans sa genèse ou sa perpétuation. L'enquête sur le bagne et les prisons a convaincu le poète d'une telle corrélation : le combat pour les lumières va de pair avec l'éradication de la misère et, à terme, le reflux de la délinquance comme de la criminalité. « L'ignorance et la nuit sont les deux sœurs lugubres » (*La Pitié suprême*). L'obscurantisme fait le lit de la tyrannie en même temps qu'il perpétue la misère. Il anesthésie le jugement critique. Dans *Paris et Rome*, Hugo le dit sans détour :

> « Abrutir est un art.
>
> Les prêtres des divers cultes appellent cet art Liberté d'enseignement.
>
> Ils n'y mettent aucune mauvaise intention, ayant eux-mêmes été soumis à la mutilation d'intelligence qu'ils voudraient pratiquer après l'avoir subie.
>
> Le castrat faisant l'eunuque, cela s'appelle l'Enseignement libre. ».

Savoir et culture, pour la souveraineté de tous

« Le cœur du peuple mis en communication avec le cerveau de la France » (*Discours du 15 janvier 1850*).

L'universalisation de la culture passe par le livre, « immense Bible humaine », donc à l'évidence par l'apprentissage méthodique de la lecture et le développement du goût pour les livres : « Nous reviendrons plus tard sur cette puissance du livre, n'y insistons pas en ce moment ; elle éclate. Or beaucoup d'écrivants, peu de lisants ; tel était le monde jusqu'à ce jour. Ceci va changer. L'enseignement obligatoire, c'est pour la lumière une recrue d'âmes » (*William Shakespeare*, III, « L'art et la science »).

De quelle nature est un savoir véritablement émancipateur ? Hugo refuse toute scholastique figeant les connaissances en érudition aussi grise que pontifiante, toute dérive scientiste prétendant abstraire de la préoccupation rationnelle les questions de sens et de fondement. Bref, fidèle à une conception philosophique du savoir, il le tient essentiellement pour un instrument de sagesse existentielle. Cela n'exclut pas à ses yeux que la soif de connaissance puisse aussi en faire une fin en soi, mais il entend veiller à la finalité humaine du savoir selon une de ses belles formules dans laquelle il évoque « le cœur qui pense ». Et aussi l'idée que l'on fera « l'Éden par A + B ». Fonder l'autonomie de chacun, ce n'est pas capter la conscience par des croyances inculquées, ni lui donner cette morgue trop satisfaite des demi-savants, des « spécialistes » trop vite oublieux de la condition commune. Bref, Hugo ne pense pas que la raison, si ses exigences sont bien comprises, puisse conduire à de nouvelles servitudes, comme une certaine interprétation théologique, vaguement associée à une version réactionnaire du « premier romantisme », pourrait le faire croire.

Avec *L'Encyclopédie*, Diderot a voulu dresser l'inventaire des savoirs et des savoir-faire humains, mais aussi les rendre publics, pour délivrer les hommes de la crédulité, de la superstition et des affres de l'ignorance. Condorcet a, quant à lui, repensé l'institution scolaire, en définissant son rôle d'institution publique, destinée à soustraire simultanément l'instruction aux aléas des disparités de fortune et aux entreprises de conditionnement religieux ou idéologiques. Une telle école, fondée sur l'idéal encyclopédique de diffusion du savoir compris dans ses différenciations internes comme dans ses finalités humaines, situe au niveau du peuple tout entier ce que l'œuvre des savants et des philosophes déployait dans le public lettré. C'est en ce sens qu'elle est complémentaire de la grande récapitulation de Diderot. Le rationalisme et la culture libératrice se démocratisent s'ils n'en rabattent sur aucune de leurs exigences au moment de devenir propriété de tout le peuple.

Pour Hugo, la démocratisation de l'accès à l'enseignement requiert que la société civile supprime en elle les différents obstacles à l'égalité des chances, et non que l'École renonce à tout ou partie de ses exigences culturelles sous prétexte de s'ouvrir à tous. Là encore, la formule « tout pour tous » prend son sens le plus décisif. Les combats pour une culture populaire par son appropriation, pour un art sans tabou, pour la laïcité, et pour l'instruction publique déclinent une même exigence émancipatrice. « Nous ne connaissons rien de trop haut pour le peuple » (*William Shakespeare*, II, VII).

Chapitre cinq

De la démocratie à la République

Une longue marche vers la République

« Tout homme peut, s'il est sincère, refaire l'itinéraire, variable pour chaque esprit, du chemin de Damas » (Le Droit et la loi, *V*).

Comment le légitimiste de 1819, le libéral de 1827, le pair orléaniste de 1845, le démocrate de 1848, a-t-il pu devenir le champion de la République au point d'être un de ses plus ardents défenseurs lors du coup d'État du 2 décembre 1851 ? Pourquoi Victor Hugo a-t-il pu s'identifier à la République dans sa lutte contre Napoléon III ? S'il est des combats pour les libertés et contre la peine de mort que l'écrivain mena précocement et sans discontinuité du début à la fin de sa vie, il convient de reconnaître que l'homme politique connut une véritable métamorphose, une métamorphose peut-être pas aussi extraordinaire qu'on a voulu le dire ! Certains, comme Montalembert en 1851, ont accusé Hugo d'avoir flatté et trahi tous les partis. D'autres, comme le socialiste Lafargue, n'ont vu en lui que le chantre virtuose de la philanthropie et du libéralisme bourgeois que les républicains triomphants s'empressèrent de « panthéonifier » comme leur « grand homme », à sa mort en 1885. Dans ces deux cas de figure, le républicain de combat disparaît sous les masques du renégat ou du bourgeois. Cherchons donc plutôt à comprendre par quelles médiations, par quels cheminements, avec quelles hésitations, après quelles révélations, il est devenu le plus célèbre combattant de la « République sous l'Empire ». Victor Hugo a plusieurs fois expliqué son évolution, comme dans une lettre à l'écrivain anglais Swinburne : « Et moi-même, c'est de l'aristocratie que j'ai monté à la démocratie, c'est de la pairie que je suis arrivé à la république, comme on va d'un fleuve à l'océan. » Son ralliement à la République a-t-il été aussi naturel qu'il l'écrit le 14 juillet 1869 ?

Il est vain de chercher à prouver qu'il était « républicain sans le savoir » avant 1848. Il ne faudrait pas extrapoler sur l'ardente amitié qui unit dès 1827 le poète monarchiste libéral Hugo et le sculpteur républicain inflexible David d'Angers. En 1827, Victor multiplie également les contacts directs avec son père Léopold, le « soldat de l'an II », l'ex-« citoyen Brutus », le demi-solde enfin libre. Le fils redécouvre l'histoire d'un père républicain puis bonapartiste qui a écrit deux livres de *Mémoires.* Sa mort, survenue en 1828, entraîne, Hugo le dira en 1875, le déclin de l'influence de la mère « vendéenne » décédée en 1821. Plus fondamentalement, le jeune royaliste libéral découvre alors le sentiment national et la grandeur de la France révolutionnaire en même temps qu'il réévalue la gloire de l'Empire : le tyran Napoléon semble bientôt éclipsé par le génie de Bonaparte. Entre l'« Ode à la colonne de la place Vendôme » de 1827 et « Le retour de l'Empereur de 1840 », un bonapartisme libéral tout autant qu'un républicanisme héroïque s'affirment en lui. N'écrit-il pas en 1830 : « il n'y a eu dans ce siècle qu'un grand homme et une grande chose : Napoléon et la liberté » !

Victor redécouvre la figure de son père, le général Léopold Hugo. La nostalgie nationale et romantique le pousse alors à relire le passé révolutionnaire de la Première République et de l'épopée napoléonienne intimement liées. Et à réévaluer les grandes conquêtes du droit, fondements des combats de demain. Liberté, égalité, justice, souveraineté populaire, honneur et bravoure conduisent « Les soldats de l'an II » sur le chemin légendaire des émancipations à venir :

« Ô soldats de l'an deux ! ô guerres ! épopées !
Contre les rois tirant ensemble leurs épées,
Prussiens, autrichiens,
Contre toutes les Tyrs et toutes les Sodomes,
Contre le czar du Nord, contre ce chasseur d'hommes
Suivi de tous ses chiens,
Contre toute l'Europe avec ses capitaines,
Avec ses fantassins couvrant au loin les plaines,
Avec ses cavaliers,
Tout entière debout comme une hydre vivante,

Ils chantaient, ils allaient, l'âme sans épouvante
Et les pieds sans souliers !
Au levant, au couchant, partout, au sud, au pôle,
Avec de vieux fusils sonnant sur leur épaule,
Passant torrents et monts,
Sans repos, sans sommeil, coudes percés, sans vivres,
Ils allaient, fiers, joyeux, et soufflant dans des cuivres,
Ainsi que des démons !
La liberté sublime emplissait leurs pensées.
Flottes prises d'assaut, frontières effacées [...]

La révolution leur criait : – Volontaires,
Mourez pour délivrer tous les peuples vos frères ! »

Ainsi se rééquilibre la vision de la République et de Napoléon, ou plutôt de Bonaparte. Le soldat de la Révolution est rappelé à la mémoire, en amont de l'empereur que submerge la soif de domination. La Révolution elle-même est désormais regardée autant comme l'aube du droit que comme le crépuscule de la tyrannie. Stendhal, lui aussi libéral et anticonformiste, mais plus lucide que Hugo sur les temps nouveaux et les ambitions sociales des bourgeois imbus d'ordre et de sécurité, esquisse une orientation vers le républicanisme bien plus nette.

Un des premiers indices sûrs de la réflexion de Hugo sur la république remonte à 1830 et se rapporte à la légitimité du régime né des Trois Glorieuses. Le peuple parisien insurgé a été frustré de ses espérances républicaines par le tour de passe-passe de La Fayette et de nombre de banquiers libéraux. Louis-Philippe d'Orléans a été acclamé au balcon de l'Hôtel de Ville comme le roi élu des Français et non plus comme roi de France par la grâce de Dieu. Plongé dans ses illusions, prisonnier de ses contradictions, Hugo rêve d'un régime mixte. « Après juillet 1830, il nous faut la chose *république* et le mot *monarchie.* » La chose *république* serait, d'après le *Victor Hugo raconté*, « la société souveraine de la société ; se protégeant, garde nationale ; se jugeant, jury ; s'administrant, commune ; se gouvernant, collège électoral. » Un simple régime libéral, décentralisé, censitaire, bien que fondé sur la souveraineté de la nation ? Une simple forme politique comparable à la monarchie constitutionnelle de Louis-Philippe ? Cette première esquisse contient cependant des éléments non négligeables. L'idée de « société souveraine de la société » implique que le pouvoir politique ne soit pas imposé au peuple de l'extérieur, mais qu'il apparaisse comme une émanation de la société elle-même. Nous sommes aux antipodes d'un pouvoir transcendant, détenu par des êtres investis d'un mandat par grâce divine, bref, à l'opposé du modèle de la monarchie dite de droit divin. Le mot « souveraineté » est à prendre en son sens strict. La souveraineté d'un peuple sur lui-même signifie qu'il ne dépend que de lui-même. Le peuple est sujet de la loi en ce qu'il la fait, directement ou par ses représentants. Il en est également l'objet parce que la loi s'applique à lui et qu'il doit lui obéir. Rousseau ne disait pas autre chose de la démocratie. Cette souveraineté collective implique également la souveraineté individuelle : chaque citoyen doit être aussi libre que le permet la coexistence de tous, tant dans ses pensées que dans ses actions. Victor Hugo mettra désormais en correspondance ces deux souverainetés dans tous ses textes politiques.

Mais la souveraineté nationale peut se traduire aussi bien par une monarchie constitutionnelle que par une république que Hugo croit encore impossible. Il précise sa pensée politique dans un débat avec son ami Lamennais qui, tentant de promouvoir un catholicisme libéral réconciliant l'Église et le siècle, rejette le droit divin et ne croit plus possible aucune monarchie. Hugo estime que la république n'est pas encore mûre, même si elle sera la forme politique de l'Europe dans un siècle. La république supposerait des citoyens éclairés. Le recours au suffrage universel ne serait pas possible avant la généralisation de l'instruction. Voilà pourquoi « la royauté mixte de Louis-Philippe lui semble une transition utile ». Mais l'avenir appartient à la démocratie et à la république. Après les funérailles ensanglantées du général républicain Lamarque, le 1er juin 1832, Hugo écrit à Sainte-Beuve : « Nous aurons un jour une République, et quand elle viendra, elle sera bonne. [...] La République proclamée par la France en Europe, ce sera la couronne de nos cheveux blancs. Mais il ne faut pas que des goujats barbouillent de rouge notre drapeau. [...] Ces gens-là font reculer l'idée politique qui avancerait sans eux. Ils effrayent l'honnête boutiquier qui devient féroce du contrecoup. Ils font de la République un épouvantail. 93 est un triste asticot. Parlons un peu moins de Robespierre et un peu plus de Washington. » Par peur de la Terreur qu'il impute à la

Convention montagnarde et par hostilité aux républicains « pointus » qu'il assimile aux socialistes utopiques, ses références républicaines sont alors la Convention girondine et la Fédération des États-Unis d'Amérique que Tocqueville fait alors découvrir.

Mais Victor Hugo développe bientôt une véritable idée fixe que lui a inspirée la permanence de l'agitation politique et des crises sociales. Il la formule pour la première fois dans la *Revue du progrès social* du 1er juin 1834. « Concourons [...] à la grande substitution des questions sociales aux questions politiques. Tout est là. » Dans *La Gazette des écoles* du 27 février 1839, il précise son propos. « Depuis longtemps, dans tout ce que j'écris, j'appelle à grands cris le jour où l'on substituera les questions sociales aux questions politiques, le jour où entre le parti de la Restauration et le parti de la Révolution le parti de la Civilisation surgira. » Il se défie toujours de la politique et des politiciens et ne remet pas en cause la monarchie censitaire. Il veut mettre à l'ordre du jour les questions sociales, celles du salaire et du travail, de l'assistance et de la santé, bref, de ce qu'il appelle alors la démocratie. Mais il ne compte que sur les hommes d'élite qu'il abjure de renoncer aux systèmes trop irréalistes de Saint-Simon et de Fourier, d'Enfantin ou de Pierre Leroux. Illusion du poète ? Cynisme du notable bien en cour ? Myopie politique, plutôt ! Victor Hugo affirme encore en 1846 que « le temps des questions purement politiques est passé ». La question du régime ne se poserait-elle donc plus ? La forme politique idéale serait-elle déjà trouvée alors que la monarchie de Juillet est en train de se décomposer au milieu des scandales financiers et des trafics d'influence ? Hugo comme Tocqueville condamnent les hommes, pas le système.

Un « républicain du lendemain »

« Au fond de ma conscience, le libéral faisait des objections au républicain » (Préface non publiée à Quinze Discours, *juillet 1851).*

Notre pair de France n'a pas vu venir la révolution de février 1848. Il n'a pas participé, ni de près ni de loin, à la campagne des banquets démocrates et républicains réclamant au moins la réforme du régime. Dans sa première *Lettre aux électeurs* du 20 mars, où il se dit prêt à rentrer en politique, il rend compte de son activité de pair et ne salue pas le nouveau régime. Il est vrai que la République, proclamée le 24 février sous la pression des insurgés, ne sera instituée comme régime officiel de la France que le 4 mai. Battu une première fois, Hugo se porte candidat aux élections complémentaires. Lors d'une réunion électorale, il doit se justifier de son passé monarchiste ; il se défend habilement. « Savez-vous pourquoi je ne crie pas bien haut : je suis républicain ? C'est parce que beaucoup trop de gens le crient. Savez-vous pourquoi j'ai une sorte de pudeur et de scrupule à faire cet étalage de républicanisme ? C'est parce que je vois des gens qui ne sont rien moins que républicains faire plus de bruit que vous qui êtes convaincus ; il y a une chose sur laquelle je défie qui que ce soit : c'est le sentiment démocratique. Il y a vingt ans que je suis démocrate. Je suis un démocrate de la veille. » Hugo a certainement été choqué de voir l'armée, l'Église, la magistrature, tous les corps constitués et nombre d'anciens monarchistes se rallier sans vergogne à la République dans une unanimité apparente mais illusoire. Pour sa part, il dissocie encore la démocratie et la république, la première prenant en charge les questions sociales, la seconde étant une forme de pouvoir politique.

Néanmoins, dans sa deuxième profession de foi aux électeurs en mai, il révèle toujours ses craintes sociales et n'hésite pas à forcer le trait de la caricature pour opposer les deux républiques possibles :

« Deux républiques sont possibles.

L'une abattra le drapeau tricolore sous le drapeau rouge, fera des gros sous avec la colonne, jettera bas la statue de Napoléon et dressera la statue de Marat, détruira l'Institut, l'École polytechnique et la Légion d'honneur, ajoutera à l'auguste devise : *Liberté, Égalité, Fraternité,* l'option sinistre : *ou la Mort* ; fera banqueroute, ruinera les riches sans enrichir les pauvres, anéantira le crédit, qui est la fortune de tous, et le travail, qui est le pain de chacun, abolira la propriété et la famille, promènera des têtes sur des piques, remplira les prisons par le soupçon et les videra par le massacre, mettra l'Europe en feu et la civilisation en cendre, fera de la France la patrie des ténèbres, égorgera la liberté, étouffera les arts, décapitera la pensée, niera Dieu ; remettra en mouvement ces deux machines fatales qui ne vont pas l'une sans l'autre, la planche aux assignats et la bascule de la guillotine ; en un mot, fera froidement ce que les hommes de 93 ont fait ardemment, et, après l'horrible dans le grand que nos pères ont vu, nous montrera le monstrueux dans le petit.

L'autre sera la sainte communion de tous les Français dès à présent, et de tous les peuples un jour, dans le principe démocratique ; fondera une liberté sans usurpations et sans violences, une égalité qui admettra la croissance naturelle de chacun, une fraternité, non de moines dans un couvent, mais d'hommes libres ; donnera à tous l'enseignement comme le soleil donne la lumière, gratuitement ; introduira la clémence dans la loi pénale et la conciliation dans la loi civile ; multipliera les chemins de fer, reboisera une partie du territoire, en défrichera une autre, décuplera la valeur du sol ; partira de ce principe qu'il faut que tout homme commence par le travail et finisse par la propriété, assurera en conséquence la propriété comme la représentation du travail accompli, et le travail comme l'élément de la propriété future ; respectera l'héritage, qui n'est autre chose que la main du père tendue aux enfants à travers le mur du tombeau ; combinera pacifiquement, pour résoudre le glorieux problème du bien-être universel, les accroissements continus de l'industrie, de la science, de l'art et de la pensée ; poursuivra, sans quitter terre pourtant, et sans sortir du possible et du vrai, la réalisation sereine de tous les grands rêves des sages ; bâtira le pouvoir sur la même base que la liberté, c'est-à-dire sur le droit ; subordonnera la force à l'intelligence ; dissoudra l'émeute et la guerre, ces deux formes de la barbarie ; fera de l'ordre la loi des citoyens, et de la paix la loi des nations ; vivra et rayonnera ; grandira la France, conquerra le monde, sera, en un mot, le majestueux embrassement du genre humain sous le regard de Dieu satisfait.

De ces deux républiques, celle-ci s'appelle la civilisation, celle-là s'appelle la terreur. Je suis prêt à dévouer ma vie pour établir l'une et empêcher l'autre. »

Victor Hugo écrit cette proclamation sous le coup de l'émotion provoquée par l'émeute du 15 mai qui vit les manifestants envahir l'Assemblée. « Qu'on se figure la halle mêlée au Sénat » *(Choses vues)*. Mais son hostilité à la populace est bien antérieure. Comme Lamartine, il redoute l'agitation du peuple de Paris, les pressions de la foule sur l'Assemblée, les surenchères révolutionnaires de Blanqui, Barbès, Raspail, Caussidière. L'ombre agitée de la Terreur lui fait redouter le pire. Il craint la répétition d'un nouveau 93 sans fondement. « J'aime mieux 93 que 48. J'aime mieux voir les titans patauger dans le chaos que les jocrisses dans le gâchis. Ô parodistes de 93 ! Prenez garde de produire la terreur un moment et l'horreur à jamais » (*Choses vues*, mars 1848). Hugo est bien un rallié, un « républicain du lendemain ». En 1875, dans *Le Droit et la loi*, il expliquera ses réserves en écrivant qu'« en 1848, son parti n'était pas pris sur la forme sociale définitive ».

Comment prend-il donc le parti de la République ?

Un « démocrate de la veille »

« Il y a vingt ans que je suis démocrate, je suis un démocrate de la veille » (Victor Hugo à ses électeurs, 29 mai 1848).

C'est une longue réflexion sur la nature et les caractères du peuple qui mène Hugo de la liberté à la République. Une évolution accélérée par les révélations de 1848. Le mot « peuple » désignait depuis le dix-huitième siècle l'ensemble de la société à l'exception des privilégiés, donc le Tiers État. Après 1789, le mot « peuple » se différencie socialement tout en gardant un sens politique unitaire. Dans son analyse sociale, Hugo dissocie « peuple » et « canaille », « populace », « bas-fonds », « notables » et « bourgeois ». Lors de l'insurrection de la Société des Saisons, les 12 et 13 mai 1839, Hugo a vu la « populace » en action ; « deux ou trois cents jeunes gens mal armés » ont investi la mairie de son arrondissement, puis l'Hôtel de Ville de Paris, pour y prendre des fusils, tout en ne sachant que faire de leur victoire par surprise. « Il y a parmi eux beaucoup d'enfants de quatorze à quinze ans. Quelques-uns ne savent pas charger leurs fusils. » Le peuple de Paris ne bouge pas. Le grotesque l'emporte ici sur le sublime, l'entreprise étant vouée à l'échec. Voilà les bas-fonds révoltés, conduits par des chefs irresponsables, violents, attisant la haine sociale, Blanqui et Barbès déjà. Le spectre des massacres des prisons de septembre 92 et des exécutions de 93 réclamées par les foules le hante quand, dans son discours de réception à l'Académie, il expose les conditions de son dévouement à l'humanité : « Avoir les populaces en dédain et le peuple en amour. » Mais où est ce peuple ?

Décrivant dans *Choses vues* le retour des cendres de l'empereur le 14 décembre 1840, il oppose le « triomphe » que le « vrai peuple » réserve au cercueil rapatrié à la réserve des bourgeois transis. Premier tableau saisi rue Saint-André-des-Arts : « Oui, c'est une fête ; [...] trois hommes du peuple, de ces pauvres ouvriers en haillons, qui ont froid et faim tout l'hiver, marchent devant moi tout joyeux. L'un d'eux saute, danse et fait mille folies en criant "Vive l'Empereur" » ; deuxième tableau sur les tribunes officielles des Invalides face au cortège funèbre : « J'ôte mon chapeau ; personne ne m'imite. Je suis obligé de crier "Chapeau bas !" à une douzaine d'hommes, type bourgeois de Paris, placés devant moi. Alors seulement, ils se découvrent. [...] Les bourgeois des estrades ne sont déjà plus le peuple. » Hugo n'assimile plus le « peuple » au Tiers État comme Delacroix le faisait encore en 1830 peignant *La Liberté conduisant le peuple*, en représentant un bourgeois en haut de forme enjambant la barricade aux côtés d'un gamin de Paris sautant par-dessus le corps mitraillé d'un ouvrier. La monarchie de Juillet a très vite révélé l'égoïsme social et la dureté politique de la grande et de la petite bourgeoisie si fortement campée par Daumier. Hugo peut avoir « plein d'idées bourgeoises » (Balzac), il ne s'identifie pas aux « bourgeois » ; démocrate, il entend servir le peuple, un peuple qui souffre et qui pourtant porte en lui le meilleur de la nation. Ainsi, le 14 février 1846, lors de son deuxième discours à la Chambre des pairs, Hugo définit ce qu'il entend alors par « peuple ».

> « En ce moment, Messieurs, j'emploie ce mot, le peuple, dans une de ces acceptions les plus restreintes et les plus usitées, pour désigner spécialement la classe nombreuse et laborieuse qui fait la base même de la société, cette classe si digne d'intérêt parce qu'elle travaille, si digne de respect parce qu'elle souffre. J'éprouve pour cette classe un sentiment cordial et fraternel. Ce sentiment, tout esprit qui pense le partage. Tous, à des degrés divers, nous sommes des ouvriers dans la grande œuvre sociale. Eh bien ! je le déclare, ceux qui travaillent avec le bras et avec la main sont sous la garde de ceux qui travaillent avec la pensée. »

La philanthropie sociale ici le dispute au paternalisme politique. Mais Hugo se dit démocrate, voire socialiste, car il est convaincu de l'éminente dignité du peuple assimilé à ces classes laborieuses qui peuvent se passionner, se mobiliser et se soulever pour des grands idéaux, à condition d'être conduites par des hommes d'élite. Interpellé par un insurgé devant l'Hôtel de Ville, le 24 février 1848, Hugo préfère encore crier « Vive le peuple » plutôt que « Vive la République ». Il est admiratif alors de la puissance, du calme et de la sérénité de ce peuple héroïque ; le sacrifice de ses morts a fait fuir Louis-Philippe, sa puissance a porté au pouvoir le gouvernement provisoire. Le peuple est dépositaire de la souveraineté nationale. Quelques jours après, il note dans *Choses vues* : « Je ne comprends pas que l'on ait peur du peuple souverain ; le peuple, c'est nous tous ; c'est avoir peur de soi-même. Quant à moi, depuis trois semaines, je le vois tous les jours de mon balcon [...]. Je le vois calme, joyeux, bon, spirituel, quand je me mêle aux groupes, imposant quand il marche en colonnes, le fusil ou la pioche sur l'épaule, tambours et drapeaux en tête. Je le vois et je vous jure que je n'ai pas peur de lui. »

Hugo a donc connu, au lendemain de février, l'illusion lyrique de la suspension des conflits de classes et de l'unanimité démocratique si bien démystifiée par Flaubert dans *L'Éducation sentimentale.* Si la populace ne peut causer que des émeutes, seul un peuple peut faire la révolution. Hugo croit avoir enfin trouvé son peuple.

République démocratique ou République sociale ?

« L'insurrection de juin fut fatale, fatale pour ceux qui l'allumèrent, fatale pour ceux qui l'éteignirent » (Le Droit et la loi, *VI*).

Cette illusion se dissipe, pour Hugo et bien d'autres, dès l'aggravation de la crise politique et sociale du printemps et l'échec des ateliers nationaux qui fournissent un secours à plus de cent mille chômeurs employés à Paris à des travaux de terrassement vite décriés. Hugo, comme la droite, y voit « une énorme force dépensée en pure perte. [...] La monarchie avait les oisifs, la république aura les fainéants ». Voici ce qu'il note en juin dans *Choses vues* :

> « Quelle situation ! J'aimais mieux la besogne telle qu'elle s'offrait au 24 février. Cela était terrible, mais beau, et pouvait s'achever vite et bien. Aujourd'hui cela est hideux, pourri, et, qui sait ? peut-être incurable. Ah ! J'aime mieux avoir affaire à une fièvre cérébrale qu'à une gangrène. Oui, certes ! Alors le peuple était ardent, mais bon, généreux, plein d'amour respectueux pour toute noble chose, admirable. Aujourd'hui le peuple, ce même peuple, ces mêmes blouses, hélas ! est amer, mécontent, injuste, défiant, presque haineux. En quatre mois de fainéantise, on a fait du brave ouvrier un flâneur hostile auquel la civilisation est suspecte. L'oisiveté nourrie de mauvaises lectures, voilà tout le secret du changement. Ces travailleurs sont dégoûtés du travail, ces Français sont dégoûtés de l'honneur, ces Parisiens sont dégoûtés de la gloire. Il y en a, oui, il y en a qui rêvent je ne sais quels tristes rêves de pillage, de massacre et d'incendie. De ces hommes dont Napoléon faisait des héros, nos pamphlétaires font des sauvages ! »

De cet échec, Hugo rend responsable « cette classe de penseurs sévères et convaincus qu'on appelle les socialistes », qui ont fait œuvre de démagogie. Il les accuse d'« altérer gravement le caractère de l'ouvrier parisien, [...] ce noble et courageux travailleur, soldat de l'idée au besoin, de l'idée et non de l'émeute, l'improvisateur quelquefois téméraire des révolutions, mais l'initiateur généreux, sensé, intelligent et désintéressé des peuples ». Dans son discours du 20 juin à la Chambre, où il affirme son opposition aux ateliers nationaux et approuve leur dissolution, Hugo tente de démontrer leur erreur aux « socialistes impatients ».

« Depuis le grand événement de février, il n'y a plus seulement la détresse de cette portion de population qu'on appelle spécialement le peuple, il y a la détresse générale de tout le reste de la nation. Plus de confiance, plus de crédit, plus d'industrie, plus de commerce ; la demande a cessé, les débouchés se ferment, les faillites se multiplient, les loyers et les fermages ne se payent plus, tout a fléchi à la fois ; les familles riches sont gênées, les familles aisées sont pauvres, les familles pauvres sont affamées. »

Associant aux détresses du peuple des villes les détresses du peuple des campagnes, Hugo restitue au terme « peuple » son sens général de nation. En cela, il réagit comme les républicains modérés attachés à la légalité. La République lui apparaît alors comme le gage de l'unité nationale, l'expression de la souveraineté de toute la nation. « Ne pas croire au peuple, c'est être athée en politique », réplique-t-il à Guizot en janvier 1849. Voilà pourquoi Hugo se dresse contre les insurgés de juin dressés eux-mêmes au nom de la République sociale contre la République démocratique.

Cependant, au lendemain de la répression de cette « guerre servile », de cette « guerre civile » qu'il redoutait tant, Hugo est bouleversé. Il écrit à sa maîtresse, Juliette Drouet, le 26 juin : « J'ai usé de mon mandat depuis trois jours pour concilier les cœurs et arrêter l'effusion de sang. J'ai un peu réussi. Je suis exténué de fatigue. [...] Enfin cette affreuse guerre de frères à frères est finie ! Je suis quant à moi sain et sauf, mais que de désastres ! Jamais je n'oublierai ce que j'ai vu depuis quarante heures. » Il appelle à juste titre « frères » les travailleurs insurgés et les chômeurs sans ressources, qui ont combattu sur les barricades les gardes nationaux et les gardes mobiles recrutés parmi ces mêmes chômeurs. Ce sont des hommes du peuple qui se sont entretués ! Le 10 juillet, il écrit à un ami allemand : « Oui, les nouveaux doctrinaires du pillage et du vol sont exécrables, mais le peuple est bon. Il y a toujours en lui quelque chose de

Dieu. » Ne demandons pas à Hugo de s'interroger sur les responsabilités sociales réelles des classes possédantes qui, par peur de la démocratie et de la République, ont aggravé la crise économique et financière et compromis l'œuvre généreuse du gouvernement provisoire. Hugo perçoit déjà avec acuité les fautes politiques des républicains modérés, mais il n'analyse pas encore les origines cachées des drames sociaux dont il est le témoin déchiré.

Tempête sous un crâne

« Après la victoire, il dut se séparer des vainqueurs. [...] *Il prit fait et cause pour les accablés »* (Le droit et la loi, *VI*).

En 1849 et 1850, Hugo multiplie les interventions contre les condamnations arbitraires et les déportations massives des insurgés de juin. Cette solidarité avec les victimes provoque en lui une révision profonde de son rapport au peuple. Devant tant d'espoirs brisés et de souffrances endurées, il repense et nuance la distinction appuyée qu'il faisait entre « peuple » et « populace ». Hugo sait bien que le peuple n'est pas une entité abstraite, car la société est composée d'individus inégalement éclairés, de groupes disparates et même de classes opposées. Le peuple, en tant qu'entité politique, c'est la société se constituant en communauté et prenant conscience d'elle-même. Un peuple doit se constituer en peuple en prenant conscience des exigences générales de la communauté politique qu'il entend mettre sur pied et en prenant en compte les aspirations particulières mais légitimes des plus démunis. Tout comme Rousseau qui distinguait la multitude *(multitudo)* et le peuple *(populus)*, Hugo pense que la populace doit devenir peuple et que le peuple, de communauté de fait, doit devenir communauté de droit.

L'idéal de la République, c'est le peuple s'administrant lui-même. Le peuple s'administrant lui-même ne peut vouloir en principe que le bien de tous. Si ce peuple, ou une fraction de ce peuple, ne vise pas ce bien commun, c'est qu'il est comme aveugle sur son propre intérêt. Mais des situations dramatiques, des manipulations, des illusions peuvent expliquer que des groupes sociaux se révoltent contre le peuple et la République. Le rôle du poète, comme des hommes susceptibles de faire progresser la lucidité, est alors de les contrer, mais aussi de comprendre les causes de la révolte. Il ne saurait donc être question de dénier au peuple, sous prétexte qu'en fait il ne les mérite pas, des droits politiques qui, de toute façon, doivent lui appartenir en principe. Il ne s'agit pas d'exclure la populace des bas-fonds, il faut l'éduquer. Hugo écrivait déjà en septembre 1830 : « Il faut faire faire au peuple ses humanités. » C'est par l'humanisation de ses conditions de vie, par l'instruction et l'accès à la culture, que le peuple passera de la réalité virtuelle qu'il représente à sa réalisation politique effective. La transformation démocratique et républicaine du régime politique est la condition de cette humanisation. D'où une lutte simultanée sur les deux fronts : culturel et politique. Nous trouvons trace de cette maturation politique et de cette réflexion sociale au chapitre premier, livre premier, de la cinquième partie des *Misérables*. Hugo s'interroge gravement :

> « Il arrive quelquefois que, même contre les principes, même contre la liberté, l'égalité et la fraternité, même contre le vote universel, même contre le gouvernement de tous par tous, du fond de ses angoisses, de ses découragements, de ses dénuements, de ses fièvres, de ses détresses, de ses miasmes, de ses ignorances, de ses ténèbres, cette grande désespérée, la canaille, proteste, et que la populace livre bataille au peuple.
>
> Les gueux attaquent le droit commun ; l'ochlocratie s'insurge contre le démos.
>
> Ce sont des journées lugubres ; car il y a toujours une certaine quantité de droit même dans cette démence, il y a du suicide dans ce duel ; et ces mots, qui veulent être des injures, gueux, canaille, ochlocratie, populace, constatent, hélas ! plutôt la faute de ceux qui règnent que la faute de ceux qui souffrent ; plutôt la faute des privilégiés que la faute des déshérités.
>
> Quant à nous, ces mots-là, nous ne les prononçons jamais sans douleur et sans respect, car, lorsque la philosophie sonde les faits auxquels ils correspondent, elle y trouve souvent bien des grandeurs à côté des misères. Athènes était une ochlocratie ; les gueux ont fait la Hollande ; la populace a plus d'une fois sauvé Rome ; et la canaille suivait Jésus-Christ. [...]
>
> Les exaspérations de cette foule qui souffre et qui saigne, ses violences à contre-sens sur les principes qui sont sa vie, ses voies de fait contre le droit, sont des coups d'État populaires, et doivent être réprimés. L'homme probe s'y dévoue, et, par amour même pour cette foule, il la combat. Mais comme il la sent excusable tout en lui tenant tête ! comme il la vénère tout en lui résistant ! C'est là un de ces moments rares où, en faisant ce qu'on doit faire, on sent quelque chose qui déconcerte et qui déconseillerait presque d'aller plus loin ; on per-

siste, il le faut ; mais la conscience satisfaite est triste, et l'accomplissement du devoir se complique d'un serrement de cœur.

Juin 1848 fut, hâtons-nous de le dire, un fait à part, et presque impossible à classer dans la philosophie de l'histoire. Tous les mots que nous venons de prononcer doivent être écartés quand il s'agit de cette émeute extraordinaire où l'on sentit la sainte anxiété du travail réclamant ses droits. Il fallut la combattre, et c'était le devoir, car elle attaquait la République. Mais, au fond, que fut juin 1848 ? Une révolte du peuple contre lui-même. »

Hugo ne perçoit plus l'insurrection, celle de 1832 et celle de 1848, comme la faute de la « canaille », mais comme la responsabilité des « privilégiés » ; dans la révolte de la « populace », il y a une réelle aspiration au droit, à la vie, même si c'est contre la République qu'elle se dresse par ignorance ; il réhabilite les *misérables* de façon émouvante en requalifiant la populace : « La canaille, c'est le commencement douloureux du peuple. » Il découvre que juin 1848 n'est qu'une guerre du peuple contre le peuple. La République ne peut être le simple principe politique de l'union nationale. Le républicain Hugo ne peut dès lors se satisfaire d'un juridisme abstrait. Il requiert que l'on prenne au mot la démocratie, le pouvoir du peuple, en lui assurant les conditions concrètes de son exercice réel. La République doit être l'expression concrète de la démocratie sociale.

C'est par la conjonction de l'idéal républicain et du principe démocratique qu'un peuple s'affirme comme un peuple. La *démocratie,* c'est le pouvoir du peuple, et la *république,* la chose commune à tous, la *res publica.* Cette idée de bien commun assuré par la loi commune ajoute quelque chose qui légitime encore plus la démocratie. Hugo ne dissocie plus démocratie et république. En privilégiant la figure républicaine de la démocratie, il insiste sur la finalité de la souveraineté populaire. Expression suprême des droits du peuple, la République ne peut être que démocratique et sociale.

La défense de la Constitution

« Le parti de l'ordre a la fantaisie de faire du désordre » (Discours du 17 juillet 1851).

Dans l'immédiat, la singularité de Victor Hugo est d'être un député qui s'en tient aux principes. Puisque le suffrage universel est l'expression légale de la volonté du peuple, il refuse dès septembre 1848, avec 180 députés de gauche, tout projet le remettant en cause. À l'inverse, début 1849, il ne partage pas les craintes des républicains qui veulent retarder les élections législatives par crainte du succès des réactionnaires. Il accepte par avance le verdict des urnes, quel qu'il soit. Aux démocrates-socialistes de rallier les hésitants et les opposants ! Nous avons déjà vu avec quelle vigueur il s'est opposé à la loi Falloux, qui marque l'aboutissement de la réaction conservatrice depuis juillet 1849. Hugo se dresse aussi vivement, aux côtés de la gauche, contre les nouvelles lois qui remettent en question les conquêtes de la République, celle du 31 mai 1850, qui dénature le suffrage universel en restreignant le corps électoral, et celle du 8 juin, qui entrave la presse républicaine.

C'est au nom de la défense des principes républicains, et bien qu'il ait voté contre la Constitution, que Hugo condamne en 1851 le projet de révision constitutionnelle conçu par le président de la République Louis-Napoléon Bonaparte. Pour espérer rétablir l'empire, celui-ci doit d'abord être réélu à la présidence en 1852. Or la Constitution interdit la réélection du président sortant. Louis-Napoléon entre en campagne, multipliant les voyages en province et les flatteries à l'armée. L'Élysée lance le mot d'ordre de révision constitutionnelle. Cinquante-deux conseils généraux, sur quatre-vingt-trois départements, en émettent le vœu dès 1850. Les groupes de choc des Ratapoil et des Cazemajou, ces gros bras bonapartistes, se chargent de faire la « propagande par le fait » en s'attaquant aux républicains. Le 10 octobre 1850, au camp militaire de Satory, au cours du défilé officiel, quelques régiments crient « Vive l'Empereur ! » Dans un discours inquiétant prononcé à Dijon, Louis-Napoléon Bonaparte se présente en champion du bien public en butte aux obstacles mis par l'Assemblée, en défenseur du peuple contre les députés. Des rumeurs de coup d'État inquiètent même certains membres du parti de l'ordre, divisé et plongé dans le désarroi. Mais le président se donne une dernière chance de parvenir à ses fins de façon légale en proposant la révision constitutionnelle au vote. C'est dans ce climat passionné que, le 17 juillet 1851, Victor Hugo occupe la tribune pendant près de quatre heures, pour condamner la révision en dépit de multiples interruptions et incidents de séance. Après avoir rappelé les « lacunes » de la Constitution et les « fautes » de l'Assemblée, il évoque ce qu'aurait dû être la légitime révision :

« J'aurais compris qu'on dît : La Constitution s'est bornée à affirmer la démocratie ; il faut la fonder. Il faut que la République soit en sûreté dans la Constitution, comme dans une citadelle. Il faut au suffrage universel des extensions et des applications nouvelles. [...]

J'aurais compris qu'on dît : il faut proclamer plus complètement et développer plus logiquement que ne le fait la Constitution les quatre droits essentiels du peuple : le droit à la vie matérielle, [...] le droit à la vie intellectuelle et morale, [...] le droit à la liberté. [...] Enfin le droit à la souveraineté, c'est-à-dire le suffrage universel dans toute sa plénitude, la loi faite et l'impôt voté par des législateurs élus et temporaires, la justice rendue par des juges élus et temporaires, [...] la commune administrée par des magistrats élus et temporaires, le jury progressivement étendu, élargi et développé, le vote du peuple entier, par oui et par non, dans certaines grandes questions politiques et sociales. »

Ces premiers extraits inspirent deux séries de réflexions.

Victor Hugo défend tout d'abord l'idée que la constitution est le soubassement des lois et le niveau le plus fondamental de la norme. Il défend la constitution de 1848, qu'il n'a pas approuvée et qu'il envisage d'améliorer, car, bien qu'imparfaite, elle incarne le droit comme référence supérieure. L'État de droit repose sur la théorie de la hiérarchie des normes selon laquelle un principe constitutionnel prévaut sur une loi, et une loi sur un décret. Hugo refuse ce projet de réforme constitutionnelle seulement parce qu'il représente une régression de la démocratie, un pouvoir personnel accru et une dérive monarchienne de la République.

L'idée que la République doit être en sûreté dans une constitution « comme dans une citadelle » est un des grands principes de la philosophie politique républicaine. Pour Montesquieu, les régimes despotiques sont fondés sur l'arbitraire et leur ressort est la peur, liée à l'imprévisibilité des actes du pouvoir ; les régimes républicains, à l'inverse, incarnent le bien public, en soumettant le pouvoir au respect de lois fondamentales, qui évitent cette peur et assurent la liberté, confortée par la vertu civique. La délimitation de la *res publica*, distincte en droit romain de la *res privata*, permet à la liberté privée de se déployer sans entrave. Pour Hugo, l'idée d'un droit toujours lisible dans la loi comme liberté est essentielle.

La liberté, en république, est garantie par le droit que codifie la constitution.

Hugo utilise l'expression *droit à* et non seulement *droit de* lorsqu'il évoque la liberté, la vie matérielle et intellectuelle, la souveraineté. À ses yeux, en effet, la raison d'être du pouvoir républicain est d'assurer aux hommes la jouissance effective des droits qui leur sont reconnus. Proclamer le *droit de* ne suffit pas, car un tel droit peut parfaitement être vidé de toute substance si les conditions sociales ne permettent pas de lui donner chair et vie. Le droit de s'instruire, par exemple, ne peut être suivi d'effet que si l'État se met en peine de le rendre effectif pour tous. Il a dès lors le devoir de dispenser gratuitement l'instruction à tous, et de lever tout obstacle placé devant l'accès à cette instruction.

Dans ce discours contre la révision constitutionnelle, Hugo déploie une conception républicaine particulièrement rigoureuse.

La défense de la République

« Je ne suis pas de ceux qui ont fait la République, je ne l'ai pas choisie, mais je ne l'ai pas trahie » (Discours du 29 janvier 1849).

L'enjeu de la révision est en effet très clair à ses yeux :

> « La question République ou Monarchie est posée. Personne n'a le pouvoir, personne n'a plus le droit de l'éluder. Depuis plus de deux ans, cette question, sourdement et audacieusement agitée, fatigue la République ; elle pèse sur le présent, elle obscurcit l'avenir. Le moment est venu de s'en délivrer. [...]
>
> « Deux monarchies sont en présence. [...] Ces deux monarchies sont la monarchie de principe, c'est-à-dire la légitimité ; et la monarchie de gloire, c'est-à-dire l'empire. »

Hugo commence par nier la nature de la monarchie dite de droit divin. « Je nie que la monarchie soit ni puisse être un principe ni un dogme. Jamais la monarchie n'a été qu'un fait. » Révélant la profondeur de son évolution, il apostrophe les royalistes :

> « Cessez donc, vous légitimistes, de nous adjurer au point de vue du droit. Vis-à-vis du droit du peuple, qui est la souveraineté, il n'y a pas d'autre droit que le droit de l'homme, qui est la liberté. Hors de là, tout

est chimère. Dire le *droit du roi,* dans le grand siècle où nous sommes, et à cette tribune où nous parlons, c'est prononcer un mot vide de sens. »

Pour Hugo, toute monarchie repose sur la force d'un état de fait. Aucune monarchie ne peut être de droit. Après un long réquisitoire contre les crimes de la monarchie française, constamment interrompu, l'orateur résume sa première démonstration : « La monarchie de principe, la légitimité, est morte en France. C'est un fait qui a été et qui n'est plus. La légitimité restaurée, ce serait la révolution à l'état chronique, le mouvement social remplacé par des commotions périodiques. La République, au contraire, c'est le progrès fait gouvernement. »

Hugo examine ensuite l'alternative que représenterait « la monarchie de gloire, l'empire », présentée comme nécessaire par les bonapartistes :

« Et d'abord, la monarchie de gloire, dites-vous ! Tiens ! vous avez de la gloire ? Montrez-nous-la ? Je serais curieux de voir la gloire sous ce gouvernement-ci. Voyons ! votre gloire, où est-elle ? Je la cherche [...].

Personne ne songe à l'empire, dites-vous ! Que signifient donc ces cris payés de : Vive l'empereur ? Une simple question : Qui les paye ?

Personne ne songe à l'empire, vous venez de l'entendre ! Que signifient donc ces paroles du général Changarnier, ces allusions aux prétoriens en débauche applaudies par vous ? Que signifient ces paroles de M. Thiers, également applaudies par vous : L'empire est fait ? [...].

Qu'est-ce que la prolongation, s'il vous plaît ? C'est le consulat à vie. Où mène le consulat à vie ? À l'empire ! Messieurs, il y a là une intrigue ! Une intrigue ! vous dis-je. J'ai le droit de la fouiller. Je la fouille. Allons ! le grand jour sur tout cela !

Il ne faut pas que la France soit prise par surprise et se trouve, un beau matin, avoir un empereur sans savoir pourquoi ! *(Applaudissements.)*

Un empereur ! Discutons un peu la prétention.

Quoi ! parce qu'il y a eu un homme qui a gagné la bataille de Marengo, et qui a régné, vous voulez régner, vous qui n'avez gagné que la bataille de Satory ! *(Rires.)*

...

Quoi ! Parce que, il y a dix siècles de cela, Charlemagne, après quarante années de gloire, a laissé tomber sur la face du globe un sceptre et une épée tellement démesurés que personne ensuite n'a pu et n'a osé y toucher – et pourtant il y a eu dans l'intervalle des hommes qui se sont appelés Philippe-Auguste, François Ier, Henri IV, Louis XIV ! – Quoi ! [...] parce que, mille ans après, un autre génie est venu, qui a ramassé ce glaive et ce sceptre, et qui s'est dressé debout sur le continent, qui a fait l'histoire gigantesque dont l'éblouissement dure encore, qui a enchaîné la Révolution en France et qui l'a déchaînée en Europe [...] !

Quoi ! parce que, après dix ans d'une gloire immense, d'une gloire presque fabuleuse à force de grandeur, il a, à son tour, laissé tomber d'épuisement ce sceptre et ce glaive qui avaient accompli tant de choses colossales, vous venez, vous, vous voulez, vous, les ramasser après lui, comme il les a ramassés, lui, Napoléon, après Charlemagne, et prendre dans vos petites mains ce sceptre des titans, cette épée des géants ! Pour quoi faire ? *(Longs applaudissements.)* Quoi ! après Auguste, Augustule ! Quoi ! parce que nous avons eu Napoléon le Grand, il faut que nous ayons Napoléon le Petit ! *(La gauche applaudit, la droite crie. La séance est interrompue pendant plusieurs minutes. Tumulte inexprimable.)* »

La liberté et la souveraineté du peuple, qui l'exprime sur le plan politique, ne peuvent être assujetties à aucune condition. C'est traiter le peuple en être mineur que de lui contester la reconnaissance de sa souveraineté comme l'ont fait les adversaires du suffrage universel. Mais prétendre restaurer la souveraineté du peuple en restaurant le suffrage universel tout en supprimant toute forme de vie démocratique, comme l'entend Louis-Napoléon Bonaparte, est tout aussi criminel. Dans les deux cas de figure, le peuple est mis en tutelle, privé de ses droits fondamentaux par une force de pouvoir qui s'octroie de fait un droit sans fondement, attestant ainsi une volonté de domination. Dans ses *Réflexions sur l'éducation*, Kant dénonçait ceux qui s'arrogent un rôle de tuteur du peuple en prenant prétexte de son immaturité supposée : « J'avoue ne pas pouvoir me faire à cette idée qu'un peuple n'est pas mûr pour la liberté. » Hugo, en écho, lie l'avènement simultané de la souveraineté populaire et des droits de l'homme en annonçant le règne de l'individu-citoyen : « Ce siècle proclame la souveraineté du citoyen et l'inviolabilité de la vie ; il couronne le peuple et sacre l'homme » *(Napoléon-le-Petit)*.

En dépit de nombreuses et violentes obstructions, Hugo peut terminer son acte d'accusation en proclamant haut et fort que la République est désormais la conquête historique de la lutte du peuple français pour la démocratie et la forme suprême de l'État de droit.

« Et puis, qu'espérez-vous ? détruire la République ? Vous entreprenez là une besogne rude. Y avez-vous bien songé ? Quand un ouvrier a travaillé dix-huit heures, quand un peuple a travaillé dix-huit siècles, et qu'ils ont enfin l'un et l'autre reçu leur paiement, allez donc essayer d'arracher à cet ouvrier son salaire et à ce peuple sa république ! *(Applaudissements.)*

Savez-vous ce qui fait la République forte ? savez-vous ce qui la fait invincible ? savez-vous ce qui la fait indestructible ? Je vous l'ai dit en commençant, et en terminant je vous le répète, c'est qu'elle est la somme du labeur des générations, c'est qu'elle est le produit accumulé des efforts antérieurs, c'est qu'elle est un résultat historique autant qu'un fait politique, c'est qu'elle fait pour ainsi dire partie du climat actuel de la civilisation ; c'est qu'elle est la forme absolue, suprême, nécessaire, du temps où nous vivons ; c'est qu'elle est l'air que nous respirons, et qu'une fois que les nations ont respiré cet air-là, prenez-en votre parti, elles ne peuvent plus en respirer d'autre ! Oui, savez-vous ce qui fait que la République est impérissable ? C'est qu'elle s'identifie d'un côté avec le siècle, et de l'autre avec le peuple ! Elle est l'idée de l'un et la couronne de l'autre ! *(Bravo ! bravo !)*

Messieurs les révisionnistes, je vous ai demandé ce que vous vouliez. Ce que je veux, moi, je vais vous le dire. Toute ma politique, la voici en deux mots : Il faut supprimer dans l'ordre social un certain degré de misère, et dans l'ordre politique une certaine nature d'ambition. *Plus de paupérisme et plus de monarchisme.* La France ne sera tranquille que lorsque, par la puissance des institutions qui donneront du travail et du pain aux uns et qui ôteront l'espérance aux autres, nous aurons vu disparaître du milieu de nous tous ceux qui tendent la main, depuis les mendiants jusqu'aux prétendants. *(Explosion d'applaudissements. – Cris et murmures à droite.)* »

Par la seule arme de son verbe, Hugo a rallié à la République nombre de modérés qui votent avec la gauche. Le 20 juillet, 278 députés refusent la révision, c'est plus que la gauche républicaine élargie, 446 conservateurs et fidèles de l'Élysée votent pour. Comme le seuil constitutionnel des trois quarts n'est pas atteint, la révision légale est impossible. Le piège de la Constitution se referme sur les assassins de la république. Il ne reste plus à Louis-Napoléon Bonaparte qu'à se retirer dans un an ou à tenter un coup d'État en promettant de restaurer le suffrage universel. Dans ce premier combat pour la République, Hugo apparaît comme le plus percutant des républicains et rejoint d'ailleurs les députés de la Montagne, le 10 août 1851, en signant leur manifeste.

La défense de l'État de droit

« D'un côté, une armée et le crime ; de l'autre, une poignée d'hommes et le droit. Voilà cette lutte, l'acceptez-vous ? » (Paroles sténographiées de Victor Hugo, nuit du 3 au 4 décembre 1851).

Quand survient le Deux Décembre, le 18 Brumaire de Louis-Napoléon Bonaparte, Paris est occupé par l'armée. Si deux cents députés modérés protestent symboliquement à l'Assemblée, Hugo et la plupart des républicains avancés, menacés d'arrestation et sans moyens d'expression, optent pour l'appel au peuple, ce qui est conforme à l'article 110 de la Constitution. Le soir, un Comité de résistance est formé, composé de Hugo, Schœlcher, Carnot, Michel (de Bourges), Nadier, Jules Favre, De Flotte. Un témoin raconte : « Alors Victor Hugo dicte au courageux Baudin la proclamation suivante :

> « Louis-Napoléon est un traître.
> Il a violé la Constitution.
> Il s'est mis hors-la-loi.
> Les représentants républicains rappellent au peuple et à l'armée l'article 8 et l'article 110 ainsi conçu : "L'Assemblée constituante confie la défense de la présente Constitution et des droits qu'elle consacre à la garde et au patriotisme de tous les Français.
> Le peuple est à jamais en possession du suffrage universel, n'a besoin d'aucun prince pour le lui rendre et châtiera le rebelle."
> Que le peuple fasse son devoir !
> Les représentants marcheront à sa tête.
> Aux armes ! Vive la République ! »

Hugo lance un appel aux soldats : « Revenez à la patrie, revenez à la République. [...] Soldats français, cessez de prêter main-forte au crime. » Le lendemain matin, les représentants montagnards encore libres tentent d'organiser la résistance populaire. Baudin est tué sur la première barricade. Si les hommes du peuple, déçus, désarmés, désorientés, sont moins nombreux à réagir qu'en février 1848, et de loin, la résistance commence à prendre de l'ampleur, le 4 décembre, jusqu'à ce que les troupes balayent les grands boulevards et leurs abords d'une fusillade, intense, générale, aveugle, pour terroriser résistants et badauds, bourgeois et gens du peuple. Victor Hugo en retient ce « Souvenir de la nuit du 4 » publié dans *Les Châtiments* :

« L'enfant avait reçu deux balles dans la tête.
Le logis était propre, humble, paisible, honnête : […]
La nuit était lugubre ; on entendait des coups
De fusil dans la rue où l'on en tuait d'autres. »

Les représentants de la gauche pourchassés doivent se disperser. La tête de Hugo est mise à prix. Il est caché, sauvé, par Juliette Drouet. Le 12 décembre, grâce à un faux passeport, il gagne clandestinement Bruxelles. Le combat continue.

Le 15 avril 1852, Hugo écrit : « J'appartiens à jamais à la République. » Son choix est irrévocable. Faisant le point sur son évolution politique dans la préface à l'édition, non publiée, de *Quinze Discours*, Hugo reconnaît avec une réelle sincérité :

« J'ai cru longtemps que la République n'était qu'une forme politique. La République est une idée, la République est un principe, la République est un droit. La République est l'incarnation même du progrès. […] Avant que nous eussions vu, comme nous le voyons aujourd'hui, le fond du cœur des monarchistes, la liberté me paraissait compatible avec la monarchie, et je ne voyais pas la nécessité absolue de la République. Et puis, pour tout dire, j'avais dans l'esprit, comme tant d'autres hommes de bonne foi, cette sorte d'effroi permanent de 93 que les écrivains monarchistes ont réussi à créer et qui est encore aujourd'hui la grande objection contre la République. […]. À l'heure qu'il est, […] je ne crois plus la terreur possible. […] Mais, depuis deux ans, quand j'ai vu la République prise en traître, saisie par ses ennemis, jetée à terre, liée, garrottée, bâillonnée, […] alors, moi qui aux jours de triomphe m'étais tenu à l'écart, je me suis approché d'elle au moment où tant d'autres s'en éloignaient, et quand j'ai vu que meurtrie, saignante, terrassée, foulée aux pieds, couverte de plaies, elle vivait encore, je me suis mis à genoux devant elle et je lui ai dit : Tu es la Vérité ! […] Maintenant, je combats pour elle. […]

Républicains, ouvrez vos rangs. Je suis des vôtres. »

Hugo se convertit définitivement à la République le jour où il a admis l'inconditionnalité de la souveraineté populaire. Le fait qu'il assiste à un usage paradoxal du suffrage universel, lors des plébiscites du 21 décembre 1851 entérinant le coup d'État et du 21 novembre 1852 consacrant l'Empire, ne le détourne pas de cette conviction désormais acquise. Le peuple peut être dévoyé et devient alors une foule, une *turba,* sensible à la démagogie qui est la caricature de la démocratie. Ce choix ne fait que renforcer en lui une autre idée-force concernant le rôle fondamental de l'instruction publique, non pas pour inculquer une instruction civique ou une idéologie républicaine, mais pour promouvoir en tous et en chacun une capacité de jugement propre à déjouer les faux-semblants et la démagogie et à comprendre où est le bien commun.

Une telle évolution montre que Hugo a suivi, en raccourci, l'évolution même de la philosophie politique. Rousseau disait que la question décisive n'est évidemment pas de savoir comment « un peuple se donne un roi », mais, comme il l'écrit dans le *Contrat social*, « comment un peuple est un peuple ». Cette autoconstitution du peuple passe par un contrat, qui n'est pas conçu d'après le modèle juridique de l'accord mutuel entre deux contractants ayant un intérêt à l'échange, mais comme accord mutuel de tous avec tous, de chacun avec tous, et de tous avec chacun. D'où la réciprocité des droits et des devoirs, sur laquelle Hugo insiste constamment. D'où également la solidarité de tous, source et horizon de la fraternité. D'où enfin l'articulation réciproque de l'Égalité et de la Liberté, raison d'être de la République comme condition de la Fraternité.

Hugo commente le triptyque républicain dans les termes qui suivent :

> « La formule républicaine a su admirablement ce qu'elle disait et ce qu'elle faisait ; la gradation de l'axiome social est irréprochable. Liberté, Égalité, Fraternité. Rien à ajouter, rien à retrancher. Ce sont les trois marches du perron suprême. La liberté, c'est le droit, l'égalité, c'est le fait, la fraternité, c'est le devoir. Tout l'homme est là. Nous sommes frères par la vie, égaux par la naissance et par la mort, libres par l'âme »
>
> (*Le Droit et la loi*, III)

Un tel commentaire traite les trois termes non comme des exigences extérieures l'une à l'autre, mais comme des principes qui s'impliquent mutuellement. La devise républicaine énonce sans les dissocier les valeurs qu'elle proclame. Mieux, elle n'introduit rien entre elles, comme si les trois termes ne formaient en fin de compte qu'un seul mot, simplement articulé selon les exigences qui en déclinent le sens. À la source, la plus haute idée de l'homme qui puisse servir de référence. C'est l'humanité de l'homme, en sa version la plus accomplie, que vise et tend à réaliser la République. Un homme libre, promu à l'égalité avec tous par la prise en compte de la condition commune et par la solidarité qui doit unir des êtres capables de se reconnaître mutuellement pour frères, parce qu'ils ont la vie en partage. Indépendamment de toute interprétation spiritualiste, l'âme désigne ici la fonction essentielle de la conscience humaine : s'élever au-dessus de tout donné, prendre recul et distance pour savoir juger des choses et ne pas se soumettre à l'emprise de la réalité immédiate, des préjugés serviles, des illusions du moment. Principe essentiel de liberté, sans lequel la Cité n'unirait que des individus soumis. Quant à l'égalité de droits et de devoirs, elle répond à l'identité originelle de la condition humaine, en amont de toute différenciation sociale. Naître et mourir, voilà notre lot à tous et il faut y revenir sans cesse, pour éviter la morgue des puissants de l'heure ou le ressentiment sans issue des déshérités.

Le rappel de la condition métaphysique de tous les hommes relativise et rend illégitimes toutes les hiérarchies insolentes, tous les dénis de justice, en frappant de dérision le mépris et l'orgueil propres aux « grandeurs d'établissement » (Pascal) lorsqu'elles oublient la destinée de tout homme et s'imaginent jouir d'une supériorité naturelle. Cette conscience de la condition commune donne au principe d'égalité son fondement le plus solide, sans exclure la différenciation des niveaux de fortune : elle exclut en revanche tous les rapports de domination qui peuvent en naître lorsqu'elle se fait excessive. Un rappel s'impose alors : la vie est fraternelle parce que la naissance et la mort nous inscrivent dans la même condition première et nous font à ce titre égaux. Le principe de fraternité reconduit les hommes à leur condition commune, pour que le devoir de solidarité soit rendu manifeste.

Hugo a rencontré et adopté la République par souci de liberté. Il va désormais assumer pleinement le souci d'égalité dont il découvre qu'il en est indissociable.

Deuxième partie

Liberté-Égalité

« Vous êtes des hommes comme les autres, ni meilleurs, ni pires. Vous vous croyez des dieux, soyez malades demain, et regardez frissonner dans la fièvre votre divinité. Nous nous valons tous. »

(*L'homme qui rit*, 1869)

Chapitre six

L'exil. La « nudité du droit »

Trois années de rupture. Les nouveaux horizons

« C'est dur de rouler cet inexorable rocher de Sisyphe, le droit ; on le monte, il retombe » (Le Droit et la loi, *VII*).

C'est l'exil. Hugo devient le solitaire, devant l'océan. Et le patriote de l'humanité. Solitaire solidaire, selon sa formule. Les principes s'affermissent, le sens général de l'engagement se précise. L'expérience des trois années qui viennent de s'écouler le hante et l'obsède. Toute sa vie, en peu de temps, a été bouleversée. Les nouveaux horizons la mettent en perspective, avec le double recul de la distance et de la conscience blessée. Que retenir de ce qui vient de se passer ? Comment poursuivre le combat ? L'exil est déjà une réponse. Subi, il va être assumé. La colère du droit trouvera des accents terribles et l'épreuve même hisse le poète au sommet de son œuvre militante.

Il était devenu pair de France ; il avait été élu académicien, puis député. Il avait la richesse, et la gloire. Sa vie personnelle était faite de bonheurs mais aussi de douleurs, d'aventures passionnées et de joies familiales, dans un cadre qu'il avait fortement marqué de son style. Un drame, un drame affreux, l'avait ébranlé : la disparition tragique de sa fille Léopoldine, noyée avec son mari dans un accident, en septembre 1843. Depuis, il n'était plus tout à fait le même. Mais loin de le conduire au repli sur soi, la conscience douloureuse de la précarité humaine avait plutôt accru son attention aux questions vives du temps et aux causes à défendre. Elle avait en même temps décuplé son courage : la mort, entrée en lui avec le deuil, lui faisait projeter sur les injustices du monde un regard de surplomb et il tiendrait désormais pour peu de chose les risques à prendre en les combattant. Comme si la tragédie personnelle rendait d'un seul coup dérisoires les mesquineries faites aux hommes par d'autres hommes, les injustices sociales qui ajoutent leur arbitraire à la fatalité des maux communs à tous. L'œuvre littéraire faisait son chemin. De nombreux poèmes à paraître étaient rangés dans un coffre. L'idée de son grand roman, d'abord intitulé *Jean Tréjean*, puis *Les Misères*, mûrissait en lui : le plan était prêt et les premières pages avaient été écrites dès 1845.

1848. En trois ans, tout bascule. De 1848 à 1851, celui qui n'était plus royaliste que du bout des lèvres devient républicain, défend avec résolution le nouvel ordre politique paré à ses yeux des vertus du droit, puis découvre les limites d'une certaine république qui s'aliène le peuple, voire s'acharne sur lui. Il assiste alors aux effets de ce divorce. « Il repoussa cette fausse république de conseils de guerre et d'état de siège. » La voie du pouvoir s'ouvre à un despote démagogue habile à cultiver un mythe, à l'usurper même. Napoléon le Petit capte la glorieuse légende et singe avec succès le 18 Brumaire de son oncle. Son habileté, c'est d'avoir su exploiter le désarroi d'un peuple lâché par ceux qu'il croyait proches, et condamné par son ignorance à être manipulé sans vergogne. Cruelle ironie : le suffrage universel, enfin conquis, va servir à valider le coup d'État, en décembre 1851, puis, onze mois plus tard, à consacrer la proclamation de l'empire. Ainsi donc le droit, la légalité, intronisent l'imposture.

Trois années difficiles, on l'a vu, ont donc précipité l'évolution du poète. « En 1848, son parti n'était pas pris sur la forme sociale définitive » (*Le Droit et la loi*, VI). Mais quelques solides principes l'animaient et allaient produire la radicalisation républicaine et sa conséquence : l'exil. Hugo était entré en politique sans être vraiment un homme politique. C'était un homme libre, donc un homme de principes, peu soucieux des partis et des clans. D'où son relatif isolement à l'Assemblée, où, siégeant d'abord à droite, il s'était mis à voter avec la gauche. Solitude, déjà. Entier, il ignorait tout des combines et de la duplicité manœuvrière. Il se voulait, et il était, inclassable. Il croyait les gens sur parole, trop, à l'évidence. Cette naïveté s'était manifestée à l'égard de Louis-Napoléon, qui l'avait séduit dans un premier temps, en s'inscrivant dans l'ombre glorieuse de son oncle, mais aussi par sa réputation de penseur social due à un ouvrage publié sur le paupérisme et ses propos sur la nécessaire probité en politique.

Hugo avait dit : « Jamais d'insurrection que pour le droit et pour le devoir ». Le coup d'État de Louis-Napoléon Bonaparte le conduit à l'idée de résistance armée, mais il constate que le peuple n'est guère disposé à défendre cette République qui l'a si cruellement déçu, voire trahi, notamment avec la brutale répression de Cavaignac. Par lucidité, par courage, par fidélité aux principes qu'il s'est juré de défendre, Hugo prend de tels risques qu'il se trouve en première ligne au moment où le coup d'État de Louis-Napoléon Bonaparte se produit. Contre le nouvel ordre légal que veut imposer le prince-Président, il a conscience que le droit et la loi se disjoignent : « Dans le droit, hors la loi », dit-il alors de lui-même. Louis-Napoléon Bonaparte va construire son empire sur l'aveuglement de certains et la veulerie opportuniste de beaucoup, dans une conjoncture politique et sociale évoquée plus haut.

La répression contre les opposants au coup d'État a été immédiate. Hugo figure sur la liste officielle de proscription. Il assiste au mitraillage des barricades, et notamment à la mort héroïque de Baudin. Sous ses yeux, une balle perdue tue un enfant de sept ans, à Montmartre. Le poète s'est dépensé sans compter pour secourir les victimes de la répression des journées de juin 1848. Il fait de même en décembre 1851. Il s'enfuit, sous un nom d'emprunt, grâce à l'aide de sa maîtresse, Juliette Drouet, qui lui sauve sans doute la vie, et met en lieu sûr ses manuscrits, serrés dans un coffre.

L'exil commence, d'abord à Bruxelles, où Victor Hugo prend la plume pour se faire le « juge d'instruction de l'histoire » en écrivant l'*Histoire d'un crime* après avoir recueilli de nombreux témoignages. Il abandonne l'ouvrage pour en faire un autre, *Napoléon-le-Petit*. Victor Hugo doit bientôt s'exiler à nouveau et quitter la Belgique, où il a tenu des réunions régulières avec d'autres proscrits : les autorités belges entendent ménager le nouveau maître de la France et signifient au poète qu'il ne peut rester. Hugo s'embarque alors pour Jersey, d'où il devra également s'en aller, *persona non grata* en raison des activités politiques qu'il y développe avec ses compagnons d'exil. Il s'installe enfin à Guernesey, dans une maison située face à l'océan (Hauteville House). Mélancolie et tristesse du déracinement :

« Ils souffrent, ils se taisent ; en eux le citoyen a immolé l'homme ; ils regardent fixement l'adversité. [...] Mais le soir, quand on rêve – quand tout dans la ville étrangère se revêt de tristesse, car ce qui semble froid le jour devient funèbre au crépuscule – mais la nuit, quand on ne dort pas, les âmes les plus stoïques s'ouvrent au deuil et à l'accablement. Où sont les petits enfants ? qui leur donnera du pain ? qui leur donnera le baiser de leur père ? où est la femme ? où est la mère ? où est le frère ? où sont-ils tous ? Et ces chansons qu'on entendait le soir dans sa langue natale, où sont-elles ? où est le bois, l'arbre, le sentier, le toit plein de nids, le clocher entouré de tombes ? où est la rue, où est le faubourg, le réverbère allumé devant votre porte, les amis, l'atelier, le métier, le travail accoutumé ? Et les meubles vendus à la criée, l'encan envahissant le sanctuaire domestique ! Oh ! que d'adieux éternels ! [...]

Les proscrits se taisent, ou, s'ils se plaignent, ce n'est qu'entre eux. Comme ils se connaissent, et qu'ils sont doublement frères, ayant la même patrie et ayant la même proscription, ils se racontent leurs misères. [...] Oh ! une plainte, un mot contre toi, France ! non, non ! on n'a jamais plus de patrie dans le cœur que lorsqu'on est saisi par l'exil. »

(Napoléon-le-Petit)

Victor Hugo, en quelques mois, a donc lié son sort à la République. Il n'a pas accepté la mise en cause du droit et des libertés. Il est devenu un ardent républicain au moment où ce choix politique, dont on a vu qu'il mûrissait depuis plusieurs années, ne pouvait lui valoir que des ennuis. Savoir lutter à contre-courant et tenir bon sur les principes est un des traits essentiels de sa conception de l'engagement. Nulle carrière politique ne vaut à ses yeux cette fermeté qui prend date et fait de lui celui qui a su dire non. Par ailleurs, le poète est désormais hanté par la question sociale, relayée notamment par celle de l'instruction publique : il s'agit de fonder une citoyenneté éclairée, capable de résister aux faux-semblants de la démagogie, préludes au despotisme. Le fameux thème de la « nuit », métaphore de l'ignorance, hantera dès lors ses romans. Quant à son combat pour la liberté, il ne lui semble plus dissociable du souci d'une certaine égalité, celle que la loi doit promouvoir non seulement pour donner les mêmes droits, mais aussi pour assurer à tous les moyens de jouir de ces droits.

De fait, lorsqu'il s'exile après le coup d'État du Deux Décembre, sa vie est bouleversée. Il fait organiser, en catastrophe, la vente de ses meubles par sa femme Adèle, qui le rejoint bientôt en exil, avec les enfants. Le voilà banni officiellement, éloigné de son cadre familier, de ses amis et condamné à vivre dans un autre pays. Bref, Hugo paie très cher son combat pour le droit et la République.

Le tête-à-tête avec l'Océan

« Tout a sombré, hors la conscience ; navire dont il ne reste qu'une boussole » (Mes Fils).

Une nouvelle phase de la vie commence : l'exil, avec sa douleur première, et bientôt, la radicalisation des combats engagés. Le poète acquiert la grandeur d'un proscrit victime de la fidélité à ses convictions. « Un proscrit est une espèce de mort ; il peut donner presque des conseils d'outre-tombe » (Préface des *Contemplations*). Face à l'océan, il aperçoit au loin les côtes embrumées de la France.

Si à quelque chose malheur est bon, la distance de l'exil sera bonne sur deux plans : la nouvelle impulsion donnée à l'œuvre poétique et romanesque et l'acquisition d'une haute stature morale, la grandeur du proscrit faisant de lui l'interlocuteur et le porte-voix des opprimés, dans le monde entier comme en France. C'est que la conscience, aussi vive que blessée, décuple désormais le verbe et l'action du poète. « L'exil n'est pas une chose matérielle, c'est une chose morale. Tous les coins de terre se valent. Tout lieu de rêverie est bon, pourvu que le coin soit obscur et que l'horizon soit vaste. »

Hugo dira, dans une sorte de préface-testament destinée à ses œuvres complètes : « Je suis une conscience. » Qu'est-ce que la conscience ? « Conscience, instinct divin », disait Rousseau (*Émile*, IV). La conscience de l'individu a des limites variables. C'est qu'elle s'enlise souvent dans celles de la vie quotidienne : routine, préjugés des situations acquises, intérêts, biographie singulière, etc. Ces limites, des ouvertures douloureuses les brisent : souffrances qui déchirent le cadre habituel, déconvenues et revers de fortune qui ébranlent la bonne conscience, injustices vues et détresses rencontrées, qui suscitent compassion et révolte. La conscience se fait alors plus vive ; elle devient « conscience dilatée », si l'on peut dire. C'est ce qui advient quand une épreuve bouleverse et tire l'individu de ses petites habitudes. Cet ébranlement subvertit les mesquineries ou les détails soudain dérisoires qui peuplent l'action et l'existence singulière. Un deuil soudain qui frappe, un risque qui fait frôler la mort, une misère vive rencontrée : le décor quotidien vacille, et les références habituelles de la conscience marquent rétrospectivement leur étroitesse. Hugo déjà portait en lui une sorte de sentiment de qui-vive, comme une inquiétude à la fois éthique et cosmique. Sans anticiper vraiment le surréalisme, écriture des marges psychiques et transgression cultivée des limites de la conscience ordinaire, il lui était arrivé de vivre la parole poétique comme l'expression de cette angoisse du regard et du cœur, aiguillon de la pensée. Et de mettre en mots les suggestions de l'inconscient, rattaché au bouillonnement d'une vie cosmique dont chaque individu se découvre partie prenante. L'exil à Jersey généralise cette tendance.

La vie de la conscience oscille donc entre ses repères confortables et les déchirements qui l'ouvrent à la misère du monde, intérieure ou extérieure. Elle ne peut se laisser enliser dans les affects de la subjectivité personnelle, comme une image stéréotypée de la rêverie romantique le laisse croire. « Tirez-vous donc de vous-même ! Quel nœud gordien que notre rêverie ! L'esclavage du dedans, c'est là l'esclavage. Escaladez-moi cette enceinte : songer ! L'unique cachot est celui qui mure la conscience » *(William Shakespeare)*. Elle découvre ainsi l'exigence de justice, comme on fait l'expérience d'un manque scandaleux. Étrange, mais réelle expérience éthique du poète : l'hallucination et l'engagement, par ouverture de la conscience, subversion de ses limites ordinaires, ont partie liée.

Hugo personnalise cette exigence, devenue tenace. Il lui donne un nom. Dieu, tout simplement. Allégorie plus que divinité classique aux contours bien définis. Dieu, c'est la quintessence de l'humanité, transcendant les égoïsmes. Rappeler la conscience à sa faculté de s'affranchir des limites ordinaires, c'est la sublimer vers le meilleur d'elle-même : elle est alors l'écho du monde dans l'intimité de l'individu, le relais des souffrances universelles dans la subjectivité personnelle. Sa vigilance à vif, dépositaire des détresses qu'il lui est donné de connaître, en fait une sorte de conscience hypertrophiée, de surconscience. De fait, toutes les victimes de l'injustice sociale, qui n'a rien de fatal, témoignent *a contrario* pour la justice ainsi divinisée, relayée par la conscience révoltée, décidée à faire que les choses soient bientôt autrement qu'elles n'étaient. Ainsi se révélera le courant secret qui devait les emporter et les dépasser. L'histoire aura jugé, puis effacé, certaines des injustices qu'elle hébergeait. Cependant, il n'y a rien de fatal, ni de prédestiné, dans un tel mouvement, puisque seule la conscience, suivi d'action résolue, peut le réaliser.

Le promontoire du songe et la conscience universelle

« Le proscrit est un homme chimérique » (Ce que c'est que l'exil, *novembre 1875*).

Longues promenades sur la grève, contemplations à partir des rochers du rivage, arrêt du regard sur l'horizon de vents et de flots mêlés. L'océan anonyme et sombre, c'est à la fois l'absence du monde et sa présence méditée.

> « Isolement, intimité, renoncement, apaisement de la nostalgie par la pensée ; telle est la vie de ces hommes. Pour horizon le brouillard des flots et des événements, pour musique le vent de tempête, pour spectacle la mobilité d'un infini, la mer, sous la fixité d'un autre infini, le ciel. On est des naufragés, on regarde les abîmes. Tout a sombré, hors la conscience ; navire dont il ne reste que la boussole. Dans cette famille personne n'a rien à soi ; tout est en commun, l'effort, la résistance, la volonté, l'âme. Ce père et ces fils resserrent de plus en plus leur étroit. »
>
> (*Mes Fils,* V)

L'exil est distance, après avoir été rupture du cadre ordinaire. Il a donc une vertu paradoxale : ouvrir un peu plus la conscience à son propre accomplissement, la hausser vers une lucidité aiguë, avivée par les souffrances du passé comme par le dépaysement du présent. « Je suis dans un isolement presque absolu, voici le mois des tempêtes, le ciel est tendu de papier à sucre, il grêle le jour, et il vente la nuit, je travaille, c'est ma force » (« À Auguste Vacquerie », 5 mars 1865).

C'est dans cette vigilance de l'exil, ce recul inédit, que s'accomplit le paradoxal surgissement des oubliés. La solidarité sociale et politique relève alors d'une attention à ce qui est caché, refoulé, maintenu dans les marges. « Songer, penser, souffrir. Être seul et sentir qu'on est avec tous » *(Ce que c'est que l'exil).* Elle met en jeu une conscience « dilatée », c'est-à-dire étendue hors de ses limites ordinaires. Et de l'idée que cet état de choses doit finir un jour surgit une conscience de l'infini qui tout à la fois délivre et absorbe. Conscience sublimée, qui scrute l'océan comme la métaphore vive du monde et de son mouvement. Les quatre murs ordinaires, qui pourtant semblaient bien suffire, masquaient d'une certaine manière la perspective du genre humain, tout en réalisant celle de l'individu. L'exil, l'isolement, la distance, la méditation déploient le dialogue imaginaire avec cette vie qui semble remonter de l'infini.

Les douleurs personnelles vont entrer en résonance et en écho avec celles de l'humanité souffrante. Les combats politiques vont répondre aux interrogations intimes. Hugo songe d'abord à réunir dans un seul et unique recueil les poèmes où s'épellent ses souffrances personnelles et ceux qui déploient son indignation politique. Première partie : *Les Contemplations.* Deuxième : *Les Châtiments.* Façon de dire que la conscience, si meurtrie soit-elle par un drame personnel, ne peut s'enliser dans ses affects, ou doit le faire jusqu'à les transcender vers les souffrances communes aux hommes. Il publiera finalement deux recueils distincts. En France, *Les Contemplations,* parues en 1856, connaîtront un succès immense, qui permettra à Hugo d'acheter une maison à Guernesey, se mettant ainsi à l'abri de toute nouvelle expulsion en devenant propriétaire dans l'île.

On comprend que la vigilance cultivée par le poète et investie dans l'écriture polémique ou poétique soit comme une ouverture à l'infini de la conscience au cœur même des limites de l'existence ordinaire et qu'elle vienne inquiéter constamment l'existence. Cette inquiétude relaie les souffrances de l'humanité ; elle élève la responsabilité du poète. « J'ai mal dormi. Tous les esclavages, tous les accablements, toutes les douleurs, toutes les infortunes, toutes les détresses, toutes les faims et toutes les soifs, ont droit au poète : il a un créancier, le genre humain » (« Utilité du beau », *William Shakespeare*).

C'est à ce niveau que peut se comprendre l'idée que désormais Victor Hugo se fait à la fois de la responsabilité et de l'engagement. La philosophie cosmique, la conception quasi religieuse de la lucidité militante, et l'engagement politico-littéraire qui la traduit, s'articulent ici logiquement. Dieu, on l'a vu, c'est finalement l'humanité consciente d'elle-même dans tout homme – ce que des humanismes athées diraient également, tout en se passant de la référence religieuse. C'est la tension qu'introduit l'exigence de justice dans le désordre glacé d'une société d'exploitation. C'est, en somme, l'esprit des révolutions. À propos du Christ, Hugo écrit : « Je ne crois pas au christ, mais aux christs. Tout vient de Dieu. Vous trouverez dans *Les Misérables* et aussi dans *William Shakespeare*, ma définition de Dieu ». Les christs, tout humains, sont les oubliés de l'histoire et Dieu, c'est la force vive qui travaille cette histoire pour la porter à réaliser la justice. On y reviendra dans le dernier chapitre.

Il arrive à l'inconscient de se manifester, voire de parler, quand s'exhibe la hantise des disparus ou le tourment d'un rêve cosmique. Sa voix est celle de la « bouche d'ombre ». Ce qu'on a cru pouvoir appeler l'expérience spiritiste de Hugo n'a duré que quelques années. Cette expérience n'était pas sans rapport avec ce qui vient d'être dit de la « conscience dilatée ». Elle correspondait à une époque troublée de détresse intérieure : le début de l'exil, le retour en force du travail du deuil en écho à la mort de Léopoldine et sans doute d'autres tourments s'immiscaient dans la vie diurne, comme une sorte de retour du refoulé. La conscience est le rond de lumière sur la scène sombre de l'Histoire ou de la vie tumultueuse de la personne. Elle témoigne, on l'a vu, pour les « misérables » que fait la société, et qu'elle tend à maintenir dans l'ombre, aussi bien que pour cette misère intérieure qu'héberge tout homme, quand la mort des êtres aimés se rend en lui présente, miroir de sa propre finitude. Nulle irrationalité réelle dans ce témoignage inédit, dont Victor Hugo se défia d'abord, avant de le comprendre pour ce qu'il est : une conscience plus vive du vrai, un affleurement du savoir de soi de la grande nature se comprenant elle-même dans chacun des êtres qu'elle fait naître, irrigue et finalement reprend. Le dieu Pan, en somme : le tout qui englobe chaque être et le situe est habité par les morts dont l'image et l'écho continuent dans la vie intérieure, la nourrissant comme font les grandes œuvres du passé.

« Communiquer avec l'infini »… On voit Hugo prétendre le faire en prenant la pose, sur le rocher de Guernesey, pour un daguerréotype. Que veut-il dire, ou suggérer ? Tout simplement, si l'on ose dire, que la conscience humaine, à son point d'incandescence, héberge en elle ce qui dépasse les limites de l'individualité. Les misérables, les disparus dont le souvenir aimé dans l'ombre hante et borde l'action quotidienne, se font plus présents parfois et le trouble s'installe. Éveil sous la torpeur de l'existence enfouie dans ses habitudes.

Retour sur la finalité de l'art

« L'heure a sonné d'arborer le Tout pour tous » (William Shakespeare, *1864*).

C'est avec une œuvre étrange de critique littéraire mêlée à un exposé de vues générales sur l'art et la politique, *William Shakespeare*, que le poète fait le point sur sa conception de l'art, en écho lointain à la préface de *Cromwell*. Il y confirme les grandes orientations de son action, en même temps qu'il inscrit son romantisme social militant dans la perspective de progrès historiques qui concernent l'organisation des sociétés et le sens de la culture. Le prétexte de l'œuvre, décriée par une critique restée finalement bien conformiste, est la rédaction d'une préface pour la traduction par son fils, François-Victor, de l'ensemble des œuvres de Shakespeare. Des pages admirables y sont consacrées à l'enjeu de la traduction des chefs-d'œuvre de la littérature mondiale : le combat pour la culture passe par l'universalisation de l'accès à ce qu'elle a produit de meilleur. Surtout, la conception d'un véritable art populaire conduit à reprendre pour la dépasser la fausse opposition, aux yeux du poète, entre l'art pour l'art et l'art pour le progrès. Un texte de *William Shakespeare*, intitulé « L'utilité du beau », développe ce point de vue :

« Quelques purs amants de l'art, émus d'une préoccupation qui du reste a sa dignité et sa noblesse, écartent cette formule, l'art pour le progrès, le Beau Utile, craignant que l'utile ne déforme le beau. Ils tremblent de voir les bras de la muse se terminer en mains de servante. Selon eux, l'idéal peut gauchir dans trop de contact avec la réalité. Ils sont inquiets pour le sublime s'il descend jusqu'à l'humanité. Ah ! Ils se trompent.

L'utile, loin de circonscrire le sublime, le grandit. L'application du sublime aux choses humaines produit des chefs-d'œuvre inattendus. L'utile, considéré en lui-même et comme élément à combiner avec le sublime, est de plusieurs sortes ; il y a de l'utile qui est tendre, et il y a de l'utile qui est indigné. Tendre, il désaltère les malheureux et crée l'épopée sociale ; indigné, il flagelle les mauvais, et crée la satire divine. [...]

Mais on se récrie. Entreprendre la guérison des plaies sociales, amender les codes, dénoncer la loi au droit, prononcer ces hideux mots, bagne, argousin, galérien, fille publique, contrôler les registres d'inscription de la police, rétrécir les dispensaires, sonder le salaire et le chômage, goûter le pain noir du pauvre, chercher du travail à l'ouvrière, confronter aux oisifs du lorgnon les paresseux du haillon, jeter bas la cloison de l'ignorance, faire ouvrir des écoles, montrer à lire aux petits enfants, attaquer la honte, l'infamie, la faute, le vice, le crime, l'inconscience, prêcher la multiplication des abécédaires, proclamer l'égalité du soleil, améliorer la nutrition des intelligences et des cœurs, donner à boire et à manger, réclamer des solutions pour les problèmes et des souliers pour les pieds nus, ce n'est pas l'affaire de l'azur. L'art, c'est l'azur.

Oui, l'art, c'est l'azur ; mais l'azur du haut duquel tombe le rayon qui gonfle le blé, jaunit le maïs, arrondit la pomme, dore l'orange, sucre le raisin. Je le répète, un service de plus, c'est une beauté de plus. [...]

On insiste : poésie sociale, poésie humaine, poésie pour le peuple, bougonner contre le mal et pour le bien, promulguer les colères publiques, insulter les despotes, désespérer les coquins, émanciper l'homme mineur, pousser les âmes en avant et les ténèbres en arrière, savoir qu'il y a des voleurs et des tyrans, nettoyer les cages pénales, vider le baquet des malpropretés publiques, Polymnie, manches retroussées, faire ces grosses besognes, fi donc !

Pourquoi pas ? »

Le romantisme hugolien, déjà voué dans les années quarante à la lutte pour le droit et la liberté, s'approfondit en combat littéraire pour la justice sociale et cela rejaillit sur la conception de l'art. Une formule sonne comme une profession de foi des temps nouveaux : « L'heure a sonné d'arborer le Tout pour tous » (*William Shakespeare*). Elle définit le sens du combat commencé dans la révolution du langage, dans les thèmes comme dans le style des romans, et se situe par rapport aux nouvelles théories concernant le rôle et le statut de l'art.

Au milieu du siècle en France, la théorie dite de « l'art pour l'art » connaît une vogue certaine. Théophile Gautier, ami de Victor Hugo, qui lui consacre un de ses plus beaux poèmes, la défend. Mais sans jamais s'opposer à lui. Baudelaire a dédié *Les Fleurs du mal* à Théophile Gautier et s'est également rangé à une telle conception. L'art engagé de Victor Hugo est tenu pour suspect dès lors qu'on le soupçonne de sacrifier l'art à une fin qui ne peut pas ou ne doit pas être la sienne. Souvent, des motifs proprement politiques sous-tendent la polémique : l'orientation de Hugo de plus en plus nettement républicaine et sociale, « de gauche », n'est pas étrangère aux critiques qui lui sont adressées au sujet de sa philosophie esthétique et des œuvres qui la reflètent.

Hugo, dont on sait qu'il fut le premier à affirmer que « l'art a sa loi qu'il suit », ne comprend pas le mauvais procès qu'on veut lui faire et il s'agace de cette fausse opposition construite entre l'art pour l'art et l'art pour le progrès ou l'art engagé. Il sait bien que l'art ne témoigne et n'agit efficacement que si d'abord il est bien de l'art, véritablement. Et il ne voit pas pourquoi une telle exigence devrait entrer en conflit avec une fonction de témoignage ou d'intervention sociale et politique. Si cette fonction altère la dimension artistique au point de l'annuler, alors « l'art engagé » n'est plus de l'art et la contradiction disparaît. Il n'y a donc pas lieu de camper une telle opposition :

« Aimer n'a jamais empêché de plaire. Où avez-vous vu qu'il puisse y avoir exclusion d'une forme du bien à l'autre ? Au contraire, tout le bien communique. Entendons-nous pourtant, de ce qu'on a une qualité, il ne s'ensuit point qu'on ait nécessairement l'autre ; mais il serait étrange qu'une qualité ajoutée à l'autre fût une diminution. Être utile, ce n'est qu'être utile ; être beau, ce n'est qu'être beau ; être utile et beau, c'est être sublime. C'est ce que sont saint Paul au premier siècle, Tacite et Juvénal au deuxième, Dante au treizième, Shakespeare au seizième, Milton et Molière au dix-septième.

Nous avons tout à l'heure rappelé un mot devenu fameux : l'Art pour l'Art. Expliquons-nous à ce propos une fois pour toutes. À en croire une affirmation très-générale et très-souvent répétée, de bonne foi, nous le pensons, ce mot, l'Art pour l'Art, aurait été écrit par l'auteur même de ce livre. Écrit, jamais. On peut lire, de la première à la dernière ligne, tout ce que nous avons publié, on n'y trouvera point ce mot. C'est le contraire de ce mot qui est écrit dans toute notre œuvre, et, insistons-y, dans notre vie entière. Quant au mot en lui-même, quelle réalité a-t-il ? Voici le fait, que plusieurs contemporains ont, comme nous, présent à la mémoire. Un jour, il y a trente-cinq ans, dans une discussion entre critiques et poëtes sur les tragédies de Voltaire, l'auteur de ce livre jeta cette interruption : "Cette tragédie-là n'est point de la tragédie. Ce ne sont pas des hommes qui vivent, ce sont des sentences qui parlent. Plutôt cent fois l'Art pour l'Art !" Cette parole, détournée, involontairement sans doute, de son vrai sens pour les besoins de la polémique, a pris plus tard, à la grande surprise de celui dont elle avait été l'interjection, les proportions d'une formule. »

(*William Shakespeare*, « Utilité du beau »)

Le roman *Les Misérables* doit sa force à sa beauté, meilleur plaidoyer qui soit pour la cause défendue. Il en est de même du poème « L'expiation », poème écrit contre Napoléon III, ainsi que de l'ensemble des *Châtiments.* Victor Hugo introduit un argument nouveau : l'enrichissement de l'être même de l'homme par le beau. L'art « dilate » l'être ; il en accroît la puissance par la jouissance qu'il lui proportionne. La beauté n'est pas seulement un spectacle idéal qui contraste avec le mal et le condamne ; elle est augmentation de la puissance d'agir, voire de comprendre :

« Un homme a, par don de nature ou par développement d'éducation, le sentiment du Beau. Supposez-le en présence d'un chef-d'œuvre, même d'un de ces chefs-d'œuvre qui semblent inutiles, c'est-à-dire qui sont créés sans souci direct de l'humain, du juste et de l'honnête, dégagés de toute préoccupation de conscience et faits sans autre but que le Beau ; c'est une statue, c'est un tableau, c'est une symphonie, c'est un édifice, c'est un poème. En apparence, cela ne sert à rien, à quoi bon une Vénus ? à quoi bon une flèche d'église ? à quoi bon une ode sur le printemps ou l'aurore, etc., avec ses rimes ? Mettez cet homme devant cette œuvre. Que se passe-t-il en lui ? le Beau est là. L'homme regarde, l'homme écoute ; peu à peu, il fait plus que regarder, il voit ; il fait plus qu'écouter, il entend. Le mystère de l'art commence à opérer, toute œuvre d'art est une bouche de chaleur vitale ; l'homme se sent dilaté. [...] Il ferme les yeux pour mieux voir, il médite ce qu'il a contemplé, il s'absorbe dans l'intuition, et tout à coup, net, clair, incontestable, triomphant, sans trouble, sans brume, sans nuage, au fond de son cerveau, chambre noire, l'éblouissant spectre solaire de l'idéal apparaît ; et voilà cet homme qui a un autre cœur. »

(*William Shakespeare,* « Utilité du beau »)

Un nouveau romantisme de combat.
« Sacrifie à "la canaille", ô poète ! [...] la canaille, c'est le commencement douloureux du peuple » (William Shakespeare).

À la *Confession d'un enfant du siècle* de Musset, évoquée au deuxième chapitre, il est fructueux de pouvoir confronter la version hugolienne de l'« admirable fortune » des écrivains du dix-neuvième siècle, conçue dans le nouveau contexte de l'exil et insérée dans *William Shakespeare* :

« Les écrivains et les poètes du dix-neuvième siècle ont cette admirable fortune de sortir d'une genèse, d'arriver après une fin de monde, d'accompagner une réapparition de lumière, d'être les organes d'un recommencement. Ceci leur impose des devoirs inconnus à leurs devanciers, des devoirs de réformateurs intentionnels et de civilisateurs directs. Ils ne continuent rien ; ils refont tout. À temps nouveaux, devoirs nouveaux. La fonction des penseurs aujourd'hui est complexe : penser ne suffit plus, il faut aimer ; penser et aimer ne suffit plus, il faut agir ; penser, aimer et agir ne suffit plus, il faut agir ; penser, aimer et agir ne suffit plus, il faut souffrir. Posez la plume, et allez où vous entendez de la mitraille ; voici une barricade ; soyez-en. Voici l'exil ; acceptez. »

Hugo livre donc la conception qui sous-tend ses œuvres romanesques les plus admirables, dont *Les Misérables*, *L'homme qui rit*, *Les Travailleurs de la mer*, et plus tard *Quatrevingt-Treize*. Mais il en approfondit la formulation en esquissant l'idée d'un art populaire, qui ne serait plus l'apanage d'une élite restreinte, fondé sur des complicités langagières et des conventions. Il refuse le mépris, très aristocratique, de l'utile.

Un nouveau romantisme, propre à Hugo, se confirme et se précise, qui prend à certains égards le contre-pied du premier. D'abord, il ne s'agit plus de croire que l'idéal est derrière nous et de se confiner en conséquence dans une mélancolie stérile ou réactionnaire. L'idéal est devant, dans un progrès général de l'Humanité vers le mieux-être et la justice. Ensuite, l'art doit non seulement s'adresser au peuple, mais devenir son porte-voix. Le sublime vient d'en bas, car c'est dans l'obscure condition des « misérables » que les potentialités de l'humanité sont le plus évidemment étouffées et réprimées. L'art doit s'en ressentir, qui fera droit aux langages refoulés, aux représentations oubliées, autant qu'aux aspirations sociales méconnues. *Les Misérables* accueillent cette révolution au sein du romantisme, en y introduisant l'idéal d'un réalisme sans tabou. Cette fusion militante entre réalisme et romantisme, Hugo en donne une formule radicale : « Le roman, tel que je le comprends, tel que je tâche de le faire, est d'un côté Drame et de l'autre Histoire » (Lettre au directeur du *Daily Telegraph* de Londres, 26 avril 1869).

Gavroche, nouveau héros romantique, répond à Hernani et à Ruy Blas. Un point commun cependant les réunit : Hernani est un proscrit, Ruy Blas un domestique promu par l'amour d'une reine et Gavroche un gamin de Paris fils de misérables, « petite grande âme » de la révolution. Changement de discours et aussi de protagonistes, de contextes dramatiques et de références sociales. Pour Hugo, la critique du monde moderne, sélective, ne relève pas de la nostalgie aristocratique, mais d'une sorte de mémoire des oubliés et des exclus. Si nostalgie il doit y avoir, c'est celle des possibilités humaines bafouées. Par ce biais, Hugo retrouve une sorte de problématique du droit naturel et la conscience romantique devient la vigilance du penseur qu'inquiète et obsède l'injustice faite à l'humanité de l'homme, ici et ailleurs, partout et toujours, du moins jusqu'à maintenant. Le poète se fait citoyen par son art même, et citoyen-patriote de l'humanité. Il est dans le cercle – commun des hommes, aux antipodes de tout enfermement élitiste :

« Prenez garde, vous qui tracez de ces cercles autour du poëte, vous le mettez hors de l'homme. Que le poète soit hors de l'homme par un côté, par les ailes, par le vol immense, par la brusque disparition possible dans les profondeurs, cela est bien, cela doit être, mais à la condition de la réapparition. Qu'il parte, mais qu'il revienne. Qu'il ait des ailes pour l'infini, mais qu'il ait des pieds pour la terre, et qu'après l'avoir vu voler, on le voie marcher. Qu'il rentre dans l'homme après en être sorti. Qu'après l'avoir vu archange, on le retrouve frère. Que l'étoile qui est dans cet œil pleure une larme, et que cette larme soit la larme humaine. Ainsi humain et surhumain, ce sera le poëte. Mais être tout à fait hors de l'homme, c'est ne pas être. Montre-moi ton pied, génie, et voyons si tu as comme moi au talon de la poussière terrestre.

Si tu n'as pas de cette poussière, si tu n'as jamais marché dans mon sentier, tu ne me connais pas et je ne te connais pas. Va-t'en. Tu te crois un ange, tu n'es qu'un oiseau. »

(*William Shakespeare,* III)

De cette version sociale et révolutionnaire du romantisme, il faut rapprocher une sorte de manifeste politique conçu par le grand solitaire-solidaire. À l'écoute des misères du monde, le poète esquisse le programme de ses idéaux et sa générosité pour les défendre ne se démentira pas.

De l'exil comme nouvelle figure du combat politique

« Et s'il n'en reste qu'un, je serai celui-là. »

Qui ne dit mot consent. Hugo a parlé, haut et fort, jusqu'à l'extrême limite de la résistance. Proscrit résolu, il continue le combat, car il s'agit de principes, et non d'hommes, toujours pris dans des rapports de forces fluctuants. « La mort sur la barricade, ou la tombe dans l'exil, c'est, pour le dévouement, un en-cas acceptable » (*Les Misérables,* V, I, XX). Il ne se rallie pas, car sa personne est plus qu'elle-même : elle témoigne pour l'irréductibilité du droit. Et sa colère est celle du droit. Il y a une symbolique de l'exil. L'homme blessé est mis à nu, et c'est le droit qui souffre ainsi. Hugo décrit ce moment où le droit, par la proscription, s'expose dans sa nudité :

« L'exil, c'est la nudité du droit. Rien de plus terrible. Pour qui ? Pour celui qui subit l'exil ? Non, pour celui qui l'inflige. Le supplice se retourne et mord le bourreau.

Un rêveur qui se promène seul sur une grève, un désert autour d'un songeur, une tête vieillie et tranquille autour de laquelle tournent des oiseaux de tempête, étonnés, l'assiduité d'un philosophe au lever rassurant du matin, Dieu pris à témoin de temps en temps en présence des rochers et des arbres, un roseau qui non seulement pense, mais médite, des cheveux qui de noirs deviennent gris et de gris deviennent blancs dans la solitude, un homme qui se sent de plus en plus devenir une ombre, le long passage des années sur celui qui est absent, mais qui n'est pas mort, la gravité de ce déshérité, la nostalgie de cet innocent, rien de plus redoutable pour les malfaiteurs couronnés. [...]

Un homme tellement ruiné qu'il n'a plus que son honneur, tellement dépouillé qu'il n'a plus que sa conscience, tellement isolé qu'il n'a plus près de lui que l'équité, tellement renié qu'il n'a plus avec lui que la vérité, tellement jeté aux ténèbres qu'il ne lui reste plus que le soleil, voilà ce que c'est qu'un proscrit. »

(*Ce que c'est que l'exil*, II)

Face au déni de justice, à l'assassinat de la République et de tout état de droit, la protestation doit être constante. Les textes politiques, en prose et en vers, de Victor Hugo vont passer en France sous le manteau. Là, ils tiennent en haleine les nouvelles autorités impériales, et contribuent à la survie d'une opposition démocratique.

« Ah quelqu'un parlera. La muse, c'est l'histoire.
Quelqu'un élèvera la voix dans la nuit noire,
Riez, bourreaux bouffons ! »

(Les Châtiments)

À l'heure où la France s'installe dans l'Empire, plébiscité en novembre 1852, et où certaines défections de proscrits répondent aux premiers succès apparents de Napoléon III, un poème célèbre dit avec force la résolution intraitable de l'écrivain. À la conscience assoupie s'oppose la fameuse « colère du droit », qui ne désarmera pas devant la légalité suspecte que se forge le pouvoir sorti du coup de force. C'est le poème « *Ultima verba* », symboliquement daté du 2 décembre 1852, date anniversaire du coup d'État :

« Tant qu'il se vautrera, broyant dans ses mâchoires
Le serment, la vertu, l'honneur religieux,
Ivre, affreux, vomissant sa honte sur nos gloires ;
Tant qu'on verra cela sous le soleil des cieux ;
Quand même grandirait l'abjection publique
À ce point d'adorer l'exécrable trompeur ;
Quand même l'Angleterre et même l'Amérique
Diraient à l'exilé : – Va-t'en, nous avons peur !
Quand même nous serions comme la feuille morte ;
Quand, pour plaire à César, on nous renierait tous ;
Quand le proscrit devrait s'enfuir de porte en porte,
Aux hommes déchiré comme un haillon aux clous [...]
Je resterai proscrit, voulant rester debout.
J'accepte l'âpre exil, n'eût-il ni fin ni terme,
Sans chercher à savoir et sans considérer
Si quelqu'un a plié qu'on aurait cru plus ferme,
Et si plusieurs s'en vont qui devraient demeurer.
Si l'on n'est plus que mille, eh bien, j'en suis ! Si même
Ils ne sont plus que cent, je brave encor Sylla ;
S'il en demeure dix, je serai le dixième ;
Et s'il n'en reste qu'un, je serai celui-là ! »

(*Les Châtiments*, livre VII, XVII)

Hugo aide comme il peut les exilés moins fortunés que lui. Il héberge longuement un proscrit ruiné, Esler. Sollicité pour dire quelques mots lors des enterrements de ceux qui meurent sans avoir revu la France, il prononce des discours bouleversants : l'homme et le proscrit font un, qui témoignent d'une solidarité toujours disponible, étendue désormais à toute l'humanité. Ainsi de ce discours sur la tombe de Jean Bousquet, le 20 avril 1853, et qui se termine ainsi : « Opprimés de toutes les nations, offrez vos plaies ; Polonais, offrez vos misères ; Hongrois, offrez votre gibet ; Italiens, offrez votre croix ; héroïques déportés de Cayenne et d'Afrique, nos frères, offrez votre chaîne ; proscrits, offrez votre proscription, et toi, martyr, offre ta mort à la liberté du genre humain. » Bientôt toutes les allocutions de Victor Hugo se termineront par la même exclamation : « Vive la République universelle ! »

Et toujours, la perspective d'un progrès qui comblerait les aspirations des plus démunis. À preuve, ce rappel des « utopies abominables » dont Napoléon III prétendait préserver les Français :

> « Il fallait bien sauver la société. De qui ? de vous. De quoi ne la menaciez-vous pas ? Plus de guerre, plus d'échafaud, l'abolition de la peine de mort, l'enseignement gratuit et obligatoire, tout le monde sachant lire ! C'était affreux. Et que d'utopies abominables ! la femme de mineure faite majeure, cette moitié du genre humain admise au suffrage universel, le mariage libéré par le divorce ; l'enfant pauvre instruit comme l'enfant riche, l'égalité résultant de l'éducation ; l'impôt diminué d'abord et supprimé enfin par la destruction des parasitismes, par la mise en location des édifices nationaux, par l'égout transformé en engrais, par la répartition des biens communaux, par le défrichement des jachères, par l'exploitation de la plus-value sociale ; la vie à bon marché par l'empoissonnement des fleuves ; plus de classes, plus de frontières, plus de ligatures, la république d'Europe, l'unité monétaire continentale, la circulation décuplée décuplant la richesse ; que de folies ! il fallait bien se garer de tout cela ! […] – Vous lui résistez ; nous vous déchirons ; nous écrivons sur vous des choses quelconques. Nous savons bien que ce que nous disons n'est pas vrai, mais nous protégeons la société, et la calomnie qui protège la société est d'utilité publique. Puisque la magistrature est avec le coup d'État, la justice y est aussi ; puisque le clergé est avec le coup d'État, la religion y est aussi ; la religion et la justice sont des figures immaculées et saintes ; la calomnie qui leur est utile participe de l'honneur qu'on leur doit ; c'est une fille publique, soit, mais elle sert des vierges. Respectez-la. »
>
> (*Actes et Paroles*, II, *Ce que c'est que l'exil*, IV)

La construction d'une lucidité accrue pour comprendre les événements survenus peu de temps auparavant requiert une réflexion sur les manœuvres politiques. Hugo se penche sur Machiavel. Il voit en lui, comme Rousseau l'avait déjà indiqué, le grand démystificateur des roueries des princes, celui qui, en explicitant les mécanismes de la conquête du pouvoir et de sa conservation, vend en quelque sorte la mèche. « En feignant de donner des leçons aux princes, Machiavel a écrit le grand livre des républicains » (Rousseau, *Du contrat social*). L'expérience terrible du coup d'État appelle une pénétration de l'analyse critique dans les arcanes des manœuvres. La tâche d'élucidation généalogique, que le poète a largement engagée sur le plan social, doit s'appliquer aussi à la pratique politique, faiseuse d'illusions. Un homme de principes, entier comme Victor Hugo, n'était pas sur ce plan suffisamment affranchi, ni averti. Il l'est un peu plus désormais. D'où son hommage à l'auteur du *Prince.*

« Machiavel jetait sur le peuple un regard étrange. Combler la mesure, faire déborder le vase, exagérer l'horreur du fait du prince, accroître l'écrasement pour révolter l'opprimé, faire rejaillir l'idolâtrie en exécration, pousser les masses à bout, telle semble être sa politique. Son oui signifie non. Il charge le despote de despotisme pour le faire éclater. Le tyran devient dans ses mains un hideux projectile qui se brisera. Machiavel conspire. Pour qui ? Contre qui ? Devinez. Son apothéose des rois est bonne à faire des régicides. Il met sur la tête de son Prince un diadème de crimes, une tiare de vices, une auréole de turpitudes, et vous invite à adorer son monstre, de l'air dont on attend un vengeur. Il glorifie le mal en louchant vers l'ombre. [...] Conclusion de ceci : Faites lire au peuple Machiavel, et faites-lui lire Voltaire.

Machiavel lui inspirera l'horreur, et Voltaire le mépris, du crime couronné. »

(*William Shakespeare,* II, VI)

Le mépris pour le futur empereur, qui finalement a trompé son monde pour étrangler la république par surprise, ne se démentira pas. Même après la défaite de Sedan, en août 1870, près de vingt ans après, le verbe polémique demeure terrible :

« Cet homme étant le crime, il était nécessaire
Que tout le misérable eût toute la misère,
Et qu'il eût à jamais le deuil pour piédestal ;
Il fallait que la fin de cet escroc fatal
Par qui le guet-apens jusqu'à l'empire monte
Fût telle que la boue elle-même en eût honte,
Et que César, flairé des chiens avec dégoût,
Donnât, en y tombant, la nausée à l'égout. »

(« L'année terrible. Sedan »)

Les Châtiments. Le combat politique comme « clémence implacable »

« J'effaroucherai le bourgeois peut-être, qu'est-ce que cela me fait si je réveille le peuple ? » (Lettre à Hetzel du 6 février 1853).

Une lettre à son éditeur Hetzel donne bien le ton et l'intention de l'œuvre poétique et polémique par laquelle Victor Hugo flétrit Napoléon III. Cette œuvre, évidemment impossible à publier en France, le sera à Bruxelles en 1853. Sa première édition française devra attendre l'année 1870 et elle connaîtra un succès triomphal. Au retour de Victor Hugo, des poèmes entiers des *Châtiments* seront récités par les hommes venus l'accueillir. Dans la lettre à son éditeur, il tient à délimiter rigoureusement l'esprit et les limites de la polémique poético-politique. La notion de « clémence implacable » laisse la porte ouverte à une réconciliation future et annonce, au-delà, les luttes pour l'amnistie des Communards. Elle refuse de situer la lutte politique sur le terrain psychologique de la vengeance. Le premier titre envisagé pour le recueil, *Les Vengeresses*, a été abandonné.

Il n'y a pas si longtemps, le poète avait tout fait pour défendre, après les journées insurrectionnelles de Juin 1848, les victimes de la brutale répression conduite par Cavaignac. Constante des combats de Hugo, dont on verra qu'elle repose sur toute une philosophie de l'histoire et de l'aventure humaine. C'est cette même conception qui avait conduit le poète – ironie du sort ! – à soutenir, le 18 juin 1847, la suppression de la loi d'exil qui frappe Louis-Napoléon Bonaparte, à la Chambre des pairs.

> « Ce livre-ci sera violent. Ma poésie est honnête, mais pas modérée... J'effaroucherai le bourgeois peut-être, qu'est-ce que cela me fait si je réveille le peuple ? Enfin, n'oubliez pas ceci : je veux avoir un jour le droit d'arrêter les représailles, de me mettre en travers des vengeances, d'empêcher, s'il se peut, le sang de couler, et de sauver toutes les têtes, même celle de Louis Bonaparte. Or, ce serait un pauvre titre que des rimes modérées. Dès à présent, comme homme politique, je veux semer dans les cœurs, au milieu de mes paroles indignées, l'idée d'un châtiment autre que le carnage. Ayez mon but présent à l'esprit : clémence implacable. »
>
> (Marine Terrace, 6 février 1853)

Le bilan du coup d'État est dressé par Hugo, qui en tire la conclusion qu'en assumant volontairement son exil il témoigne et poursuit le combat. Un poème particulièrement émouvant traduit la violence aveugle de la répression consécutive au coup de force de Louis-Napoléon. Un enfant de sept ans, nommé Boursier, a été tué au cours d'une fusillade le 4 décembre 1851, deux jours après le coup d'État. Victor Hugo témoigne, en prose, dans l'*Histoire d'un crime*. Le même événement est rappelé dans le poème « Souvenir de la nuit du 4 », qui évoque la veillée funèbre à laquelle il a assisté :

« L'enfant avait reçu deux balles dans la tête.
Le logis était propre, humble, paisible, honnête ;
On voyait un rameau bénit sur un portrait.
Une vieille grand-mère était là qui pleurait.
Nous le déshabillions en silence. Sa bouche,
Pâle, s'ouvrait ; la mort noyait son œil farouche ;
Ses bras pendants semblaient demander des appuis.
Il avait dans sa poche une toupie en buis.
On pouvait mettre un doigt dans les trous de ses plaies.
Avez-vous vu saigner la mûre dans les haies ?
Son crâne était ouvert comme un bois qui se fend.
L'aïeule regarda déshabiller l'enfant,
Disant : – Comme il est blanc ! approchez donc la lampe.
Dieu ! ses pauvres cheveux sont collés sur sa tempe ! –
Et quand ce fut fini, le prit sur ses genoux.
La nuit était lugubre ; on entendait des coups
De fusil dans la rue où l'on en tuait d'autres. [...]
Nous nous taisions, debout et graves, chapeau bas,
Tremblant devant ce deuil qu'on ne console pas.
Vous ne compreniez point, mère, la politique.
Monsieur Napoléon, c'est son nom authentique,
Est pauvre, et même prince ; il aime les palais ;
Il lui convient d'avoir des chevaux, des valets,
De l'argent pour son jeu, sa table, son alcôve,
Ses chasses ; par la même occasion, il sauve
La famille, l'Église et la société ;
Il veut avoir Saint-Cloud, plein de roses l'été,
Où viendront l'adorer les préfets et les maires ;
C'est pour cela qu'il faut que les vieilles grand-mères,
De leurs pauvres doigts gris que fait trembler le temps,
Cousent dans le linceul des enfants de sept ans. »

(*Les Châtiments*, livre II, III)

En regard de ce rappel pathétique, l'allégorie du châtiment aussi intraitable qu'invisible : celui de la conscience, œil intérieur dont nul ne réchappe. « Sait-on pourquoi Napoléon est tombé ? C'est parce que la justice, debout dans l'ombre, le regardait. » Hugo, dans *La Légende des siècles*, choisira la médiation biblique pour la restituer. Caïn, meurtrier de son frère Abel, c'est le despote, fratricide en ce que son coup d'État est une voie de fait contre la fraternité républicaine. Il écrira le fameux poème « La Conscience », daté de janvier 1853.

***Les Contemplations.* Mémoires d'une âme.**
« Ah ! Insensé, qui crois que je ne suis pas toi ! » (*Préface des* Contemplations).

Pour donner à l'engagement hugolien toute sa profondeur sensible, il faut relire la préface des *Contemplations.* Si *Les Châtiments* exhibent la nudité du droit dans la conscience blessée qui se fait implacable, si *Les Misérables* développent, selon une formule de Hugo, le « poème de la conscience humaine » (I, VII, 3) et disent le « drame » de l'histoire, *Les Contemplations* lient le tourment individuel et les souffrances collectives. Nul lecteur dès lors ne peut se sentir étranger à cette poésie où tourne le kaléidoscope de la condition humaine. Hugo invite son lecteur à cette tristesse parlée qui lui parle en fin de compte de lui-même :

> « Une destinée est écrite là jour à jour.
>
> Est-ce donc la vie d'un homme ? Oui, et la vie des autres hommes aussi. Nul de nous n'a l'honneur d'avoir une vie qui soit à lui. Ma vie est la vôtre, votre vie est la mienne, vous vivez ce que je vis ; la destinée est une. Prenez donc ce miroir, et regardez-vous-y. On se plaint quelquefois des écrivains qui disent moi. Parlez-nous de nous, leur crie-t-on. Hélas ! quand je vous parle de moi, je vous parle de vous. Comment ne le sentez-vous pas ? Ah ! insensé, qui crois que je ne suis pas toi !
>
> Ce livre contient, nous le répétons, autant l'individualité du lecteur que celle de l'auteur. *Homo sum.* Traverser le tumulte, la rumeur, le rêve, la lutte, le plaisir, le travail, la douleur, le silence ; se reposer dans le sacrifice, et, là, contempler Dieu ; commencer à Foule et finir à Solitude, n'est-ce pas, les proportions individuelles réservées, l'histoire de tous ?
>
> On ne s'étonnera donc pas de voir, nuance à nuance, ces deux volumes s'assombrir pour arriver, cependant, à l'azur d'une vie meilleure. La joie, cette fleur rapide de la jeunesse, s'effeuille page à page dans le tome premier, qui est l'espérance, et disparaît dans le tome second, qui est le deuil. Quel deuil ? Le vrai, l'unique : la mort ; la perte des êtres chers.
>
> Nous venons de le dire, c'est une âme qui se raconte dans ces deux volumes. Autrefois, Aujourd'hui. Un abîme les sépare, le tombeau.
>
> Préface des *Contemplations*, Guernesey, mars 1856

« Mémoires d'une âme ». Aussitôt revient cette idée que la souffrance d'un homme est aussi celle des autres, comme celle des autres est la sienne propre. La mort de Léopoldine, pivot du livre, tend la conscience du poète entre le drame personnel et l'écho des luttes politiques. L'évocation de la misère humaine conduit le poète à faire figurer dans le même recueil – et ce n'est pas le moins émouvant – l'émotion devant la misère des enfants exploités et le désarroi personnel devant la mort d'un être cher. Ainsi, « Melancholia » réunit quelques-unes des grandes détresses sociales au cours d'un plaidoyer qui incite à briser les consensus pudiques de la bonne conscience : le travail des enfants, la condamnation au bagne pour le vol d'un pain, une femme réduite à la prostitution par la misère. Valjean et Fantine ne sont pas loin.

Le bonheur d'autrefois montrait les promesses de la vie, en voie de réalisation. La détresse de la mort en deuxième personne rappelle soudain ce qui attend tout homme. Les souffrances décrites dans « Melancholia » vont de l'enfant exploité qui ne sait plus rire (« Où vont tous ces enfants dont pas un seul ne rit ? ») à l'homme accablé par son travail (« Tu casses des cailloux, vieillard sur le chemin »). L'individu rejoint ici le genre humain par une sorte d'universalisation lyrique du sentiment, la tendresse des êtres irradiant sur les choses.

Un poème de 1846, « Trois ans après », évoque la tentation du repli, après le deuil. Pathétique et silencieuse protestation du poète devant le rappel au devoir d'humanité. Mais pour montrer qu'il n'entend pas s'y soustraire, il en décline les exigences :

« Vous qui me parlez, vous me dites
Qu'il faut, rappelant ma raison,
Guider les foules décrépites
Vers les lueurs de l'horizon ;

Qu'à l'heure où les peuples se lèvent,
Tout penseur a un but profond ;
Qu'il se doit à tous ceux qui rêvent,
Qu'il se doit à tous ceux qui vont ;

Qu'une âme, qu'un feu pur anime,
Doit hâter, avec sa clarté,
L'épanouissement sublime
De la future humanité. »

Les Misérables. Le combat pour l'égalité

« Ce roman est dangereux : il fait trop craindre aux gens heureux, et trop espérer aux malheureux » (Lamartine).

L'anticonformisme de Hugo, le caractère « intempestif » de son art le conduisent toujours à rendre manifeste ce que la société du moment occulte ou transforme par la représentation qu'elle en impose. L'argot, la « canaille », les sentiments sublimes des plus démunis réapparaissent, sont exhumés des caves et des souterrains. L'orientation militante des œuvres de Victor Hugo va de pair avec sa conception de l'expression romanesque, telle qu'elle sera mise en œuvre dans *Les Misérables.* L'auteur s'en explique : « Ce livre a été composé du dedans vers le dehors. L'idée engendrant les personnages, les personnages produisant le drame, c'est là en effet la loi de l'art, et en mettant comme générateur, à la place de l'idée l'idéal, c'est-à-dire Dieu, on reconnaît que c'est la formation même de la nature » (Document préparatoire aux *Misérables*).

Le roman inverse donc la hiérarchie de la vie sociale. Au premier plan, désormais, les oubliés, les accablés. La tendresse du romantique pour le proscrit (Hernani) se transforme en solidarité avec la victime de l'ordre social. Fantine, condamnée au commerce partiel puis total de son corps (elle se prostitue après avoir vendu ses dents et ses cheveux), Valjean, bagnard et hors-la-loi, Gavroche, héros impertinent qui chante Rousseau et Voltaire en mourant crânement, disent l'épopée sourde et malgré tout pleine d'espoir des damnés de la Terre. L'art romanesque fait aux exclus la place qui leur revient à rebours de la bonne société et de la bonne conscience. Hugo s'en explique, en tournant le poète vers la « canaille » dont naguère il se méfiait :

> « Ces accablés se taisent ; ils ne savent rien, ils ne peuvent rien, ils ne demandent rien, ils ne pensent rien ; ils subissent. Ils ont faim et froid. On voit leur chair indécente par les trous des haillons ; qui fait ces haillons ? la pourpre. C'est la famine qui dore Versailles. Toute cette ombre vivante et mourante remue, ces larves agonisent, la mère manque de lait, le père manque de travail, les cerveaux manquent de lumière ; s'il y a là dans ce dénuement un livre, il ressemble à la cruche, tant ce qu'il offre à la soif des intelligences est insipide ou corrompu. Familles sinistres.
>
> Le groupe des petits est pâle. Tout cela expire et rampe, n'ayant pas même la force d'aimer ; et, à leur insu peut-être, tandis qu'ils se courbent et se résignent, de toutes ces inconsciences où le droit réside, du

sourd murmure de toutes ces malheureuses haleines mêlées, sort on ne sait quelle voix confuse, mystérieux brouillard du verbe, arrivant syllabe à syllabe dans l'obscurité à des prononciations de mots extraordinaires : Avenir, Humanité, Liberté, Égalité, Progrès. Et le poète écoute, et il entend ; et il regarde, et il voit ; et il se penche de plus en plus, et il pleure ; et tout à coup, grandissant d'un grandissement étrange, puisant dans toutes ces ténèbres sa propre transfiguration, il se redresse terrible et tendre au-dessus de tous les misérables, de ceux d'en haut comme de ceux d'en bas, avec des yeux éclatants.

Et il demande compte à grands cris. Et il dit : Voici l'effet ! Et il dit : Voici la cause ! [...] C'est à promulguer ces vérités que le poète est bon. Pour cela, il faut qu'il soit peuple ; pour cela, il faut qu'il soit populace ; c'est-à-dire qu'apportant le progrès il ne recule pas devant le coudoiement du fait, quelque difforme que le fait soit encore. La distance actuelle du réel à l'idéal ne peut être mesurée autrement. [...]

Sacrifie à « la canaille », ô poëte ! sacrifie à cette infortunée, à cette déshéritée, à cette vaincue, à cette vagabonde, à cette va-nu-pieds, à cette affamée, à cette répudiée, à cette désespérée, sacrifie-lui, s'il le faut et quand il le faut, ton repos, ta fortune, ta joie, ta patrie, ta liberté, ta vie. La canaille, c'est le genre humain dans la misère. La canaille, c'est le commencement douloureux du peuple. La canaille, c'est la grande victime des ténèbres. Sacrifie-lui ! sacrifie-toi ! »

(*William Shakespeare*, III)

Lamartine dira franchement à Hugo son hésitation à écrire sur *Les Misérables.* La cause est directement politique, au-delà de toute considération littéraire : « Je me suis senti retenu par l'opposition qui est entre nos idées, et nullement entre nos cœurs. J'ai craint de vous blesser en combattant trop vertement le socialisme égalitaire, création des systèmes contre nature. »

Hugo rattache désormais à la question sociale la lutte multiforme pour la liberté. Il affirme qu'un tel lien doit être assumé pour « donner au droit plus de base et d'ampleur ».

Les combats de l'internationaliste

« Du fond de ma solitude, j'assiste au supplice du genre humain » (Lettre à Gustave Flourens du 27 octobre 1867).

Avec l'exil commence une période où le combat pour la liberté s'internationalise, tandis que la préoccupation suscitée par les « misérables » se radicalise. Dans le sillage des malentendus qui ont laissé la République impuissante face aux menées démagogiques et autoritaristes, Hugo médite la complémentarité de l'égalité et de la liberté. Il reprend ainsi un thème central de la philosophie politique de Rousseau. L'auteur du *Contrat social* rappelait que sans l'égalité la liberté sombre vite (*Du contrat social*, livre II, chapitre 11). Cette préoccupation, relativement nouvelle, Hugo la cultive aussi bien dans sa poésie (que l'on songe notamment à « Melancholia », inséré dans *Les Contemplations*) que dans ses romans (*Les Misérables*, commencé avant l'exil, achevé pendant). Il ne s'agit évidemment pas d'adhérer à un égalitarisme niveleur, dont on peut se demander d'ailleurs s'il a jamais existé autrement que comme une fiction polémique.

L'honneur du poète est de faire appel du monde comme il va et de se porter vers les solutions d'avenir, celles que l'on peut imaginer en remontant aux principes et en mettant à l'épreuve les violences de l'histoire. La distance de l'exilé doit servir à cela. « Homme chimérique », le proscrit ne s'incline jamais devant la brutalité d'un fait que les puissants du jour consacrent comme normal. Le réalisme n'est le plus souvent que l'alibi du conformisme, consentement servile au dernier cri.

« Le proscrit est un homme chimérique. Soit. C'est un voyant aveugle ; voyant du côté de l'absolu, aveugle du côté du relatif. Il fait de bonne philosophie et de mauvaise politique. Si on l'écoutait, on irait aux abîmes. Ses conseils sont des conseils d'honnêteté et de perdition. Les principes lui donnent raison, mais les faits lui donnent tort.

Voyons les faits.

John Brown est vaincu à Harper's Ferry. Les hommes d'État disent : Pendez-le. Le proscrit dit : Respectez-le. On pend John Brown ; l'Union se disloque, la guerre du Sud éclate. John Brown épargné, c'était l'Amérique épargnée.

Au point de vue du fait, qui a eu raison, les hommes pratiques, ou l'homme chimérique ?

Deuxième fait : Maximilien est pris à Queretaro. Les hommes pratiques disent : Fusillez-le. L'homme chimérique dit : Graciez-le. On fusille Maximilien. Cela suffit pour rapetisser une chose immense. L'héroïque lutte du Mexique perd son suprême lustre, la clémence hautaine. Maximilien gracié, c'était le Mexique désormais inviolable, c'était cette nation, qui avait constaté son indépendance par la guerre, constatant par la civilisation sa souveraineté ; c'était, sur le front de ce peuple, après le casque, la couronne.

Cette fois encore, l'homme chimérique voyait juste.

Troisième fait : Isabelle est détrônée. Que va devenir l'Espagne ? république ou monarchie ? Sois monarchie ! disent les hommes d'État. Sois république ! dit le proscrit. L'homme chimérique n'est pas écouté, les hommes pratiques l'emportent ; l'Espagne se fait monarchie. Elle tombe d'Isabelle en Amédée, et d'Amédée en Alphonse, en attendant Carlos ; ceci ne regarde que l'Espagne. Mais voici qui regarde le monde : cette monarchie en quête d'un monarque donne prétexte à Hohenzollern ; de là l'embuscade de la Prusse, de là l'égorgement de la France, de là Sedan, de là la honte et la nuit.

Supposez l'Espagne république, nul prétexte à un guet-apens, aucun Hohenzollern possible, pas de catastrophes.

Donc le conseil du proscrit était sage.

Si par hasard on découvrait un jour cette chose étrange que la vérité n'est pas imbécile, que l'esprit de compassion et de délivrance a du bon, que l'homme fort c'est l'homme droit, et que c'est la raison qui a raison !

Aujourd'hui, au milieu des calamités, après la guerre étrangère, après la guerre civile, en présence des responsabilités encourues de deux côtés, le proscrit d'autrefois songe aux proscrits d'aujourd'hui, il se penche sur les exils, il a voulu sauver John Brown, il a voulu sauver Maximilien, il a voulu sauver la France, ce passé lui éclaire l'avenir, il voudrait fermer la plaie de la patrie et il demande l'amnistie.

Est-ce un aveugle ? est-ce un voyant ? »

(Ce que c'est que l'exil)

À vif, la conscience de l'écrivain se charge non de toute la misère du monde, mais de toutes les souffrances qu'il lui est donné de connaître et de secourir : secours aux autres proscrits, repas pour les enfants pauvres de Guernesey, lettres pour adjurer les autorités de ne pas appliquer une condamnation à mort, lettre de soutien aux insurgés qui luttent pour leur liberté, et tous les combats pour lesquels on se tourne vers le grand proscrit. « Si vous lisiez les lettres que je reçois, vous frémiriez. Toutes les souffrances du genre humain s'adressent à moi. [...] Je jette les pierres de mon désert dans le jardin des tyrans. [...] Jusqu'à mon dernier souffle, je lutterai pour les opprimés. Là où l'on pleure, mon âme sera là » (« À Gustave Flourens », 27 octobre 1867.

L'internationalisme du proscrit est cultivé dans une abondante correspondance. Sollicité contre la peine de mort par les abolitionnistes suisses et portugais, solidaire des patriotes mexicains et polonais, des républicains espagnols et italiens, militant infatigable de l'amitié entre les peuples et de la paix, de l'émancipation laïque et sociale dans le monde entier,

Hugo ne ménage pas ses efforts. Il stigmatise les deux tyrans du jour, Nicolas et Napoléon, qui se lancent dans une guerre terrible pour asseoir, avec leur puissance, leurs papes respectifs. Il lutte contre l'esclavage et se solidarise de John Brown. Il poursuit la dénonciation de l'obscurantisme religieux et il s'en prend notamment au pape Pie IX, auteur du *Syllabus* réactionnaire de 1864. Il soutient Garibaldi dans sa lutte pour l'émancipation du peuple italien et Cuba dans sa libération du joug espagnol. Partout, il met son nom et son prestige au service des droits de l'homme et de la liberté. Enfin, il dénonce de plus en plus nettement le sort fait aux ouvriers par le capitalisme montant. Et cela parallèlement à un travail de création littéraire sans précédent, nourri des mêmes préoccupations. Deux formes complémentaires des mêmes combats.

La portée du combat de Victor Hugo contre toutes les formes de servitude, une lettre à l'éditeur italien des *Misérables*, Daelli, l'exprime de façon saisissante :

Hauteville-House, le 18 octobre 1862.

« Vous avez raison, monsieur, quand vous me dites que le livre *Les Misérables* est écrit pour tous les peuples. Je ne sais s'il sera lu par tous, mais je l'ai écrit pour tous. […] Partout où l'homme ignore et désespère, partout où la femme se vend pour du pain, partout où l'enfant souffre faute d'un livre qui l'enseigne et d'un foyer qui le réchauffe, le livre *Les Misérables* frappe à la porte et dit : Ouvrez-moi, je viens pour vous.

À l'heure, si sombre encore, de la civilisation où nous sommes, le misérable s'appelle L'HOMME ; il agonise sous tous les climats, et il gémit dans toutes les langues.

Votre Italie n'est pas plus exempte du mal que notre France. Votre admirable Italie a sur la face toutes les misères. […]

Vous avez comme nous des préjugés, des superstitions, des tyrannies, des fanatismes, des lois aveugles prêtant main-forte à des mœurs ignorantes. Vous ne goûtez rien du présent ni de l'avenir sans qu'il s'y mêle un arrière-goût du passé. Vous avez un barbare, le moine, et un sauvage, le lazzarone. La question sociale est la même pour vous comme pour nous. On meurt un peu moins de faim chez vous, et un peu plus de fièvre ; votre hygiène sociale n'est pas beaucoup meilleure que la nôtre ; les ténèbres, protestantes en Angleterre, sont catholiques en Italie ; mais, sous des noms différents, le *vescovo* [évêque] est identique au *bishop*, et c'est toujours là de la nuit, et à peu près de même qualité. Mal expliquer la Bible ou mal comprendre l'Évangile, cela se vaut. […]

Quant à moi, j'ai écrit pour tous, avec un profond amour pour mon pays, mais sans me préoccuper de la France plus que d'un autre peuple.

À mesure que j'avance dans la vie je me simplifie, et je deviens de plus en plus patriote de l'humanité.

Ceci est d'ailleurs la tendance de notre temps et la loi de rayonnement de la révolution française ; les livres, pour répondre à l'élargissement croissant de la civilisation, doivent cesser d'être exclusivement français, italiens, allemands, espagnols, anglais, et devenir européens ; je dis plus, humains. »

Chapitre sept

De la nation France aux États-Unis d'Europe

Le fantôme de Napoléon

« Bonaparte consul m'était plus sympathique que Napoléon empereur » (Lettre de Sainte-Beuve à Hugo, 28 février 1830).

Quel sphinx que Victor Hugo ! Ses hagiographes sous la Troisième République en ont fait un poète national, voire nationaliste. N'aurait-il pas été le chantre de la revanche sur l'Allemagne après le désastreux traité de Francfort de 1871, le champion du retour de l'Alsace et de la Lorraine à la mère patrie, voire du retour à la France de la rive gauche du Rhin que prônera également en 1914 l'historien Lavisse. Moins d'un siècle plus tard, les pères de la construction européenne, chrétiens-démocrates comme socialistes, Schumann comme Mitterrand, voulaient voir en lui le grand-père de l'Europe, le pionnier des États-Unis d'Europe. Hugo déjoue par avance ces interprétations unilatérales et réductrices : à l'étudiant allemand Robert Poélher de Münster qui compare la poésie de Béranger et la sienne, il répond, le 30 avril 1867, que « Béranger a voulu être un poète national ; j'ai tâché d'être un poète humain. Voilà la différence que j'entrevois. Pour moi, l'idée Nation se dissout dans l'idée Humanité. Aussi vois-je avec exécration l'infâme guerre qui s'apprête, un Allemand n'étant pas moins mon frère qu'un Français. » Comment peut-il exprimer un égal amour pour la France et l'Europe ? En quoi l'exaltation de la grandeur française est-elle compatible à ses yeux avec la perspective de l'union des peuples européens ? Par quelles médiations le garde national français peut-il devenir le « patriote de l'humanité » ?

Le 14 septembre 1824, la *Muse française* publie un poème intitulé *À mon père*. Le poète monarchiste Victor Hugo y fait l'éloge de ce Léopold, républicain devenu général d'Empire et ami du roi Joseph, le frère de Napoléon. L'hommage est appuyé et passe comme un rêve de gloire militaire :

« Va, tes fils sont contents de ton noble héritage. [...]
Je rêve quelquefois que je saisis ton glaive
Ô mon père ! et je vais dans l'ardeur qui m'enlève,
Suivre au pays du Cid nos glorieux soldats. »

Les circonstances se prêtent à une réconciliation nationale. La France est engagée en Espagne dans une intervention militaire contre les libéraux pour rétablir le roi Ferdinand VII. Solidarité familiale entre Bourbons ? Simple application de la politique de la Sainte Alliance conçue par la Russie et l'Autriche contre la « révolution satanique » ? Chateaubriand, ministre des Affaires étrangères et mentor de Hugo, y voit plutôt l'occasion d'émanciper la France humiliée après Waterloo, de restaurer ses forces armées et de recouvrer son indépendance. La « réconciliation complète des Français » passerait par l'amalgame des gloires militaires républicaines, impériales et monarchistes. Le royaliste Hugo se réconcilie ainsi avec son républicain de père en sacrifiant sur l'autel de la France éternelle.

Mais, après 1823, les souvenirs de la Révolution et de l'Empire obsèdent la jeunesse lettrée qui en dévore les premières histoires sous les plumes de Thiers et de Mignet. Le fantôme de Napoléon Bonaparte se met à hanter les écrits de Victor Hugo. Le poème « Les deux îles », écrit en 1826, est une méditation sur le destin de ce « titan » Bonaparte, né dans l'âpre Corse, révolté contre les dieux, devenu Napoléon et maître de l'Europe avant d'être vaincu par les rois coalisés, enchaîné sur le terrible rocher de Sainte-Hélène comme un moderne Prométhée. Il suffit d'un incident diplomatique pour que l'honneur national soit outragé. Quand, en 1827, l'ambassadeur d'Autriche humilie quatre maréchaux français pourtant ralliés aux Bourbons en ne reconnaissant pas leurs titres de ducs conférés par Napoléon, l'union sacrée rassemble libéraux et monarchiens. Hugo écrit alors la vengeresse « Ode à la colonne de la place Vendôme », cette colonne fondue avec le bronze des canons pris à la Prusse et à l'Autriche.

« Colonne, d'où si haut parle la renommée ! […]
Contre une injure, ici, tout s'unit, tout se lève,
Tout s'arme, et la Vendée aiguisera son glaive
Sur la pierre de Waterloo. »

Si l'on en croit le *Victor Hugo raconté* par sa femme, l'affront du chancelier autrichien Metternich lui aurait fait sentir qu'il n'était plus seulement ce fils d'une mère « vendéenne », mais qu'il était pleinement Français, parce que la France était au-dessus des « partis » et qu'il ne rejetait rien de son histoire, pas plus la grandeur des rois que la gloire de l'Empire. Il lui restera certes à faire l'examen de la Révolution. En 1875, l'auteur d'*Actes et paroles* confirmera cette interprétation.

Dans l'immédiat, Hugo poursuit son rêve littéraire et politique en écrivant son *Cromwell*, publié le 5 décembre 1827. Hubert Juin note judicieusement que « Cromwell est un masque. Le masque de qui ? De Bonaparte « né de l'hydre régicide ». Dans sa célèbre préface, Hugo explique sa démarche. « Olivier Cromwell est du nombre de ces personnages de l'histoire qui sont tout ensemble très célèbres et très mal connus. La plupart de ses biographes ont laissé incomplète cette grande figure. Il semble qu'ils n'aient pas osé réunir tous les traits de ce bizarre et colossal prototype de la réforme religieuse, de la réforme politique d'Angleterre. […] Comme tout le monde, l'auteur de ce livre s'en tenait là. […] C'est en furetant la chronique, ce qu'il fit avec amour, qu'il fut frappé de voir se dérouler peu à peu devant ses yeux un Cromwell tout nouveau. Ce n'était plus seulement le Cromwell militaire, le Cromwell politique de Bossuet ; c'était un être hétérogène, complexe, multiple, composé de tous les contraires, mêlé de beaucoup de mal et de beaucoup de bien, plein de génie et de petitesse, tyran de l'Europe et jouet de sa famille ; vieux régicide, humiliant les ambassadeurs de tous les rois, torturé par sa jeune fille royaliste. » Après une accumulation d'antithèses, Hugo conclut « enfin un de ces hommes *carrés par la base*, comme les appelait Napoléon, *le type et le chef de tous ces hommes complets*, dans sa langue exacte comme l'algèbre, colorée comme la poésie ». Victor Hugo a lu et médité *Le Mémorial de Sainte-Hélène*. Pour lui, Napoléon est déjà cet « être prodigieux qui, voulant tout tenir dans sa main, mit l'Empire dans Paris, comme il mettait l'Europe dans l'Empire » (31 décembre 1826).

Après avoir rusé avec la censure sous Charles X, Hugo peut plus librement exprimer son bonapartisme sous la monarchie de Juillet : l'orgueil national est seulement tempéré par la critique libérale, chez lui comme chez Thiers. Mais, comme Béranger, le chantre de la légende impériale, Hugo est sensible au patriotisme du peuple qui exalte Napoléon pour mieux dénigrer Louis-Philippe. Relatant sur place, le 15 décembre 1840, le retour de ses cendres, il résume : « Ainsi trois accueils différents ont été faits à l'empereur. il a été reçu par le peuple aux Champs-Élysées, pieusement ; par les bourgeois sur les estrades de l'Esplanade, froidement ; par les députés sous le dôme des Invalides, insolemment. [...] Il est vrai que toute cette cérémonie a eu un singulier caractère d'escamotage. Le gouvernement semblait avoir peur du fantôme qu'il évoquait. On a laissé dans l'ombre tout ce qui eût été trop grand ou trop touchant. »

Napoléon et l'Europe française

« Napoléon a continué la tradition nationale » (Discours de réception à l'Académie française, 2 juin 1841).

Voilà pourquoi Hugo, dès la première partie de son discours de réception à l'Académie française, le 2 juin 1841, exalte la gloire de Napoléon, cet homme providentiel. Pétri de lectures historiques, il n'hésite pas à heurter son auditoire en rappelant la triple légitimité de l'empereur, enfant génial de la Révolution, élu de son peuple (c'est bien discutable !) et couronné par le pape. Sa gloire est d'avoir agrandi la France sur cent trente départements, d'avoir effacé les Alpes comme Charlemagne et les Pyrénées comme Louis XIV. Sa grandeur est d'avoir remodelé l'Europe en soumettant tous les monarques à l'hégémonie française. Son honneur est aussi, même si Hugo sous-estime encore cet aspect, d'avoir été un rédacteur de codes, un bâtisseur de routes, un zélateur des sciences et des arts, au nom de la raison et du progrès.

« Messieurs,

Au commencement de ce siècle, la France était pour les nations un magnifique spectacle. Un homme la remplissait alors et la faisait si grande qu'elle remplissait l'Europe. Cet homme, sorti de l'ombre, fils d'un pauvre gentilhomme corse, produit de deux républiques, par sa famille de la république de Florence, par lui-même de la république française, était arrivé en peu d'années à la plus haute royauté qui jamais peut-être ait étonné l'histoire. Il était prince par le génie, par la destinée, et par les actions. Tout en lui indiquait le possesseur légitime d'un pouvoir providentiel. Il avait eu pour lui les trois conditions suprêmes, l'événement, l'acclamation et la consécration. Une révolution l'avait enfanté, un peuple l'avait choisi, un pape l'avait couronné. Des rois et des généraux, marqués eux-mêmes par la fatalité, avaient reconnu en lui, avec l'instinct que leur donnait leur sombre et mystérieux avenir, l'élu du destin. [...] Sa renommée militaire était immense, ses conquêtes étaient colossales.

Chaque année il reculait les frontières de son empire au-delà même des limites majestueuses et nécessaires que Dieu a données à la France. Il avait effacé les Alpes comme Charlemagne, et les Pyrénées comme Louis XIV ; il avait passé le Rhin comme César, et il avait failli franchir la Manche comme Guillaume le Conquérant. Sous cet homme, la France avait cent trente départements ; d'un côté elle touchait aux bouches de l'Elbe, de l'autre elle atteignait le Tibre. Il était le souverain de quarante-quatre millions de Français et le protecteur de cent millions d'Européens. Dans la composition hardie de ses frontières, il avait employé comme matériaux deux grands-duchés souverains, la Savoie et la Toscane, et cinq anciennes républiques. Gênes, les États romains, les États vénitiens, le Valais et les Provinces-Unies. Il avait construit son État au centre de l'Europe comme une citadelle, lui donnant pour bastions et pour ouvrages avancés dix monarchies qu'il avait fait entrer à la fois dans son empire et dans sa famille. [...] Tout dans cet homme était démesuré et splendide. Il était au-dessus de l'Europe comme une vision extraordinaire. Une fois on le vit au milieu de quatorze personnes souveraines, sacrées et couronnées, assis entre le césar et le czar sur un fauteuil plus élevé que le leur. Un jour il donna à Talma le spectacle d'un parterre de rois. [...] Il était compris, grondé et adoré de ses soldats, vieux grenadiers familiers avec leur empereur et avec la mort. Le lendemain des batailles, il avait avec eux de ces grands dialogues qui commentent superbement les grandes actions et qui transforment l'histoire en épopée. Il entrait dans sa puissance comme dans sa majesté quelque chose de simple, de brusque et de formidable. Il n'avait pas, comme les empereurs d'Orient, le doge de Venise pour grand échanson, ou, comme les empereurs d'Allemagne, le duc de Bavière pour grand écuyer ; mais il lui arrivait parfois de mettre aux arrêts le roi qui commandait sa cavalerie. Entre deux guerres, il creusait des canaux, il perçait des routes, il dotait des théâtres, il enrichissait des académies, il provoquait des découvertes, il fondait des monuments grandioses, ou bien il rédigeait des codes dans un salon des Tuileries, et il querellait ses conseillers d'État jusqu'à ce qu'il eût réussi à substituer, dans quelque texte de loi, aux routines de la procédure, la raison suprême et naïve du génie. Enfin, dernier trait qui complète à mon sens la configuration singulière de cette grande gloire, il était entré si avant dans l'histoire par ses actions, qu'il pouvait dire et qu'il disait : *Mon prédécesseur l'empereur Charlemagne ;* et il s'était par ses alliances tellement mêlé à la monarchie, qu'il pouvait dire et qu'il disait : *Mon oncle le roi Louis XVI.*

Cet homme était prodigieux. »

Il n'en était pas moins un « despote ». Voilà pourquoi Victor Hugo a médité sur ces couples complémentaires et antithétiques qui ont marqué les grands siècles, où l'homme d'action est corrigé par l'homme de pensée : Auguste-Virgile, Néron-Tacite, Luther-Shakespeare, Cromwell-Milton, Napoléon- ? Qui ? Hugo, pourquoi pas. « Vous êtes notre Napoléon à nous autres », lui écrivit l'étudiant Paul Meurice, le 19 février 1846 !

Victor Hugo : patriote ou nationaliste ?

« Qu'on me pardonne cette faiblesse, j'admire mon pays et j'aime mon temps » (Discours de réception à l'Académie française, 2 juin 1841).

Que le poète affirme son droit de « remontrances aux héros », soit ! Mais, le citoyen Hugo n'a-t-il pas été passible d'exaltation patriotique frisant le chauvinisme et le nationalisme ? L'homme ne compromet-il pas le poète ? Interpellé en décembre 1830 sur le danger de guerre menaçant l'équilibre européen de la Sainte Alliance, il répond : « Vienne la guerre, et une guerre nationale, et je tâcherai de montrer pour ma faible part ce que c'est qu'un poète. Quand la France en sera au coup de fusil, il y a en moi un vieil enfant de troupe qui se retrouvera. » Il dit de lui-même le 5 septembre 1837 encore, avec une tendre ironie, : « J'ai tout un grand côté bête et patriote. » N'est-ce que du patriotisme ? que la volonté de défendre la nation agressée ? N'est-ce pas du chauvinisme, ce sentiment de supériorité nationale ? voire du nationalisme, soit la réduction de tous les problèmes politiques au primat de la grandeur nationale ? Jugeons-en par ses réactions au cours des deux grandes crises ayant opposé la France et la Prusse en 1840 et en 1870.

En 1840, après bien d'autres, Hugo accomplit un grand voyage sur le Rhin, en compagnie de sa maîtresse Juliette Drouet avec qui il a beaucoup voyagé pour découvrir le patrimoine national. Ce voyage intervient en pleine tension internationale. Pour tenter de briser la coalition antifrançaise des vainqueurs de 1815, Thiers, ministre des Affaires étrangères depuis mars 1840, a envisagé de relancer contre les princes le combat de la liberté des peuples, et même de libérer la rive gauche du Rhin que la France avait annexée de 1794 à 1814. Hugo est sensible à ce climat revanchard de 1840 quand il note ces mots, sur la tombe du général Hoche, près d'Andernacht. « Il me semblait entendre sortir de cet amas de pierres une voix qui disait : Il faut que la France reprenne le Rhin. » Il dit encore sa peine de voir Mayence, « ce pays où un Français ne devrait pas se sentir étranger », occupée par des troupes prussiennes et autrichiennes. Mais, aux fanfaronnades françaises, les Allemands répondent par une poussée de fièvre nationale. Loin de désirer leur libération par les troupes françaises, ils se mettent à chanter le *Rheinlied* qu'a composé le poète Nicolas Becker, ou encore *Deutschland über Alles.* Au printemps 1841, les passions s'enflamment également en France : Musset, Lamartine, Mignet revendiquent le « Rhin français ». Hugo ne sombre pas dans cette passion nationaliste. Le 16 mai 1840, il écrivait déjà à l'Alsacien Alexandre Weill : « Si je n'étais français, je voudrais être allemand. » Publiant ses souvenirs de voyage début 1842, Hugo affirme dans la préface au *Rhin* que « l'Allemagne, il ne le cache pas, est une des terres qu'il aime et une des nations qu'il admire. Il a presque un sentiment filial pour cette noble et sainte patrie de tous les penseurs. S'il n'était pas français, il voudrait être allemand ». Il est vrai que Louis-Philippe a depuis renvoyé Thiers pour préserver la paix.

Cependant, Hugo maintient la thèse des droits de la France à récupérer la rive gauche du Rhin puisque ses populations avaient opté pour la liberté contre l'ancien ordre monarchique et qu'elles ont été annexées de force par la Prusse en 1815. Le Rhin ne doit pas cependant être l'enjeu d'un conflit armé car il est l'artère majeure de l'Europe, son trait d'union et son ouverture naturelle sur le monde. La vision est prophétique car le grand fleuve, encore peu navigable, est coupé par de multiples frontières et péages. Mais, par lui, la Prusse et la France doivent s'unir pour résister aux pressions de l'Angleterre et de la Russie. Aussi la Prusse devrait-elle comprendre son intérêt supérieur et… rendre la rive gauche du Rhin à la France ! Pacifiquement, raisonnablement ! Hugo légitime cette thèse irréaliste par la tradition historique de la France révolutionnaire et sa nécessaire « expansion libérale ». En 1792, la République française n'avait-elle pas déclaré la paix à l'Europe tout en proclamant le droit des peuples à disposer d'eux-mêmes !

Victor Hugo le disait déjà devant l'Académie française : « La France n'est pas une colonie violemment faite nation ; la France n'est pas une Amérique. » Pas plus qu'une Prusse, agrandie par des annexions militaires récentes. La France est le fruit à la fois d'un long processus d'unification étatique opéré par ses rois et de l'adhésion volontaire de ses citoyens consacrée par le serment solennel des départements lors de la fête de la Fédération le 14 juillet 1790. Les territoires que la France a annexés ensuite, comme Avignon ou Montbéliard, l'ont été après consultation populaire. « Napoléon a continué la tradition nationale » en apportant la liberté aux peuples qu'il a intégrés dans la Grande Nation ou associés dans son système continental (cette interprétation hugolienne serait à nuancer). C'est la liberté des peuples qui justifie la légitime mission d'expansion pacifique des idées de la France en Europe et dans le monde.

« Mais si la tradition historique importe à la France, *l'expansion libérale* ne lui importe pas moins. L'expansion des idées, c'est le mouvement qui lui est propre. Elle est par la tradition et elle vit par l'expansion. [...] Depuis cinquante années qu'en commençant sa propre transformation elle a commencé le rajeunissement de toutes les sociétés vieillies, la France semble avoir fait deux parts égales de sa tâche et de son temps. Pendant vingt-cinq ans, elle a imposé ses armes à l'Europe ; depuis vingt-cinq ans, elle lui impose ses idées. Par sa presse, elle gouverne les peuples ; par ses livres, elle gouverne les esprits. Si elle n'a plus la conquête, cette domination par la guerre, elle a l'initiative, cette domination par la paix. C'est elle qui rédige l'ordre du jour de la pensée universelle. Ce qu'elle propose est à l'instant même mis en discussion par l'humanité tout entière ; ce qu'elle conclut fait loi. Son esprit s'introduit peu à peu dans les gouvernements, et les assainit. C'est d'elle que viennent toutes les palpitations généreuses des autres peuples, tous les changements insensibles du mal au bien qui s'accomplissent parmi les hommes en ce moment et qui épargnent aux États des secousses violentes. Les nations prudentes et qui ont souci de l'avenir tâchent de faire pénétrer dans leur vieux sang l'utile fièvre des idées françaises, non comme une maladie, mais, permettez-moi cette expression, comme une vaccine qui inocule le progrès et qui préserve des révolutions. Peut-être les limites matérielles de la France sont-elles momentanément restreintes, non certes sur la mappemonde éternelle dont Dieu a marqué les compartiments avec des fleuves, des océans et des montagnes, mais sur cette carte éphémère, bariolée de rouge et de bleu, que la victoire ou la diplomatie refont tous les vingt ans. Qu'importe ? dans un temps donné, l'avenir remet toujours tout dans le moule de Dieu. La forme de la France est fatale. Et puis, si les coalitions, les réactions et les congrès ont bâti une France, les poètes et les écrivains en ont fait une autre. Outre ses frontières visibles, la grande nation a des frontières invisibles qui ne s'arrêtent que là où le genre humain cesse de parler sa langue, c'est-à-dire aux bornes mêmes du monde civilisé. »

Vers 1840, Hugo s'affiche donc déjà comme un patriote, libéral et pacifiste, assuré de la mission émancipatrice de la France « porteuse du flambeau de la liberté des nations ». Il aime sa patrie sans vouloir l'affirmer au détriment des autres. Son patriotisme exclut alors le chauvinisme. On peut trouver bonne la nation lorsqu'elle se définit par un ensemble de principes propres à assurer la liberté dans la concorde, la justice dans le respect des singularités individuelles. Ce nationalisme est alors conciliable avec l'internationalisme car il n'implique aucune idée d'exclusion. C'est précisément la position défendue par Hugo, ce patriote qui ne confond pas la nostalgie des paysages familiers avec la valorisation exclusive de la France.

En revanche, le patriotisme aveugle qui se nourrit de l'illusion que rien ne vaut hors des frontières a bien une dimension exclusive. Il constitue alors le versant affectif du nationalisme chauvin, qui implique volonté de puissance dominatrice. Hugo rejette une telle conception aussi fermement qu'il fait tour à tour l'éloge des différents peuples-nations lorsqu'ils font un pas dans le sens des conquêtes du droit. Tout se passe alors comme s'il se reconnaissait chaque fois une nouvelle patrie du seul fait qu'elle apporte à toute l'humanité le témoignage exemplaire d'une conquête accomplie par l'esprit de justice et valable pour tous les hommes. La Révolution française, on s'en souvient, avait fait citoyens français, et même députés, Anacharsis Cloots ou Thomas Paine. Dans la paix comme dans la guerre !

Le poète et la guerre franco-allemande de 1870
« C'est avec cette fraternité dans le cœur que nous accepterons votre guerre » (Aux Allemands, *9 septembre 1870*).

En 1840, la paix fut préservée. Mais, comment Hugo réagit-il face à la guerre de 1870 ? Après l'échec de l'unité allemande par la voie démocratique en 1848 à la suite de la résistance des Empires d'Autriche et de Russie et de la faiblesse des mouvements libéraux et démocratiques, c'est le chancelier Bismarck qui reprend à son compte l'objectif de l'unité de la Petite Allemagne rassemblée autour de la Prusse. Il décide tout d'abord d'affaiblir par les armes l'influence de l'Empire d'Autriche dans les pays germaniques. Pour lui, la force prime sur le droit. Après la défaite autrichienne de Sadowa en 1866, Hugo s'inquiète d'un conflit entre la France et la Prusse qui permettrait à Bismarck de sceller l'unité allemande sous le joug d'un Empire autoritaire. Dans sa préface de *Paris-Guide*, publié à l'occasion de l'Exposition universelle tenue en 1867, il s'interroge :

> « Cache tes drapeaux, guerre. [...] Est-ce vous qui attaquez, Allemands ? Est-ce nous ? À qui en veut-on ? Allemands, *All men*, vous êtes Tous-les-Hommes. Nous vous aimons. Nous sommes vos concitoyens dans la cité Philosophie, et vous êtes nos compatriotes dans la patrie Liberté. Nous sommes, nous Européens de Paris, la même famille que vous, Européens de Berlin et de Vienne. France veut dire Affranchissement. Germanie veut dire Fraternité. Se représente-t-on le premier de la formule démocratique faire la guerre au dernier ? »

Mais, quand, à la suite des maladresses de Napoléon III et des provocations de Bismarck, la tension monte entre la France et la Prusse, Hugo, sous-estimant les traités d'alliance qui unissent cette dernière aux autres États allemands, et moins averti à Guernesey des questions diplomatiques que Louis Blanc, réfugié à Londres, développe certaines analyses pour le moins erronées. Certes, il s'indigne contre le danger d'une « guerre de caprice » où « deux peuples vont s'entre-tuer pour le plaisir de deux princes ». Mais il déclare, le 14 juillet 1870 : « Je crois à l'écrasement de la Prusse. » Louis Blanc le corrige aussitôt : « Ne parlons plus d'écraser la Prusse ; c'est l'Allemagne qui serait à écraser. » Quand la guerre est déclarée le 19 juillet et avant que la défaite française ne soit scellée, Hugo révèle son vœu le plus caché : « Je désire le Rhin pour la France parce qu'il faut faire, matériellement comme intellectuellement, que le groupe français soit le plus fort possible, afin qu'il résiste, dans le Parlement des États-Unis d'Europe, au groupe allemand, et qu'il impose la langue française à la fédération européenne. Les États-Unis d'Europe parlant allemand, ce serait un retard de trois cents ans. » Hugo révèle bien là un chauvinisme culturel certain, qui justifierait l'expansionnisme de la France par tous les moyens et que l'on perçoit même au travers de son internationalisme.

Néanmoins, devant l'accumulation des défaites françaises, il retrouve une attitude plus cohérente : « Sauver la France, sauver Paris, perdre l'Empire. Voilà le but » (26 août 1870). Après la reddition de Napoléon III, fait prisonnier à Sedan le 2 septembre, et la déchéance de l'Empire le 4, Hugo espère l'arrêt de l'offensive ennemie et de rapides négociations entre Bismarck et le gouvernement provisoire républicain. Il partage le même espoir de fraternité que les membres des sociétés ouvrières et des sections de la Troisième Internationale qui, dans leur *Appel au peuple allemand*, déclarent : « Nous te répétons ce que nous déclarions à l'Europe coalisée en 1793 : "Le Peuple français ne fait pas la paix avec un ennemi qui occupe son territoire". Repasse le Rhin, Sur les deux rives du fleuve disputé, Allemagne et France, tendons-nous la main. » Mais les armées allemandes marchent rapidement sur Paris, où Hugo vient de rentrer triomphalement le 5. Il tente aussitôt de faire entendre sa voix aux peuples par-dessus la tête des gouvernants. Le 9 septembre 1870, il fait publier, en français et en allemand, un long appel :

> « Quel est ce malentendu sinistre ?
>
> Deux nations ont fait l'Europe. Ces deux nations sont la France et l'Allemagne. L'Allemagne est pour l'Occident ce que l'Inde est pour l'Orient, une sorte de grande aïeule. Nous la vénérons. Mais que se passe-t-il donc ? et qu'est-ce que cela veut dire ? Aujourd'hui, cette Europe, que l'Allemagne a construite par son expansion et la France par son rayonnement, l'Allemagne veut la défaire.
>
> Est-ce possible ?
>
> L'Allemagne déferait l'Europe en mutilant la France.
>
> L'Allemagne déferait l'Europe en détruisant Paris.
>
> Réfléchissez.
>
> Pourquoi cette invasion ? Pourquoi cet effort sauvage contre un *peuple frère* ?
>
> Qu'est-ce que nous vous avons fait ?

Cette guerre, est-ce qu'elle vient de nous ? c'est l'empire qui l'a voulue, c'est l'empire qui l'a faite. Il est mort. C'est bien.

Nous n'avons rien de commun avec ce cadavre.

Il est le passé, nous sommes l'avenir.

Il est la haine, nous sommes la sympathie.

Il est la trahison, nous sommes la loyauté.

Il est Capoue et Gomorrhe, nous sommes la France.

Nous sommes la République française ; nous avons pour devise : *Liberté, Égalité, Fraternité* ; nous écrivons sur notre drapeau : *États-Unis d'Europe.* Nous sommes le même peuple que vous. Nous avons eu Vercingétorix comme vous avez eu Arminius. Le même rayon fraternel, trait d'union sublime, traverse le cœur allemand et l'âme française.

Cela est si vrai que nous vous disons ceci :

Si par malheur votre erreur fatale vous poussait aux suprêmes violences, si vous veniez nous attaquer dans cette ville auguste confiée en quelque sorte par l'Europe à la France, si vous donniez l'assaut à Paris, nous nous défendrons jusqu'à la dernière extrémité, nous lutterons de toutes nos forces contre vous ; mais, nous vous le déclarons, nous continuerons d'être vos *frères.* »

Victor Hugo met les Allemands en garde. Pourrait-on imaginer qu'une nation policée redevienne sauvage, qu'elle détruise Paris, la ville de toutes les nations, qu'elle se comporte comme Attila et Alaric. « Vous raseriez l'Hôtel de Ville comme les Huns ont rasé le Capitole, vous bombarderiez Notre-Dame comme les Turcs ont bombardé le Parthénon ; vous donneriez au monde ce spectacle : les Allemands redevenus les Vandales, et vous seriez la barbarie décapitant la civilisation ! » La fraternité affichée avec courage dans la défaite cède le pas au chauvinisme culturel : la France est bien, pour Hugo, la mère de la civilisation moderne. Le manichéisme hugolien prend le dessus dans la fièvre patriotique. La presse allemande réplique : « Pendez le poète au haut du mât. » (« *Hängt den Dichter an den Mast auf.* »).

Patriotisme et résistance nationale

« Résistance aujourd'hui, libération demain : tout est là » (Aux Français, *17 septembre 1870*).

Bismarck veut poursuivre une guerre de conquête pour arracher les populations « allemandes » d'Alsace et de Lorraine à la France, et ainsi mieux intégrer et soumettre les États rhénans et la Bavière à l'Empire allemand qu'il souhaite proclamer au bénéfice du roi de Prusse. Après avoir défait l'Empereur Napoléon III, il entend humilier la République française. Dans ce climat de débâcle tragique, alors que Paris va être investi, Hugo rédige, après l'appel *Aux Allemands*, un appel *Aux Français* qui est publié le 17 septembre. C'est un appel à la patrie en danger, à la levée en masse, à la mobilisation générale, à la guerre de défense nationale, à la guerre de partisans et de francs-tireurs. C'est un cri vibrant de résistance pour gagner la libération et sauver la République, comparable à celui de Danton en 1792.

« Ce devoir, la France l'accomplira.

Que toutes les communes se lèvent ! que toutes les campagnes prennent feu ! que toutes les forêts s'emplissent de voix tonnantes ! Tocsin ! tocsin ! que de chaque maison sorte un soldat ; que le faubourg devienne régiment ; que la ville se fasse armée. Les Prussiens sont huit cent mille, vous êtes quarante millions d'hommes. Dressez-vous, et soufflez sur eux ! Lille, Nantes, Tours, Bourges, Orléans, Dijon, Toulouse, Bayonne, ceignez vos reins. En marche ! Lyon, prends ton fusil, Bordeaux, prends ta carabine, Rouen, tire ton épée, et toi Marseille, chante ta chanson et viens terrible. Cités, cités, cités, faites des forêts de piques, épaississez vos bayonnettes, attelez vos canons, et toi village, prends ta fourche. On n'a pas de poudre, on n'a pas de munitions, on n'a pas d'artillerie ? Erreur ! on en a. D'ailleurs les paysans suisses n'avaient que des cognées, les paysans polonais n'avaient que des faulx, les paysans bretons n'avaient que des bâtons. Et tout s'évanouissait devant eux ! Tout est secourable à qui fait bien. Nous sommes chez nous. La saison sera pour nous, la bise sera pour nous, la pluie sera pour nous. Guerre ou Honte ! Qui veut peut. Un mauvais fusil est excellent quand le cœur est bon : un vieux tronçon de sabre est invincible quand le bras est vaillant. C'est aux paysans d'Espagne que s'est brisé Napoléon. Tout de suite, en hâte, sans perdre un jour, sans perdre une heure, que chacun, riche, pauvre, ouvrier, bourgeois, laboureur, prenne chez lui ou ramasse à terre tout ce qui ressemble à une arme ou à un projectile. Roulez des rochers, entassez des pavés, changez les socs en haches, changez les sillons en fosses, combattez avec tout ce qui vous tombe sous la main, prenez les pierres de notre terre sacrée, lapidez les envahisseurs avec les ossements de notre mère la France. Ô citoyens, dans les cailloux du chemin, ce que vous leur jetez à la face, c'est la patrie. […]

Ah ! peuple ! te voilà acculé dans l'antre. Déploie ta stature inattendue. Montre au monde le formidable prodige de ton réveil. Que le lion de 92 se dresse et se hérisse, et qu'on voie l'immense volée noire des vautours à deux têtes s'enfuir à la secousse de cette crinière !

Faisons la guerre de jour et de nuit, la guerre des montagnes, la guerre des plaines, la guerre des bois. Levez-vous ! levez-vous ! Pas de trêve, pas de repos, pas de sommeil. Le despotisme attaque la liberté, l'Allemagne attente à la France. Qu'à la sombre chaleur de notre sol cette colossale armée fonde comme la neige. Que pas un point du territoire ne se dérobe au devoir. Organisons l'effrayante bataille de la patrie. Ô francs-tireurs, allez, traversez les halliers, passez les torrents, profitez de l'ombre et du crépuscule, serpentez dans les ravins, glissez-vous, rampez, ajustez, tirez, exterminez l'invasion. Défendez la France avec héroïsme, avec désespoir, avec tendresse. Soyez terribles, ô patriotes ! Arrêtez-vous seulement, quand vous passerez devant une chaumière, pour baiser au front un petit enfant endormi.

Car l'enfant c'est l'avenir. Car l'avenir c'est la République. »

Ce n'est pas à la sauvegarde de la France éternelle qu'appelle Victor Hugo ; c'est la République qui est à sauver. Les Français en ont le devoir pour eux-mêmes, mais aussi pour tous les hommes et tous les peuples. Ainsi, l'appel à la libération de la France n'est pas un simple réflexe patriotique. Il s'inscrit dans le grand et terrible combat qui, depuis 1792, divise l'Europe entre des monarchies réactionnaires et la République française championne de la liberté et de l'égalité pour tous les hommes et tous les peuples. Oui, à ses yeux, la France reste toujours le « flambeau des nations » et le modèle des républiques. Et c'est en ce sens que Victor Hugo n'est pas un nationaliste. Dire qu'il est *patriote* sans être *nationaliste* au sens péjoratif du terme mérite explication. Nous verrons comment son internationalisme et son patriotisme se concilient au-delà des accents que la passion du moment le conduit à prendre quelquefois. Au moment crucial de la guerre avec l'Allemagne, il lie avec force la défense de la nation et celle de la République et réitère son admiration pour le peuple allemand, sa culture et son génie propre, tout en stigmatisant la logique d'empire qui lui est imposée pour le dresser contre la nation française.

Le rôle historique de la France

« Si, pour l'instant, il n'y a plus d'Europe, il y a toujours une France » (Aux Français, *17 septembre 1870*).

Après les échecs des armées difficilement réorganisées par Gambetta et après l'armistice du 28 janvier 1871, Hugo, élu député d'un Paris assiégé, refuse de ratifier le « hideux » traité de paix, négocié à Versailles par Thiers et Bismarck qui vient de proclamer l'Empire allemand dans la Galerie des glaces. En dépit des protestations des députés alsaciens et lorrains, l'Assemblée nationale, élue dans un climat d'extrême défaitisme, dominée par une majorité de monarchistes et de conservateurs élus dans un réflexe de peur, comptant plus de nobles que celle de 1789, ratifie les humiliants préliminaires de paix par 546 voix contre 107. Le 1er mars, Hugo s'indigne à la tribune avant de démissionner :

« Je ne voterai point cette paix, parce que, avant tout, il faut sauver l'honneur de son pays ; je ne la voterai point, parce qu'une paix infâme est une paix terrible. Et pourtant, peut-être aurait-elle un intérêt à mes yeux : c'est qu'une telle paix, ce n'est plus la guerre, soit, mais c'est la haine. La haine contre qui ? Contre les peuples ? non ! contre les rois. Que les rois recueillent ce qu'ils ont semé [...] Faites, princes ! Vous créez la haine profonde, vous indignez la conscience universelle. La vengeance couve, l'explosion sera en raison de l'oppression [...] Oh ! une heure sonnera – nous la sentons venir – cette revanche prodigieuse. Nous entendons dès à présent notre triomphant avenir marcher à grands pas dans l'histoire. Oui, dès demain, cela va commencer ; dès demain, la France n'aura plus qu'une pensée : se recueillir, se reposer dans la rêverie redoutable du désespoir ; reprendre des forces ; élever ses enfants, nourrir de saintes colères ces petits qui deviendront grands ; forger des canons et former des citoyens, créer une armée qui soit un peuple ; appeler la science au secours de la guerre ; étudier le procédé prussien comme Rome a étudié le procédé punique ; se fortifier, s'affermir, se régénérer, redevenir la Grande France, la France de 92, la France de l'Idée et la France de l'Épée. *(Très bien, très bien.)* Puis, tout à coup, elle se redressera ! Oh ! elle sera formidable, on la verra, d'un bond, ressaisir la Lorraine, ressaisir l'Alsace ! Est-ce tout ? non ! non ! saisir – écoutez-moi – saisir Trèves, Mayence, Cologne, Coblence. »

Hugo, enflammé par la douleur et la passion, serait-il devenu le premier chantre de la revanche, avant même Déroulède, le fondateur en 1882 de la Ligue des patriotes qu'il soutint ? Ou comme le seront Barrès, Maurras et les ligueurs de l'Action française après 1900 ? On a souvent commis un contresens sur son appel à la haine : il n'appelle pas à la haine fratricide entre les peuples, mais à la haine révolutionnaire des peuples opprimés contre les rois. Hugo ne sombre pas dans le strict nationalisme politique car il ne réduit pas toutes les questions de l'avenir à la question nationale. Même dans l'humiliation de la défaite et dans ses rêves de revanche, il ne renonce pas à la fraternité européenne des peuples. Il poursuit.

« Et on entendra la France crier : C'est mon tour ! Allemagne, me voilà ! Suis-je ton ennemie ? Non, je suis ta sœur. *(Très bien, très bien.)* Je t'ai tout repris, et je te rends tout, à une condition : c'est que nous ne ferons plus qu'un seul peuple, qu'une seule famille, qu'une seule République. Plus de frontières ! Le Rhin à nous ! Soyons la même République, Soyons les États-Unis d'Europe. »

Toute la force des antithèses de Hugo est là : au moment où il risque de sombrer dans le pire nationalisme revanchard, il est capable de surmonter la haine pour entrevoir la réconciliation future et l'union des peuples frères. Il faudrait pour cela, disait-il, que l'Allemagne cesse d'être un Empire et que les Allemands deviennent un peuple et une nation ! Qu'entend-il par cette formule ? Sa pensée s'inscrit dans le cadre classique des interrogations sur les définitions des communautés politiques. De tels débats se situent clairement dans le sillage de la Révolution française, qui a refondé l'acception de la nation et en quelque sorte enrichi la dimension affective du patriotisme, en délivrant l'une et l'autre de l'interprétation nationaliste qui en fait des facteurs d'exclusion.

Le terme *nation*, par son étymologie, fait référence à la naissance (*nascere* signifie naître). Dans son acception ancienne, prérévolutionnaire, il désigne d'abord l'ensemble des personnes nées dans un même lieu, ayant adopté des repères communs : paysage, usages, patrimoine culturel, langue, etc. La *nation*, c'est aussi, à cet égard, la terre des morts, la terre des pères, la *patrie*. Les deux termes se distinguent non par la chose désignée, mais par le point de vue adopté sur elle. La nation, c'est le cadre socio-politique de la vie, avec les normes sédimentées de la tradition. La patrie, c'est le nom sentimental de la nation, aimée justement comme terre nourricière, sol natal qui accueille aussi les morts. Avec le danger d'en faire une « identité imaginaire » fondée sur des liens ethniques fantasmatiques comme le firent aussi bien Joseph de Maistre en France que Fichte en Allemagne. L'idéologie nationaliste réactionnaire définit le peuple comme une réalité collective naturelle, caractérisée par la langue, le sang et une sorte de religiosité. L'identité d'origine, de culture, de croyances est alors une fiction mystifiante qui prétend transcender des clivages de groupes ou de classes pourtant bien réels. Cette conception de la patrie ou du *Völk* entend légitimer une hiérarchie supposée naturelle, garante de l'unité organique de la société selon une complémentarité « naturelle » des fonctions. Elle dominait alors en Allemagne. Mais jusqu'à la Révolution, une telle conception avait également soustrait la France à toute liberté constituante. Le nationalisme qu'elle définissait privilégiait une logique d'appartenance plus affective que rationnelle, excluant toute idée de souveraineté populaire.

La Révolution française a redéfini la nation comme une communauté de citoyens qu'unit la volonté de vivre ensemble en se dotant de lois communes. Rousseau en a été l'inspirateur décisif en la fondant sur le contrat social. Sieyes écrivit, dans sa célèbre brochure *Qu'est-ce que le Tiers État ?*, que « la nation est un corps d'associés vivant sous une loi commune et représenté par la même législature ». L'affirmation de la souveraineté nationale va de pair avec le besoin d'une constitution qui exprime la souveraineté populaire. Tant que le suffrage est restreint, par le cens ou par l'exclusion des femmes du droit de vote, on peut parler de disjonction entre la nation comme entité politique et l'ensemble du peuple comme assise légitime de la souveraineté. Certes, nous l'avons vu, Victor Hugo considère que le peuple se construit, mais il soutient également, dans sa conscience républicaine achevée, qu'on ne peut soumettre la souveraineté populaire à aucune condition. Il souhaite donc que l'Allemagne devienne une démocratie politique.

La Révolution française a redéfini aussi le corrélat affectif de la nation, la patrie, qui change tout autant de nature. Ce qui est nourricier, dès lors, ce n'est pas la seule terre des ancêtres, c'est aussi la communauté de droit qui assure égalité, liberté et bien commun, grâce aux lois. Chaque citoyen vit une telle constitution comme son bien propre, et ce autant sinon plus que le sol natal ou la terre des morts. Kant, que Hugo connaissait, avait largement esquissé l'idée d'un *patriotisme constitutionnel*, qui resitue le patriotisme affectif dans le registre qui est le sien et peut s'accorder avec lui dès lors que les domaines de la norme politique d'une part et de la culture de l'autre cessent d'être confondus. Rappelons que les soldats de Valmy criant « Vive la nation » avaient le sentiment de défendre ainsi des principes de vie et de justice, ceux de la République, que les soldats d'en face auraient également pu faire leur. C'est par la réconciliation des peuples français et allemand que passe la fraternisation des « Peuples-Unis d'Europe », nous dit Victor Hugo.

Aux origines des États-Unis d'Europe

« La Constitution de la République française doit être la charte même du progrès humain […], *la Bible politique des peuples » (Victor Hugo à l'Assemblée, 17 juillet 1851).*

Quoique parfois chauvin, Hugo n'est pas un nationaliste français parce qu'il est un patriote européen. Il semble que ce soit depuis 1848, lors du « printemps des peuples », sinon auparavant, qu'il ait mûri son projet des États-Unis d'Europe.

Le 2 mars 1848, devant l'arbre de la liberté de la place des Vosges, il saluait déjà la République universelle. Son discours est alors tout marqué d'un spiritualisme chrétien qui laisse transparaître la forte influence de ses lectures bibliques. « Soyons tous des hommes de bonne volonté, ne ménageons ni notre peine ni nos sueurs. Répandons sur le peuple qui nous entoure, et de là sur le monde entier, la sympathie, la charité et la fraternité. » Mais il ajoute aussitôt : « Depuis trois siècles, le monde imite la France. Depuis trois siècles, la France est la première des nations […]. Mes amis, mes frères, mes concitoyens, établissons dans le monde entier, par la grandeur de nos exemples, l'empire de nos idées. Que chaque nation soit heureuse et fière de ressembler à la France. » Ainsi, cette République universelle aurait été conçue par Hugo sous le triple patronage du christianisme, du rationalisme cartésien et des Lumières. Sinon du messianisme révolutionnaire de 1792 et de 1848.

Le 14 juillet 1870, à Guernesey, Hugo plante le gland du chêne des États-Unis d'Europe. Comment l'idée en a-t-elle mûri ? Comment l'organisation en a-t-elle été précisée ? Que recouvre exactement ce terme si souvent édulcoré par ceux-là mêmes qui s'en disent les héritiers, libéraux ou sociaux-démocrates, alors qu'ils ont perdu le sens originel de la formule, alors qu'ils ne sont plus conscients de l'enjeu dramatique que Victor Hugo saisissait au cœur de sa prophétie ?

Partie de Naples et de Palerme, culminant à Paris, la vague révolutionnaire de 1848 a gagné Francfort, Berlin, Vienne, Milan, Rome, Prague et Budapest, perdant en intensité et en efficacité. Dans les États multinationaux d'Autriche et de Prusse comme en Italie, les révolutions de 1848 ne sont pas de simples mouvements libéraux et démocratiques visant à instaurer un régime républicain, ce sont d'abord et avant tout des mouvements de libération des peuples opprimés par des Empires multinationaux et des luttes pour l'unité de nations divisées au Congrès de Vienne en 1815 selon le système de Metternich, qui visait à éradiquer les principes de 1789 et à effacer l'Europe révolutionnaire des nations. 1848 n'est pas une illusion lyrique de fraternité universelle ; c'est un moment crucial du combat de l'Europe de la Liberté contre l'Europe despotique des empereurs et des rois. Mais 1848 se termine par un échec dramatique pour les peuples et un sursis pour les monarques.

La première affirmation publique de la nécessaire construction à l'avenir des États-Unis d'Europe est faite par Hugo, le 17 juillet 1851 à l'Assemblée législative, lors du débat sur la révision de la Constitution. L'enjeu de cette révision pour la France est la République ou l'Empire.

> « Après de longues épreuves, cette révolution a enfanté en France la République ; en d'autres termes, le peuple français, en pleine possession de lui-même et dans le majestueux exercice de sa toute-puissance, a fait passer de la région des abstractions dans la région des faits, a constitué et institué, et définitivement et absolument, établi la forme de gouvernement la plus logique et la plus parfaite, la République, qui est pour le peuple une sorte de droit naturel comme la liberté pour l'homme. *(Murmures à droite. – Approbation à gauche.)* Le peuple français a taillé dans un granit indestructible et posé au milieu même du vieux continent monarchique la première assise de cet immense édifice de l'avenir, qui s'appellera un jour les États-Unis d'Europe ! *(Mouvement. Long éclat de rire à droite.)*
>
> Cette révolution, inouïe dans l'histoire, c'est l'idéal des grands philosophes réalisé par un grand peuple, c'est l'éducation des nations par l'exemple de la France. Son but, son but sacré, c'est le bien universel, c'est une sorte de rédemption humaine. C'est l'ère entrevue par Socrate, et pour laquelle il a bu la ciguë ; c'est l'œuvre faite par Jésus-Christ, et pour laquelle il a été mis en croix ! *(Vives réclamations à droite. – Cris : à l'ordre ! – Applaudissements répétés à gauche. Longue et générale agitation.)* »

On peut imaginer facilement pourquoi nombre de députés, tels Mollé, Falloux ou Montalembert, crièrent au blasphème ou à la folie.

Europe fédérale ou Europe confédérale ?

« Ce qui est debout en ce moment, ce n'est pas l'Europe des peuples ; c'est l'Europe des rois » (Victor Hugo, 24 février 1855).

C'est dans l'exil que fut repris et approfondi le thème des États-Unis d'Europe. D'abord il ne s'agit que d'un slogan ;

mais bientôt, l'utopie prend forme ; enfin les objectifs concrets se dessinent même s'il ne s'agit que d'une vision lointaine, d'un idéal pour le vingtième siècle. Expulsé de Belgique à la demande de l'ambassade de France pour y avoir publié *Napoléon-le-Petit,* banni deux fois, Hugo remercie ainsi ses amis belges à Anvers : « Belges, si, un jour, le front dans la lumière, agitant au vent joyeux des révolutions un drapeau d'une seule couleur sur lequel vous lirez : *Fraternité des peuples – États-Unis d'Europe,* grande, libre, fière, tendre, sereine, des épis et des lauriers dans les mains, la France, la vraie France, vient à vous, oh, levez-vous encore une fois. » Et Hugo de rêver à la fusion des nations ! « Peuples ! il n'y a qu'un Peuple. Vive la République universelle ! »

Comment aller vers les États-Unis d'Europe ? À Louis Blanc, Hugo explique que la solution passe désormais par la révolution généralisée : « Ce n'est plus la Révolution française qu'il nous faut, c'est la révolution européenne. » Avec quels objectifs ? À un révolutionnaire allemand, il écrit le 2 avril 1853 : « L'inévitable avenir de l'homme, c'est la liberté ; l'inévitable avenir des peuples, c'est la république ; l'inévitable avenir de l'Europe, c'est la fédération. Suffrage universel, république universelle, voilà ce que fondera le dix-neuvième siècle, voilà ce que recueillera le vingtième. » Pour cela, il se préoccupe d'entrer en contact avec nombre de réfugiés en Angleterre. Commémorant le 29 novembre 1853 le vingt-troisième anniversaire de la révolution polonaise, il termine son discours par une évocation mythique du possible avenir de l'Europe :

« Citoyens, du fond de cette adversité où nous sommes encore, envoyons une acclamation à l'avenir. Saluons, au-delà de toutes ces convulsions et de toutes ces guerres, saluons l'aube bénie des États-Unis d'Europe ! Oh ! ce sera là une réalisation splendide ! Plus de frontières, plus de douanes, plus de guerres, plus d'armées, plus de prolétariat, plus d'ignorance, plus de misère ; toutes les exploitations coupables supprimées, toutes les usurpations abolies, la richesse décuplée ; le problème du bien-être résolu par la science ; le travail, droit et devoir ; la concorde entre les peuples, l'amour entre les hommes ; la pénalité résorbée par l'éducation ; le glaive brisé comme le sabre ; tous les droits proclamés et mis hors d'atteinte ; le droit de l'homme à la souveraineté, le droit de la femme à l'égalité, le droit de l'enfant à la lumière ; la pensée, moteur unique, la matière, esclave unique ; le gouvernement résultant de la superposition des lois de la société aux lois de la nature, c'est-à-dire pas d'autre gouvernement que le droit de l'Homme : voilà ce que sera l'Europe demain peut-être, citoyens, et ce tableau qui vous fait tressaillir de joie n'est qu'une ébauche tronquée et rapide. Ô proscrits, bénissons nos pères dans leurs tombes, bénissons ces dates glorieuses qui rayonnent sur ces murailles, bénissons la sainte marche des idées. Le passé appartient aux princes ; il s'appelle Barbarie ; l'avenir appartient aux peuples ; il s'appelle Humanité ! »

Ne sourions pas devant cette énumération de vœux ; Hugo regroupe ici tous les droits nouveaux qui doivent devenir les combats de demain : droit au travail, mais aussi droit de la femme, droit de l'enfant et gouvernement soumis au droit de l'homme, la société civile mettant fin à la conception de la politique comme force coactive. En 1855, lors du banquet anniversaire du 24 février 1848, Hugo présente son exposé le plus élaboré sur ce que pourrait être l'Europe unie, discours qui mériterait d'être intégralement cité :

« Le continent serait un seul peuple ; les nationalités vivraient de leur vie propre dans la vie commune ; l'Italie appartiendrait à l'Italie, la Pologne appartiendrait à la Pologne, la Hongrie appartiendrait à la Hongrie, la France appartiendrait à l'Europe, l'Europe appartiendrait à l'Humanité.

Plus de Rhin, fleuve allemand ; plus de Baltique et de mer Noire, lacs russes ; plus de Méditerranée, lac français ; plus d'Atlantique, mer anglaise ; plus de canons au Sund et à Gibraltar ; plus de *kammerlicks* aux Dardanelles. Les fleuves libres, les détroits libres, les océans libres.

Le groupe européen n'étant plus qu'une nation, l'Allemagne serait à la France, la France serait à l'Italie ce qu'est aujourd'hui la Normandie à la Picardie et la Picardie à la Lorraine ; plus de guerre, par conséquent plus d'armée. Au seul point de vue financier, bénéfice net par an pour l'Europe : quatre milliards. Plus de frontières, plus de douanes, plus d'octrois ; le libre-échange ; flux et reflux gigantesque de numéraire et de denrées, industrie et commerce vingtuplés, bonification annuelle pour la richesse du continent : au moins dix milliards. Ajoutez les quatre milliards de la suppression des armées, plus deux milliards au moins gagnés par l'abolition des fonctions parasites sur tout le continent, y compris la fonction de roi, cela fait tous les ans un levier de seize milliards pour soulever les questions économiques. Une liste civile du travail, une caisse d'amortissement de la misère épuisant les bas-fonds du chômage et du salariat avec une puissance de seize milliards par an. Calculez cette énorme production de bien-être. Je ne développe pas.

Une monnaie continentale, à double base métallique et fiduciaire, ayant pour point d'appui le capital Europe tout entier et pour moteur l'activité libre de deux cents millions d'hommes, cette monnaie, une, remplacerait et résorberait toutes les absurdes variétés monétaires d'aujourd'hui, effigies de princes, figures des misères ; variétés qui sont autant de causes d'appauvrissement ; car, dans le va-et-vient monétaire, multiplier la variété, c'est multiplier le frottement ; multiplier le frottement, c'est diminuer la circulation. En monnaie, comme en toute chose, circulation, c'est unité.

La fraternité engendrerait la solidarité ; le crédit de tous serait la propriété de chacun, le travail de chacun, la garantie de tous.

Liberté d'aller et venir, liberté de s'associer, liberté de posséder, liberté d'enseigner, liberté de parler, liberté d'écrire, liberté de penser, liberté d'aimer, liberté de croire, toutes les libertés feraient faisceau autour du citoyen gardé par elles et devenu inviolable. »

Europe politique pacifique, unité économique et commerciale, libre échange, unité monétaire, liquidation du chômage et de la misère par la propriété de chacun et du travail pour tous. Et enfin, liberté totale et inviolable des citoyens. L'Europe ne doit pas être qu'un libre marché. Si ce texte est utopique, il pressent la nécessité d'articuler la liberté économique et les droits sociaux pour obtenir « une énorme production de bien-être ». Hugo précise les grands traits de la construction des États-Unis d'Europe. L'Europe des peuples doit renverser l'Europe des rois. Dans sa lettre ouverte à Mazzini et à l'Italie du 25 mai 1856, il souligne que, pour parvenir aux États-Unis d'Europe, il faut d'abord lutter pour l'indépendance nationale. Il est nécessaire que les nations captives se libèrent par n'importe quels moyens. Les nations ne doivent pas disparaître, elles doivent avant tout s'émanciper et rester souveraines, bien avant que le continent ne forme, dans un hypothétique avenir, « un seul peuple ». La fédération ne sera pas la fusion. Si les peuples sont des fruits de l'histoire et de la culture, ils doivent d'abord se construire et lutter pour s'affirmer comme nation. Un peuple ne devient nation que par l'adhésion volontaire des hommes libres choisissant un avenir commun. Il faut donc créer un sentiment d'appartenance au peuple européen avant de faire fusionner les nations.

Hugo n'envisage pas le statut de la fédération démocratique européenne, mais il estime que « l'assemblée des États-Unis d'Europe, sortie du suffrage universel de tous les peuples du continent », doit traiter et régler « toutes les questions de l'humanité ». Ce parlement européen, établi à Paris, désormais déclarée la « Ville d'Europe », devrait siéger jusqu'au jour lointain où les lois naturelles remplaceraient les lois politiques. Comme Stuart Mill ou Karl Marx, Hugo envisage un processus de dépérissement de l'État au profit de la gestion des choses par les travailleurs, les inventeurs et les créateurs, selon « la formule : LE MOINS DE GOUVERNEMENT POSSIBLE ».

Si, en 1849, l'Europe des rois l'a emporté, en 1867, au moment de l'Exposition universelle, Hugo prophétise : « Au vingtième siècle, il y aura une nation extraordinaire. [...] Cette nation aura pour capitale Paris, et ne s'appellera point la France ; elle s'appellera l'Europe. Elle s'appellera l'Europe au vingtième siècle, et, aux siècles suivants, plus transfigurée encore, elle s'appellera l'Humanité. » Hugo lui-même se range ici parmi les « contempleurs des pénombres ».

Europe Empire ou Europe République ?

« Ce que l'Allemagne veut faire, c'est l'Allemagne ; ce que la France veut faire, c'est l'Europe » (Lettre de Victor Hugo au Congrès de la paix, 9 septembre 1875).

La formation des nations d'Europe n'a pas emprunté le chemin imaginé par Hugo. L'Allemagne, l'Italie, la Grèce, la Serbie sont restées des royaumes ; l'Autriche, la Russie, la Turquie sont restées des Empires « prisons des peuples ». En 1871, la France est certes redevenue une République, mais humiliée, démembrée et isolée. Hugo s'interroge pour savoir si la civilisation n'a pas fait marche arrière depuis 1848. Mais, quand il répond aux organisateurs du Congrès de la Paix, qui se tient en 1872 à Lugano, il ne se contente pas de reprendre le mot d'ordre ajourné d'États-Unis d'Europe.

« Aux membres du Congrès de la Paix, à Lugano

Hauteville-House, 20 septembre 1872. [...]

« La France, je viens de le dire, a été délivrée et démembrée. Son démembrement a rompu l'équilibre européen, sa délivrance a fondé la République. Effrayante fracture à l'Europe ; mais avec la fracture le remède.

Je m'explique.

L'équilibre rompu d'un continent ne peut se reformer que par une transformation. Cette transformation peut se faire en avant ou en arrière, dans le mal ou dans le bien, par le retour aux ténèbres ou par l'entrée dans l'aurore. Le dilemme suprême est posé. Désormais, il n'y a plus de possible pour l'Europe que deux avenirs : devenir Allemagne ou France, je veux dire être un empire ou être une république.

C'est ce que le solitaire fatal de Sainte-Hélène avait prédit, avec une précision étrange, il y a cinquante-deux ans, sans se douter qu'il serait l'instrument indirect de cette transformation, et qu'il y aurait un Deux-Décembre pour aggraver le Dix-Huit-Brumaire, un Sedan pour dépasser Waterloo, et un Napoléon le Petit pour détruire Napoléon le Grand.

Seulement, si le côté noir de sa prophétie s'accomplissait, au lieu de l'Europe cosaque qu'il entrevoyait, nous aurions l'Europe vandale.

L'Europe empire ou l'Europe république : l'un de ces deux avenirs est le passé.

Peut-on revivre le passé ?

Évidemment non.

Donc nous aurons l'Europe république.

Comment l'aurons-nous ?

Par une guerre ou par une révolution ?

Par une guerre, si l'Allemagne y force la France. Par une révolution, si les rois y forcent les peuples. Mais, à coup sûr, cette chose immense, la République européenne, nous l'aurons.

Nous aurons ces grands États-Unis d'Europe, qui couronneront le vieux monde comme les États-Unis d'Amérique couronnent le nouveau. Nous aurons l'esprit de conquête transfiguré en esprit de découverte ; nous aurons la généreuse fraternité des nations au lieu de la fraternité féroce des empereurs ; nous aurons la patrie sans la frontière, le budget sans le parasitisme, le commerce sans la douane, la circulation sans la barrière, l'éducation sans l'abrutissement, la jeunesse sans la caserne, le courage sans le combat, la justice sans l'échafaud, la vie sans le meurtre, la forêt sans le tigre, la charrue sans le glaive, la parole sans le bâillon, la conscience sans le joug, la vérité sans le dogme, Dieu sans le prêtre, le ciel sans l'enfer, l'amour sans la haine. L'effroyable ligature de la civilisation sera défaite ; l'isthme affreux qui sépare ces deux mers : Humanité et Félicité, sera coupé. Il y aura sur le monde un flot de lumière. Et qu'est-ce que c'est que toute cette lumière ? C'est la liberté. Et qu'est-ce que c'est que toute cette liberté ? C'est la paix. »

Victor Hugo posera encore en 1875, avec une clarté aveuglante, la question préalable : l'avenir appartiendra-t-il à une Europe Empire dominée par l'Allemagne ou à une Europe république inspirée par la France et enfantée par la démocratie ? Le spectre de la Révolution française plane encore et toujours au-dessus de l'Europe.

Comment conclure ? Hugo patriote ou nationaliste ? Français ou européen ? On commet souvent un contresens à propos du poème de 1873 intitulé « La libération du territoire » si souvent cité avant 1914, et qui a été perçu comme l'apologie de la revanche :

« Quoi ! vous n'entendez pas, tandis que vous chantez,
Mes frères, le sanglot profond des deux cités !
Quoi ! vous ne voyez pas, foule aisément sereine,
L'Alsace en frissonnant regarder la Lorraine !
Ô sœur, on nous oublie ! on est content sans nous !
Non ! nous n'oublions pas ! nous sommes à genoux
Devant votre supplice, ô villes ! Quoi ! nous croire
Affranchis, lorsqu'on met au bagne notre gloire,
Quand on coupe à la France un pan de son manteau,
Quand l'Alsace au carcan, la Lorraine au poteau,
Pleurent, tordent leurs bras sacrés, et nous appellent. »

C'est oublier que Hugo appelle aussitôt de ses vœux :

« L'Europe en liberté ! – J'attends la République ! »

Toute la fin du poème est tournée contre les rois et les princes qui dominent encore l'Europe. Bref, patriotisme et internationalisme peuvent aller de pair et Hugo en est la vivante illustration. L'idée d'une culture universelle, constamment présente dans son *William Shakespeare*, rejoint celle de République universelle. Avec l'une, il appelle l'ouverture mutuelle des patrimoines artistiques et intellectuels, et donc le grand partage des lumières, instrument d'émancipation. Avec l'autre, il déploie l'idée de la valeur universelle du modèle politique républicain. Ainsi, il fonde une souveraineté double : de l'homme sur ses pensées et ses actes, du peuple sur son organisation collective.

Il est assez habituel d'opposer la conception dite volontariste et révolutionnaire de la nation à la conception dite ethnique, dont le propre serait de donner une importance exclusive aux facteurs qui ne sont pas choisis : race, sang, langue, voire traditions coutumières. Certains de ces termes, tels le sang ou la race, sont d'ailleurs à employer avec prudence, tant ils recouvrent davantage une identité imaginaire, facteur d'exclusion, qu'une réalité repérable. Quant aux traditions, seule la passivité servile les convertit en données indépassables. Toutefois, les choses ne sont pas si simples, et l'on trouve des théories qui tentent d'intégrer les deux types de facteurs, en évitant l'unilatéralité de point de vue.

Victor Hugo est très représentatif de cette conception mixte de la nation comme de l'internationalisme. Il est à la fois patriote par fidélité affective et culturelle et révolutionnaire par volonté de décider souverainement des lois qui régissent la cité. Patriote, il aime cette référence à la fois culturelle et affective à la France qui a une histoire nationale et un patrimoine commun. Ce patriotisme, cependant, est politiquement de nature républicaine et n'implique donc aucune adulation aveugle de tout ce qui est lié au pays aimé. Son internationalisme est tout la fois un grand rêve de fraternité entre les hommes, de rapprochement et d'échanges de cultures, et une volonté rationnelle de mise en œuvre universelle de la République, seule véritable formation politique d'émancipation des hommes face aux États. Si la nation France est une « âme » et un « plébiscite de chaque jour », selon la belle formule de Renan, les Nations unies peuvent devenir à terme l'une et l'autre.

Hugo l'affirme une génération avant Jaurès !

Chapitre huit

« *Patriote de l'humanité* »

L'affirmation des nationalités

« Çà et là, sur la face de l'Europe, des peuples tout entiers qu'on assassine, qu'on déporte en masse ou qu'on met aux fers » (*Préface aux* Feuilles d'automne, *1831*).

Sur les routes d'Espagne, tout enfant, Victor Hugo découvre les « désastres de la guerre » bien avant d'admirer les lithographies de Goya. Corps mutilés, villages incendiés, convois attaqués, le rêve espagnol se termine en cauchemar. Hugo s'est certainement entretenu avec son père, qui lutta contre la guérilla, des raisons de ces atrocités. Le peuple espagnol, mené par des prêtres et des chefs de bandes populaires, s'était soulevé contre un occupant français qui prétendait lui apporter la liberté. Le Tres de Mayo avait irrémédiablement compromis le message de la France à l'Espagne. On n'exporte pas la liberté à la pointe des baïonnettes, avait déjà prophétisé Robespierre en 1792.

Méditant sur cette précoce expérience, Hugo a bien formulé les difficultés de l'émergence de la question nationale dans l'Europe napoléonienne :

« Il faut dire qu'en 1810 le principe des nationalités ne s'était pas encore affirmé avec l'évidence que les événements lui ont donnée de nos jours, et qu'ensuite ces invasions de la France en Europe avaient cette circonstance atténuante qu'elle-même avait été envahie par l'Europe. Tous ces fils de la Révolution, qui avaient vu ces étrangers venir chez eux pour les empêcher d'user de leur droit de se gouverner à leur guise, croyaient user de légitimes représailles en allant chez les étrangers et en ne respectant pas le droit des autres, d'autant plus que les autres étaient venus pour les rejeter dans le passé, au lieu qu'eux ils apportaient des idées nouvelles et, malgré l'Empire, étaient toujours la révolution. Mais on n'inculque pas la liberté par l'oppression, et c'est un mauvais moyen de faire accepter le progrès que de le faire haïr. Il y a toujours des Pyrénées ! Et il y en aura tant que la conquête brutale des soldats n'aura pas fait place à la conquête pacifique des idées. »

(Victor Hugo raconté par un témoin de sa vie.)

Comment Hugo en est-il venu à découvrir la question des nationalités ? Le jeune poète est sensible, comme les romantiques des années 1820, à l'exotisme suscité par l'expédition française en Espagne, les drames de la Grèce insurgée, la prise d'Alger et les mystères de l'Orient. Chateaubriand a médité sur l'Acropole. Abel Hugo, le frère aîné de Victor, publie en 1823 un recueil de *romanceros* espagnols qu'il compare à « une *Iliade* de la chevalerie ». En 1824, Delacroix expose *Les Massacres de Scio*. Édouard Delon, un des amis d'enfance de Victor, meurt en Grèce, où il était allé combattre les Turcs, comme Byron à Missolonghi. En 1829, dans la préface des *Orientales*, qu'il avait initialement intitulé *Les Algériennes*, Hugo note que « la mémorable guerre de Grèce avait tourné tous les peuples de ce côté. Voici maintenant que l'équilibre de l'Europe semble prêt à se rompre : le *statu quo* européen vermoulu et lézardé craque du côté de Constantinople ». Il fait dire à l'enfant grec : « Je veux de la poudre et des balles. » Dans « Enthousiasme », il chante le destin de Fabvier, cet ancien soldat de Napoléon, qui partit combattre en Espagne aux côtés des libéraux, puis rallia avec sa petite troupe la Grèce insurgée et s'illustra dans la défense héroïque d'Athènes et de l'Acropole. Dans le poème « Navarin », il célèbre la victoire du 20 octobre 1827 remportée par l'armada française, anglaise et russe sur la flotte turque, qu'il décrit avec une profusion de détails colorés. Et la Grèce devint indépendante après le traité d'Andrinople de 1829. L'Amérique latine elle aussi s'est émancipée de la tutelle du Portugal et de l'Espagne. Et Simon Bolivar, au Congrès panaméricain de Panama, en 1826, a lancé l'idée d'une Sainte Alliance des peuples opprimés et d'une confédération des nouveaux États américains.

Dès 1830, illuminée par le soleil des Trois Glorieuses, l'Europe des nationalités s'éveille. Les partisans de l'indépendance de leur peuple se lèvent en Belgique, en Irlande, en Italie, en Allemagne et jusqu'en Pologne. Le 25 août 1830, au chant de *La Marseillaise*, les Bruxellois, libéraux et catholiques unis, chassent les Hollandais. Un nouvel État national naît sous la protection de la France et de l'Angleterre. Certes, l'Autriche réprime les soulèvements de Parme, Bologne et Modène et la Prusse étouffe l'agitation étudiante de la *Burschenschaft*, mais une insurrection éclate à Varsovie le 29 novembre contre l'occupation russe. Les nobles et le clergé catholique tentent de soulever le peuple polonais contre le tsar Nicolas Ier. Les divergences entre seigneurs et paysans, entre démocrates et conservateurs, facilitent malheureusement l'intervention militaire tsariste et une terrible répression s'ensuit en 1831. Des milliers de Polonais sont déportés en Sibérie, des milliers émigrent en France. La Pologne, toujours partagée entre la Russie, l'Autriche et la Prusse, est niée en tant que nation. Les réfugiés à Paris appellent à la solidarité leur vieil allié. Montalembert traduit *Le Livre des pèlerins polonais* du poète Mickiewicz et Lamennais compose son *Hymne à la Pologne.*

Au cœur de cette Internationale des poètes, Hugo observe avec sympathie tous ces mouvements de libération, mais n'a qu'une perception confuse de leur avenir. En 1830, il s'interroge : « Que fera l'avenir de cette société européenne qui perd de plus en plus chaque jour sa forme papale et monarchique ? » Il a déjà compris que le système de la Sainte Alliance est condamné. L'union de toutes les religions d'État, catholique, orthodoxe et protestantes, n'a pas suffi pour conforter, au nom de la solidarité chrétienne et des lois divines éternelles, la légitimité des dynasties régnantes et la restauration de l'absolutisme. Il est impossible d'effacer les idéaux de 1789. Il affirme que « le principe d'émancipation, de progrès et de liberté, qui semble désormais la loi de l'humanité, [est] appelé, comme nous le croyons avec joie, à refaire la société des hommes ».

Hugo, qui est encore proche de Montalembert et de Lamennais, espère l'émergence d'un christianisme émancipateur qui libérerait les nations d'Europe. Dans une lettre à Montalembert de 1831, il constate : « Sur cinq révolutions d'émancipation et de liberté qui ont éclaté en Europe depuis quarante ans, la française, la grecque, l'irlandaise, la belge, la polonaise, le christianisme en a quatre, le catholicisme romain en a trois. » Drôle de comptabilité qui souligne que seule la Révolution française a échappé au contrôle des Églises en proclamant la laïcité de l'État. Hugo applaudit les catholiques libéraux dans leur tentative de réconciliation des héritages de la France chrétienne et de la Révolution libérale. Mais le pape Grégoire XVI, en exigeant que les Polonais se soumettent au tsar, et en condamnant les thèses libérales par l'encyclique *Mirari Vos,* dissipe ses illusions dès 1832. Pourtant, Hugo conservera toujours une conception quasiment religieuse et chrétienne de la fraternité entre les hommes et entre les peuples. Pour lui, tous les hommes sont frères car issus d'un même Dieu ou d'une même puissance créatrice, immanente au monde et source de toutes choses. Une solidarité universelle lie également tous les êtres vivants et, dans l'imaginaire romantique, toutes les choses. Hugo, dans une méditation philosophico-politique datant des années 1860, ira jusqu'à écrire :

> « La grande chose de la démocratie, c'est la solidarité. La solidarité est au-delà de la fraternité ; la fraternité n'est qu'une idée humaine, la solidarité est une idée universelle ; universelle, c'est-à-dire divine ; et c'est là, c'est à ce point culminant que le glorieux instinct démocratique est allé. Il a dépassé la fraternité pour arriver à l'adhérence. Adhérence avec quoi ? avec Pan ; avec Tout. Car le propre de la solidarité, c'est de ne point admettre d'exclusion. Si la solidarité est vraie, elle est nécessairement générale. Toute vérité est une lueur d'absolu. Rien n'est solitaire, tout est solidaire. [...] Le lien démocratique est de même nature que le rayon solaire. »

Qu'est-ce qu'une nation ?

« Les éléments du pouvoir d'une grande nation sont son influence morale, l'autorité de sa raison et de ses lumières, son ascendant parmi les nations civilisatrices » (Discours du 19 mars 1846).

La première intervention publique de Victor Hugo sur la question nationale porte sur cette question polonaise qui rebondit à la suite de la répression perpétrée par l'Autriche en Galicie. Montalembert vient de plaider la cause de la Pologne catholique. Guizot répond que le gouvernement s'en tient à une double conduite : non-intervention, mais secours aux réfugiés. Hugo, dans son discours du 19 mars 1846, s'étonne de cette frilosité et exige une « intervention purement morale », néanmoins très froidement accueillie par les pairs. Il rappelle pourtant la vieille alliance des deux royaumes conclue au seizième siècle contre l'Empire germanique et le tsar Ivan le Terrible : « Deux nations entre toutes, depuis quatre siècles, ont joué dans la civilisation européenne un rôle désintéressé ; ces deux nations sont la France et la Pologne. La France dissipait les ténèbres, la Pologne repoussait la barbarie ; la France répandait des idées, la Pologne couvrait la frontière. Le peuple français a été le missionnaire de la civilisation en Europe, le peuple polonais en a été le chevalier. »

Hugo est encore assez imprécis, il faut bien le reconnaître, dans l'emploi des termes « peuple », « nations » et « nationalités », qu'il confond souvent. À propos des partages de 1772, 1793, 1795 et 1815, il parle de tentatives de « radiation d'un peuple » et conclut que « si ce peuple devient un petit peuple, il reste une grande nation ». Nous serions tentés d'inverser les vocables. Cependant, l'étude précise de ses textes montre qu'un peuple est perçu par lui comme une communauté unie par la même langue, le même passé, les mêmes coutumes, la même tradition, la même gloire, alors qu'une nation suppose un territoire plus ou moins grand, des lois, une armée, une administration, bref un État, et en plus une influence morale et un projet commun. Un peuple doit être conscient de lui-même pour devenir une nation. Cependant, une nation peut s'affirmer selon deux processus, dit Hugo : « L'unité des peuples s'incarne de deux façons, dans les dynasties et dans les nationalités. » De grandes monarchies ont créé effectivement les grands États d'Europe occidentale. Mais c'est en s'affirmant comme nationalité qu'un peuple conscient de son identité, de son unité, peut aspirer à devenir une nation libre et indépendante. Les peuples ont droit à la justice et à la liberté, par la reconnaissance des autres peuples et États. C'est après 1848, semble-t-il, que Hugo réalise qu'un peuple devient nation en affirmant pleinement sa propre souveraineté. Et, pour lui, seule la reconnaissance réciproque de la souveraineté de tous les peuples permettra la solidarité internationale.

Quelles que soient les imprécisions de la pensée nationale de Victor Hugo, celle-ci est dynamique, historique et progressive. Si sa conception initiale du peuple est assez proche de celle de Herder et donne la primeur aux éléments culturels et spirituels hérités du passé, elle n'a rien à voir avec la conception ethnique du *Völk* allemand, communauté de sang du peuple primitif perpétuée de génération en génération. Hugo conçoit, à la manière de Michelet, la nation comme le produit du long travail de l'Histoire. Et comme la conceptualisera Renan en 1882 dans sa célèbre conférence prononcée à la Sorbonne le 11 mars 1882 *Qu'est-ce qu'une nation ?*

Renan rejette tout d'abord la vieille idée de la nation comme travail d'accumulation patrimoniale effectué par une dynastie, et du « droit des princes ». Il réfute ensuite tous les critères qui prétendent fonder le « droit national » autrement que par la volonté de vivre ensemble. Il écarte ainsi la race, ou plus généralement toute considération ethnographique, puis la langue, qui « invite à se réunir » mais qui « n'y force pas ». Il fait de même avec la religion, impuissante à « offrir une base suffisante à l'établissement d'une nationalité moderne ». Il rejette enfin la référence à une communauté d'intérêts partisans, mauvais ciment social, ainsi qu'à la géographie de frontières prétendues naturelles. Il conclut :

> « Ce qui constitue une nation, ce n'est pas de parler la même langue ou d'appartenir au même groupe ethnographique, c'est d'avoir fait ensemble de grandes choses dans le passé et de vouloir en faire encore dans l'avenir. C'est l'aboutissement d'un long passé d'efforts, de sacrifices et de dévouement, c'est avoir une volonté commune dans le présent. [...] L'homme est tout dans la formation de cette chose sacrée qu'on appelle un peuple. Rien de matériel n'y suffit. [...] Une nation est une âme, un principe spirituel. Deux choses qui, à vrai dire, n'en font qu'une, constituent cette âme, ce principe spirituel. L'une est dans le passé, l'autre dans le présent. Dans le passé, un héritage de gloire et de regrets à partager ; dans l'avenir, un même programme à réaliser. L'âme, c'est la mémoire collective, qui réfère à un passé commun. Le principe spirituel, c'est la volonté de vivre ensemble. Les lois qui règlent cette vie requièrent le consentement populaire, qui est l'expression même de la souveraineté. La nation est un plébiscite de tous les jours. »

Hugo a une approche comparable à celle de Renan conciliant les deux conceptions de la nation par ce qu'elles ont de meilleur. D'une part, le souci d'assumer une culture et une mémoire, de l'autre, le souci de liberté, qui interdit toute conception servile du rapport à l'héritage. L'art des troubadours, pour lui, n'implique aucune allégeance à la féodalité. Mais peut-on, à l'avenir, dépasser la nation ? Hugo répond oui. Il a précocement l'intuition claire et ferme qu'une nationalité européenne est en train de naître. Il expose cette conviction au lendemain de la crise nationaliste au sujet du Rhin allemand ou français, et il ne l'abandonnera jamais. En 1843, dans la préface des *Burgraves*, il écrit :

« Il y a aujourd'hui une nationalité européenne comme il y avait, au temps d'Eschyle, de Sophocle et d'Euripide, une nationalité grecque. [...] Le groupe entier de civilisation, quel qu'il fut et quel qu'il est, a toujours été la grande patrie du poète. [...] Pour nous, c'est l'Europe. [...] La civilisation nous a fait à tous les mêmes entrailles, le même esprit, le même but, le même avenir. D'ailleurs, la France qui prête à la civilisation sa langue universelle et son initiative souveraine, la France, lors même que nous nous unissons à l'Europe dans une sorte de grande nationalité, n'en est pas moins notre première patrie comme Athènes était la première patrie d'Eschyle et de Sophocle. Ils étaient Athéniens comme nous sommes Français, et nous sommes Européens comme ils étaient Grecs. »

Il ne faut pas se méprendre ici sur la notion de « nationalité européenne ». Hugo veut dire que si l'Europe existe comme Europe de la culture – ce qui est déjà beaucoup –, elle n'existe pas encore comme Europe politique, sinon dans l'adhésion virtuelle au modèle républicain. À cet égard, elle reste à construire. Comment ?

La France, « vaisseau-pilote de l'humanité »

« La France est le Christ des autres peuples : elle se lèvera et se dévouera pour eux » (Victor Hugo raconté par un témoin de sa vie).

Michelet, qui voyait en la France le « vaisseau-pilote de l'Humanité », avait en 1848 interpellé cette « glorieuse mère qui n'est pas seulement la nôtre et qui devait enfanter toute nation à la liberté ». Hugo, comme le grand historien, a vibré au « printemps des peuples » quand, à la suite de Paris, Berlin, Vienne, Prague, Budapest, Milan, Venise, Florence se soulèvent contre le système de Metternich. Rome elle-même chasse le pape Pie IX qui se réfugie à Naples. Victor Hugo ronge son frein quand Lamartine et le gouvernement provisoire refusent tout appui aux insurgés libéraux et républicains. Il dira en 1855 qu'une intervention militaire française aurait alors balayé les derniers vestiges des despotismes en Europe. Défions-nous cependant de cette illusion rétrospective. À l'époque, Hugo n'est pas intervenu publiquement pour la liberté des peuples d'Europe, laissant ce drapeau aux républicains d'extrême gauche. Il sort de sa réserve en octobre 1849 alors que les armées prussiennes, autrichiennes et russes ont déjà écrasé la plupart des mouvements de libération et que la terreur réactionnaire noie dans le sang les espoirs des peuples. Que faire face au grand hiver des peuples ?

Hugo s'engage à propos de l'affaire romaine, sans se douter que sa conception de l'unité européenne va être mise à l'épreuve. Bonaparte avait fait des États pontificaux une République sœur de la République française avant de l'annexer à la France. Un fort courant républicain, anticlérical mais chrétien, subsistait à Rome, porté par le mouvement de la « Jeune Italie » animé par Mazzini, l'apôtre de l'unité italienne. En novembre 1848, les Romains libérés de la papauté proclament la république. Le nouveau régime remet en question le pouvoir du pape, tout en lui reconnaissant son pouvoir spirituel. Le vœu de Mazzini est que Rome devienne la capitale de la future République italienne unie du nord au sud. C'est aller à l'encontre des vues du roi de Piémont Charles-Albert, qui rêve de fonder le Royaume d'Italie et prend la tête de la croisade libératrice. L'Empire d'Autriche, premier État catholique d'Europe, occupe l'Italie du Nord et est le véritable « gendarme » de la péninsule. Après avoir écrasé la révolution à Vienne, défait les Piémontais à la bataille de Novarre, le Waterloo italien pour Hugo, l'Autriche s'apprête à intervenir à Rome. Or, le président Louis Bonaparte s'est engagé auprès des catholiques français à garantir la pleine autorité du pape, tant au plan temporel que spirituel. À Paris, si les conservateurs songent à restaurer le pape dans son pouvoir temporel, les républicains s'inquiètent de l'intervention autrichienne contre la République romaine. « La France doit aller à Rome pour y sauvegarder la liberté et l'humanité », proclame Hugo à la Chambre le 19 octobre 1849.

Un corps expéditionnaire français est envoyé pour officiellement protéger Rome des Autrichiens. Mais, sur ordre secret, il tente d'occuper en force la ville. Il en est empêché par la résistance des partisans de Mazzini et de Garibaldi. À Paris, les républicains s'émeuvent de cette dérive. L'article 5 de la Constitution ne stipule-t-il pas que « la République française respecte les nationalités étrangères et n'emploie jamais la force contre la liberté d'aucun peuple » ? Les chefs d'extrême gauche manifestent violemment le 13 juin 1849 contre la menace militaire française pesant sur la Rome républicaine, mais ils sont poursuivis et inculpés de tentative de coup d'État. C'est seulement alors que Hugo intervient et proteste contre ces atteintes aux libertés politiques, la destruction des imprimeries républicaines, les provocations policières et le danger pesant sur la République romaine comme sur la République française, puisque des réactionnaires envisagent ouvertement une « intervention de Rome à l'intérieur ».

Le nouveau gouvernement Barrot, issu des élections du 13 mai 1849 qui ont vu le triomphe du parti de l'ordre, donne effectivement l'ordre au général Oudinot de prendre Rome *coûte que coûte* et d'y restaurer la papauté, donc de détruire la République romaine. Le président Louis Bonaparte se contente pour sa part de demander au pape d'accorder des réformes libérales et séculières. Pie IX, que Hugo avait salué à son avènement comme un pape libéral, mais qui est tout à la dévotion des Autrichiens, restaure intégralement son pouvoir, au temporel comme au spirituel, n'hésitant pas à humilier les Français. À Paris, les députés de droite justifient la mise à mort de la République en déclarant que la papauté est la propriété indivise de la chrétienté. Hugo s'indigne que la France ait aliéné la liberté des Romains comme l'aurait fait l'Autriche et affirme la nécessité historique de la sécularisation de la République italienne. Non seulement l'indépendance politique de l'Italie à l'égard de l'Autriche est nécessaire, mais l'indépendance spirituelle de l'Italie à l'égard de l'Église est également indispensable. La confusion des pouvoirs spirituel et temporel est d'un autre âge. L'Europe de demain doit être sécularisée.

D'un côté, Hugo dénonce l'Autriche qui, « dans cette guerre qu'elle fait aux révolutions, a l'habitude de déshonorer ses victoires par d'inqualifiables indignités ». Il dénonce vivement « les exactions, les extorsions d'argent, les spoliations, les fusillades, les exécutions en masse, la potence dressée pour les hommes héroïques, la bastonnade donnée à des femmes, toutes ces infamies mettent le gouvernement autrichien au pilori de l'histoire ». De l'autre, il accuse la papauté de refuser toute évolution et de défendre tous les régimes réactionnaires : « Voilà trop longtemps que les papes s'isolent de la marche de l'esprit humain et de tous les progrès du continent. » Après avoir rappelé le chaos et la barbarie des lois féodales imposées aux Romains, il interpelle Pie IX : « Il faut que la papauté [...] ne se comporte pas de façon à repousser à jamais les hautes destinées qui l'attendent un jour, le jour inévitable de l'affranchissement et de l'unité de l'Italie. » Passant du domaine politique au domaine spirituel, Hugo assène cette affirmation paradoxale qui prend à contre-pied tous les conservateurs catholiques : « Il faut enfin qu'elle se garde de son pire ennemi ; or ce pire ennemi, ce n'est pas l'esprit révolutionnaire, c'est l'esprit clérical. L'esprit révolutionnaire ne peut que la rudoyer, l'esprit clérical peut la tuer. » Ainsi, Hugo rompt les ponts avec les cléricaux et devient la cible de leur haine. Montalembert donne alors un très curieux exemple de charité chrétienne et de probité intellectuelle en tronquant des citations de ses discours pour l'attaquer plus facilement, plus ignominieusement.

Pour la Révolution italienne

« Tant que l'Italie ne sera pas un peuple, l'Italien ne sera pas un homme » (À l'Italie, *26 mai 1856*).

Le combat de Victor Hugo pour l'unité et l'indépendance de l'Italie, après la Grèce la seconde mère de la France, sera exemplaire. À chaque moment dramatique de sa difficile et complexe unification, le proscrit multiplie dans la presse internationale les messages adressés depuis l'exil à l'Italie. Quand, en 1856, Cavour, le Premier ministre du roi du Piémont, envisage l'interposition de Napoléon III pour obtenir des compromis et des concessions de l'Autriche, du roi de Naples et de la papauté, Mazzini multiplie les suppliques à Hugo. La dernière est fort concise : « Je vous demande un mot pour l'Italie. Elle penche en ce moment du côté des rois. Avertissez-la et redressez-la. » En fait, les nouveaux dirigeants du Risorgimento italien, doutant de la solution républicaine, sont séduits par la voie de la monarchie constitutionnelle du roi du Piémont et de Cavour. Or nous savons que Hugo a admis qu'une dynastie peut faire l'unité nationale d'un peuple. Peut-il admettre l'unité de l'Italie sous un monarque libéral ?

Le 17 juin 1856 paraît à Londres et à Gènes son appel *À l'Italie.* C'est une protestation indignée contre les *combinazzione*, l'esprit de compromis et le laxisme dans l'application des principes. Pas de concessions à propos de la souveraineté nationale, ce « droit divin des peuples, non des rois ». Pas de confiance dans les rois ! Aujourd'hui l'agitation, demain l'insurrection ! Pas de réformes, la Révolution !

« Ne détournez pas un seul instant vos yeux de cet avenir magnifique. La grande solution est proche ; ne souffrez pas qu'on vous fasse une solution à part. Dédaignez ces offres de marche en avant petit à petit, tenus aux lisières par les princes. Nous sommes dans le temps de ces enjambées formidables qu'on appelle Révolutions. Les peuples perdent des siècles et les regagnent en une heure. Pour la liberté comme pour le Nil, la fécondation, c'est la submersion.

Ayons foi. Pas de moyens termes, pas de compromis, pas de demi-mesures, pas de demi-conquêtes. Quoi ! accepter des concessions, quand on a le droit, et l'appui des princes, quand on a l'appui des peuples ! Il y a de l'abdication dans cette espèce de progrès-là. Non. Visons haut, pensons vrai, marchons droit. Les à-peu-près ne suffisent plus. Tout se fera ; et tout se fera en un pas, en un jour, en un seul éclair, en un seul coup de tonnerre. Ayons foi. [...]

Oui, le règne des monstres et des despotes, grands et petits, n'a plus que quelques instants, nous sommes à la fin. Souvenez-vous-en, vous êtes les fils de cette terre prédestinée pour le bien, fatale pour le mal, sur laquelle jettent leur ombre ces deux géants de la pensée humaine, Michel-Ange et Dante ; Michel-Ange, le jugement ; Dante, le châtiment.

Gardez entière et vierge votre mission sublime.

Ne vous laissez ni amortir, ni amoindrir.

Pas de sommeil, pas d'engourdissement, pas de torpeur, pas d'opium, pas de trêve. Agitez-vous, agitez-vous, agitez-vous ! Le devoir pour tous, pour vous comme pour nous, c'est l'agitation aujourd'hui, l'insurrection demain. »

On ne transige pas avec la souveraineté nationale, ni avec l'indépendance. Hugo est déçu par la timidité du Piémont qui, avec l'appui de Napoléon III, se contente en 1859 de vaincre l'Autriche à Magenta et Solferino et d'annexer l'Italie centrale. Poussé par son républicanisme révolutionnaire, refusant de transiger avec ses principes, et bien que connaissant mal la situation italienne, Hugo soutient de bout en bout les équipées héroïques et tragiques de Garibaldi qui lui paraît la seule personnalité charismatique capable de rassembler toute la nation italienne et de la transformer en une force démocratique. Ce franc-tireur qui, en 1848, a défendu Milan contre les Autrichiens et, en 1949, Rome contre les Français, décide en 1860 de renverser la tyrannie des Bourbons de Naples et de libérer Rome. Il lance depuis Gènes son expédition des *Mille*, petite armée de volontaires aux « chemises rouges », sur la Sicile et prend Palerme ; Hugo y voit aussitôt l'aube de « la délivrance universelle ». Par son discours enflammé du 14 juin 1860 à Jersey, il organise la solidarité internationale, matérielle et morale. Il clame : « Qu'autour de cet homme vaillant qui est debout là-bas dans Palerme, il y ait un feu sur toutes les montagnes de la Sicile et une lumière sur tous les sommets de l'Europe. » Même des journaux français, favorables à la cause de l'Italie, publient cet appel du proscrit. Hugo se révèle ici un très grand écrivain militant. Il se transforme en cet « écho sonore » qui amplifie toutes les résonances. Il est tour à tour grand témoin, forgeur de mythes et prophète inspiré.

D'abord, il dénonce les crimes du despotique roi de Naples François II avec la précision clinique du journaliste et du procureur :

« Je viens de prononcer ce mot : les tyrans, ai-je exagéré ? Ai-je calomnié le gouvernement napolitain ? Pas de paroles. Voici des faits :

Faites attention. Ceci est de l'histoire vivante ; on pourrait dire, de l'histoire saignante. *(Écoutez !)*

Le royaume de Naples – celui dont nous nous occupons en ce moment – n'a qu'une institution, la police. Chaque district a sa "commission de bastonnade". Deux sbires, Ajossa et Maniscalco, règnent sous le roi ; Ajossa bâtonne Naples, Maniscalco bâtonne la Sicile. Mais le bâton n'est que le moyen turc ; ce gouvernement a de plus le procédé de l'inquisition, la torture. Oui, la torture. Écoutez. Un sbire, Bruno, attache les accusés la tête entre les jambes jusqu'à ce qu'ils avouent. Un autre sbire, Pontillo, les assied sur un gril et allume du feu dessous ; cela s'appelle "le fauteuil ardent". Un autre sbire, Luigi Maniscalco, parent du chef, a inventé un instrument ; on y introduit le bras ou la jambe du patient, on tourne un écrou, et le membre est broyé ; cela se nomme "la machine angélique". Un autre suspend un homme à deux anneaux par les bras à un mur, par les pieds au mur de face ; cela fait, il saute sur l'homme et le disloque. Il y a les poucettes qui écrasent les doigts de la main ; il y a le tourniquet serre-tête, cercle de fer comprimé par une vis, qui fait sortir et presque jaillir les yeux. Quelquefois on échappe ; un homme, Casimiro Arsimano, s'est enfui ; sa femme, ses fils et ses filles ont été pris et assis à sa place sur le fauteuil ardent. [...] À Monreale, un vieillard et sa fille étaient soupçonnés de patriotisme ; le vieillard est mort sous le fouet ; sa fille, qui était une femme grosse, a été mise nue et est morte sous le fouet. Messieurs, il y a un jeune homme de vingt ans qui fait ces choses-là. Ce jeune homme s'appelle François II. Cela se passe au pays de Tibère. *(Acclamations.)*

Est-ce possible ? c'est authentique. La date ? 1860. L'année où nous sommes. Ajoutez à cela le fait d'hier, Palerme écrasée d'obus, noyée dans le sang, massacrée ; – ajoutez cette tradition épouvantable de l'extermination des villes qui semble la rage maniaque d'une famille, et qui dans l'histoire débaptisera hideusement cette dynastie et changera Bourbon en Bomba. *(Hourrahs.)* »

Dénonciateur des crimes les plus atroces d'une monarchie de droit divin, Hugo exalte ensuite les vertus cardinales du libérateur. Il se fait *impressario* et forge le mythe vivant de son héros sublime et de ses combattants de l'ombre projetés en pleine lumière :

« Garibaldi. Qu'est-ce que c'est que Garibaldi ? C'est un homme, rien de plus. Mais un homme dans toute l'acception sublime du mot. Un homme de la liberté ; un homme de l'humanité. *Vir,* dirait son compatriote Virgile.

A-t-il une armée ? Non. Une poignée de volontaires. Des munitions de guerre ? Point. De la poudre ? Quelques barils à peine. Des canons ? Ceux de l'ennemi. Quelle est donc sa force ? Qu'est-ce qui le fait vaincre ? Qu'a-t-il avec lui ? L'âme des peuples. Il va, il court, sa marche est une traînée de flamme, sa poignée d'hommes méduse les régiments, ses faibles armes sont enchantées, les balles de ses carabines tiennent tête aux boulets de canons ; il a avec lui la Révolution : et, de temps en temps, dans le chaos de la bataille, dans la fumée, dans l'éclair, comme si c'était un héros d'Homère, on voit derrière lui la déesse. *(Acclamation.)*

Quelque opiniâtre que soit la résistance, cette guerre est surprenante par sa simplicité. C'est l'assaut donné par un homme à une royauté ; son essaim vole autour de lui ; les femmes lui jettent des fleurs, les hommes se battent en chantant, l'armée royale fuit ; toute cette aventure est épique ; c'est lumineux, formidable et charmant comme une attaque d'abeilles.

Admirez ces étapes radieuses. Et, je vous le prédis, pas une ne fera défaut dans les échéances infaillibles de l'avenir. Après Marsala, Palerme ; après Palerme, Messine ; après Messine, Naples ; après Naples, Rome ; après Rome, Venise ; après Venise, tout. *(Applaudissements enthousiastes.)* »

C'est l'âme des peuples qui est révélée par les nécessaires révolutions. La conquête de la liberté doit passer par l'épopée. Mais Hugo se veut aussi le visionnaire politique, le prophète intransigeant de l'Italie libre et de la République italienne. L'Italie ne sera plus un simple terme de géographie, mais une nation née dans l'exaltation révolutionnaire comme la France de 1793, telle que l'avait rêvée Manin, le patriote vénitien.

« Vous qui m'écoutez, vous la représentez-vous, cette vision splendide, l'Italie libre ! libre ! libre du golfe de Tarente aux lagunes de Saint-Marc, car, je te l'affirme dans ta tombe, ô Manin, Venise sera de la fête ! [...] L'Italie, la grande morte, s'est réveillée ; voyez-la, elle se lève et sourit au genre humain. Elle dit à la Grèce : je suis ta fille ; elle dit à la

France : je suis ta mère. Elle a autour d'elle ses poètes, ses orateurs, ses artistes, ses philosophes, tous ces conseillers de l'humanité, tous ces pères conscrits de l'intelligence universelle, tous ces membres du sénat des siècles, et à sa droite et à sa gauche ces deux effrayants grands hommes, Dante et Michel-Ange. Oh ! puisque la politique aime ces mots-là, ce sera bien là le plus majestueux des faits accomplis ! quel triomphe ! quel avènement ! quel merveilleux phénomène que l'unité traversant d'un seul éclair cette variété magnifique de villes sœurs : Milan, Turin, Gênes, Florence, Bologne, Pise, Sienne, Vérone, Parme, Palerme, Messine, Naples, Venise, Rome ! *(Bravo ! Bravo !)* »

Gloire aux combattants de la liberté !

« Oh ! quand l'heure est venue, que c'est beau un peuple ! » (À l'Italie, *26 mai 1856*).

Hugo prophétise mais n'est pas devin. L'unité italienne ne s'opère pas selon ses espérances révolutionnaires. Le roi Victor-Emmanuel stoppe Garibaldi devant Naples et fonde un royaume d'Italie, sans Venise ni Rome, pour ménager l'Autriche. Mais, quand, en 1867, Garibaldi veut en finir avec l'imbroglio romain et donner Rome au royaume, pour enfin unifier une Italie libre, à défaut de la républicaniser tout de suite, c'est Napoléon III qui vient s'interposer comme il l'avait fait déjà en 1849. Quand Garibaldi marche sur Rome, ses quatre mille partisans sont arrêtés à Mentana par les zouaves des troupes françaises, qui depuis 1849 montent la garde au Vatican. Un général français se félicite : « Les Chassepots ont fait merveille : le nouveau fusil français a expérimenté sa mitraille sur les "chemises rouges" en tuant 600 partisans, Garibaldi est prisonnier du roi d'Italie au service duquel il s'était mis en 1860. » Napoléon III, à la remorque du parti clérical, est complice de la réaction. À Paris, étudiants et ouvriers manifestent. Hugo, indigné, n'a pas besoin d'être sollicité pour réagir. Et de quelle manière ! Il publie un poème de trois cent vingt-sept vers qu'il titre « La voix de Guernesey », puis plus tard « Mentana ». Ce ne sont pas ses meilleurs vers, mais un mois après la parution du poème, dix-sept traductions en avaient déjà été faites. La hargne de la presse cléricale en amplifia l'écho. C'est dire l'immense rayonnement international des positions prises par Victor Hugo.

« Leur crime ? ils voulaient Rome et ses arcs triomphants ;
Ils défendaient l'honneur et le droit, ces chimères
Être jeune n'est pas complet sans être libre. »

Qui est responsable ? le pape certes :

« Que de sang sur ce prêtre, ô pâle Jésus-Christ »

Mais Napoléon III a été l'instrument du crime :

« France, on te déshonore, on te traîne, on te lie,
Et l'on te force à mettre au bagne l'Italie. »

Et le traître Victor-Emmanuel a emprisonné Garibaldi :

« Quel est ce prisonnier ? c'est le libérateur. »

Enfin, s'adressant au peuple italien tout autant qu'au peuple français, Hugo en vient à douter d'eux, comme Jésus au mont des Oliviers :

« Ô peuple, noir dormeur, quand t'éveilleras-tu ?
Rester couché sied mal à qui fut abattu ; [...]
Qu'as-tu fait de ton âme, ô toi qui t'indignais ?
L'empire est une cave, et toutes les espèces
De nuit te tiennent pris sous leurs brumes épaisses,
Tu dors, oubliant tout, ta grandeur, son complot,
La liberté, le droit, ces lumières d'en haut ;
Tu fermes les yeux, lourd, gisant, sous d'affreux voiles,
Sans souci de l'affront que tu fais aux étoiles !
Allons, remue. Allons, mets-toi sur ton séant,
Qu'on voit enfin bouger le torse du géant. »

Hugo fait le brutal constat que les peuples ne sont pas voués naturellement à l'héroïsme si les hommes qui luttent sont mis dans l'incapacité de les entraîner. Un peuple ne devient peuple que quand il est devenu le maître conscient de son destin. Si des peuples au passé aussi riche que les Italiens et les Allemands n'ont pas réussi à devenir des nations unifiées par les principes de la République comme la France, c'est dire si l'Europe des nations est encore éloignée. La démocratie et l'instruction généralisée sont indispensables à l'affirmation de la souveraineté. Mais le peuple français lui-même peut se montrer indigne de son passé révolutionnaire quand, faute de liberté démocratique et d'expérience politique, il tombe dans le piège des plébiscites comme en 1870. Hugo en fera une plus amère expérience encore quand, après les défaites françaises de 1870 et 1871, l'Assemblée nationale, élue à la demande de Bismarck pour signer l'« ignoble paix », invalidera l'élection de Garibaldi, qui était venu de lui-même combattre avec ses francs-tireurs italiens au côté des partisans bourguignons. Il est pourtant un des rares généraux à avoir sauvé l'honneur de la France, clamera-t-il à la face des élus de la peur.

Victor Hugo a compris et démontré que l'indépendance et la souveraineté de chaque peuple doivent être les véritables bases de la solidarité et de la fraternité internationales. En retour, la solidarité militante doit se manifester pour tous les peuples luttant pour leur « droit sacré à la patrie » et pour leur liberté. Même quand la révolte crétoise de 1867 paraît écrasée par la barbarie turque, Hugo réagit : « Une insurrection étouffée n'est point un principe supprimé. [...] N'importe ! La question crétoise est désormais posée... [...] La Grèce complète, l'Italie complète. Athènes au sommet de l'une, Rome au sommet de l'autre : voilà ce que nous, France, devons à nos deux mères. » L'exilé dénonce la plus lâche des conspirations des grandes puissances : « la conspiration du silence ». Le proscrit s'identifie à sa patrie pour en sauver l'honneur en rappelant son message universel par ce cri proféré le 2 décembre 1866.

Droit de tous les peuples à l'autodétermination

« Un peuple ne possède pas plus un autre peuple qu'un homme ne possède un autre homme » (Aux femmes de Cuba, *début 1870*).

On comprend facilement le soutien de Victor Hugo aux luttes pour l'unité nationale, étape nécessaire dans la perspective du rassemblement futur des Peuples-Unis d'Europe. Approuve-t-il aussi facilement la révolte des peuples déjà intégrés dans de grands États ? Ne redoute-t-il pas l'émiettement, la désintégration de l'Europe des nations ? Certes non ! Le principe de la souveraineté nationale doit fonctionner, pour lui, dans les deux sens. Tous les peuples ont droit à l'indépendance et un peuple qui en opprime un autre n'est pas un peuple libre. « La liberté du monde se compose de la liberté de chaque peuple », écrit-il le 24 novembre 1867.

C'est à l'oppresseur de prendre exemple sur l'opprimé qui se soulève pour se libérer : tel est le message que Hugo diffuse alors que l'armée tsariste réprime la nouvelle insurrection polonaise en 1863. Depuis le Statut organique de 1831 imposé par l'autocrate Nicolas Ier, la Pologne est dite « partie inaliénable » de la Russie. La « normalisation » a supprimé toute administration polonaise ; le russe est la langue officielle et les universités sont fermées. Mais, en 1862, comme le tsar Alexandre II s'est engagé dans la voie des réformes, la Pologne retrouve une certaine autonomie administrative et la liberté universitaire. Mais ce « petit père des peuples », qui vient d'abolir le servage en Russie et de faire théoriquement des moujiks des hommes libres civilement, ne peut tolérer la renaissance de l'aspiration à l'indépendance de la Pologne. L'insurrection est matée dans le sang ; 60 000 insurgés sont déportés en Sibérie, leurs biens confisqués, les couvents fermés, les Églises spoliées. La « russification » est mise à l'ordre du jour : le russe devient la seule langue enseignée, les noms de lieu sont débaptisés. À l'appel de l'écrivain russe Alexandre Herzen, exilé à Londres depuis 1847, éditeur du journal clandestin *Kolokol, La Cloche,* Hugo fait publier dans tous les journaux libres d'Europe cet *Appel à l'Armée russe.* Le texte en est diffusé clandestinement en Pologne avec un « effet immense », si l'on en croit Herzen.

« Soldats russes, redevenez des hommes.

Cette gloire vous est offerte en ce moment, saisissez-la.

Pendant qu'il en est temps encore, écoutez :

Si vous continuez cette guerre sauvage ; si, vous, officiers, qui êtes de nobles cœurs, mais qu'un caprice peut dégrader et jeter en Sibérie ; si vous, soldats, serfs hier, esclaves aujourd'hui, violemment arrachés à vos mères, à vos fiancées, à vos familles, sujets du knout, maltraités, mal nourris, condamnés pour de longues années et pour un temps indéfini au service militaire, plus dur en Russie que le bagne ailleurs ; si vous qui êtes des victimes, vous prenez parti contre les victimes ; si, à l'heure sainte où la Pologne vénérable se dresse, à l'heure suprême où le choix vous est donné entre Pétersbourg où est le tyran et Varsovie où est la liberté ; si, dans ce conflit décisif, vous méconnaissez votre devoir, votre devoir unique, la fraternité ; si vous faites cause commune contre les Polonais avec le czar, leur bourreau et le vôtre ; si, opprimés, vous n'avez tiré de l'oppression d'autre leçon que de soutenir l'oppresseur ; si de votre malheur vous faites votre honte ; si vous qui avez l'épée à la main, vous mettez au service du despotisme, monstre lourd et faible qui vous écrase tous, Russes aussi bien que Polonais, votre force aveugle et dupe ; si, au lieu de vous retourner et de faire face au boucher des nations, vous accablez lâchement, sous la supériorité des armes et du nombre, ces héroïques populations désespérées, réclamant le premier des droits, le droit à la patrie ; si, en plein dix-neuvième siècle, vous consommez l'assassinat de la Pologne, si vous faites cela, sachez-le, hommes de l'armée russe, vous tomberez, ce qui semble impossible, au-dessous même des bandes américaines du Sud, et vous soulèverez l'exécration du monde civilisé ! Les crimes de la force sont et restent des crimes ; l'horreur publique est une pénalité.

Soldats russes, inspirez-vous des Polonais, ne les combattez pas.

Ce que vous avez devant vous en Pologne, ce n'est pas l'ennemi, c'est l'exemple. »

Ainsi, Hugo appelle à la résurrection de la Pologne, mais aussi à la libération de la Russie elle-même par le renversement de l'autocratie.

Liberté pour l'Irlande

« Vous êtes l'Angleterre pour montrer le spectacle de la vie et non l'exemple de la mort » (Appel à l'Angleterre, *28 mai 1867*).

On comprend ses condamnations des pires régimes absolutistes et autoritaires d'Europe, ces empires « prisons des peuples » que sont la Turquie, la Russie, l'Autriche ; on comprend son hostilité à l'égard de Napoléon III et de Bismarck. Mais, comment notre proscrit se comporte-t-il à l'égard de l'Angleterre qui l'a accueilli ? Il ne s'est pas mêlé des affaires intérieures du Royaume-Uni. Réserve de l'exilé à l'égard de son hôte ? Confiance dans le régime parlementaire ? Proximité des libéraux de Gladstone ? Hugo a toujours marqué du respect à l'égard de l'Angleterre de Sheridan, de Wilberforce et de Cobden qui ont initié l'Europe au parlementarisme, à l'émancipation des esclaves et au libre-échangisme. Mais le romancier n'est pas dupe des conflits sociaux qui traversent la société anglaise, comme le montre le roman *L'homme qui rit*.

Hugo condamne le sort que l'Angleterre fait à l'Irlande, sa première colonie. Le roi Henri VIII s'est proclamé roi d'Irlande en 1541 par simple conquête ; les paysans anglais y ont établi leurs *settlements*, les Orangistes ont voulu chasser les papistes. L'Irlande a été réduite à la famine en 1846 et a perdu la moitié de sa population par mortalité ou émigration. Mais, depuis, les patriotes irlandais s'organisent et luttent clandestinement. Les Fenians, comme ils se nomment, commettent des attentats contre les occupants. Pourchassés, arrêtés, ils sont systématiquement condamnés à la pendaison. N'y aurait-il plus d'*habeas corpus* pour raison politique ? Le 27 mai 1867, des femmes de condamnés à mort s'adressent à Hugo. Il n'hésite pas un instant. Le lendemain paraît dans la *Gazette de Guernesey* son adresse *À l'Angleterre*, qui est reprise aussitôt par les journaux anglais, belges et français.

> « Non, l'Angleterre, en 1867, n'exécutera pas l'Irlande. Cette Élisabeth n'exécutera pas cette Marie Stuart. [...]
>
> L'Europe vous rappelle au devoir.
>
> Prendre à cette heure la parole pour les condamnés, c'est venir au secours de l'Irlande ; c'est aussi venir au secours de l'Angleterre.
>
> L'une est en danger du côté de son droit, l'autre du côté de sa gloire. Les gibets ne seront pas dressés. [...]
>
> Épouses et filles qui avez écrit à un proscrit, il est inutile de vous couper des robes noires. Regardez avec confiance vos enfants dormir dans leurs berceaux. C'est une femme en deuil qui gouverne l'Angleterre. Une mère ne fera pas des orphelins, une veuve ne fera pas des veuves. »

Hugo n'a pas hésité à user des armes de l'émotion et à s'adresser au cœur de la reine Victoria. Il est capital, pour lui, de rester digne dans l'accusation et de toujours espérer l'humanisation du bourreau. Le 3 juin, la reine accorde sa grâce aux condamnés. Mais, le 23 novembre, à Manchester, trois militants irlandais sont pendus pour avoir attaqué un fourgon cellulaire afin de libérer leurs camarades. Le 23 novembre, par mesure de représailles, les Fenians font exploser une prison à Londres. Hugo ne condamne pas. La liberté d'une nation doit se conquérir par tous les moyens légitimes, y compris par les armes de la violence, l'arme du dominateur.

République et souveraineté nationale

« Aucune nation n'a le droit de porter son ongle sur l'autre, pas plus l'Espagne sur Cuba que l'Angleterre sur Gibraltar » (Aux femmes de Cuba, *début 1870*).

Jusqu'où peut aller son soutien à la libre disposition des peuples ? Jusqu'à la condamnation des monarchies et à la propagande universelle pour la République. Quand, en 1868, dans l'Espagne secouée par les séquelles des guerres civiles carlistes et enfermée dans l'obscurantisme clérical, la reine discréditée, Isabelle II, est chassée par un double soulèvement des libéraux exilés et des militaires patriotes, Hugo est sollicité pour lancer un manifeste en vue de faire proclamer la République en Espagne. Après la « glorieuse révolution » de septembre, l'Espagne connaît pendant trois mois une situation insurrectionnelle avec un double pouvoir, celui des juntes municipales plus ou moins républicaines qui se multiplient dans les villes côtières et commerçantes et celui du gouvernement provisoire du général monarchiste Serrano, qui s'est emparé du pouvoir à Madrid. Qui l'emportera ? Les premières élections aux Cortès organisées au suffrage universel doivent avoir lieu en janvier 1869.

Hugo ne s'ingère pas en donneur de leçons dans les affaires intérieures de l'Espagne, mais il exprime le souhait que chaque peuple se dote d'institutions démocratiques et autonomes. Appuyant les libéraux et les républicains, il adresse deux lettres publiques à l'Espagne qui résument tous ses espoirs politiques. Dans la première, datée du 22 octobre, il commence par rappeler le très glorieux passé de l'Espagne pour aussitôt expliquer sa déchéance : « Naissant, ce peuple a tenu en échec Charlemagne, et, mourant, Napoléon. Ce peuple a eu des maladies et subi des vermines, mais, en somme, n'a pas plus été déshonoré par les moines que les lions par les poux. Il n'a manqué à ce peuple que deux choses : savoir se passer du pape et savoir se passer du roi. [...] Ce peuple renaît. Renaîtra-il petit ? Renaîtra-t-il grand ? Telle est la question ? » L'Espagne n'a rien à attendre d'un souverain issu de dynasties étrangères. La France et l'Allemagne s'affrontent déjà autour de la candidature Hohenzollern. Une monarchie de plus sur le continent ferait tourner à l'envers la roue de l'histoire. Ce qu'il faut à l'Espagne, c'est une République.

« "Une république en Espagne", ce serait le holà en Europe ; et le holà dit aux rois, c'est la paix ; ce serait la France et la Prusse neutralisées, la guerre entre les monarchies militaires impossible par le seul fait de la révolution présente, la muselière mise à Sadowa comme à Austerlitz, la perspective des tueries remplacée par la perspective du travail et de la fécondité, Chassepot destitué au profit de Jacquart ; ce serait l'équilibre du continent brusquement fait aux dépens des fictions par ce poids dans la balance, la vérité ; ce serait cette vieille puissance, l'Espagne, régénérée par cette jeune force, le peuple ; ce serait, au point de vue de la marine et du commerce, la vie rendue à ce double littoral qui a régné sur la Méditerranée avant Venise et sur l'Océan avant l'Angleterre ; ce serait l'industrie fourmillant là où croupit la misère ; ce serait Cadix égale à Southampton, Barcelone égale à Liverpool, Madrid égale à Paris. Ce serait le Portugal, à un moment donné, faisant retour à l'Espagne, par la seule attraction de la lumière et de la prospérité ; la liberté est l'aimant des annexions. Une république en Espagne, ce serait la constatation pure et simple de la souveraineté de l'homme sur lui-même, souveraineté indiscutable, souveraineté qui ne se met pas aux voix ; ce serait la production sans tarif, la consommation sans douane, la circulation sans ligature, l'atelier sans prolétariat, la richesse sans parasitisme, la conscience sans préjugés, la parole sans bâillon, la loi sans mensonge, la force sans armée, la fraternité sans Caïn ; ce serait le travail pour tous, l'instruction pour tous, la justice pour tous, l'échafaud pour personne ; ce serait l'idéal devenu palpable, et, de même qu'il y a l'hirondelle-guide, il y aurait la nation-exemple. De péril point. L'Espagne citoyenne, c'est l'Espagne forte ; l'Espagne démocratie, c'est l'Espagne citadelle. »

Sollicité à nouveau par le professeur Emilio Castellar et d'autres républicains, Victor Hugo, un mois après, demande à l'Espagne nouvelle des actes décisifs. Qu'elle donne l'indépendance à Cuba. « Un peuple s'augmente de tous les peuples qu'il affranchit. Soyez la grande Espagne complète. Ce qu'il vous faut, c'est Gibraltar de plus et Cuba de moins. » Un an plus tôt, Hugo avait applaudi à l'indépendance de la République de Porto Rico. « L'Espagne hors de l'Amérique ! » Hugo avait rappelé le principe fondamental que la liberté des peuples n'admet pas de concessions. « Un peuple qui en domine un autre est un peuple esclave. »

Les peuples souverains, parce qu'ils ne dépendent que d'eux-mêmes, ont toute latitude pour nouer des liens qui ne soient pas de sujétion. La construction de l'intérêt commun sur le plan international s'inscrit alors dans le prolongement de celle qui vaut sur le plan national. À l'horizon, la république universelle. La paix mondiale n'est-elle pas à ce prix ? Il est temps maintenant de décliner ce thème si cher à Hugo, ce « patriote de l'humanité ».

Chapitre neuf

Paix mondiale et République universelle

Le combat pour la paix

« La guerre habite un sépulcre. Les larves ne sortent pas des sépulcres à midi. Qu'elle reste dans son tombeau et qu'elle nous laisse dans notre lumière » (Déclaration de paix, *mai 1867*).

La guerre, Hugo l'a vue de près, et de loin. De près, pendant son enfance, il s'est retrouvé, comme on l'a rappelé au chapitre précédent, en Espagne, suivant les campagnes militaires de son père. De loin, lorsque lui parvenaient les nouvelles de ces mêmes campagnes, au gré des conflits où Napoléon engageait la France, ou qu'il devait assumer. Le spectacle des atrocités l'a marqué. À tel point que, plus tard, lorsqu'il évoquera les guerres, ses descriptions, romanesques ou journalistiques, seront toujours d'un extrême réalisme et n'épargneront aucun détail des folies humaines.

Ainsi, par exemple, de la guerre d'Orient, déclenchée en 1854 par la France et l'Angleterre contre la Russie à propos des Lieux saints. Il s'agit d'assurer la maîtrise de l'accès à ces lieux par le pape d'Occident, en conflit sur ce point avec son collègue orthodoxe. Une affaire de clef, en somme, pour le Saint Sépulcre et voilà une partie du monde embrasée. On pense à Pascal, qui soulignait l'absurde disproportion des causes et des effets dans l'histoire humaine. (Petites causes, grands effets : « Le nez de Cléopâtre, s'il eût été plus court, la face du monde en eût changé... ») Petites causes ? Ce n'est pas si sûr. La cause majeure des guerres est quelque chose qui nous vient de la préhistoire – entendons l'âge des rois-despotes antérieur à la révolution. Le carnage mutuel des peuples a pour origine l'ambition des princes et des empereurs.

Comme son oncle, dit Hugo, le prince usurpateur Louis Napoléon Bonaparte voudrait bien être sacré des mains mêmes du pape. Celui-ci, Pie IX, s'est illustré comme on sait dans la répression contre les républicains romains, avec l'aide des armées françaises. Peut-il refuser un tel service à l'empereur autoproclamé ? Nous sommes après tout dans la tradition : César aide Dieu – ou son représentant supposé – à asseoir sa domination temporelle, et en échange, Dieu aide César en sacralisant son pouvoir. Pour obtenir plus sûrement l'assentiment de Pie IX, le César du jour jette la France dans une guerre sans merci : la guerre de Crimée, où l'adversaire n'est ni plus ni moins que le Csar Nicolas. Et il engage avec lui son alliée du moment, la reine d'Angleterre.

Bref, une ambition théologico-politique et un mode de décision despotique se conjuguent. La fin visée et le moyen mis en œuvre. Voilà bien une esquisse d'explication des guerres, ou du moins de certaines. Et le sang coule. Hugo raconte :

« Rendons à César ce qui est à César et ne donnons pas à Nicolas ce qui est au deux décembre. La prétention de M. Bonaparte à être sacré a tout fait. L'affaire des Lieux-Saints est la clef, c'est là l'origine de tout. Maintenant, ce qui est sorti de cette clef, le voici :

À l'heure qu'il est, l'Asie Mineure, les îles d'Aland, le Danube, la Tchernaïa, la mer Blanche et la mer Noire, le Nord et le Midi voient des villes, florissantes il y a quelques mois encore, s'en aller en cendre et en fumée. À l'heure qu'il est, Sinope est brûlée, Bomarsund est brûlée, Silistrie est brûlée, Varna est brûlée, Kola est brûlée, Sébastopol brûle. À l'heure qu'il est, par milliers, bientôt par cent mille, les Français, les Anglais, les Turcs, les Russes, s'entr'égorgent en Orient devant un monceau de ruines. L'Arabe vient du Nil pour se faire tuer par le Tartare qui vient du Volga ; le Cosaque vient des steppes pour se faire tuer par l'Écossais qui vient des *highlands.* Les batteries foudroient les batteries, les poudrières sautent, les bastions s'écroulent, les redoutes s'effondrent, les boulets trouent les vaisseaux ; les tranchées sont sous les bombes, les bivouacs sont sous les pluies ; le typhus, la peste et le choléra s'abattent avec la mitraille sur les assiégeants, sur les assiégés, sur les camps, sur les flottes, sur la garnison, sur la ville où toute une population, femmes, enfants, vieillards, agonise. Les obus écrasent les hôpitaux : un hôpital prend feu, et deux mille malades sont « calcinés », dit un bulletin. [...]

Voilà l'Europe des rois. Ô avenir ! quand nous donneras-tu l'Europe des peuples ?

(« La Guerre d'Orient », *Actes et Paroles,* II)

Les horreurs de la guerre sont ici décrites avec la passion du proscrit qui ne manque pas une occasion de régler son compte à « Napoléon le Petit ». Le diagnostic sur les responsabilités est clair : les rois et les princes, fauteurs de guerre. Et les papes également, qui depuis les croisades confondent le témoignage spirituel des religions avec une volonté d'emprise temporelle aussi mortifère qu'impie aux yeux du poète. C'est pourquoi s'il existe une puissance supérieure, qu'on l'appelle Dieu, l'Être suprême ou l'Humanité, selon l'humanisme comtien, elle ne peut que répugner à de tels carnages. D'où le mot de Cambronne, qu'inspire à chacun le respect de la vie humaine lorsqu'il lui fait prendre en dégoût ce qui la détruit, la bafoue, ou l'humilie : la puissance de carnage.

Les guerres d'empire

« Laissez la liberté en paix » (« À Louis Bonaparte », le 8 avril 1855).

Dès 1841, dans son discours de réception à l'Académie française, Hugo avait mis en cause l'état de guerre quasi permanent propre au Premier Empire. Il faisait à la fois l'éloge de Napoléon et sa critique pour le sort que l'Empire réservait à la liberté. Il écrivait en effet :

« Lorsque la guerre tend à dominer, lorsqu'elle devient l'état normal d'une nation, lorsqu'elle passe à l'état chronique, pour ainsi dire, quand il y a, par exemple, treize grandes guerres en quatorze ans, alors, Messieurs, quelque magnifiques que soient les résultats ultérieurs, il vient un moment où l'humanité souffre. Le côté délicat des mœurs s'use et s'amoindrit au frottement des idées brutales ; le sabre devient le seul outil de la société ; la force se forge un droit à elle ; le rayonnement divin de la bonne foi, qui doit toujours éclairer la face des nations, s'éclipse à chaque instant dans l'ombre où s'élaborent les traités et les partages de royaumes ; le commerce, l'industrie, le développement radieux des intelligences, toute l'activité pacifique disparaît ; la sociabilité humaine est en péril. Dans ces moments-là, messieurs, il sied qu'une imposante réclamation s'élève ; il est moral que l'intelligence dise hardiment son fait à la force ; il est bon qu'en présence même de leur victoire et de leur puissance, les penseurs fassent des remontrances aux héros, et que les poëtes, ces civilisateurs sereins, patients et paisibles, protestent contre les conquérants, ces civilisateurs violents. »

Certes, la condamnation de la guerre ne peut méconnaître l'opposition des guerres révolutionnaires, d'autodéfense et des guerres impériales, de conquête. Elle ne peut non plus amalgamer les guerres pour l'indépendance et l'intégrité territoriale avec les guerres dictées par la seule ambition de puissance, et les rivalités qui en découlent. Les guerres de résistance ou d'émancipation, de légitime défense d'une liberté attaquée ou bafouée, sont secondes, et non premières. On peut donc les dériver des guerres de conquête et d'assujettissement, dont elles ne sont que la conséquence. Cette distinction généalogique interdit de les condamner, au même titre qu'elle interdit de condamner abstraitement la violence révolutionnaire, qui n'aurait pas eu lieu si l'oppression qui la provoque n'avait pas existé. Aimer la paix, ce n'est pas la vouloir à n'importe quel prix. Là encore, la liberté avant tout.

Les guerres révolutionnaires, justement, relevaient de la légitime défense, face à l'Europe des rois. Il s'agissait, pour les soldats de Valmy, de résister à la coalition des monarques. Celle-ci entendait dénier au peuple français le droit de se donner à lui-même sa propre loi, c'est-à-dire, en fin de compte, d'être libre. Rousseau : « L'obéissance à la loi qu'on s'est prescrite est liberté » (*Du contrat social*, I, 6). Formule de l'autonomie, déclinée en libre disposition de soi pour tout individu et souveraineté nationale pour tout peuple. « La faute à Rousseau », chantera Gavroche, petit héros du Valmy intérieur.

Reste que la conversion de l'armée révolutionnaire en armée d'empire brouille les messages. Et provoque une interrogation amère. Si un peuple peut bien pour lui-même conquérir son droit, peut-il l'exporter et faire le « bien » d'un autre peuple… malgré lui ? Le poète ne le croit guère, et c'est logique, malgré les relents de messianisme révolutionnaire qui habitent la légende napoléonienne, rehaussée par la figure du père vaillant et doux. Description dubitative. Hugo évoque le défilé de l'armée française à Madrid en ces termes :

« J'y insiste, je n'ignore pas tout ce qu'on peut dire contre cette grande armée morte, mais je lui sais gré de la trouée révolutionnaire qu'elle a faite dans la vieille Europe théocratique. La fumée dissipée, cette armée a laissé une traînée de lumière.

Son malheur, qui se confond avec sa gloire, c'est d'avoir été proportionnée au premier empire. Que l'armée actuelle craigne d'être proportionnée au second. »

(« À Charles Hugo », 18 décembre 1869)

Guerre révolutionnaire ? Guerre d'empire et de domination ? Hugo tranche : on n'exporte pas la révolution par les baïonnettes. Et l'ascendant des « *frailes* » (prêtres) sur les résistants espagnols, c'est l'invasion napoléonienne qui l'a renforcé, paradoxalement. Cela ne veut pas dire que la violence révolutionnaire n'est pas légitime, mais qu'elle ne l'est qu'en première personne : l'émancipation des peuples sera l'œuvre des peuples eux-mêmes, car eux seuls sont à même de fixer les fins et de déterminer les moyens. C'est par ses idées, et son rayonnement, que la révolution peut irradier et féconder les émancipations futures.

Bonaparte, soldat de la Révolution, s'est donc effacé dans Napoléon, empereur, et ses guerres de conquête ont ressemblé à s'y méprendre aux guerres des anciens despotes. À celui près que les soldats de l'an II ne pouvaient s'effacer tout à fait. La légende et le souvenir des guerres révolutionnaires ont auréolé l'armée de Napoléon alors même qu'elle jouait un rôle de moins en moins conforme aux idéaux d'origine. La guerre défensive, légitime, s'est faite guerre offensive, illégitime. Le drapeau tricolore, où soufflait le vent de l'émancipation, a servi pour la première fois d'étendard à l'oppression. En Espagne, on l'a vu, les horreurs de la guerre aliènent l'image de la France émancipatrice à celle de la fusillade peinte par Goya. Comme en Europe bientôt. Cette fois-ci, la coalition des rois est aussi un peu celle des peuples. Car Napoléon a dépassé la mesure. Il perd là où il avait triomphé, quand le portaient les soldats de l'An deux, et la résolution à défendre les seules conquêtes qui vaillent : celles de la liberté et de la justice. Les partisans russes, dans la neige, ne sont pas moins efficaces contre la première armée du monde que les patriotes madrilènes. La liberté se trouve, cette fois-ci, de leur côté. La conquête défait le conquérant :

« Il neigeait. On était vaincu par sa conquête.
Pour la première fois, l'aigle baissait la tête. »

(« L'Expiation, *Les Châtiments* »)

Waterloo. La dernière bataille. Les soldats, fidèles, avaient gardé la bravoure de jadis. Mais toute l'Europe était là. Et les rois s'apprêtaient à venger une sorte d'humiliation. L'empereur issu de la Révolution avait fait peur, non parce qu'il l'exportait – car cela ne se peut vraiment –, mais parce qu'il avait su un temps s'appuyer sur le peuple et que son armée populaire joignait au savoir-faire stratégique de son chef l'ardeur au combat encore vivifiée par la mythique révolutionnaire.

> « D'un côté c'est l'Europe, et de l'autre la France.
> Choc sanglant. Des héros Dieu trompait l'espérance.
> Tu désertais, victoire, et le sort était las.
> Ô Waterloo je pleure et je m'arrête hélas,
> Car ces derniers soldats de la dernière guerre
> Furent grands. Ils avaient vaincu toute la Terre,
> Chassé vingt rois, passé les Alpes et le Rhin,
> Et leur âme soufflait dans les clairons d'airain. »
>
> (« L'Expiation »)

La défaite de Waterloo tint sans doute à une conjonction de malchances : la pluie matinale qui entrave la capacité de manœuvre de l'artillerie, le chemin creux d'Ohain, invisible de loin et qui anéantit la cavalerie française en se dérobant sous les sabots des chevaux, le raccourci indiqué à Blücher, qui lui permet de devancer Grouchy… Mais ne signifiait-elle pas, avant tout, que l'immense « rêve napoléonien » était condamné par l'histoire, en raison même du triomphe de l'idée révolutionnaire, qui exclut la conquête et la domination des peuples ? Hugo attribue l'épilogue à Dieu, c'est-à-dire au mouvement d'une histoire qui accomplira l'idéal, désormais, par d'autres voies. Leçon : la guerre à la façon de Napoléon ne peut pas – ou plus – être vecteur de liberté. Le 18 Brumaire, par un coup d'État, Bonaparte remettait en question la Première République. C'est ce crime originaire, presque inexpiable, qui porte en germe Waterloo. La République n'entendait pas mener de guerre de conquête. Son sauveur l'a tuée, puis s'est fait empereur, et après avoir terrassé l'Europe, il a succombé devant elle. Ainsi va le sort des armes, quand nul principe ne les règle plus. Le neveu par alliance de Napoléon Ier, Napoléon III, allait être l'expiation finale. Napoléon-le-Petit, c'est la caricature du projet de grandeur de Napoléon Ier.

Le dernier vers de « L'expiation » met les choses au point, en référant un tel châtiment posthume à l'acte impardonnable, celui-là même que reproduit le sinistre neveu. Le coup d'État qui compromit à terme la Première République est imité quelques dizaines d'années plus tard pour tuer la Deuxième République, et lancer la France dans de nouvelles guerres. Marx : « L'histoire ne se répète pas, sinon comme farce » *(Le 18 Brumaire de Louis-Napoléon Bonaparte).* Relisons la fin de « L'Expiation », celle qui montre l'empereur se réveillant d'un long cauchemar qui a égrené les divers châtiments destinés à le faire expier.

> « Réveille-toi. Moscou, Waterloo, Sainte-Hélène.
> L'exil, les rois geôliers, l'Angleterre hautaine
> Sur ton lit accoudée à ton dernier moment,
> Sire, cela n'est rien. Voici le châtiment. »

Et Hugo d'énumérer les turpitudes multipliées du Second Empire, toutes prétendant s'auréoler du grand nom, qu'elles disqualifient bien plutôt pour la fin des temps. Quelle est donc la faute à expier ainsi ? La fin du poème marque la limite, pour le fils du général d'Empire, du personnage de Napoléon Ier, auquel il voua pourtant une réelle admiration :

> « L'horrible vision s'éteignit. L'empereur,
> Désespéré, poussa dans l'ombre un cri d'horreur,
> Baissant les yeux, dressant ses mains épouvantées.
> Les Victoires de marbre à la porte sculptées,
> Fantômes blancs debout hors du sépulcre obscur,
> Se faisaient du doigt signe, et, s'appuyant au mur,
> Écoutaient le titan pleurer dans les ténèbres.
> Et lui, cria : "Démon aux visions funèbres,
> Toi qui me suis partout, que jamais je ne vois,
> Qui donc es-tu ? – Je suis ton crime", dit la voix.
> La tombe alors s'emplit d'une lumière étrange
> Semblable à la clarté de Dieu quand il se venge ;
> Pareils aux mots que vit resplendir Balthazar,
> Deux mots dans l'ombre écrits flamboyaient sur César ;
> Bonaparte, tremblant comme un enfant sans mère,
> Leva sa face pâle et lut : – Dix-huit Brumaire ! »

Merde à la guerre. Le divin mot de Cambronne

« Cambronne trouve le mot de Waterloo comme Rouget de l'Isle trouve La Marseillaise, *par visitation du souffle d'en haut »* (Les Misérables, *II, livre premier, XIV et XV, Cambronne*).

Dire merde à la guerre. Et le faire quand celle-ci n'a pour alternative que l'oppression. Car c'est bien ce dont il s'agit quand la puissance brutale des armes offre le choix entre la vie asservie et la mort. « Rendez-vous, et vous aurez la vie sauve. » La vie esclave, ou la mort. Comment ne pas dire merde à un tel choix ? Le plus misérable des mots contre la plus misérable des choses. C'est Dieu, dit Hugo, qui souffle à Cambronne le mot si sublime d'être si grossier… Grossièreté semblable à ce qu'elle dénonce : le sublime, c'est l'abject retourné contre lui-même. Ce n'est pas pour rien que Hugo a mis un bonnet rouge au vieux dictionnaire. L'audace a pu troubler. Une sorte de blasphème apparent. Dieu inspirateur du mot de Cambronne. Pourtant, tout s'explique…

L'histoire humaine n'est pas tramée par la divinité comme un roman réel serait écrit par son auteur. Elle est processus douloureux, mû par son dynamisme propre et les forces contradictoires qu'il met en jeu. Elle est guerre et paix, du moins jusqu'à l'âge de la seule paix, que tous appellent de leur vœu, et que Hugo rêve tout haut. En attendant, il faut faire la guerre à la guerre, si possible par la raison, parfois aussi par les armes. La jeune Révolution française n'eut pas d'autre moyen, pour se défendre, et défendre ainsi le droit d'un peuple à disposer de lui-même, notamment pour éradiquer la cause des guerres, que de riposter à l'agression de l'Europe des rois. Elle avait d'abord vaincu. Mais les armes qu'elle s'était forgées agirent bientôt contre elle, c'est-à-dire contre ses idéaux. Elles s'étaient mises à servir une ambition de puissance et elles avaient alors levé contre elles une force finalement supérieure, avec la triste fin que l'on sait.

Waterloo. L'empereur vaincu. La mort en mitraille, l'écroulement et les râles sinistres. Le sang mêlé à la sueur. Une sorte de déluge humain. Gâchis terrifiant. Contre la défaite, contre la guerre qui détruit et ravage, contre le carnage absurde, une sorte de constat révolté pousse son cri. Un soldat le profère. Il fait parti du dernier carré que l'artillerie anglaise s'apprête à liquider. À l'offre de la vie sauve en échange de la reddition, Cambronne répond. D'un mot. Tout se passe comme si un dieu lançait aux hommes l'invective que suggère leur folie. Qui parle ainsi ? C'est un dieu, le dieu-justice qui incarne pour Hugo la logique d'une histoire en quête de son sens par l'idéal qui doit se réaliser en elle. Parole extrême, par la bouche de héros d'abord anonymes. Cambronne lâche le « gros mot ». Merde à la reddition, merde à la guerre et aux armées qui incarnent les logiques de la domination passée. Dieu a trouvé son mot, le mot misérable des *Misérables.* Il dit merde non à l'humanité, mais à ce qui la dédivinise. À cet accès de barbarie, voire de sauvagerie, en peine construction de la civilisation, montée heurtée vers l'homme-dieu. Le mot de Cambronne est comme l'écume de la tragédie historique. Il prend la mesure de l'absurde et de l'injuste, de l'aléatoire qui vient un moment contrarier le sens, de la blessure faite à l'humanité par ses propres égarements. C'est bien Dieu qui dit merde à Waterloo, par la bouche de Cambronne, l'ironie amère insultant la dérision du carnage. Merde, c'est l'insulte de la civilisation à la barbarie. Blasphème ? C'est la guerre et l'injustice qui sont blasphématoires.

Le mot divin de Cambronne donne lieu à une page éblouissante du roman :

« Ces combattants avaient autour d'eux comme un fourmillement de spectres, des silhouettes d'hommes à cheval, le profil noir des canons, le ciel blanc aperçu à travers les roues et les affûts ; la colossale tête de mort que les héros entrevoient toujours dans la fumée au fond de la bataille, s'avançait sur eux et les regardait. Ils purent entendre dans l'ombre crépusculaire qu'on chargeait les pièces, les mèches allumées pareilles à des yeux de tigre dans la nuit firent un cercle autour de leurs têtes ; tous les boute-feux des batteries anglaises s'approchèrent des canons, et alors, ému, tenant la minute suprême suspendue au-dessus de ces hommes, un général anglais, Colville selon les uns, Maitland selon les autres, leur cria : Braves français, rendez-vous ! Cambronne répondit : Merde !

Le lecteur français voulant être respecté, le plus beau mot peut-être qu'un Français ait jamais dit ne peut lui être répété. Défense de déposer du sublime dans l'histoire.

À nos risques et périls, nous enfreignons cette défense.

Donc, parmi tous ces géants, il y eut un titan, Cambronne.

Dire ce mot, et mourir ensuite. Quoi de plus grand ! car c'est mourir que de le vouloir, et ce n'est pas la faute de cet homme, si, mitraillé, il a survécu.

L'homme qui a gagné la bataille de Waterloo, ce n'est pas Napoléon en déroute, ce n'est pas Wellington pliant à quatre heures, désespéré à cinq, ce n'est pas Blücher qui ne s'est point battu ; l'homme qui a gagné la bataille de Waterloo, c'est Cambronne.

Foudroyer d'un tel mot le tonnerre qui vous tue, c'est vaincre.

Faire cette réponse à la catastrophe, dire cela au destin, donner cette base au lion futur, jeter cette réplique à la pluie de la nuit, au mur traître de Hougomont, au chemin creux d'Ohain, au retard de Grouchy, à l'arrivée de Blücher, être l'ironie dans le sépulcre, faire en sorte de rester debout après qu'on sera tombé, noyer dans deux syllabes la coalition européenne, offrir aux rois ces latrines déjà connues des césars, faire du dernier des mots le premier en y mêlant l'éclair de la France, clore insolemment Waterloo par le mardi gras, compléter Léonidas par Rabelais, résumer cette victoire dans une parole suprême impossible à prononcer, perdre le terrain et garder l'histoire, après ce carnage avoir pour soi les rieurs, c'est immense.

C'est l'insulte à la foudre. Cela atteint la grandeur eschylienne.

Le mot de Cambronne fait l'effet d'une fracture. C'est la fracture d'une poitrine par le dédain ; c'est le trop-plein de l'agonie qui fait explosion. Qui a vaincu ? Est-ce Wellington ? Non. Sans Blücher il était perdu. Est-ce Blücher ? Non. Si Wellington n'eût pas commencé, Blücher n'aurait pu finir. Ce Cambronne, ce passant de la dernière heure, ce soldat ignoré, cet infiniment petit de la guerre, sent qu'il y a là un mensonge, un mensonge dans une catastrophe, redoublement poignant, et, au moment où il en éclate de rage, on lui offre cette dérision, la vie ! Comment ne pas bondir ?

Ils sont là, tous les rois de l'Europe, les généraux heureux, les Jupiters tonnants, ils ont cent mille soldats victorieux, et derrière les cent mille, un million, leurs canons, mèche allumée, sont béants, ils ont sous leurs talons la garde impériale et la grande armée, ils viennent d'écraser Napoléon, et il ne reste plus que Cambronne ; il n'y a plus pour protester que ce ver de terre. Il protestera. Alors il cherche un mot comme on cherche une épée. Il lui vient de l'écume, et cette écume, c'est le mot. Devant cette victoire prodigieuse et médiocre, devant cette victoire sans victorieux, ce désespéré se redresse ; il en subit l'énormité, mais il en constate le néant ; et il fait plus que cracher sur elle ; et sous l'accablement du nombre, de la force et de la matière, il trouve à l'âme une expression, l'excrément. Nous le répétons. Dire cela, faire cela, trouver cela, c'est être le vainqueur.

L'esprit des grands jours entra dans cet homme inconnu à cette minute fatale. Cambronne trouve le mot de Waterloo comme Rouget de l'Isle trouve *La Marseillaise*, par visitation du souffle d'en haut. [...]

Au mot de Cambronne, la voix anglaise répondit : feu ! les batteries flamboyèrent, la colline trembla, de toutes ces bouches d'airain sortit un dernier vomissement de mitraille, épouvantable, une vaste fumée, vaguement blanchie du lever de la lune, roula, et quand la fumée se dissipa, il n'y avait plus rien. »

(*Les Misérables*, livre premier, XIV et XV, Cambronne)

Un dernier mot cependant sur la signification de Waterloo et les méandres de l'histoire qui doit faire advenir un jour la paix et la liberté. Victoire apparente de la contre-révolution, Waterloo débouche en fait sur une monarchie qui, en France, doit à la fois accorder et subir la Charte, c'est-à-dire contresigner les droits de l'homme. Les penseurs prennent désormais le relais des soldats, et la Révolution va transiter par d'autres chemins. Napoléon sort de l'histoire, « immense somnambule de ce rêve écroulé ». Au passage, en faisant des rois à sa guise avec des roturiers et des hommes « ordinaires », il a porté aux monarchies d'Ancien Régime des coups peut-être plus décisifs que les défaites militaires qu'il leur infligea un temps. Ils les a déboulonnées définitivement de leur socle imaginaire. La politique est la continuation de la guerre par d'autres moyens : la formule inverse de celle de Clausewitz est également vraie. La pensée, nouveau combat. Et l'art vigilant, qui dénonce, explique et suggère : nouvelle tâche.

Victor Hugo achève la rédaction des *Misérables* sur le champ de bataille de Waterloo, en 1861. Il a médité l'histoire, paradoxale, et les chemins détournés qu'elle semble prendre. Il conclut : « Waterloo, en coupant court à la démolition des trônes européens par l'épée, n'a eu d'autre effet que de faire continuer le travail révolutionnaire d'un autre côté. Les sabreurs ont fini, c'est le tour des penseurs. Le siècle que Waterloo voulait arrêter, a marché dessus, et a poursuivi sa route. Cette victoire sinistre a été vaincue par la liberté » (*Les Misérables*, II, livre premier, XVII).

La paix par la liberté, la paix par le droit

« Commençons par le commencement. D'abord la délivrance, ensuite l'apaisement. »

La paix, comme fin essentielle. La liberté, comme moyen assuré. L'équation apparaît vite évidente à Victor Hugo qui répond le 10 juin 1868 à la Ligue internationale pour la paix et la liberté : « Je suis avec vous ; seulement je ne dis pas paix et liberté, je dis liberté et paix. Commençons par le commencement. D'abord la délivrance, ensuite l'apaisement. » Mais la réciproque est également vraie dans la dialectique de l'histoire. La liberté comme fin suppose une vraie paix, ce qui exclut toute domination impériale codifiée sous ce nom.

L'absence de guerre recouvre alors la violence silencieuse de la domination et l'intimidation permanente à l'égard de celui qui voudrait faire appel de son asservissement. D'où l'interversion proposée par Hugo au congrès de la Ligue internationale pour la paix et la liberté : *La liberté d'abord*, comme toujours.

La force ne crée pas de droit. Thèse essentielle, que développe à loisir le texte consacré au rapport du droit et de la loi. Cette thèse reconduit à la république, dont l'objet, justement, est de garantir la liberté par le droit. Ainsi compris, l'idéal de paix se heurte aux complexités d'une histoire qui a meurtri les nationalités et vu les despotes disposer des peuples à leur guise, sans égard réel pour leur volonté.

C'est dire qu'une histoire encore toute pleine des asservissements d'Ancien Régime, des conquêtes et du trafic armé des territoires et des frontières, des ressentiments des peuples durablement opprimés, des nationalités bafouées, est aussi loin de la paix qu'elle l'est de la liberté pour tous. Elle ne peut s'éclairer de l'harmonie dont parle Hugo que comme d'une lumière vive, mais encore lointaine. L'âge de l'harmonie devra un jour succéder à l'ère des révolutions. En attendant, il s'agit de témoigner pour les principes, d'attester la fraternité universelle, la solidarité en acte des peuples, meilleurs démentis possibles à la fatalisation des guerres. Et de combattre, partout où cela est nécessaire, le despotisme fauteur de guerre. La dérive napoléonienne a laissé suffisamment de traces pour qu'on n'en oublie pas l'enseignement.

Les pires ravages sont nés d'une telle dérive et la guerre trouve ici une de ses explications historiques. Hugo n'entend pas, pour en rendre compte, recourir à la nature humaine. Les guerres ne sont pas l'expression de l'agressivité supposée naturelle des hommes, fameuse « part maudite » qui serait liée au péché originel. S'il peut sembler reprendre au christianisme un idéal de fraternité, en réalité Hugo s'en sépare en refusant l'anthropologie pessimiste des chrétiens, telle qu'elle s'exprime par exemple chez Saint Augustin, qui voit dans la guerre propre à la « cité des hommes » l'inéluctable conséquence du péché originel. Bref, Hugo, lorsqu'il distingue les deux fatalités, range la guerre dans la fatalité sociale, celle dont on peut faire appel, et non dans la fatalité naturelle d'une humanité déchue. C'est ce qu'il faisait déjà pour la misère, dans son discours du 8 juillet 1849.

L'âge de la guerre est-il fini ? La question surgit, notamment, du constat de l'échec napoléonien. Et la réponse est positive en droit, quoique négative en fait. En droit, l'avènement de la forme républicaine et démocratique rend manifeste le moyen institutionnel d'en finir avec les guerres ; la souveraineté populaire et la finalisation de la République par le seul bien commun se conjuguent pour rendre la guerre impossible en principe. En fait, tant qu'il y aura des monarchies et des empires, le danger de guerre est manifeste. Toutes les guerres qu'il aura à connaître en tant que témoin de son siècle, Hugo pourra les imputer au même type de cause : le despotisme impérial ou monarchique. Une république peut-elle vouloir faire la guerre autrement que pour se défendre ? Non, dit Hugo, car une telle démarche est étrangère à son essence. Les guerres colonialistes de la Troisième République sont-elles un démenti de la thèse hugolienne ? En apparence, oui. Mais ne peut-on dire que c'est par un déficit de républicanisme que ces guerres eurent lieu ? Elles réintroduisaient en effet une logique impérialiste dans un type de régime où elle ne devrait pas avoir droit de cité.

En condamnant le 18 Brumaire et la sinistre répétition-caricature qu'en donna le coup d'État du 2 Décembre 1851 par Louis-Napoléon Bonaparte, Hugo ne fait que confirmer sa thèse essentielle : le combat pour la paix fait un avec le combat pour la République. À l'horizon, le transfert du modèle républicain de la nation au rapport entre les nations. Le droit, qui règle en république la coexistence harmonieuse d'individus libres, doit à terme régler celle des nations elles-mêmes souveraines. Cette souveraineté ne fait pas plus obstacle à la définition et à la mise en place d'un bien commun de nature internationale que la liberté des individus n'entrave la chose publique dans un État républicain. La disparition des frontières et la libre circulation des hommes et des biens n'effacent pas les génies nationaux et les cultures singulières : elles les inscrient plutôt dans un patrimoine universel désormais disponible en sa diversité, en sa richesse enfin accessible. Un poème exprime cet espoir :

« Ô République universelle !
Tu n'es encor que l'étincelle,
Demain tu seras le soleil !
Fêtes dans les cités, fêtes dans les campagnes !

Les cieux n'ont plus d'enfers, les lois n'ont plus de bagnes.
Où donc est l'échafaud ? ce monstre a disparu.
Tout renaît. Le bonheur de chacun est accru
De la félicité des nations entières. »

(« Lux », *Châtiments*, II, p. 312-313)

République et paix. Une affaire de citoyens
« Qu'est-ce que la guerre ? C'est le suicide des masses. Mettez donc ce suicide aux voix ! » (« Déclaration de paix », 5 mai 1867).

L'idée de la solidarité entre paix et république a traversé l'Europe au moment de la Révolution française. On la trouve notamment chez Kant, dans son *Projet de paix perpétuelle*, assorti d'une argumentation assez proche de celle que développe Hugo. C'est l'idée que la République, comme forme organisée de la souveraineté du peuple, répugne davantage à la guerre que la monarchie. Et cela en raison à la fois de sa fin et de son mode d'organisation politique. La fin, c'est l'intérêt commun, et elle exclut à l'évidence les désastres de la guerre, qui peuvent bien profiter à certains, mais non à tous. Hugo rappelle que les despotes traitent comme « chair à canon » ce qui pour la république est la chair même du peuple, qui est la sienne propre. Le moyen, c'est la raison d'être de l'institution républicaine elle-même, à savoir tout le dispositif qui permet au peuple de dire sa volonté, et de la rendre manifeste. Le cœur de ce dispositif, c'est bien sûr le suffrage universel…

Ceux qui décident de la guerre sont ceux-là mêmes qui la subiront, alors que les rois font souvent des guerres dont ils ne supportent pas les conséquences personnellement.

« Donc, ce qui vient, c'est tous les peuples.

Non, il n'est plus temps de s'en dédire. L'exposition internationale ne se rétracte pas. Les rois ont beau s'organiser militairement, donnons-leur la joie de le leur répéter à satiété, ce qui est l'avenir, ce n'est pas la haine, c'est l'entente ; ce n'est pas le roulement des bombardes, c'est la course des locomotives. L'apaisement de l'univers est fatal. Rien n'y peut. Pour tout ce qui est plumet, dragonne, cymbale, quincaillerie meurtrière, gloriole sanglante, il y a refroidissement.

Le rapetissement de la terre par le chemin de fer et le fil électrique la met de plus en plus dans la main de la paix. Qu'on résiste tant qu'on voudra ; les temps sont arrivés. […]

Que faire contre l'ouragan de fraternité et de joie ? Alliance ! alliance ! crie l'infini. Et, sous cette haleine de l'invisible, l'amour pousse hors de terre comme l'herbe. Insurgez-vous donc contre ce verdissement du printemps universel. Défaites donc la révolution. Défaites donc, non seulement le vingtième siècle devant vous, mais le dix-huitième derrière vous. Rêves ! rêves ! rêves ! Les énormes boulets d'acier, du prix de mille francs chaque, que lancent les canons titans fabriqués en Prusse par le gigantesque marteau de Krupp, lequel pèse cent mille livres et coûte trois millions, sont juste aussi efficaces contre le progrès que les bulles de savon soufflées au bout d'un chalumeau de paille par la bouche d'un petit enfant. [...]

Les masses sont les forces ; depuis 89, elles sont aussi les volontés. De là le suffrage universel. Qu'est-ce que la guerre ? C'est le suicide des masses. Mettez donc ce suicide aux voix ! »

(« Déclaration de paix », *Paris*, mai 1867)

Hugo observe que l'Europe des rois est une vraie poudrière, en raison des ambitions des uns et des autres, affirmées au détriment de l'intérêt des peuples eux-mêmes. C'est que les monarques d'Ancien Régime n'ont que trop tendance à tenir leurs pays pour des domaines possédés, et les peuples qui y vivent pour des masses à manœuvrer au service de leur puissance propre. Et eux-mêmes, souvent, se divertissent pendant que se produisent les carnages qu'ils ont ordonnés. Ainsi de la terrible guerre de Crimée, déjà évoquée. Le réquisitoire de Victor Hugo est accablant :

« Pendant que, pour eux et par eux, des milliers d'hommes agonisent dans les ambulances sur les grabats du choléra, pendant que Varna est en flammes, pendant qu'Odessa fume sous le canon, pendant que Kola brûle au nord et Sulina au midi, pendant qu'on écrase de boulets et de bombes Silistrie, pendant que les sauvageries de Bomarsund répliquent aux férocités de Sinope, tandis que les tours sautent, tandis que les vaisseaux flamboient et s'abîment, tandis que les "magasins de cadavres" des hôpitaux russes regorgent, pendant les marches forcées de la Dobrudscha, pendant les désastres de Kustendji, pendant que des régiments entiers fondent et s'évanouissent dans le lugubre bivouac de Karvalik, que font les deux czars ? L'un prend le frais à son palais d'été ; l'autre prend les bains de mer à Biarritz. »

(« Sur la tombe de Félix Pony », 27 septembre 1854)

République et paix. Une question universelle

« Ô République universelle !
Tu n'es encor que l'étincelle,
Demain tu seras le soleil ! »

(*« Lux »*, Les Châtiments.)

La solidarité de l'idéal républicain transposé à l'échelle de la planète et de la paix fait de la guerre, on l'a vu, une question politique maîtrisable, à l'exclusion de toute conception ethnique, raciste ou chauvine. Les peuples, quels qu'ils soient, sont frères en principe et égaux de droit. L'appel fraternel au peuple allemand en septembre 1870, cité plus haut, l'a montré suffisamment.

L'idée de république universelle prolonge la conception du « droit des gens » (*jus gentium*), c'est-à-dire du droit international. Il s'agit de concevoir à la fois le bien commun de tous les hommes vivant au monde, sans exception, et le type d'organisation qui lui donnera son expression adéquate au niveau international.

> « Révolution française ne me suffit plus, il me faut révolution d'Europe. Je n'accepterai point de part dans toute révolution qui ne sera pas celle-là. Cela m'ajourne, qu'importe. Je veux une grande chose ou rien ! Donc, en criant république universelle je ne compromets rien de mon avenir tel que je le veux ; je plante mon drapeau, voilà tout. [...]. En attendant, avec le cri : États-Unis d'Europe et république universelle, nous tenons les nationalités en éveil, nous les appelons à nous, et nous nous faisons de toutes les nations des points d'appui. Nous donnons à Bonaparte tous les rois pour alliés ; c'est possible ; que m'importe, si, du même coup, nous donnons pour alliés à la révolution tous les peuples. Les peuples, points d'appui, la révolution levier, voilà l'avenir. Vous voyez que je raisonne mon cri. »
>
> (Lettre à Julius Hetzel du 24 septembre 1853)

L'idée d'une concertation internationale propre à éviter les conflits et à résoudre les litiges par la négociation suppose à l'évidence le consentement de tous les pays à le faire. Ainsi le droit peut s'appliquer aux rapports entre pays aussi bien qu'aux rapports entre citoyens dans un pays. Mais cela suppose l'absence de pôles de domination, condition d'un arbitrage aussi juste que possible. Toute forme d'impérialisme est funeste pour la paix.

Bonaparte soldat de la Révolution est légitime, Napoléon agressant les peuples pour étendre son Empire ne l'est plus. En Espagne, Hugo, nous le savons, a vu les horreurs de la guerre. Les armées françaises y exerçaient une répression intraitable, à laquelle les patriotes espagnols répondaient sans faiblir : ils avaient le droit pour eux et ils obligèrent finalement la France à se retirer. Ce rappel montre l'importance de la question des nationalités, examinée dans les chapitres précédents. L'ordre international qui doit assurer la paix exclut toute domination impérialiste ou néo-impérialiste ; il respecte les nationalités dès lors que la loi commune n'assure de privilège à aucune : « Qu'importe si, dans un prochain avenir, déjà distinct et visible, chaque nationalité reprend sa figure naturelle, la Russie jusqu'à l'Inde, l'Allemagne jusqu'au Danube, l'Italie jusqu'aux Alpes, la France jusqu'au Rhin, l'Espagne ayant Gibraltar, et Cuba ayant Cuba : rectifications nécessaires à l'immense amitié future des nations ! » (*Le Droit et la loi*, IX).

Idée-force : le bien commun est aujourd'hui à l'échelle du monde et la république universelle, comme forme équitablement organisée de la gestion de ce bien commun, représente l'avenir. Pôle de référence idéal, cette république est offerte aux peuples comme un horizon, un idéal régulateur en direction duquel tout pas accompli sera un vrai progrès. Nul angélisme pourtant chez le poète. Hugo sait bien que la violence et les rancœurs liées à la sédimentation d'injustices anciennes ou récentes font obstacle à la réalisation rapide et complète d'un tel idéal. Du moins convient-il d'en maintenir l'horizon, pour donner courage et ôter à la guerre sa fatalité prétendue.

Les principes à l'épreuve. La guerre de 1870

« Duel entre deux nations ? Non. La France et l'Allemagne sont sœurs. Mais duel entre deux principes, la République et l'Empire » (« Aux membres du Congrès de la paix », à Genève, le 4 septembre 1874).

L'optimisme de Hugo, dans le texte qu'il rédige pour l'exposition universelle de Paris, en 1867, peut sembler rétrospectivement contredit par la guerre franco-allemande de 1870. Mais il faut noter qu'il précise : « l'immense vent de l'avenir souffle à la paix ». L'adjectif « immense » caractérise l'échelle à laquelle il faut juger des choses. Hugo parle du long terme ou du moyen terme : la civilisation, par toutes ses forces vives, politiques autant que sociales, scientifiques et artistiques, appelle la paix, respire par la paix, fait œuvre de paix. Car les principes de la paix sont désormais mis au jour et il n'est plus que de s'aviser de leur valeur universelle. Mais l'histoire balbutie ou trébuche. Ce sont les « convulsions de l'idéal ».

Quant à la guerre qui s'apprête, une lettre remarquable de Hugo peut sembler prémonitoire. Elle est adressée à l'Espagne et commente les événements qui s'y déroulent en 1868. Ceux-ci laissent espérer l'avènement d'une république à Madrid.

Le poète voit dans l'éventualité d'une république en Espagne, en 1868, un gage de paix pour l'Europe. La question en effet ne se poserait plus de savoir si la France peut accepter un Hohenzollern sur le trône de Madrid et une raison majeure de conflit disparaîtrait. Les rivalités d'ambitions des rois et des princes, toujours elles, sont en l'occurrence mortifères. Et les provocations de leurs conseillers, fidèles adeptes des logiques impériales, le sont également. La France de Napoléon III va foncer dans le piège bismarckien. On peut renvoyer ici à la « Lettre à l'Espagne » écrite par Victor Hugo en 1868, déjà citée. Le poète y encourage l'Espagne à se doter d'une république. Avec pour effet immédiat la disparition des querelles dynastiques, typiques des logiques de domination monarchiques et impériales et des causes de guerre qu'elles représentent. On n'aura plus à se demander si un Hohenzollern doit monter sur le trône d'Espagne puisqu'il n'y aura plus de trône.

La guerre franco-allemande éclate malgré tout. Pour des raisons qui n'en sont pas : des motifs plutôt, stupides au regard des peuples, décisifs pour les empereurs et leurs ambitions, savamment construits et exploités par le Machiavel germanique, Bismarck. Hugo croyait la victoire française certaine. Il déchante vite. La fraternité européenne est mal en point. Pourtant, Hugo tente de lui donner chair et vie, dans son appel à la fraternité, contre la logique d'empire. C'est l'admirable *Appel aux Allemands* du 9 septembre 1870, déjà cité au septième chapitre. « Allemands, celui qui vous parle est un ami. » Texte exemplaire : il fait remonter les causes de la guerre franco-allemande à un conflit qui n'a rien à voir avec les peuples eux-mêmes. Hugo assume la part de responsabilité de la France, en l'assignant au Second Empire. Nulle unilatéralité chauvine, donc. Mais l'Empire ayant laissé la place à la République, régime par essence pacifique, il en appelle à l'arrêt de la progression allemande : elle n'a plus d'objet selon lui. D'où une interrogation douloureuse et indignée :

> « Paris n'est autre chose qu'une immense hospitalité.
> Aujourd'hui vous y revenez.
> Comment ?
> En frères, comme il y a trois ans ?
> Non, en ennemis.
> Pourquoi ? »

Hugo semble oublier que malheureusement la logique d'empire demeure présente dans la politique bismarckienne. L'obstination de cette politique impose dès lors l'appel à la résistance patriotique. Et cet appel doit être entendu non pas seulement pour que la France soit libre et entière, mais aussi pour que le triomphe de la justice, auquel est associé son nom, ne soit pas démenti. Chauvinisme ? Non. Hugo a suffisamment montré que d'autres peuples, tour à tour, peuvent se faire porteurs d'idéal et montrer le chemin pour qu'on ne lui attribue pas une exaltation aveugle et exclusive de sa seule patrie. L'Espagne, la Grèce, le Portugal, l'Angleterre, les États-Unis, la Bolivie, le Mexique, la Belgique, l'Italie, et l'Allemagne elle-même figurent à son palmarès des éloges pour services rendus à l'Humanité, à la justice ou à la civilisation, ce qui est tout un. On ne peut donc se méprendre sur le sens de l'ardent devoir assigné alors à la France menacée. « La France doit à tous les peuples et à tous les hommes de sauver Paris. »

L'Allemagne de Bismarck refusant la paix, la France se trouve acculée à faire la guerre, à résister, pour préserver son indépendance, en évitant l'amputation du territoire. Hugo, l'homme de paix et de fraternité, a rédigé son appel aux Français pour défendre la patrie. Il l'a fait sans chauvinisme, sans agressivité à l'égard des Allemands comme tels. Avant de quitter Guernesey, Hugo avait organisé et financé la récolte de linge pour faire des balles de charpie destinées à panser les plaies des blessés et il avait demandé leur égale répartition entre les Allemands et les Français. Idéalisme moralisant ? Non. Déliaison généreuse des hommes et des rôles que la guerre leur fait jouer. Cette disjonction est un vaccin contre toutes les haines chauvines, contre toutes les vengeances. La mise en présence de l'appel aux Français et de l'appel à cette collecte est à cet égard très instructive.

Victor Hugo lance cette fois-ci un appel à la résistance aux Français, dont l'essentiel a été rappelé au chapitre sept. La fraternité reste à la fois principe et horizon, mais l'injustice qui se prépare requiert le combat le plus résolu :

« Nous avons fraternellement averti l'Allemagne.
L'Allemagne a continué sa marche sur Paris.
Elle est aux portes.
L'empire a attaqué l'Allemagne comme il avait attaqué la République, à l'improviste, en traître ; et aujourd'hui l'Allemagne, de cette guerre que l'empire lui a faite, se venge sur la République » [...]

(*Actes et Paroles,* III, Paris, 17 septembre 1870)

Voici maintenant le texte du 22 juillet 1870, « Aux femmes de Guernesey », pour qu'elles fassent de la charpie, à partage égal entre les deux belligérants. Il contraste avec les accents guerriers de l'*Appel aux Français,* car cette fois-ci c'est à nouveau l'humanité de tous les hommes, fondement de fraternité, qui est réactivée comme référence :

« Hauteville-House, 22 juillet 1870.

Mesdames,

Il a plu à quelques hommes de condamner à mort une partie du genre humain, et une guerre à outrance se prépare. Cette guerre n'est ni une guerre de liberté, ni une guerre de devoir, c'est une guerre de caprice. Deux peuples vont s'entre-tuer pour le plaisir de deux princes. Pendant que les penseurs perfectionnent la civilisation, les rois perfectionnent la guerre. Celle-ci sera affreuse.

On annonce des chefs-d'œuvre. Un fusil tuera douze hommes, un canon en tuera mille. Ce qui va couler à flots dans le Rhin, ce n'est plus l'eau pure et libre des grandes Alpes, c'est le sang des hommes.

Des mères, des sœurs, des filles, des femmes vont pleurer. Vous allez toutes être en deuil, celles-ci à cause de leur malheur, celles-là à cause du malheur des autres.

Mesdames, quel carnage ! quel choc de tous ces infortunés combattants ! permettez-moi de vous adresser une prière. Puisque ces aveugles oublient qu'ils sont frères, soyez leurs sœurs, venez-leur en aide, faites de la charpie. Tout le vieux linge de vos maisons, qui ici ne sert à rien, peut là-bas sauver la vie à des blessés. Toutes les femmes de ce pays s'employant à cette œuvre fraternelle, ce sera beau ; ce sera un grand exemple et un grand bienfait. Les hommes font le mal, vous femmes, faites le remède ; et puisque sur cette terre il y a de mauvais anges, soyez les bons.

Si vous le voulez, et vous le voudrez, en peu de temps on peut avoir une quantité considérable de charpie. Nous en ferons deux parts égales, et nous enverrons l'une à la France et l'autre à la Prusse.

Je mets à vos pieds mon respect. »

Revanche ou justice ?

« Ma vengeance, c'est la fraternité » (Discours à l'Assemblée nationale du 1er mars 1871).

La défaite a été consommée. Mais le droit ne peut avoir dit ainsi son dernier mot. La France, un jour, saura se relever, pour effacer l'injustice qui lui a été faite. Hugo écrit « La Libération du territoire », poème daté du 16 septembre 1873, qui commence ainsi :

« J'attends l'aube ; j'attends que tous disent : – Frappons !
Levons-nous ! et donnons à Sedan pour réplique
L'Europe en liberté ! – J'attends la République !
J'attends l'emportement de tout le genre humain ! »

Hugo, revanchard ? Ce serait mal comprendre sa philosophie politique, qui repose, on l'a vu à de multiples reprises, sur l'idée qu'il ne doit jamais y avoir de symétrie entre l'injustice subie et l'injustice commise. Reprendre l'Alsace-Lorraine par les armes, oui, si nécessaire. Faire subir à l'Allemagne ainsi vaincue une nouvelle injustice, en la spoliant d'une façon ou d'une autre, non. Hugo, dans son discours de Bordeaux, avait évoqué la prise de villes allemandes, mais simplement pour montrer à quoi peut conduire la soumission au seul rapport de forces, et pour ménager la belle surprise d'une « sortie par le haut » du cycle infernal des guerres vengeresses. « Je te rends Coblence, et tu nous donnes les États-Unis d'Europe, et nous sommes un seul peuple ! »

L'humanisation graduelle de la politique nationale et internationale suppose que la justice réponde à l'injustice et que les vainqueurs du jour n'oublient pas le droit, sauf à devenir les vaincus de demain. Le discours de Victor Hugo à l'Assemblée nationale, le 1er mars 1871, invitant à résister, est prémonitoire. S'il refuse la paix du jour imposée par la droite, c'est parce qu'elle consacre une grave injustice, que la présence des députés d'Alsace-Lorraine vient souligner. Eux réclament que la France ne les abandonne pas. La nation, c'est le vouloir-vivre ensemble selon des règles communes. Daudet, bientôt, écrira « La dernière classe », dans un esprit différent il est vrai : la fraternité en moins. Le rapport de forces des armes fait fi de la volonté populaire réelle. Pour un temps seulement. La nation, plébiscite de tous les jours, dira Renan dans sa conférence en Sorbonne (« Qu'est-ce qu'une nation ? »). Et Hugo d'imaginer la reconquête des provinces perdues, avec à la fin l'issue honorable pour tous des États-Unis d'Europe.

> On verra la France se redresser, on la verra ressaisir la Lorraine, ressaisir l'Alsace. *(Oui ! oui ! – Très-bien !)* Et puis, est-ce tout ? Non… saisir Trèves, Mayence, Cologne, Coblentz, toute la rive gauche du Rhin… Et on entendra la France crier : C'est mon tour ! Allemagne, me voilà ! Suis-je ton ennemie ? Non ! je suis ta sœur. *(Très-bien ! très-bien !)* Je t'ai tout repris, et je te rends tout, à une condition : c'est que nous ne ferons plus qu'un seul peuple, qu'une seule famille, qu'une seule république. *(Mouvements divers.)* Je vais démolir mes forteresses, tu vas démolir les tiennes. Ma vengeance, c'est la fraternité ! *(À gauche : Bravo ! bravo !)* Plus de frontières ! Le Rhin à tous ! Soyons la même République, soyons les États-Unis d'Europe, soyons la fédération continentale, soyons la liberté européenne, soyons la paix universelle ! Et maintenant serrons-nous la main, car nous nous sommes rendu service l'une à l'autre : tu m'as délivrée de mon empereur, et je te délivre du tien. *(Bravo ! bravo ! Applaudissements.)* »
>
> (Discours à l'Assemblée nationale du 1er mars 1871)

Sans perdre de vue la « ligne bleue des Vosges », Hugo imagine une solution destinée à transcender à jamais la guerre en Europe. Loin de toute diatribe sur l'Allemagne diabolique, le visionnaire s'exclame : « Donnons à Sedan pour réplique l'Europe en liberté ! »

Les conditions de la paix

« La paix est une résultante. On ne décrète pas plus la paix qu'on ne décrète l'aurore » (Intervention au Congrès de la paix du 9 septembre 1875).

Avant comme après la guerre de 1870, Hugo pense les principes de la paix et les guerres futures, hélas, confirmeront tragiquement, par la négative ou l'absurde, la valeur de tels principes. Qu'advient-il quand ils ne sont pas respectés ? L'histoire répond, par le sang et les larmes.

Loin de tout angélisme, Hugo entend dresser la liste des conditions d'une paix véritable et durable, accomplie en concorde fraternelle. À partir de la situation particulière de l'Europe en 1875, après l'annexion de l'Alsace-Lorraine par l'Allemagne et le paiement de cinq milliards de « réparations » par la France, il brosse le tableau des exigences à prendre en compte. La conjonction très significative de la question nationale et de la question sociale exclut toute perspective chauvine. Hugo a maintes fois rappelé qu'il n'est pas question d'opposer un peuple à un autre, mais de délivrer les rapports entre les peuples de l'hypothèque que fait peser sur eux la logique des ambitions monarchistes ou impériales, aggravée parfois par les rivalités religieuses.

« La paix est une résultante. On ne décrète pas plus la paix qu'on ne décrète l'aurore. Quand la conscience humaine se sent en équilibre avec la réalité sociale ; quand le morcellement des peuples a fait place à l'unité des continents ; quand l'empiétement appelé conquête et l'usurpation appelée royauté ont disparu ; quand aucune morsure n'est faite, soit à un individu, soit à une nationalité par aucun voisinage ; quand le pauvre comprend la nécessité du travail et quand le riche en comprend la majesté ; quand le côté matière de l'homme se subordonne au côté esprit ; quand l'appétit se laisse museler par la raison ; quand à la vieille loi : prendre, succède la nouvelle loi : comprendre ; quand la fraternité entre les âmes s'appuie sur l'harmonie entre les sexes ; quand le père est respecté par l'enfant et quand l'enfant est vénéré par le père ; quand il n'y a plus d'autre autorité que l'auteur ; quand aucun homme ne peut dire à aucun homme : Tu es mon bétail ; quand le pasteur fait place au docteur, et la bergerie (qui dit bergerie dit boucherie) à l'école ; quand il y a identité entre l'honnêteté politique et l'honnêteté sociale ; quand un Bonaparte n'est pas plus possible en haut qu'un Troppmann en bas ; quand le prêtre se sent juge et quand le juge se sent prêtre, c'est-à-dire quand la religion est intègre et quand la justice est vraie ; quand les frontières s'effacent entre une nation et une nation, et se rétablissent entre le bien et le mal ; quand chaque homme se fait de sa propre probité une sorte de patrie intérieure ; alors, de la même façon que le jour se fait, la paix se fait : le jour par le lever de l'astre, la paix par l'ascension du droit.

Tel est l'avenir. Je le salue. »

(« Congrès de la paix du 9 septembre 1875 », *Actes et Paroles*, III)

Perspectives

« L'éblouissant floréal des peuples, la paix universelle » (Le Droit et la loi, *IX*).

La perspective de la paix par la communication universelle. Hugo a rêvé tout haut, à partir de la conquête des airs (aéroscaphe), des mers *(steamer)*, de la terre (chemin de fer), l'avènement d'un monde unique. Foi optimiste dans les vertus de la découverte mutuelle des peuples et des cultures, des patrimoines unis dans la culture universelle, pour anéantir par la connaissance l'envie de s'entre-tuer. « L'immense vent de l'avenir souffle à la paix » (« Déclaration de paix », mai 1867). Illusion ? Non, car cette universalisation de la communication et ce rétrécissement des distances ne sont qu'un des facteurs de la paix. Les conditions proprement politiques énoncées plus haut sont essentielles et sans elles le progrès technique n'engendrera que l'uniformité d'une nouvelle servitude, « moderne », mais non moins réelle. Le progrès, pour Hugo, ne peut dissocier les découvertes de l'humanité dans les différents champs de son activité pratique et théorique des fins humaines au service desquelles elles sont utilisées. Cela est vrai aussi du fameux « village planétaire » que la mythologie des temps modernes se plaît à exalter, sans se soucier toujours de savoir qui reste dans l'ombre de cette lumière ambiguë.

Chapitre dix

« *Vive la Révolution future* »

La Terreur et le fantôme de 93

« Au milieu d'eux marchait leur Patrie exilée,
Car ils ne laissaient plus qu'une terre peuplée
De cadavres et de bourreaux. »

(*« Les Destins de la Vendée », 1819*).

En juillet 1851, dans la préface préparée pour la brochure *Quinze Discours*, Hugo, s'expliquant à chaud sur le caractère tardif de son républicanisme, invoque, en dernière instance, le spectre de 93 qui avait si longtemps été utilisé pour faire barrage à la République. « Et puis, pour tout dire, j'avais dans l'esprit, comme tant d'hommes de bonne foi, cette sorte d'effroi permanent de 93 que les écrivains monarchistes ont réussi à créer et qui est encore aujourd'hui la grande objection contre la République, objection qui tombe du reste et qui achèvera prochainement de disparaître devant le passé mieux étudié et l'avenir mieux compris. Le jour faisant, les fantômes s'en vont. Mais, à cette époque, le fantôme était encore dans les esprits. Le 15 mai vint lui donner une sorte de réalité. Ce fut alors que je fis afficher sur les murs de Paris la déclaration suivante qui exprimait toute ma pensée, résumée d'ailleurs par ces mots : *Haine vigoureuse de l'anarchie, tendre et profond amour du peuple.* À l'heure qu'il est, je n'ai rien à changer à cette déclaration, sinon que je ne crois plus la terreur possible. » On reconnaît la devise de *L'Événement*, le quotidien fondé par ses fils et amis, qui traduit bien sa réaction après la dramatique « guerre civile » de juin 1848.

Au tournant de sa vie, quand il rejoint définitivement le camp républicain, Hugo rédige ces phrases décisives pour présenter les discours qu'il a prononcés à la tribune de l'Assemblée en faveur de la liberté et de la République. Cette préface ne sera pas publiée, certainement parce qu'il n'a ni le temps ni l'opportunité d'expliquer son évolution politique et les fondements idéologiques qui la justifient. Il avait noté succinctement dans son brouillon : « Dans l'histoire de grands et formidables jours révolutionnaires, la République, l'immense République tenant d'une main la hache et de l'autre l'épée, m'apparaissait plutôt comme la Force que comme la Vérité. J'avais dans les veines ce mélange de vieux sang vendéen qui ne m'empêchait pas de l'admirer, mais qui me poussait à la combattre. » Pour rallier et défendre la République, Hugo a dû réviser fondamentalement sa vision de la Révolution française, conjurer le spectre de la Terreur et finalement s'identifier lui-même à cette Révolution à continuer et parfaire.

Le 25 septembre 1819, un jeune homme de dix-sept ans publie une plaquette de vers, *Les Destins de la Vendée,* dédiés « À Monsieur le vicomte de Chateaubriand », qui a perdu plusieurs membres de sa famille sous la Terreur. Quels fantômes hantent alors l'imagination de l'adolescent et de sa mère qui se dit amie de Mme de La Rochejaquelein et qui pousse son fils vers l'auteur du *Génie du christianisme ?*

« "Qui de nous, en posant une urne cinéraire,
N'a trouvé quelque ami pleurant sur un cercueil ?
Autour du froid tombeau d'une épouse ou d'un frère
Qui de nous n'a mené le deuil ?"
– Ainsi, sur les malheurs de la France éplorée
Gémissait la Muse sacrée. [...]

Depuis, à nos tyrans rappelant tous leurs crimes,
Et vouant aux remords des cœurs sans repentirs,
Elle a dit : "En ces temps la France eut des victimes ;
Mais la Vendée eut des martyrs". »

Nouveau Moïse, un vieux prêtre prophétise aux « tribus des vengeurs de nos rois », aux débris de l'armée catholique et royale rassemblés sur les bords de la Loire, la libération des tyrans, la vengeance de la Restauration et de la Sainte Alliance, et le retour des lys.

« Vendée, ô noble terre ! ô ma triste patrie !
Tu dois payer bien cher le retour de tes rois !
Avant que sur nos bords croisse la fleur chérie,
Ton sang l'arrosera deux fois.
Mais aussi, lorsqu'un jour l'Europe réunie
De l'arbre de la tyrannie
Aura brisé les rejetons,
Tous les rois vanteront leurs camps, leur flotte immense,
Et, seul, le Roi chrétien mettra dans la balance
L'humble glaive des vieux Bretons ! »

Dans un style emprunté à André Chénier, le poète décapité, Hugo traduit ici les douleurs et les espérances de sa mère, Sophie Trébuchet, née à Nantes et issue de vieilles familles vendéennes. En fait, Victor se représente sa mère comme une « brigande vendéenne », ce qu'elle ne fut pas, et range sa famille parmi les victimes des Bleus, ce qui est pure imagination. Elle s'est certainement inventé un passé de combattante catholique et royale pour justifier sa rupture d'avec son mari républicain et légitimer sa pleine adhésion à la Restauration. Le fils est alors totalement sous la coupe de la mère, voire sous celle des « ultras ». Son poème révèle une remarquable connaissance du drame de la Vendée, de la *guerilla* des « rustiques guerriers », de la pratique terroriste des « colonnes infernales » (« Des flots de sang baignaient tes sillons dévastés »), de la fuite des vieillards, des femmes et des enfants et de quelques « fiers soldats » sur les bords de Loire, des « nefs homicides » du commissaire de la République à Nantes, le terroriste Carrier, dont curieusement son oncle maternel fut le lieutenant. Commisération réelle ? Remords rétrospectif ? Ferveur politique du moment ? Qu'importe, la Vendée restera longtemps, pour Hugo, le comble de la Terreur. Mais il est paradoxal que la République réprime par les armes des paysans pauvres, qu'elle avait libérés des droits seigneuriaux, qui auraient dû être ses soutiens et que la haine des bourgeois accapareurs et de la conscription arbitraire avait rejetés du côté des prêtres et des nobles, ces cadres ruraux de la société traditionnelle. L'ombre de la guillotine plane déjà sur l'œuvre de Hugo.

Ce poème révèle encore sa première interprétation de la Révolution. Rien d'étonnant qu'il traduise en vers la thèse, diffusée par l'Église, de Bonald et Joseph de Maistre, ne voyant en 1789 qu'un châtiment de Dieu après un siècle d'impiété et d'immoralité :

« Mais que le juste pense aux forfaits de nos pères, [...]
Le Seigneur veut parfois le triomphe du vice ;
Il veut aussi, dans sa justice,
Que l'innocent verse des pleurs ;
Souvent, dans ses desseins, Dieu suit d'étranges voies,
Lui qui livre Satan aux infernales joies,
Et Marie aux saintes douleurs ! »

De même, la première figure de Bonaparte est, chez Hugo, celle d'un instrument dans la main de Dieu, d'un agent du « complot satanique ». Dans ses confidences à sa femme Adèle, le témoin de sa vie, Hugo expliquera le comportement de sa mère et de très nombreuses femmes de France, en 1814-1815, par leur haine pour Napoléon, « cet ogre assoiffé de sang », qui leur prenait chaque année des enfants de plus en plus jeunes. « L'acclamation qui a salué Louis XVIII en 1814 a été un cri de joie des mères. [...] Pour nos mères, la révolution, c'est la guillotine, l'empire, c'est un sabre. » Quand Hugo découvrira la véritable figure de son père, l'ancien citoyen « Brutus », le « soldat de l'An II », le Bleu combattant les Chouans, et quand, après la mort de ce dernier, il découvrira les affabulations de sa mère, il pourra modifier son regard sur la Révolution. « Pour nos pères, la révolution, c'est la plus grande chose qu'eût pu faire le génie d'une assemblée, l'empire, c'est la plus grande chose qu'eût pu faire le génie d'un homme. » Comment le passage de la « révolution satanique » à la reconnaissance de la grandeur nationale dans la Révolution s'est-il opéré en lui ?

La voix de Mirabeau

« Alors on entendit sortir de cette face difforme une parole sublime. C'était la voix du monde nouveau qui parlait par la bouche du vieux monde » (Napoléon-le-Petit, *livre cinquième, II*).

Victor Hugo, en dépit de ses positions ultras, n'a jamais été qu'un catholique tiède resté voltairien de raison. Autrement, on ne comprendrait pas que le féal de Chateaubriand prépare, à la fin de 1823, l'édition d'un recueil de *Lettres choisies* de Voltaire, ce qui lui permit de découvrir par les textes non seulement un combattant de la liberté, mais un adversaire de l'absolutisme, sinon de la monarchie. Un pas de plus est franchi par le Hugo libéral quand, dix ans plus tard, il rédige un essai sur Mirabeau, repris en préface des œuvres complètes de la figure révolutionnaire majeure de 1789. Ce texte est encore fortement marqué d'un idéalisme où l'histoire est sous la coupe des grands hommes prédestinés par la Providence.

Comment cet homme, disgracié par la nature, déchu par son père, renié par l'ordre de la noblesse, a-t-il pu devenir la grande voix du Tiers État face aux privilégiés, l'accoucheur de l'Assemblée nationale constituante et le père de l'unité et de la souveraineté de la nation ? Cet homme clé est bien le fondateur de la monarchie constitutionnelle, le rassembleur de ces « peuples désunis » et le destructeur de l'Ancien Régime, car c'est lui qui forgea ce terme pour résumer tout ce qui du vieux monde devait disparaître. Montalembert et Sainte-Beuve se gaussèrent alors de Victor Hugo, qui s'assimilait quelque peu à son nouveau héros. N'avait-il pas en effet écrit à son propos : « La famille et la société tout ensemble lui sont marâtres. Il ne rencontre dans la vie que deux choses qui le traitent bien et qui aiment, deux choses singulières et révoltées contre l'ordre, une maîtresse et une révolution » ? Il est vrai que Hugo avait offert le manuscrit de *Mirabeau* à Juliette Drouet, sa maîtresse.

Sous la monarchie de Juillet, Hugo se réconcilie avec la Révolution libérale de 1789 à 1792, et avec l'épopée napoléonienne. Pour lui, toute révolution, à l'instar de l'anglaise, est double : après une phase de destruction nécessaire de l'ancien ordre des choses, la révolution doit reconstruire un ordre nouveau. Ainsi, il est en harmonie avec la formule qu'il a choisie comme devise : « Liberté et ordre ». L'esprit des Lumières, la liberté politique, l'égalité civile, la fierté nationale, le drapeau tricolore, tout cela avait été acquis dès 1789 et pouvait se concilier avec la monarchie constitutionnelle. Thiers et Mignet avaient présenté dès 1823, dans leurs histoires pionnières, une Révolution de la liberté qui avait sombré dans la dictature jacobine, puis le despotisme militaire. La monarchie de Juillet a fait de 1830 la reprise de 1789 et de la révolution raisonnable. Elle a mobilisé les symboles libéraux et nationaux. La colonne de Juillet a été érigée sur la place de la Bastille et l'Arc de triomphe de l'Étoile, entrepris par Napoléon, a été achevé en 1840. Nous avons évoqué comment Hugo a redécouvert la grandeur nationale en exaltant la Grande Nation et l'Empire. Il est vrai que la légende napoléonienne se propagea bien plus vite que la réhabilitation de la République. Les anciens combattants de la Grande Armée étaient bien plus nombreux que les jacobins survivants et… fidèles encore à leurs idéaux révolutionnaires.

Le verbe de Danton

« La Révolution, c'est la France sublimée » (William Shakespeare, *livre II*).

La République n'était-elle pas synonyme de la décapitation du roi le 21 janvier 1793, de la dictature de la Commune de Paris multipliant les émeutes populaires contre la Convention nationale et les Girondins, des appels de Marat à la mort des « ennemis du peuple » ? Être révolutionnaire, n'était-ce pas avoir du sang sur les mains ?

Victor Hugo a raison d'écrire en 1851 que la Révolution est mieux connue. À partir de 1847, paraissent quasi simultanément l'*Histoire de la Révolution* de Jules Michelet, professeur au collège de France, et l'*Histoire des Girondins* de Lamartine, son ami académicien. Hugo reproche alors à Lamartine d'avoir été trop indulgent à l'égard des Montagnards responsables de la Terreur. Il admet cependant que la guerre, provoquée par l'invasion étrangère, la chute de la monarchie entraînée par la trahison nationale du roi et, en conséquence, la proclamation de la République relevaient d'un enchaînement fatal, d'une nécessité de l'histoire. Hugo découvre le rôle de Danton, incarnation de l'énergie nationale, le tribun de la proclamation de la patrie en danger, de la levée en masse des volontaires nationaux, de la mobilisation générale, pour assurer le triomphe de la liberté. Pour Michelet, la Convention n'a pas été une parenthèse honteuse, un naufrage dans la dictature populaire. La République a, au contraire, sauvé la Révolution. 1792 dépasse 1789. La Révolution, c'est la « France sublimée ».

Mais Hugo ne comprend toujours pas la Terreur et la politique du Comité de salut public. Il n'a certainement pas lu l'*Histoire de la Révolution* de Louis Blanc sur lequel il rapporte nombre de propos désobligeants dans *Choses vues*, ni l'*Histoire des Montagnards* d'Alphonse Esquiros. Il ne les découvre, semble-t-il, que quand ils se retrouvent tous trois dans l'exil.

Hugo veut voir encore en 1848 le spectre de 1793, le fantôme de la Terreur, dans les appels à une nouvelle révolution, à la révolution sociale, que Blanqui ou Barbès ont lancés le 15 mai 1848, au moment de l'invasion de l'Assemblée, et dans leur tentative de former un nouveau gouvernement insurrectionnel. Il perçoit, sur-le-champ, l'insurrection ouvrière de juin 1848 comme la reprise des émeutes des sans-culottes, des rébellions contre l'Assemblée nationale, comme le retour à l'anarchie de la populace. À bien lire ses discours sur la misère et sur la limitation du suffrage universel, on voit qu'il s'accroche encore à la défense de l'ordre et de la liberté pour prévenir de nouvelles convulsions sociales. Il met en garde l'Assemblée nationale, le 15 janvier 1850, contre le projet de loi liberticide. « Avec ce système-là, cette doctrine-là et cette histoire-là, que le parti clérical le sache, partout où il ira, il engendrera des Révolutions ; partout, pour éviter Torquemada, on se jettera dans Robespierre. [...] Vous ne voulez pas de progrès, vous aurez des révolutions. » Est-ce pure tactique face à une assemblée en majorité réactionnaire ? Ou pense-t-il vraiment ce qu'il dit ? Prévenir la Révolution, serait-ce le début de la sagesse politique ?

Hugo utilise encore en 1850 la crainte de la Terreur et le fantôme de 93 à des fins prophylactiques, pour défendre la liberté contre la réaction, l'ordre contre l'anarchie. Mais cette anarchie n'est plus pour lui l'émanation de la populace, elle est désormais l'œuvre de ces « révolutionnaires naïfs » que sont, à leurs dépens, les pires des réactionnaires. Il s'agit là d'un renversement capital de perspective.

La fin de la préhistoire

« La Révolution, tournant climatérique de l'humanité » (William Shakespeare, *livre II*).

Hugo révise sa conception de la Révolution lors de sa rupture avec le parti de l'ordre. Ainsi, dans son discours du 17 juillet 1851, il est amené à défendre en bloc toute la Révolution, aussi bien 1789 que 1793, comme le fera Georges Clemenceau trente ans plus tard, une révolution qui se poursuit depuis. Hugo n'a pas renoncé à convaincre des députés hésitants, et pourtant il accuse les députés légitimistes, orléanistes, bonapartistes et cléricaux :

« Votre attaque contre la République est une attaque contre la Révolution française. Contre la Révolution française tout entière, entendez-vous bien ; depuis la première heure qui a sonné en 1789 jusqu'à l'heure où nous sommes ! (À *gauche : Oui ! Oui, c'est cela !*) Nous ne distinguons pas, nous : à moins qu'il n'y ait pas de logique au monde, la Révolution et la République sont indivisibles. L'une est la mère, l'autre est la fille. La République, c'est la révolution fondée *(Vive approbation).* Vous vous débattez vainement contre ces réalités ; on ne sépare pas 89 de la République, on ne sépare pas l'aube du soleil. »

Hugo n'oppose plus la Révolution libérale et son antithèse terroriste, la monarchie constitutionnelle et la dictature plébéienne, la Révolution et la République. 92 ne trahit pas 89, puisqu'un lien filial les unit. La République est la création naturelle et nécessaire de la Révolution. Elle n'en est pas le dérapage ; elle en est l'aboutissement. Mieux, elle la parachève. Dans *William Shakespeare*, publié en 1864, Hugo synthétise sa dialectique.

« La révolution, tournant climatérique de l'humanité, se compose de plusieurs années. Chacune de ces années exprime une période, représente un aspect ou réalise un organe du phénomène. [...] 89 a démoli la Bastille, 93 a découronné le Louvre. De 89 est sortie la Délivrance, et de 93 la Victoire. 89 et 93, les hommes du dix-neuvième siècle sortent de là. C'est leur père et leur mère. Ne leur cherchez pas d'autre filiation, d'autre origine. [...] La Révolution a clos un siècle et commencé l'autre. [...] Le dix-neuvième siècle a une mère auguste, la Révolution française. »

Ainsi est confirmée pour Hugo une idée-force. 1789 a été la première phase destructrice de l'ancien monde féodal, monarchique et clérical, et la première esquisse fragile d'une France des libertés. 1792 et 1793 parachèvent le travail de destruction et jettent les fondations d'un nouveau monde, celui de la « sainte équité universelle » et de la « révolution humaine », celui des fondements du droit. Dès lors, Hugo associe Égalité et Liberté, comme s'il avait découvert que la Déclaration universelle des droits de l'homme et du citoyen de 1793 inversait l'ordre des principes de 1789. L'Égalité avait alors été proclamée le premier des droits.

Mais la Révolution française n'a pas triomphé sans résistances, ni même sans reculs, bien qu'elle se continue toujours. Déjà, le 17 juillet 1851, il affirmait :

« Le premier peuple du monde a fait trois révolutions comme les dieux d'Homère faisaient trois pas ; ces trois révolutions n'en font qu'une, ce n'est pas une révolution locale, c'est la révolution humaine ; ce n'est pas la revendication égoïste d'un peuple, c'est la révolution de la sainte équité universelle ; c'est la liquidation des griefs généraux de l'humanité depuis que l'histoire existe. *(Vive approbation à gauche – Rires à droite)* ; c'est, après les siècles de l'esclavage, du servage, de la théocratie, de la féodalité, de l'inquisition, du despotisme sous tous les noms, du supplice humain sous toutes les formes, la proclamation auguste des droits de l'homme. *(Acclamation.)* »

Hugo précise que ces trois révolutions sont celles de 1792, 1830 et 1848, car le dix-neuvième siècle en France est scandé par une succession de révolutions et de réactions. Mais ces trois révolutions vont dans le même sens. 1830 et 1848 ne sont que la reprise, la continuation et l'approfondissement de 1789 et 1792. Quant au tragique 1793, c'est la « bouche de bronze » qui a rendu la Révolution irréversible. Le triomphe de la Révolution est inéluctable, quels que soient les obstacles mis à sa progression, voire les régressions temporaires, car il s'agit de la révolution de toute l'humanité. Ce mouvement universel ne dépend pas de la volonté des hommes, mais de la force des choses, de la fatalité sociale et historique.

Tout comme Tocqueville, mais avant lui, Hugo affirme que la liquidation de l'Ancien Régime, dans ses bases sociales comme dans ses fondements religieux, est la « loi générale de l'Europe » moderne et plus largement encore de l'humanité. La Révolution française accélère la disparition à l'échelle mondiale des vieilles sociétés monarchiques et féodales, aristocratiques et oppressives, fondées sur la conjonction d'un pouvoir de fait et de croyances religieuses. Tout comme Marx qu'il ne connaît pas, Hugo peut affirmer qu'avec la Révolution française finit la préhistoire de l'humanité. Et cela d'autant plus que les principes de 1789 ont été proclamés universels comme droits de tous les hommes et de tous les citoyens.

La Révolution irréversible

« La Révolution française, Bonaparte l'a dit, c'est le soleil ! » (17 juillet 1851).

Cette certitude de l'irréversibilité de la Révolution française, Hugo en acquiert l'assurance en faisant le double bilan de l'Ancien Régime qui disparaît alors et de l'œuvre de la Convention qui esquisse le nouveau monde. Ce n'est pas un hasard si c'est dans *Napoléon-le-Petit*, au début du cinquième livre consacré à la défense de l'œuvre révolutionnaire des assemblées parlementaires depuis 1789, que se présente ce tableau saisissant de l'Ancien Régime :

« Un jour, il y a soixante-trois ans de cela, le peuple français, possédé par une famille depuis huit cents années, opprimé par les barons jusqu'à Louis XI, et depuis Louis XI par les parlements, c'est-à-dire, pour employer la sincère expression d'un grand seigneur du dix-huitième siècle, “mangé d'abord par les loups et ensuite par les poux” ; parqué en provinces, en châtellenies, en généralités, en bailliages et en sénéchaussées ; exploité, pressuré, taxé, taillé, pelé, tondu, rasé, rogné et vilipendé à merci, mis à l'amende indéfiniment pour le bon plaisir des maîtres ; gouverné, conduit, mené, surmené, traîné, torturé ; battu de verges et marqué d'un fer chaud pour un jurement, envoyé aux galères pour un lapin tué sur les terres du roi, pendu pour cinq sous, fournissant ses millions à Versailles et son squelette à Montfaucon, chargé de prohibitions, d'ordonnances, de patentes, de lettres royaux, d'édits bursaux et ruraux, de lois, de codes, de coutumes ; écrasé de gabelles, d'aides, de censives, de main-mortes, d'accises et d'excises, de redevances, de dîmes, de péages, de corvées, de banqueroutes ; bâtonné d'un bâton qu'on appelait sceptre, suant, soufflant, geignant, marchant toujours, couronné, mais aux genoux, plus bête de somme que nation, se redressa tout à coup, voulut devenir homme, et se mit en tête de demander des comptes à la monarchie, de demander des comptes à la Providence, et de liquider ces huit siècles de misère. Ce fut un grand effort. »

Quelle synthèse éblouissante de l'histoire et de l'organisation inachevée de l'État monarchique, mais surtout quel tableau du peuple français, assimilé à ce paysan, libre mais « exploité, pressuré, taillé », par l'accumulation des prélèvements, corvées et droits seigneuriaux, en nature et en argent, « écrasé » de dîmes ecclésiastiques et d'impôts royaux, directs et indirects, « vilipendé à merci [...] pour le bon plaisir des maîtres », en l'absence de toute liberté personnelle et judiciaire, soumis à la « violence du sceptre » ou à la spoliation des « banqueroutes » (Hugo en compte soixante sous Louis XV !). Hugo s'inspire ici de la lecture du *Tableau de la France* de Mirabeau-père, le « grand seigneur du dix-huitième siècle », et des gravures populaires, évoquées par Michelet, représentant un Jacques Bonhomme, image douloureuse du Tiers État, portant sur son dos un prêtre et un gentilhomme, gros et gras, symboles des ordres du Clergé et de la Noblesse. Caricature facile ? Accumulation rabelaisienne ? Que non ! Tous les termes sont judicieux, précis, pesant leur poids de réalités historiques. Hugo a su comprendre la structure de l'Ancien Régime seigneurial sur lequel s'est érigé l'État absolutiste légitimé par l'onction chrétienne. Mais notre paysan, « plus bête de somme que nation », entend « devenir homme » et liquider sa misère en demandant des comptes à la monarchie et à la Providence. Hugo a compris en quoi cette révolution politique de 1789 ne pouvait être que la traduction d'une immense aspiration à une révolution sociale, paysanne et citadine, qui supposait le renversement de tous les fondements matériels de la société ainsi que de ses principes spirituels inextricablement liés entre eux. Ici, le raccourci symbolique touche à l'histoire totale.

C'est dans le roman *Quatrevingt-Treize*, paru en 1874, et mûri au moins pendant douze ans, que Victor Hugo expose le bilan le plus avancé de l'œuvre de la Révolution. La Convention a achevé la révolution paysanne en abolissant gratuitement les servitudes seigneuriales, tout en garantissant le droit de propriété des anciens paysans tenanciers. Par sa dynamique populaire, elle a dépassé le programme de la révolution libérale et esquissé les principes de la révolution démocratique.

« En même temps qu'elle dégageait de la révolution, cette assemblée produisait de la civilisation. Fournaise, mais forge. Dans cette cuve où bouillonnait la terreur, le progrès fermentait. De ce chaos d'ombre et de cette tumultueuse fuite de nuages, sortaient d'immenses rayons de lumière parallèles aux lois éternelles. Rayons restés sur l'horizon, visibles à jamais dans le ciel des peuples, et qui sont, l'un la justice, l'autre la tolérance, l'autre la bonté, l'autre la raison, l'autre la vérité, l'autre l'amour. La Convention promulguait ce grand axiome : *La liberté du citoyen finit où la liberté d'un autre citoyen commence ;* ce qui résume en deux lignes toute la sociabilité humaine.

Elle déclarait l'indigence sacrée ; elle déclarait l'infirmité sacrée dans l'aveugle et dans le sourd-muet devenus pupilles de l'État, la maternité sacrée dans la fille-mère qu'elle consolait et relevait, l'enfance sacrée dans l'orphelin qu'elle faisait adopter par la patrie, l'innocence sacrée dans l'accusé acquitté qu'elle indemnisait. Elle flétrissait la traite des noirs ; elle abolissait l'esclavage. Elle proclamait la solidarité civique. Elle décrétait l'instruction gratuite. Elle organisait l'éducation nationale par l'école normale à Paris, l'école centrale au chef-lieu, et l'école primaire dans la commune. Elle créait les conservatoires et les musées. Elle décrétait l'unité de code, l'unité de poids et de mesures, et l'unité de calcul par le système décimal. Elle fondait les finances de la France, et à la longue banqueroute monarchique elle faisait succéder le crédit public. Elle donnait à la circulation le télégraphe, à la vieillesse les hospices dotés, à la maladie les hôpitaux purifiés, à l'enseignement l'école polytechnique, à la science le bureau des longitudes, à l'esprit humain l'institut. En même temps que nationale, elle était cosmopolite. Des onze mille deux cent dix décrets qui sont sortis de la Convention, un tiers a un but politique, les deux tiers ont un but humain. Elle déclarait la morale universelle base de la société et la conscience universelle base de la loi. Et tout cela, servitude abolie, fraternité proclamée, humanité protégée, conscience humaine rectifiée, loi du travail transformée en droit et d'onéreuse devenue secourable, richesse nationale consolidée, enfance éclairée et assistée, lettres et sciences propagées, lumière allumée sur tous les sommets, aide à toutes les misères, promulgation de tous les principes, la Convention le faisait, ayant dans les entrailles cette hydre, la Vendée, et sur les épaules ce tas de tigres, les rois. »

Le contexte historique est rappelé dans les deux lignes finales : la Convention est en guerre contre la coalition de toutes les monarchies européennes et doit repousser des invasions sur toutes ses frontières, mais elle est dévorée aussi par la guerre civile en Vendée. Un demi-siècle après, Hugo a inversé totalement les rapports entre la République et les Chouans, les Bleus et les Blancs. La sainte révolte est devenue un cancer. Et pourtant, dans ce terrifiant « chaos d'ombres », la Convention donne la victoire à la Révolution et à la France. Mobilisée par cette guerre totale, elle esquisse un monde nouveau.

Victor Hugo découvre avec stupeur qu'elle a anticipé sur le but qu'il s'était fixé dès 1834 : substituer les questions sociales aux questions politiques. Il est un des rares hommes du dix-neuvième siècle à mettre en avant l'*œuvre sociale* de « solidarité civique », avec les veuves, les orphelins, les infirmes, les indigents, les vieillards, les mères (sans oublier les filles-mères) et les enfants. Il rappelle l'objectif fondateur de la Convention en matière d'instruction publique et de développement des sciences et des arts. Il salue la poursuite de l'*œuvre nationale* d'unification et d'uniformisation des codes et des mesures. Mais ce que retient plus encore Hugo, c'est l'œuvre humaine et universelle de la Convention : abolition de l'esclavage que Bonaparte rétablira, quasi-reconnaissance du droit au travail qui sera la grande conquête symbolique de 1848, protection des droits de tous les êtres humains et proclamation de l'universalité des droits de l'homme comme base de la société, un siècle et demi avant la Déclaration de l'ONU de 1948. La Convention a promulgué « tous les principes » de l'Égalité et de la Liberté, la première étant la condition de la seconde. Ce programme, dans sa double composante nationale et sociale, reste encore à appliquer et à prolonger.

Comprendre la Terreur pour l'exorciser

« Il faut quelquefois aux bonnes nouvelles une bouche de bronze. 93 est cette bouche » (William Shakespeare, *livre II*).

Mais pourquoi cet enfantement de civilisation exige-t-il autant de douleurs ? Comment, « dans la cuve où bouillonnait la terreur, le progrès » peut-il fermenter ? Comment, de ce « chaos d'ombres », d'« immenses rayons de lumière parallèles aux lois éternelles » peuvent-ils sortir ? Hugo s'interroge depuis longtemps sur ces terribles questions. Il couche ses premières réponses dans le poème « Révolution », achevé le 25 décembre 1857, mais publié seulement en 1881 dans le recueil *Les Quatre Vents de l'esprit*. Ce long poème de quatre cent huit vers s'ouvre et se referme par une explication historique et sociale des violences révolutionnaires. Aux vers 1 et 2 :

> « Les révolutions, ces grandes affranchies,
> Sont farouches, étant filles des monarchies »

répondent les vers 401 et 402 :

> « Et demandez-vous-en compte les uns les autres !
> Tous les crimes du faible ont pour source les vôtres. »

C'est le vieux monde qui est porteur de violences et d'oppression ; il ne laisse pas le choix des armes à ceux qui veulent le renverser. C'est la monarchie et la féodalité qui ont réduit le peuple à recourir à des moyens violents. La Terreur est fille du passé, des puissants et des rois, non de la volonté profonde des Jacobins. Hugo ne dit pas autre chose que Marat. Justifiant la guillotine et la décapitation de Louis XVI, coupable d'être né roi, comme l'avait dit Saint-Just, Hugo fait le terrible constat :

« C'est à travers le mal qu'il faut sortir du mal. »

S'interrogeant sur la fatalité de cette « héroïque et vaste tragédie », Hugo distingue les idéaux et les réalités, et compare les révolutionnaires « flamboyants », Mirabeau, Danton, Robespierre, les fondateurs des principes nouveaux, et les vengeurs « horribles », Carrier, Le Bas, Hébert, Fouquier-Tinville. Faut-il les opposer ? Les seconds ne risquent-ils pas de déconsidérer les premiers ? Hugo consacre à Marat, l'Ami du peuple, quarante-six vers surprenants qui traduisent toutes les contradictions du regard nouveau qu'il porte sur l'ambivalence des terroristes.

« Il est le misérable, il est le formidable ;
Il est l'auguste infâme, il est le nain géant ;
Il égorge, massacre, extermine, en créant ; [...]
Il crie au mourant : Tue ! Il crie au volé : Prends !
Il crie à l'opprimé : Foule aux pieds ! broie ! accable !
Doux pour une détresse et pour l'autre implacable,
Il fait à cette foule, à cette nation,
À ce peuple, un salut d'extermination. »

Il est trop facile, nous dit Hugo, d'opposer, comme le font les simples moralistes, les « purs » et les « infâmes ». La Révolution est un mouvement objectif où s'affrontent de formidables forces, où se mettent en branle tous les antagonismes. Toutes les anciennes références morales en sont brouillées alors que déjà se fondent les principes intangibles et universels du nouveau droit. Les révolutionnaires sont des hommes plongés dans les ambiguïtés car ils détruisent en même temps qu'ils reconstruisent. La révolution est le travail douloureux de résolution des contradictions sociales et politiques.

« Ceux qui paraissent bons, ceux qui semblent méchants,
Ébauchent en commun la même délivrance ;
Ils font le droit, ils font le peuple, ils font la France. [...]
C'est par excès d'amour qu'ils abhorrent ; bonté
Devient haine ; ils n'ont plus de cœur que d'un côté.
À force de songer au sort des misérables,
Et par miséricorde, ils sont inexorables. »

Il faut comprendre la Terreur, nous dit Hugo, non pour l'excuser mais pour l'exorciser. On ne peut le faire par une simple condamnation morale. Inutile de condamner à travers elle toute la Révolution. Elle est le produit de la nécessité historique et le fruit amer de la Providence, mais elle fait partie intégrante de la Révolution, qui est un tout. Faisant ce tragique constat, tel un nouveau Moïse, Hugo avoue son trouble devant cette double contrainte, humaine et divine :

> « Quand Moïse vit Dieu, le vertige le prit ;
> Et moi, devant l'histoire aux horizons sans nombre,
> Je tremble, et j'ai le même éblouissement sombre,
> Car c'est voir Dieu que voir les grandes lois du sort. »

Face à cette horreur sacrée, au vers 215 tout bascule. Hugo proclame que la violence, si elle en a été le moyen, n'est pas la fin de l'histoire. Il suffit d'en regarder le cours pour en saisir le progrès. Il n'y a pas de fatalité. L'Histoire libérera l'humanité de la damnation, car la Révolution fonde le droit nouveau, le seul droit qui ne légitime pas un état de fait, car elle est la rupture décisive avec tous les régimes antérieurs qui n'ont reposé que sur la violence et l'usurpation.

> « C'est vrai, l'histoire est sombre. Ô rois, hommes tragiques ! »

Pendant quatre-vingt-cinq vers, Hugo évoque les pires violences perpétrées par les tyrans, les rois, les papes et les pères dénaturés. Il s'interroge : la loi de l'histoire est-elle la vengeance ? la mort ? Il répond : Non ! Le peuple ne veut pas du terrible héritage des rois. La proclamation du droit doit mettre fin à l'enchaînement aveugle de la violence :

> « Non ! Jamais d'échafauds ! C'est par d'autres répliques
> Que doivent s'affirmer les saintes républiques.
> Ce siècle, le plus grand des siècles l'a compris.
> Le jour où Février se leva sur Paris,
> Il fit deux parts de l'œuvre immense de nos pères,
> Et, grave, agenouillé devant les grands mystères,
> Ne gardant que le droit, rendit à Dieu la mort. »

La mémoire de la Terreur ne peut qu'inciter les révolutionnaires futurs à renoncer à de tels procédés qui compromettent leur idéal, comme le vieux monde gangrène encore le nouveau, et à mettre fin au cycle des violences pour marcher à grands pas vers le progrès et la paix. La révolution de demain doit tendre à être pacifique. L'idéalisme de Victor Hugo se manifeste alors dans toute sa sincérité qui témoigne de la persistance de l'illusion lyrique de 1848 :

> « Le peuple doit grandir, être maître à son tour,
> Et c'est par la douceur que la grandeur se prouve. [...]
> Ce grand Quatrevingt-treize a fait ce qu'il dut faire ;
> Mais nous qui respirons l'idéale atmosphère,
> Nous sommes d'autres cœurs ; les temps fatals sont clos ;
> Notre siècle, au-dessus du vieux niveau des flots,
> Au-dessus de la haine, au-dessus de la crainte,
> Fait sa tâche ; il construit la grande Babel sainte ;
> Dieu laisse cette fois l'homme bâtir sa tour.
> La République doit s'affirmer par l'amour,
> Par l'entrelacement des mains et des pensées,
> Par tous les lys s'ouvrant à toutes les rosées,
> Par le beau, par le bon, par le vrai, par le grand,
> Par le progrès, debout, vivant, marchant, flagrant,
> Par la matière à l'homme libre enfin asservie,
> Par le sourire auguste et calme de la vie,
> Par la fraternité sur tous les seuils riant,
> Et par une blancheur immense à l'orient. [...]
> L'ère d'apaisement suit l'ère de la terreur. »

Genèse des révolutions

« L'ordre social a ses mineurs noirs » (Les Misérables, *troisième partie, livre septième, I*).

Victor Hugo espère pour demain une révolution pacifique idéale, mais il s'explique de plus en plus concrètement les révolutions réelles du passé et du présent. Les révolutions sont le produit de la nécessité et non du hasard ou de la seule volonté des hommes. Approfondissant sa réflexion sur l'histoire, Hugo distingue, en particulier dans *Les Misérables,* les simples émeutes, ces « révolutions refusées » car restées trop minoritaires et rejetées par la majorité du peuple, et les révolutions nées des insurrections populaires réussies, acceptées, voire récupérées par la bourgeoisie libérale comme en 1830, ou ralliées par la grande majorité du peuple comme en 1848. Le succès d'une révolution populaire tient à sa capacité d'entraîner les forces vives d'une société. Hugo est convaincu qu'on ne peut forcer l'histoire quand les énergies du peuple ne sont pas largement mobilisées. La révolte reste dans l'impasse, comme la barricade de 1832, aussi formidable soit-elle, et elle ne devient pas révolution quand elle n'est fomentée que par l'impatience ou l'idéalisme des insurgés. Le succès d'une révolution sera plus facile si elle se fait au nom du droit contre le despotisme, de la république contre la monarchie. Mais, par suite, en République, quand le suffrage universel permet au peuple de s'exprimer, la révolte armée est suicidaire car elle vise à imposer la volonté d'une minorité qui usurperait la souveraineté du peuple. Elle se prête ainsi à l'échec et à la répression, qui peut se targuer alors de la défense du droit et de la loi.

Néanmoins, les révoltes et les révolutions ne sont pas des accidents ou des fruits du hasard. Elles sortent de la nécessité sociale et historique, de ce double *ananké*. Leur mouvement est engagé depuis des générations. Il est objectif, inconscient, profond. Les révolutions se préparent en silence et en profondeur, par des mutations sociales et mentales peu apparentes. Parfois, les « bas-fonds », les « Enfers », remontent à la surface, et leur révolte spontanée éclate et retombe, brisée. Mais la véritable révolution naît du développement naturel de l'embryon de l'avenir et de l'accouchement, plus ou moins douloureux, du nouveau monde, dont la République est la sage-femme. La Révolution a été inéluctable, elle est irréversible, elle restera à parfaire. Elle est le produit d'une longue et formidable incubation sociale et mentale que Hugo a fort bien rendue par l'image des mines qui ébranlent en profondeur le sous-sol de la société, au livre septième de la troisième partie des *Misérables :*

« Il y a sous la construction sociale, cette merveille compliquée d'une masure, des excavations de toutes sortes. Il y a la mine *religieuse,* la mine *philosophique,* la mine *politique,* la mine *économique,* la mine *révolutionnaire.* Tel pioche avec l'idée, tel pioche avec le chiffre, tel pioche avec la colère. On s'appelle et on se répond d'une catacombe à l'autre. Les utopies cheminent sous terre dans les conduits. Elles s'y ramifient en tous sens. Elles s'y rencontrent parfois, et y fraternisent. Jean-Jacques prête son pic à Diogène qui lui prête sa lanterne. Quelquefois elles s'y combattent. Calvin prend Socin aux cheveux. Mais rien n'arrête ni n'interrompt la tension de toutes ces énergies vers le but, et la vaste activité simultanée, qui va et vient, monte, descend et remonte dans ces obscurités, et qui transforme lentement le dessus par le dessous et le dehors par le dedans ; immense fourmillement inconnu. La société se doute à peine de ce creusement qui lui laisse sa surface et lui change les entrailles. Autant d'étages souterrains, autant de travaux différents, autant d'extractions diverses. Que sort-il de toutes ces fouilles profondes ? L'*avenir.* »

La société est minée par de multiples contradictions, économiques et sociales, certes, mais aussi religieuses, politiques, philosophiques. Hugo a eu l'intuition de la force révolutionnaire des idéologies et des éthiques. La révolution n'est pas le simple produit de forces matérielles. Les utopies révolutionnaires qui entendent détruire la vieille société, et pas seulement la réformer, aiguisent toutes ces tensions. Réformistes, révolutionnaires, anarchistes, socialistes, communistes conjuguent leurs efforts inconsciemment. Les utopies et les philosophies mêlent leurs forces et inspirent les politiques. Et comme la « vieille taupe » de Marx, le mouvement révolutionnaire incube, pour le meilleur comme pour le pire, dans les profondeurs cachées de la société.

« Plus on s'enfonce, plus les travailleurs sont mystérieux. Jusqu'à un degré que le philosophe social sait reconnaître, le travail est bon ; au-delà de ce degré, il est douteux et mixte ; plus bas, il devient terrible. À une certaine profondeur, les excavations ne sont plus pénétrables à l'esprit de civilisation, la limite respirable à l'homme est dépassée ; un commencement de monstres est possible.

L'échelle descendante est étrange ; et chacun de ces échelons correspond à un étage où la philosophie peut prendre pied, et où l'on rencontre un de ces ouvriers, quelquefois divins, quelquefois difformes. Au-dessous de Jean Huss, il y a Luther ; au-dessous de Luther, il y a Descartes ; au-dessous de Descartes, il y a Voltaire ; au-dessous de Voltaire, il y a Condorcet ; au-dessous de Condorcet, il y a Robespierre ; au-dessous de Robespierre, il y a Marat ; au-dessous de Marat, il y a Babeuf. Et cela continue. Plus bas, confusément, à la limite qui sépare l'indistinct de l'invisible, on aperçoit d'autres hommes sombres, qui peut-être n'existent pas encore. Ceux d'hier sont des spectres ; ceux de demain sont des larves. L'œil de l'esprit les distingue obscurément. Le travail embryonnaire de l'avenir est une des visions du philosophe.

Un monde dans les limbes à l'état de fœtus, quelle silhouette inouïe !

Saint-Simon, Owen, Fourier, sont là aussi, dans des sapes latérales. »

Le rôle des penseurs révolutionnaires est décisif, mais il n'est pas seul déterminant car la révolution est un processus objectif qui dépasse la volonté des hommes. Marat et Babeuf contribuent à leur façon à cet accouchement de la nouvelle civilisation, par leur sacrifice et leur idéal. « Marat s'oublie comme Jésus. [...] Ils ont un regard, et ce regard cherche l'absolu. » En conséquence, « il n'y a pas à blâmer ceux qui luttent ; un des deux partis évidemment se trompe ; le droit n'est pas, comme le colosse de Rhodes, sur deux rivages à la fois, un pied dans la république, un pied dans la royauté. Il est indivisible ». On peut lutter pour le droit et rester incompris, isolé et vaincu, ce qui ne remet pas en question la légitimité de la lutte. La compassion doit aller aux vaincus des combats pour le droit. En écrivant *Les Misérables*, Hugo modifie profondément son regard, et celui de ses lecteurs, sur les révoltés et les révolutionnaires qui échouent.

« On est injuste pour ces grands essayeurs de l'avenir quand ils avortent.

On accuse les révolutionnaires de semer l'effroi. Toute barricade semble attentat. On incrimine leurs théories, on suspecte leur but, on redoute leur arrière-pensée, on dénonce leur conscience. On leur reproche d'élever, d'échafauder et d'entasser contre le fait social régnant un monceau de misères, de douleurs, d'iniquités, de griefs, de désespoirs, et d'arracher des bas-fonds des blocs de ténèbres pour s'y créneler et y combattre. On leur crie : Vous dépavez l'enfer ! Ils pourraient répondre : C'est pour cela que notre barricade est faite de bonnes intentions.

Le mieux, certes, c'est la solution pacifique. En somme, convenons-en, lorsqu'on voit le pavé, on songe à l'ours, et c'est une bonne volonté dont la société s'inquiète. Mais il dépend de la société de se sauver elle-même ; c'est à sa propre bonne volonté que nous faisons appel. Aucun remède violent n'est nécessaire. Étudier le mal à l'amiable, le constater, puis le guérir. C'est à cela que nous la convions.

Quoi qu'il en soit, même tombés, surtout tombés, ils sont augustes, ces hommes qui, sur tous les points de l'univers, l'œil fixé sur la France, luttent pour la grande œuvre avec la logique inflexible de l'idéal ; ils donnent leur vie en pur don pour le progrès ; ils accomplissent la volonté de la providence ; ils font un acte religieux. À l'heure dite, avec autant de désintéressement qu'un acteur qui arrive à sa réplique, obéissant au scénario divin, ils entrent dans le tombeau. Et ce combat sans espérance, et cette disparition stoïque, ils l'acceptent pour amener à ses splendides et suprêmes conséquences universelles le magnifique mouvement humain irrésistiblement commencé le 14 juillet 1789. Ces soldats sont des prêtres. La révolution française est un geste de Dieu. »

Ainsi s'élabore la mystique révolutionnaire de Victor Hugo, faite de la rencontre de la nécessité sociale et de la volonté politique, de l'évolution objective du monde et de l'utopie révolutionnaire. Et de compassion pour toutes les victimes des émeutes et insurrections tentées au nom de droits nouveaux, mais écrasées par la force de l'ancienne loi.

Vive la Révolution de demain !

« Pas une goutte de sang versée à la prochaine révolution » (Discours à Jersey, le 17 mars 1853).

En exil, Hugo ne cesse de rêver à la future révolution qui renversera l'Empire en France et permettra de réaliser les espérances de 1848 en Europe. Au banquet anniversaire du 24 février 1854, il s'écrit : « Acclamons la Révolution prochaine ! que la prochaine révolution soit invincible ! [...] Que, comme Février, elle ouvre à deux battants l'avenir, mais qu'elle ferme à jamais l'abominable porte du passé ! que de toutes les chaînes des peuples elle forge à cette porte un verrou ! et que ce verrou soit énorme comme a été la tyrannie. [...] Vive la Révolution future ! »

Hugo se représente cette révolution comme un nouveau printemps des peuples, une insurrection générale ratifiée par le suffrage universel, une vague pacifique de libération des nations renversant de façon simultanée les empires. Elle naîtrait de la réception universelle du message révolutionnaire de la France sublimée et serait le premier pas vers les États-Unis d'Europe. « Aujourd'hui pour toute la terre, la France s'appelle Révolution. » C'est alors que, dans des interventions multiples, il révèle sa mystique de la Révolution française. Ainsi, dans *William Shakespeare*, il crie son espérance de voir la poésie devenir « pionnière de civilisation » : « Vite, vite, ô penseurs. Faites respirer le genre humain. Versez l'espérance, versez l'idéal. »

L'idéalisme de Victor Hugo est certain : les poètes, les penseurs sont, pour lui, des guides pour l'humanité et peuvent soulever les peuples plus que les hommes politiques. L'histoire politique est faite, à ses yeux, par les grands hommes aux idéaux généreux, plus que par la logique objective des rapports de classes. Inutile de reprocher à Hugo de ne pas être matérialiste ! Il ne l'a jamais été consciemment, même s'il l'est souvent plus qu'il ne croit. Encore faut-il remarquer qu'il ne nie pas le rôle déterminant des mouvements objectifs de la société qu'il assimile à la nécessité sociale, tout en soulignant avec force le rôle décisif des hommes assez responsables pour révéler au peuple ses aspirations, pour prendre des initiatives historiques, et ainsi forcer le destin. Hugo a insisté à juste titre sur la force objective que deviennent les idées et les principes quand les peuples les adoptent comme idéaux. Saluons la générosité et l'universalité de la mission du poème « Délivrance » : c'est à une révolution politique, sociale, culturelle et morale qu'il convie tous les déshérités, les exploités, les vaincus, les enchaînés, sur la terre entière.

Mais il ne suffit pas de dire : « Je suis révolutionnaire », comme Victor Hugo le fait systématiquement depuis son exil, pour l'être au regard de l'histoire. Il est patient en tant que proscrit, mais il est impatient en tant que citoyen. Il refuse toute amnistie pour sa personne et n'envisage de rentrer que quand la liberté et le droit seront restaurés. Il ne fait donc aucune concession à Napoléon III, refuse de croire en l'évolution libérale du régime et rejette toute idée de compromis. Il attend la Révolution. Il y prépare les esprits. Saisit-il bien l'évolution de la société et de l'opinion en France ? Certainement pas ! Ce n'est pas un de ses soucis politiques. Hugo reste ferme sur les principes, attendant l'heure décisive. Comment se comporte-t-il face au déclin du régime ? Il bout d'impatience quand l'Empire libéral s'enfonce dans une crise sociale et politique. La presse d'opposition retrouve le droit à l'expression. Ses fils et ses amis Vacquerie et Meurice fondent le quotidien *Le Rappel*, un quotidien d'opposition dont il n'est pas le directeur, mais qui lui sert de porte-voix. Le 27 avril 1870, il appelle à voter non au plébiscite sollicitant l'approbation par le peuple français des réformes libérales opérées par l'Empire. Il a compris la manœuvre cynique de Napoléon III qui cherche à diviser et désarçonner les oppositions. Mais il se refuse à appeler à l'abstention, comme le font Louis Blanc, Barbès, Rochefort et la section parisienne de l'Internationale, afin de dénier toute valeur à la consultation. Le 8 mai 1870, Napoléon III recueille 7 358 000 oui, contre 1 727 000 non et 1 900 000 abstentions. Hugo peut se féliciter de voir le non l'emporter à Paris, Lyon, Marseille, Bordeaux, Toulouse. Sa popularité est immense dans la jeunesse républicaine des grandes villes et des universités. Quand la France déclare la guerre à la Prusse, le 19 juillet, Hugo affirme que la révolution peut naître de ses convulsions. Dès le 1er septembre, Victor Hugo envisage de rentrer à Paris si Paris appelle « la Révolution au secours ».

Retour d'exil. Des années de feu et de sang
« Serrons-nous tous autour de la République » (Rentrée à Paris, 5 septembre 1870).

Après presque vingt ans d'exil, Victor Hugo rentre enfin en France. Il veut prendre sa part du combat dans lequel le pays se trouve engagé. Nous sommes le 5 septembre 1870. La veille, la République a été proclamée, alors que les troupes prussiennes marchent sur Paris. Hugo a pris discrètement un train à Bruxelles. Dix heures du soir. À la gare du Nord, une foule imposante l'acclame. « Vive Victor Hugo ! Vive la République ! » Le proscrit qui a su dire non est avec son peuple, comme toujours. « Citoyens, j'avais dit : le jour où la République rentrera, je rentrerai. Me voici. Deux grandes choses m'appellent. La première, la République. La seconde, le danger. Je viens ici faire mon devoir. Quel est mon devoir ? C'est le vôtre, c'est celui de tous. Défendre Paris, garder Paris. » Et devant la chaleur de l'accueil, ému aux larmes, le poète ajoute : « Vous me payez en une heure dix-neuf ans d'exil. » En 1848 et 1849, il avait été élu « représentant du peuple ». C'est bien en tant que tel qu'il revient. Ses vers, ses romans l'ont précédé. L'auteur des *Misérables* contient difficilement son émotion, d'autant que le retour est douloureux.

La Troisième République, proclamée la veille, commence son existence dans les affres d'une guerre quasiment perdue par l'Empire. La déchéance de l'Empire n'a rien eu de révolutionnaire. Rien de comparable à l'insurrection de février 1848 ! Si une foule en liesse a envahi l'Assemblée nationale et acclamé le gouvernement provisoire à l'Hôtel de Ville selon le rite consacré, les défaites militaires et l'invasion de la France pèsent très lourdement sur l'avenir du régime. Le gouvernement provisoire est formé par d'anciens députés de Paris. Il est dominé par les républicains modérés tels Jules Favre, Jules Simon, Jules Ferry, Picard. Les « républicains avancés », Rochefort, Delescluse, Ledru-Rollin, en ont été écartés, à l'exception de Gambetta. Le général Trochu, désigné par le régime déchu pour assurer la défense de Paris, se voit confier la direction des opérations militaires qu'il va saboter sciemment. Pourtant, Hugo accorde sa confiance à ce « gouvernement de défense nationale », tout comme Blanqui, d'ailleurs, qui propose son « concours le plus énergique et le plus absolu ». La menace d'occupation de Paris invite à l'union nationale. De plus, Hugo s'est trop forgé dans l'exil une haute idée de la démocratie politique et du suffrage universel pour dénier toute représentativité à ces anciens élus du peuple et pour contester ce pouvoir né de l'effondrement de l'Empire. Nous avons déjà évoqué la manière dont Hugo invite Bismarck, qui disait ne faire la guerre qu'à Napoléon III, à cesser les hostilités. Déclaration de principe dont il n'attend peut-être pas de grands effets, mais qui légitime son appel à la résistance à outrance dans Paris assiégé. Il aurait pu alors signer l'affiche du Conseil fédéral de l'Internationale affirmant que « Paris assiégé par le roi de Prusse, c'est la civilisation, la révolution en péril ».

Hugo prend fait et cause pour le combat patriotique. Pas de paix sans liberté et sans respect de l'intégrité territoriale. Les droits d'auteur de la première édition française des *Châtiments* sont offerts pour la fabrication de canons destinés à défendre la capitale investie. Du combat politico-littéraire contre l'Empire sort l'arme offerte à la République. Hugo commet cependant l'erreur politique de soutenir longtemps un gouvernement qui, singeant la résistance militaire tout en négociant en secret l'armistice, accumule les défaites sur tous les fronts et déçoit très vite les aspirations nationales et sociales du peuple de Paris. D'autres républicains et socialistes, tels Rochefort, Vallès, Varlin, et les Internationaux ont vite accusé ce « gouvernement de défection nationale » de préparer la capitulation sans conditions de Paris. Hugo croit encore qu'un 1792 est possible alors que le gouvernement entend surtout éviter un nouveau 1793. Il a, à son insu, freiné la prise de conscience de la trahison nationale et entravé l'action résolue de Gambetta qui pourtant lui inspire une grande sympathie. De nouveau, comme en 1848, Hugo joue loyalement le jeu de la légalité retrouvée. Surtout face à l'occupation ennemie qui implique une résistance nationale. D'où son écœurement quand il découvre les conditions de l'armistice négocié par Thiers et accepté par le gouvernement provisoire. Hugo est devenu député de Paris, mais la majorité de l'Assemblée nationale, élue le 8 février 1871 dans un climat profondément défaitiste, est largement dominée par les conservateurs favorables à la paix à n'importe quel prix (400 monarchistes et une trentaine de bonapartistes). « Majorité rurale ! Honte de la France ! », proteste le Marseillais Gaston Crémieux. Mais les républicains sont bien affaiblis et divisés. Seuls 107 députés contre 546 refusent la paix honteuse et l'abandon des trois départements d'Alsace-Lorraine. Hugo sauve son honneur en protestant contre la violation du droit des peuples et en démissionnant, le 1er mars, tout comme Rochefort et Gambetta, de cette Assemblée réunie au théâtre de Bordeaux, à l'écart de toute pression populaire. Thiers, l'ancien ministre orléaniste, incarnation de l'ordre bourgeois, a été élu chef du pouvoir exécutif. Le 10 mars, l'Assemblée se transporte de Bordeaux à Versailles, la ville des rois, et Thiers décide de mâter Paris, la capitale rebelle « décapitalisée ». Si la France est libérée de l'Empire, la République est en danger. Plus que jamais, la révolution tant désirée par Victor Hugo semble lointaine.

Hugo et la Commune de Paris

« La Commune est une bonne chose mal faite » (28 avril 1871).

La rencontre entre Victor Hugo et la Commune de Paris n'aura pas lieu, pour des raisons qui prêtent toujours à discussion. Un événement tragique, la mort brutale de son fils Charles le 13 mars 1871, vient au même moment bouleverser sa vie personnelle. Dans Paris en état d'insurrection, le 18 mars, le cortège funèbre passe au milieu des gardes nationaux qui rendent spontanément les honneurs. Hugo est leur poète ; il a dit tout haut leur espoir d'un monde de justice ; il a écrit *Les Misérables*, que les ouvriers achetaient en se cotisant et qui passait de main en main. Le poète marche près du cercueil de son fils, défenseur obstiné des libertés et de l'idéal républicain, adversaire comme son père de la peine de mort et de toutes les barbaries. Le cortège passe, dans le recueillement d'un peuple. Les futurs fédérés l'escortent jusqu'au Père-Lachaise. Vacquerie, l'ami de toujours, prononce l'éloge funèbre et le conclut ainsi : « Vive la République universelle, démocratique et sociale ! »

Le même jour, au petit matin, le peuple de Montmartre s'est soulevé contre l'ordre que Thiers et son gouvernement, réfugiés à Versailles, ont donné de désarmer Paris et de récupérer les canons destinés à défendre la capitale. Toute la ville s'insurge. Le Comité central élu de la garde nationale assume alors de fait le pouvoir dans la capitale et décide d'organiser des élections au Conseil général de la Commune, le 26 mars, pour remettre le pouvoir légal à une assemblée communale élue. Ces élections avaient été promises depuis septembre 1870 et sans cesse ajournées par les gouvernements provisoires craignant le peuple parisien et voulant maintenir Paris en tutelle. Hugo, retenu à Bruxelles par le délicat règlement des affaires de son fils décédé et de la tutelle de ses petits-enfants, est soulagé d'apprendre qu'il n'est pas élu au Conseil de la Commune. Il n'a certes pas été candidat, mais il ne tient pas à être impliqué contre son gré dans une aventure dont le contrôle lui échappe. Il ne veut pas être compromis à son insu comme il le fut, le 21 octobre 1870, lors du coup de force de Flourens et Blanqui qui tentèrent de mettre en place à l'Hôtel de Ville un Comité de salut public auquel la participation de Hugo avait été proclamée. Hugo est proche de certains communards, mais il est trop respectueux du suffrage universel pour accepter toute violation de la légalité républicaine.

Les élections du 26 mars ont été libres et démocratiques dans leur déroulement ; et même si la moitié des électeurs n'a pas voté, surtout dans les quartiers bourgeois de l'Ouest désertés par nombre de résidents, le taux d'abstention est à peine plus élevé que lors des élections nationales du 8 février. Pourtant, à ses yeux, le scrutin national était plus représentatif que celui du Conseil de la Commune. Lors de l'élection des 43 députés de Paris, les républicains radicaux soutenus par des sections socialistes, tous hostiles à la paix honteuse, avaient emporté 32 sièges, dont Louis Blanc, Victor Hugo, Gambetta et Garibaldi, largement arrivés en tête des candidats, avec plus de 200 000 suffrages. Les monarchistes favorables à la paix n'avaient obtenu que 7 sièges et les socialistes révolutionnaires 4 seulement. Or, au Conseil de la Commune, le rapport des forces est inversé : les révolutionnaires, blanquistes, anarchistes, socialistes, internationalistes, néojacobins dominent largement les républicains radicaux. Pour la première fois, des candidats d'origine populaire ont été élus en nombre avec l'appui des unités de la garde nationale. On compte 25 ouvriers pour 85 élus, des « inconnus » et, pis, des « ignorants ». Hugo reste convaincu de la nécessité de l'alliance politique des républicains radicaux et des socialistes et refuse l'idée d'une politique autonome de classe. Ainsi, il ne peut percevoir, depuis Bruxelles, pas plus que ses amis à Paris, la nouveauté sociale de ce « gouvernement de la classe ouvrière » que souligne Marx.

Hugo admet certes la légitimité de l'élection d'un Conseil communal, mais il est choqué par la nouvelle conception de la démocratie que met en œuvre la Commune. Ce conseil municipal se comporte en fait en véritable gouvernement mettant fin à la séparation des pouvoirs exécutif, législatif, judiciaire et militaire pour devenir, selon sa propre définition, un « corps agissant, exécutif et législatif à la fois », composé de délégués révocables à tout moment. La Commune, divisée en commissions permanentes, est bientôt dirigée par un Comité de salut public qui rappelle trop la nostalgie ou la crainte de la Terreur. Déjà en 1848, Hugo s'était élevé contre l'idée naïve de répéter 1793. Dans la lettre datée du 28 avril, mais en fait ultérieure et réécrite pour être publiée, Hugo synthétise les lettres qu'il a adressées à Meurice et Vacquerie à Paris et précise sa pensée. « Comme vous, je suis pour la Commune en principe et contre la Commune dans l'application. » Il n'admet la Commune que comme « pouvoir local », que comme l'expression du « moi local ». Il lui dénie le droit de se comporter en gouvernement national, car le « moi national prend cette forme, la République ». « L'Assemblée ne reflète point Paris, et de son côté, la Commune, presque toute composée d'inconnus, ne reflète point la France. » Il redoute le conflit à terme entre la Commune et le gouvernement légal de la France. Il est donc écartelé entre le refus de principe de toute insurrection, à ses yeux suicidaire en République, et le constat de plus en plus évident d'un comportement antirépublicain chez ceux qui sont en charge de la République et de la nation. Il reviendra sur cette question, comparant juin 1848 et mars 1871, dans la préface intitulée « Paris et Rome » pour l'édition de 1876 à *Actes et paroles*, III, *Après l'exil*.

« En monarchie, l'insurrection est un pas en avant, en république, c'est un pas en arrière.

L'insurrection n'est un droit qu'à la condition d'avoir devant elle la vraie révolte qui est la monarchie. Un peuple se défend contre un homme ; cela est juste. [...]

La monarchie ouvre le droit à l'insurrection.

La république le ferme.

En république, toute insurrection est coupable.

C'est la bataille des aveugles.

C'est l'assassinat du peuple par le peuple.

En monarchie, l'insurrection c'est la légitime défense ; en République l'insurrection c'est le suicide.

La République a le devoir de se défendre, même contre le peuple, car le peuple, c'est la République d'aujourd'hui, et la République, c'est le peuple d'aujourd'hui, d'hier et de demain.

Tels sont les principes.

Donc l'insurrection de juin 1848 avait tort.

Hélas ! ce qui la fit terrible, c'est qu'elle était vénérable. Au fond de cette immense erreur, on sentait la souffrance du peuple. C'était la révolte des désespérés. La République avait un premier devoir, réprimer cette insurrection, et un deuxième devoir, l'amnistier. L'Assemblée nationale fit le premier devoir, et ne fit pas le second. Faute dont elle répondra devant l'histoire. »

Que connaît Hugo de l'œuvre de la Commune dont Marx dira qu'elle « est montée à l'assaut du ciel » ? Hugo la juge moins révolutionnaire. « Elle pouvait faire de grandes choses, elle n'en fit que de petites. Et des choses petites qui sont odieuses, c'est lamentable. » Pourtant, elle a entrepris sur-le-champ des réformes modérées d'esprit mais audacieuses de principe, tournées vers l'émancipation des plus démunis, la séparation de l'Église de l'État et de l'École, les droits des travailleurs et des femmes, et la réorganisation de l'État comme de la démocratie directe. Victor Hugo comprend assez vite, comme entre 1848 et 1851, que le combat pour le droit ne peut s'abstraire des contextes sociaux qui risquent d'en brouiller le sens, mais il semble ignorer la portée sociale, culturelle et démocratique de l'œuvre de la Commune. Pourtant, son œuvre poétique et littéraire est constamment présente au programme des spectacles populaires que la Commune organise. Mais il s'indigne quand la commission des arts, présidée par le peintre Courbet, fait abattre la colonne Vendôme symbole du despotisme. Pour faire arrêter les destructions du patrimoine par les Versaillais et les Communards, il publie le 6 mai le poème « Les deux trophées ». Napoléon Ier doit encore expier les crimes de Napoléon III.

Mais Hugo redoute des fautes pires encore. Il craint que le drame de juin 1848 ne se répète. Dès le 4 avril, son ami Lockroy, qui a échoué dans ses tentatives de médiation entre Versailles et Paris, démissionne de l'Assemblée. Le quotidien des fils Hugo, *Le Rappel*, renonce à la conciliation et François-Victor Hugo s'y déclare solidaire du peuple de Paris. Le 5 avril, la Commune, en représailles d'assassinat de fédérés, prend le décret dit des « otages », que Victor Hugo qualifie de « féroce » idiotie. Le 18 avril 1871, Hugo écrit à Meurice et Vacquerie :

« La Commune, chose admirable, a été stupidement compromise par cinq ou six meneurs déplorables. » Il peste comme en 1848 contre les actions inconsidérées des blanquistes et des anarchistes, voire des néojacobins. Pourquoi prendre des otages ? Toutes les violences qui relèvent de la vengeance lui paraissent criminelles et ineptes : elles contredisent l'idéal d'une refondation de la justice et de la politique qui s'est formé en lui et qui s'adosse à une philosophie des droits de l'homme. L'exécution finale de soixante-quatre otages, en réplique aux massacres de masse perpétrés par les Versaillais, perpétue la loi du talion qui est un trait de barbarie pure.

Mais la balance n'est pas égale entre Versaillais et Communards. « De grandes fautes ont été commises des deux côtés. Du côté de l'Assemblée, ces fautes sont des crimes. » De nouveau, un grave malentendu a surgi entre une république fraîchement rétablie, mais fragile, aux mains de réactionnaires prêts à l'assassiner et de bourgeois davantage hantés par la peur du peuple que par la défense de la patrie, et un peuple qui veut conjuguer des avancées sociales et la défense de l'honneur national. De nouveau, Hugo affiche un légalisme confinant presque à l'aveuglement, jusqu'à la découverte de la conjonction entre la haine de classe et la trahison chez ceux qu'il avait d'abord crus sincères, chez ces « Versaillais » qui signent la paix pour pouvoir organiser au plus vite la répression la plus aveugle contre la Commune de Paris. Entre le 18 avril et le 7 mai, *Le Rappel* publie trois grands poèmes qui mettent en garde contre la guerre civile qui menace. Dans le premier, « Le Cri », il interpelle ceux qui ont choisi la guerre civile contre Paris qui veut seulement être « libre ».

« Combattants ! combattants ! qu'est-ce que vous voulez ?
Vous êtes comme un feu qui dévore les blés,
Et vous tuez l'honneur, la raison, l'espérance !
Quoi, d'un côté la France et de l'autre la France !
Arrêtez ! c'est le deuil qui sort de vos succès.
Chaque coup de canon de Français à Français
Jette – car l'attentat à sa source remonte –
Devant lui le trépas, derrière lui la honte.
Verser, mêler, après septembre et février,
Le sang du paysan, le sang de l'ouvrier,
Sans plus s'en soucier que de l'eau des fontaines !
Les Latins contre Rome et les Grecs contre Athènes !
Qui donc a décrété ce sombre égorgement ? »

Dans sa lettre du 28 avril 1871, Hugo s'interroge sur les responsabilités du « crime ». « Qui a fait le 18 mars ? » Qui a été à l'origine de la guerre civile ? La Commune ? non ! Elle n'existait pas et fut ensuite dans son droit. La majorité de l'Assemblée ? « Circonstance atténuante : elle ne l'a pas fait exprès. » Qui, alors ? « Le gouvernement, sans le vouloir et le savoir. » Mais « cet innocent est bien coupable ». Thiers ? Dès le 24 mars, Hugo l'a accusé d'avoir, en voulant reprendre les canons, jeté l'étincelle sur la poudrière. « En voulant éteindre la lutte politique, il a allumé la lutte sociale. » Hugo raisonne encore en termes de responsabilité individuelle, et donc d'irresponsabilité personnelle. Mais il invoque aussi la « grande plaie politique, l'ignorance et la scélératesse. « Faire le mal en le voulant faire, c'est la scélératesse ; faire le mal sans le vouloir faire, c'est l'ignorance. La Commune a la même excuse que l'Assemblée, l'ignorance. » Hugo n'a pas été assez sensible à l'évolution des milieux populaires depuis la chute de l'Empire. La nécessité de préserver la République lui a fait négliger la question sociale et il n'a pas vu comment l'affrontement de classes traversait la question nationale. C'est le peuple parisien qui est devenu en 1871 le véritable défenseur de la nation et de la liberté alors que les classes possédantes étaient prêtes à trahir la France pour éviter un nouveau 93. Face à la Commune de Paris, Hugo raisonne à partir des schémas de 1848 et ne perçoit pas la nouveauté de la situation. Aussi reproche-t-il à la Commune d'être venue trop tôt et à un moment inopportun. Proclamée après le départ des Prussiens, dira-t-il, elle aurait triomphé. « Au lieu de mal venir, elle fût bien venue. Au lieu d'être une catastrophe, elle eût été un bienfait. » Comme si l'histoire pouvait attendre le bon moment et repasser les plats ! Hugo insiste : « La Commune est une bonne chose mal faite. » Et ainsi, le « révolutionnaire » Hugo ne s'est pas engagé au côté de la plus grande insurrection parisienne du dix-neuvième siècle, tout en multipliant les actes de solidarité dans sa défense.

Pas plus en février et juin 1848 qu'en mars 1871 Hugo n'a été ni n'a voulu être un chef de parti. Il ne s'est jamais porté à la tête des insurgés populaires et des révolutionnaires des temps nouveaux. Par solidarité, il les rejoindra dans la défaite. Par son verbe, il leur donnera même la victoire. Hugo reste néanmoins fidèle à une conception de la révolution politique, née de l'insurrection populaire mais dirigée par les républicains éclairés et légitimée par le suffrage universel au nom de la souveraineté nationale. Il n'a pas prôné une nouvelle révolution sociale enfantée par la lutte des classes. Au plan politique, il n'a jamais été un dirigeant révolutionnaire, mais son influence littéraire et morale a été tellement énorme qu'il a joué un véritable rôle révolutionnaire en ralliant une grande partie de ses lecteurs à la République démocratique et au socialisme.

Troisième partie

Liberté-Égalité-Fraternité

« Tant qu'il existera, par le fait des lois et des mœurs, une damnation sociale créant artificiellement une damnation des enfers, et compliquant d'une fatalité humaine la destinée qui est divine ; tant que les trois problèmes du siècle, la dégradation de l'homme par le prolétariat, la déchéance de la femme par la faim, l'atrophie de l'enfant par la nuit, ne seront pas résolus ; en d'autres termes et à un point de vue plus étendu encore, tant qu'il y aura sur la terre ignorance et misère, des livres de la nature de celui-ci ne seront pas inutiles. »

(Exergue des *Misérables*, 1862)

Chapitre onze

Violence et fraternité

L'année terrible

« Résistance aux tyrans, clémence aux vaincus. C'est là en effet toute la loi de la conscience. »

1870. La guerre… La Troisième République commence son existence dans les affres d'une guerre subie et perdue. 1871. La Commune… La France connaît sa pire guerre civile et sociale du siècle. La droite réactionnaire sape de l'intérieur la République défaite et assouvit dans un bain de sang sa haine de classe conjuguée avec la trahison nationale. Le dimanche 28 mai 1871, l'Assemblée nationale assiste à la prière publique, Thiers au premier rang. Et pendant ce temps, l'armée extermine les Parisiens insurgés, femmes et enfants compris. Au jardin du Luxembourg, c'est par groupes de vingt d'un coup que les communards sont fusillés. La suite est à l'avenant. Les années 1871, 1872 et 1873 confirment ce baptême ambigu de la République, dans la défaite et la trahison, dans le sang et dans l'encens. L'« ordre moral », inauguré par une action de grâce publique, tente de tuer la République en droit, après l'avoir tuée en fait. Le 24 mai 1873, le très légitimiste maréchal de France, Mac-Mahon, le vaincu de Sedan mais le vainqueur de la Commune, succède comme chef de l'État à Thiers, le converti de la « République conservatrice ». La construction du plus hideux monument de Paris, le Sacré-Cœur, à l'endroit même où l'internationaliste Eugène Varlin a été assassiné, est décrétée d'utilité publique le 24 juillet 1873. Le retour programmé de la monarchie échoue de justesse, en raison de l'attachement obstiné du comte de Chambord au drapeau blanc.

1870-1871, c'est l'« année terrible » pour la France. Terrible pour le peuple de Paris. Terrible pour Victor Hugo lui aussi. Lorsque les défaitistes, après avoir saboté la résistance, ont jeté le masque en acceptant une paix honteuse, Hugo s'est indigné et a dénoncé la trahison. Par ses positions sur la paix et la république universelle fondées sur la liberté des peuples et l'intégrité des nations, il ne peut que condamner ce déni fait au droit qu'est l'amputation de l'Alsace-Lorraine. Il ne peut que démissionner de son mandat de député à une Assemblée qui invalide l'élection de l'étranger Garibaldi, mais qui ratifie le déshonorant traité de paix de Francfort. Ses combats ont-ils été vains ?

La mort brutale de son fils Charles Hugo, le 13 mars 1871, à Bordeaux, bouleverse sa vie personnelle. Le 18 mars 1871, l'hommage que le peuple de Paris en armes rend à la douleur du père bouleverse le poète qui exprime toute sa gratitude dans ces vers tirés de « L'Enterrement » :

« Le tambour bat aux champs et le drapeau s'incline.
De la Bastille au pied de la morne colline
Où les siècles passés près du siècle vivant
Dorment sous les cyprès peu troublés par le vent,
Le peuple a l'arme au bras ; le peuple est triste ; il pense ;
Et ses grands bataillons font la haie en silence.
Le fils mort et le père aspirant au tombeau
Passent, l'un hier encor vaillant, robuste et beau,
L'autre vieux et cachant les pleurs de son visage ;
Et chaque légion les salue au passage.
Ô peuple ! ô majesté de l'immense douceur !
Paris, cité soleil, vous que l'envahisseur
N'a pu vaincre, et qu'il a de tant de sang rougie,
Vous qu'un jour on verra, dans la royale orgie,
Surgir, l'éclair au front, comme le commandeur,
Ô ville, vous avez ce comble de grandeur
De faire attention à la douleur d'un homme.
Trouver dans Sparte une âme et voir un cœur dans Rome,
Rien n'est plus admirable ; et Paris a dompté
L'univers par la force où l'on sent la bonté.
Ce peuple est un héros et ce peuple est un juste.
Il fait bien plus que vaincre, il aime. Ô ville auguste,
Ce jour-là tout tremblait, les révolutions
Grondaient, et dans leur brume, à travers des rayons,

Tu voyais devant toi se rouvrir l'ombre affreuse
Qui par moments devant les grands peuples se creuse ;
Et l'homme qui suivait le cercueil de son fils
T'admirait, toi qui, prête à tous les fiers défis,
Infortunée, as fait l'humanité prospère ;
Sombre, il se sentait fils en même temps que père,
Père en pensant à lui, fils en pensant à toi. »

Devant le drame de la Commune, Victor Hugo est tout autant déchiré. Entre une légalité qui a failli, un gouvernement qui trahit et une insurrection populaire dont il comprend le fondement, mais dont il désapprouve les modalités, peut-il vraiment choisir ? Pour éviter l'irréparable, il compose et fait publier ces vers extraits de « Pas de représailles », que dictent aussi bien la soif de fraternité que la lassitude :

« J'ai payé de vingt ans d'exil ce droit austère
D'opposer aux fureurs un refus solitaire
Et de fermer mon âme aux aveugles courroux. »

Et vint la Semaine sanglante. En quelques jours, du 21 au 28 mai, plus de vingt milliers d'hommes et de femmes sont tués, fusillés, assassinés. Sont tombés dans les combats plus de 3 000 communards pour moins de 1 000 soldats de Versailles. Mais plus de 20 000 insurgés capturés ont été passés par les armes de façon sommaire, sans jugement ; 34 000 communards ont été arrêtés, emprisonnés. Les tribunaux d'exception prononcent 13 700 condamnations, dont 270 à mort et 7 500 à la déportation, au bagne, en Nouvelle-Calédonie. À peine plus de la moitié des déportés en reviendront vivants, comme Louise Michel, la « vierge rouge », admiratrice du poète, qui avait demandé aux juges la mort pour elle-même, et non pour ses seuls camarades de combat. Hugo, comme à son habitude, se range du côté des vaincus. Il écrit pour elle un poème :

« Ayant vu le massacre immense, le combat,
Le peuple sur sa croix, Paris sur son grabat,
La pitié formidable était dans tes paroles :
Tu faisais ce que font les grandes âmes folles,
Et lasse de lutter, de rêver, de souffrir,
Tu disais : "J'ai tué !" car tu voulais mourir. »

L'analogie avec la véritable crise de conscience qui avait suivi les barricades tragiques de juin 1848 est constamment présente à son esprit. Le mot de George Sand reprend alors une singulière actualité après la répression exercée sur la Commune de Paris : « Je ne crois plus à l'existence d'une république qui commence par tirer sur ses prolétaires. »

En juin, le feuilletoniste réactionnaire Xavier de Montépin demande l'exclusion de Victor Hugo de la Société des auteurs dramatiques pour participation clandestine à la Commune de Paris. Aucune avanie n'est épargnée à l'auteur des *Misérables* !

Quelle peut être dans ce contexte l'action de Victor Hugo ? Il va mener, par son œuvre littéraire et par ses interventions publiques, trois grands combats : pour l'amnistie des communards, pour la justice sociale, pour la laïcité de l'école et de l'État. Ces combats, dans son esprit, n'en font qu'un. Ils seront sa contribution décisive à la victoire d'une authentique République. Un mot clé les résumera dans l'action du poète : fraternité.

Considérations sur la violence dans l'histoire

« Toute épée a deux tranchants ; qui blesse avec l'un se blesse à l'autre. »

Au-delà de la politique au jour le jour, ou plutôt en deçà d'elle, Hugo veut penser la politique dans son inscription historique, et plus profondément, dans le sens des secousses qui caractérisent le mouvement des sociétés humaines. Une nouvelle œuvre va donner à cette approche son couronnement. Elle prolonge la défense de la Révolution française, et de la révolution tout court, évoquée au chapitre précédent. C'est le dernier grand roman de Victor Hugo : *Quatrevingt-Treize.* Le poète prend du recul, non pour se soustraire à ses engagements, mais afin de donner à la littérature, cette « voix du peuple », le livre qui pense la tragédie de l'histoire pour en dégager l'espérance. Révolution et réconciliation : la République aura son livre de référence pour l'amnistie de demain. Pris dans les tourments de l'histoire, les hommes en viennent parfois à « oublier » l'humanité qui les habite. Vainqueurs du jour ou vaincus, ils se font cruels, au lieu d'être seulement implacables pour les adversaires et cléments pour l'humanité qui malgré tout vit en eux. Celle-ci est appelée à toujours se souvenir d'elle-même, notamment dans les moments où les intérêts et les passions qui les dramatisent en haines inexpiables poussent à l'irréparable. Même à l'égard de l'empereur déchu – jadis appelé Napoléon-le-Petit –, Hugo entend pratiquer la générosité qui délie l'homme de ses turpitudes historiques. C'est que, déchu, dessaisi de toute puissance, l'homme tombé à terre se retrouve comme dépouillé de ce que fit naître en lui l'artifice de la domination. Il cesse d'être un ennemi combattu, comme si ce rôle joué ne tenait pas à son essence propre. C'est un déshonneur et une infamie de s'acharner sur un vaincu. Un mot célèbre des *Misérables* le rappelle à propos de la défaite de Waterloo et de l'acharnement des vainqueurs : « La victoire s'acheva par l'assassinat des vaincus. Punissons, puisque nous sommes l'histoire : le vieux Blücher se déshonora » (« Waterloo », XIII, « La catastrophe »).

Quelle conception fonde une telle approche ? L'ancrage de la fraternité dans une certaine idée de l'humanité. La véritable communauté est celle des hommes, en amont des rôles et des appartenances, des parties opposées temporairement. Nul œcuménisme béat, mais le souci de relativiser ce qui oppose les hommes en leurs statuts sociaux, leurs choix politiques ou leurs appartenances nationales. Ces oppositions engendrées par l'histoire ne sont pas pour autant sous-estimées, ni gommées dans un discours idéologique propre à travestir les enjeux des luttes, voire à démobiliser ceux qui œuvrent pour la justice. Simplement, elles sont situées dans un registre de telle nature qu'elles puissent un jour être surmontées. En attendant ce jour, il faut sans doute s'engager, et vivement, mais sans oublier l'objet précis du conflit, et ses causes. D'où la complémentarité des deux belles formules de Hugo : la « clémence implacable » et la « pitié suprême ».

Ce qui est vrai des batailles mettant aux prises deux armées l'est *a fortiori* des hommes qui s'affrontent dans les guerres civiles. La beauté de l'idéal d'émancipation n'autorise pas toute violence ; et la préservation de l'ordre supposé légitime ne légitime pas toute répression. D'où une approche nuancée du moment insurrectionnel de l'utopie.

Les hommes de l'utopie militante sont passés de la « protestation philosophique » à la « protestation armée » ; ils ont ainsi pris le risque majeur, selon l'analyse des *Misérables* (cinquième partie, livre premier, chapitre XX). Il n'est pas question d'excuser leur action si elle contredit les principes :

« Elle, l'idée pure, elle devient voie de fait. Elle complique son héroïsme d'une violence dont il est juste qu'elle réponde ; violence d'occasion et d'expédient, contraire aux principes, et dont elle est fatalement punie. L'utopie insurrection combat le vieux code militaire au poing ; elle fusille les espions, elle exécute les traîtres, elle supprime des êtres vivants et les jette dans des ténèbres inconnues. Elle se sert de la mort, chose grave. Il semble que l'utopie n'ait plus foi dans le rayonnement, sa force irrésistible et incorruptible. Elle frappe avec le glaive. Or aucun glaive n'est simple. Toute épée a deux tranchants ; qui blesse avec l'un se blesse à l'autre. »

La faute commise, en l'occurrence, résulte de la nécessité de combattre le passé avec ses propres armes. « Les révolutions sont farouches, étant filles des monarchies » *(Quatrevingt-Treize).* Hugo ne cache pas malgré tout l'admiration que lui inspirent « les glorieux combattants de l'avenir, les confesseurs de l'utopie ». Et il ajoute, en vue des réconciliations futures et des apaisements qu'elles requièrent après la défaite des insurgés : « Il faut bien que quelqu'un soit pour les vaincus » *(Les Misérables).* Texte écrit dans les années 1860, prémonitoire à bien des égards du combat de Victor Hugo pour l'amnistie des communards.

Ceux qui s'absorbent entièrement dans leurs engagements deviennent parfois aveugles et leur outrance pratique en découle. Hugo pense comme Montaigne que tout homme doit garder son quant-à-soi, quelle que soit la vigueur de son engagement présent. Il ne faut pas confondre « la peau et la chemise ». Reste que cette distance elle-même est difficile, dans certaines conditions. Le moment venu, après la juste sanction des excès, il faudra savoir tourner la page. « Ne répondons pas à la colère par la colère. Ne soyons pas sévères pour des cécités » (*Le Droit et la loi,* VII).

Quand les révolutionnaires dépavent l'enfer

« On leur crie vous dépavez l'enfer ! Ils pourraient répondre : c'est pour cela que notre barricade est faite de bonnes intentions. »

La mémoire maintenue de l'unité de l'humanité est donc essentielle. Elle devrait interdire les dérives fanatiques, les triomphes mesquins, les sarcasmes et les cruautés du vainqueur, qui n'est jamais que le héros du moment. L'homme nu, l'homme comme tel, doit rester la référence quoi qu'il advienne. Tout se passe comme si le revers de fortune rendait chacun à la nudité de l'homme, en deçà des apparences dorées et des « cordes d'imagination » dont parlait Pascal à propos des mécanismes qui mettent en scène la puissance sociale ou politique. Le roi, l'empereur, est bien nu sous son costume d'apparat. Et quand cette nudité se révèle, quand la vie est menacée par les conditions qui lui sont faites, la révolte violente apparaît comme un réflexe de survie. Elle accueille l'utopie et lui donne des armes bien réelles.

La nudité de l'homme, *Les Misérables* en offrent en quelque sorte le spectacle permanent, dans un autre contexte. Celui d'une humanité durablement mutilée par le sort qui lui échoit. Les guenilles et les mots mêmes de la misère sont plutôt des faire-valoir paradoxaux de la nudité humaine que des voiles propres à la dissimuler. L'enfer est visible. Et les barricades font peur parce qu'elles sont construites par les révolutionnaires avec ses matériaux : « On leur reproche d'élever, d'échafauder, et d'entasser contre le fait social régnant un monceau de misères, de douleurs, d'iniquités, de griefs, de désespoirs, et d'arracher des bas-fonds des blocs de ténèbres pour s'y créneler et y combattre. On leur crie : vous dépavez l'enfer ! Ils pourraient répondre : c'est pour cela que notre barricade est faite de bonnes intentions » (*Les Misérables*, cinquième partie, livre premier, chapitre XX).

Prendre le parti de l'opprimé, du prolétaire et du fellah, de la canaille, « voir à travers le peuple », c'est s'installer dans une proximité éthique et métaphysique avec l'humanité, telle qu'elle existe en deçà de ses versions historiques et de ses figures individuelles. Et se ranger du même coup du côté d'une justice à venir, sans souscrire pour autant à tous les débordements violents qui traduisent la révolte. La mémoire vive de ce que nous sommes au fond, quand se dissolvent les illusions et les dérisoires vanités, a partie liée avec une telle solidarité. Mais elle n'est pas comptable des atrocités commises au nom de l'émancipation. C'est en ce sens que la solidarité de Hugo à l'égard des communards n'impliquera pas sa complicité avec ceux d'entre eux qui se seront abandonnés à une violence arbitraire.

Reconduction à la finitude, inscrite dans le grand courant des vies et de la vie, écoulement infini au regard duquel nulle cruauté, nulle mesquinerie, nul fétichisme de la différence et de la hiérarchie vaniteuse n'est finalement tenable. Ici se fonde non seulement l'engagement résolu du poète en faveur des plus démunis, des humiliés, des méprisés, mais aussi son souci de ne jamais ajouter au drame des affrontements politiques ou sociaux la tragédie des haines inexpiables, des vengeances indéfinies, de l'acharnement qui signe non l'homme, mais la bête.

C'est pourquoi toute violence historique qui « dépasse la mesure » est à la fois politiquement inepte et humainement scandaleuse. Pourquoi humilier les vaincus en les accablant ? Napoléon III déchu et les communards vaincus méritent la clémence non par condescendance, mais par juste compréhension de ce qu'est la dramatique aventure humaine. Politiquement, toute cruauté inutile sécrète la rancœur et porte en elle les germes de révoltes futures. Elle est donc stupide. Humainement, elle perpétue une modalité sauvage de la politique, plus proche alors du simple rapport de forces et de la loi qui le codifie que du droit et de la légitimité qui lui reviennent. « Deux pôles du vrai », comme écrira Hugo dans *Quatrevingt-Treize*. L'un peut masquer l'autre, quand la violence oblitère le droit ou quand une certaine incantation de la loi recouvre et dissimule la violence d'injustices subies. La lucidité, ainsi, implique de ne jamais séparer les deux pôles, sauf à cautionner une mystification ou à consentir à la violence la plus injuste.

Le roman *Quatrevingt-Treize* reprend de façon pénétrante la question du rôle de la violence dans l'Histoire, en envisageant l'articulation difficile entre éthique et politique. Le dialogue de Gauvain et de Cimourdain est de ce point de vue remarquable. Le rapport entre Terreur et Révolution y est envisagé dans toute son ampleur dramatique. Si la Terreur sauve la Révolution, n'est-ce pas en en ternissant l'image de façon telle que son bien-fondé risque d'en être oublié ? Mais peut-on poser cette question en oubliant le terrible contexte d'une France révolutionnaire faisant face à l'Europe des rois et aux tenants de l'Ancien Régime qui n'ont pas hésité à trahir le pays pour reconquérir leurs privilèges ? Peut-on abstraire cette Terreur de la double menace, intérieure et extérieure, vendéenne et européenne, qui pèse sur la République ? Hugo répond par la négative, ne serait-ce qu'en rappelant avec précision ce contexte. Son roman, nous le savons, est aussi Histoire, et nul moralisme abstrait, abordant la Terreur hors contexte, n'est à ses yeux recevable. Il lui suffit de placer dans la bouche de Gauvain l'objection éthique et le souci de l'exemplarité politique des moyens utilisés par les révolutionnaires pour donner à l'interrogation toute sa portée. Significativement intitulée « Les deux pôles du vrai », la méditation-dialogue assume clairement le problème :

« Il y eut un silence, et tous deux se regardèrent.

Et Gauvain reprit :

– Ce sera une date sanglante que cette année 93 où nous sommes.

– Prends garde, s'écria Cimourdain. Les devoirs terribles existent. N'accuse pas qui n'est point accusable. Depuis quand la maladie est-elle la faute du médecin ? Oui, ce qui caractérise cette année énorme, c'est d'être sans pitié. Pourquoi ? parce qu'elle est la grande année révolutionnaire. Cette année où nous sommes incarne la révolution. La révolution a un ennemi, le vieux monde, et elle est sans pitié pour lui, de même que le chirurgien a un ennemi, la gangrène, et est sans pitié pour elle. La révolution extirpe la royauté dans le roi, l'aristocratie dans le noble, le despotisme dans le soldat, la superstition dans le prêtre, la barbarie dans le juge, en un mot, tout ce qui est la tyrannie dans tout ce qui est le tyran. L'opération est effrayante, la révolution la fait d'une main sûre. [...] Elle fait à la civilisation une incision profonde, d'où sortira la santé du genre humain. Vous souffrez ? sans doute. Combien de temps cela durera-t-il ? le temps de l'opération. Ensuite, vous vivrez. La révolution ampute le monde. De là cette hémorragie, 93.

– Le chirurgien est calme, dit Gauvain, et les hommes que je vois sont violents.

– La révolution, répliqua Cimourdain, veut pour l'aider des ouvriers farouches. Elle repousse toute main qui tremble. Elle n'a foi qu'aux inexorables. Danton, c'est le terrible, Robespierre, c'est l'inflexible, Saint-Just, c'est l'irréductible, Marat, c'est l'implacable. Prends-y garde, Gauvain. Ces noms-là sont nécessaires. Ils valent pour nous des armées. Ils terrifieront l'Europe.

– Et peut-être aussi l'avenir, dit Gauvain.

Il s'arrêta, et repartit :

– Du reste, mon maître, vous faites erreur, je n'accuse personne. Selon moi, le vrai point de vue de la révolution, c'est l'irresponsabilité. Personne n'est innocent, personne n'est coupable. Louis XVI, c'est un mouton jeté parmi des lions. Il veut fuir, il veut se sauver, il cherche à se défendre ; il mordrait, s'il pouvait. Mais n'est pas lion qui veut. Sa velléité passe pour crime. Ce mouton en colère montre les dents. Le traître ! disent les lions. Et ils le mangent. Cela fait, ils se battent entre eux.

– Le mouton est une bête.

– Et les lions, que sont-ils ?

Cette réplique fit songer Cimourdain. Il releva la tête et dit :

– Ces lions-là sont des consciences. Ces lions-là sont des idées. Ces lions-là sont des principes.

– Ils font la Terreur.
– Un jour, la révolution sera la justification de la Terreur.
– Craignez que la Terreur ne soit la calomnie de la révolution. »

Fraternité. Une autre façon de voir la politique
« C'est par la fraternité qu'on sauve la liberté » (rentrée à Paris, le 5 septembre 1871).

Hugo avait refusé, à l'époque de l'exil, l'idée même de vengeance. Il voulait que ses *Châtiments* relèvent d'une « clémence implacable » autant que du combat politique. Intraitable sur les principes et les pratiques ou les manœuvres qui les bafouent, l'homme-polémiste savait donc retrouver l'humanité présente en tout homme, en sa fragilité devant la souffrance et la mort, dans sa destinée commune au-delà des hiérarchies de l'heure. Il voulait s'affranchir des clameurs qui entourent les héros du moment ou des rumeurs qui étouffent les réprouvés du monde social ambiant.

« Pitié suprême », écrit superbement le poète, reprenant ici un concept auquel Rousseau avait donné toute sa dimension en en faisant, dans son *Discours sur l'origine et les fondements de l'inégalité parmi les hommes* (1754), le corollaire de l'instinct de conservation (« amour de soi »). Ainsi comprise, la pitié n'est nullement le regard porté d'en haut sur plus bas que soi, mais la conscience de l'unité de l'humanité, présente en tout autre homme comme en soi-même. Son nom est fraternité. Sa conséquence est la solidarité, valeur laïque décisive. Son équation met en jeu la liberté et l'égalité, impliquées réciproquement dans l'idée de ce qui convient universellement à l'accomplissement de l'humanité en chaque homme, par-delà les tragédies de l'histoire et les souffrances que l'homme inflige à l'homme et que seul l'homme peut réparer.

Fraternité. C'est le cri du poète, qui écrit *Quatrevingt-Treize*, le roman de la Révolution à la fois meurtrie et sauvée, pour accorder la lucidité sur les causes de la violence dans l'histoire et la restitution équitable de la grandeur humaine propre à ceux qui s'affrontèrent. Il ne s'agit pas de renvoyer dos à dos, sur le plan politique, vendéens et républicains, mais de dégager le plan d'une communauté humaine une par-delà ses déchirements historiques. Un tel geste philosophique remplit une fonction bien précise en fondant le combat pour une nouvelle conception de la politique, humanisée par la relativisation humaine des clivages qui surgissent. Ces clivages n'en sont pas pour autant sous-estimés et Hugo lui-même choisit son camp avec vigueur et netteté. Mais une fois ce choix effectué et défendu jusqu'au bout, comme il l'a montré en tant que proscrit intraitable, il faut réactiver le plan de référence d'une humanité une, virtuellement réconciliée à défaut de l'être réellement et de façon immédiate. Cette réconciliation est d'ailleurs elle-même une tâche politique, à laquelle il faut œuvrer. Il faut viser à « l'extinction des colères ».

Quatrevingt-Treize réussit le tour de force de faire l'éloge de toute la Révolution, sans isoler 93 de 89 et sans accabler humainement les vendéens ou les révolutionnaires. Cette relecture du passé vaut évidemment pour le présent : son corollaire, c'est la lutte résolue pour l'amnistie totale des communards et leur réintégration dans la République. Que vaut celle-ci, en effet, si elle exclut ceux qui sont d'autant plus en droit d'attendre d'elle qu'ils ont moins dans l'ordre de la richesse et de la culture, donc des droits effectifs ? De tels droits doivent s'assortir de leurs conditions de possibilité concrètes, et c'est le sens du combat que désormais Hugo entend mener, en même temps qu'il témoigne pour une autre façon de comprendre la politique.

Les convulsions de l'idéal

« Ô révolutions ! L'idéal est en sang ;
Le sublime est horrible et l'horrible est sublime ! »

(*« La Révolution »,* Les Quatre Vents de l'esprit).

Qu'est-ce qu'une rupture révolutionnaire ? Comment une société nouvelle selon le droit peut-elle sortir de l'ancienne ? Faut-il juger la Révolution à partir d'exigences éthiques et juridiques qu'elle a instaurées en politique et qui par conséquent ne pouvaient lui préexister ? Autant céder à l'illusion rétrospective, comme celle qui consiste à reprocher à un aveugle-né de ne pas avoir vu avant de recouvrer l'usage de ses yeux. Deux métaphores. La Révolution *crépuscule* de l'ancien monde. La Révolution *aurore* du nouveau. Comment peut-elle être les deux à la fois ? La dialectique retrouve ici l'antique problème du rapport entre la fin et les moyens. L'idéal traverse le feu du réel et s'y met à l'épreuve. L'itinéraire de Cimourdain, prêtre devenu révolutionnaire, est à cet égard exemplaire, même si là encore, délibérément, le personnage vaut davantage allégorie que restitution réaliste :

« Son histoire était courte à faire. Il avait été curé de village et précepteur dans une grande maison ; puis un petit héritage lui était venu, et il s'était fait libre.

C'était par-dessus tout un opiniâtre. Il se servait de la méditation comme on se sert d'une tenaille ; il ne se croyait le droit de quitter une idée que lorsqu'il était arrivé au bout ; il pensait avec acharnement. Il savait toutes les langues de l'Europe et un peu les autres ; cet homme étudiait sans cesse, ce qui l'aidait à porter sa chasteté, mais rien de plus dangereux qu'un tel refoulement.

Prêtre, il avait, par orgueil, hasard ou hauteur d'âme, observé ses vœux ; mais il n'avait pu garder sa croyance. La science avait démoli sa foi ; le dogme s'était évanoui en lui. Alors, s'examinant, il s'était senti comme mutilé, et, ne pouvant se défaire prêtre, il avait travaillé à se refaire homme, mais d'une façon austère ; on lui avait ôté la famille, il avait adopté la patrie ; on lui avait refusé une femme, il avait épousé l'humanité. Cette plénitude énorme, au fond, c'est le vide.

Ses parents, paysans, en le faisant prêtre, avaient voulu le faire sortir du peuple ; il était rentré dans le peuple.

Et il y était rentré passionnément. Il regardait les souffrants avec une tendresse redoutable. De prêtre il était devenu philosophe, et de philosophe athlète. Louis XV vivait encore que déjà Cimourdain se sentait vaguement républicain. De quelle république ? De la république de Platon peut-être, et peut-être aussi de la république de Dracon.

Défense lui étant faite d'aimer, il s'était mis à haïr. Il haïssait les mensonges, la monarchie, la théocratie, son habit de prêtre ; il haïssait le présent, et il appelait à grands cris l'avenir ; il le pressentait, il l'entrevoyait d'avance, il le devinait effrayant et magnifique ; il comprenait, pour le dénouement de la lamentable misère humaine, quelque chose comme un vengeur qui serait un libérateur. Il adorait de loin la catastrophe.

En 1789, cette catastrophe était arrivée, et l'avait trouvé prêt. Cimourdain s'était jeté dans ce vaste renouvellement humain avec logique, c'est-à-dire, pour un esprit de sa trempe, inexorablement ; la logique ne s'attendrit pas. Il avait vécu les grandes années révolutionnaires, et avait eu le tressaillement de tous ces souffles : 89, la chute de la Bastille, la fin du supplice des peuples ; 90, le 19 juin, la fin de la féodalité ; 91, Varennes, la fin de la royauté ; 92, l'avènement de la République. Il avait vu se lever la Révolution ; il n'était pas homme à avoir peur de cette géante ; loin de là, cette croissance de tout l'avait vivifié. [...] Il était arrivé ainsi à 93.

93 est la guerre de l'Europe contre la France et de la France contre Paris. Et qu'est-ce que la Révolution ? C'est la victoire de la France sur

l'Europe et de Paris sur la France. De là, l'immensité de cette minute épouvantable, 93, plus grande que tout le reste du siècle.

Rien de plus tragique, l'Europe attaquant la France et la France attaquant Paris. Drame qui a la stature de l'épopée.

93 est une année intense. L'orage est là dans toute sa colère et dans toute sa grandeur. Cimourdain s'y sentait à l'aise. Ce milieu éperdu, sauvage et splendide convenait à son envergure. »

Hugo entend à la fois réhabiliter la Révolution contre les mauvais procès de ses détracteurs peu désintéressés, et rendre compte du statut de la violence dans le processus révolutionnaire. Le roman *Quatrevingt-Treize* le fait sans esprit partisan, mais les critiques de l'époque y voient une sorte d'apologie de la Commune et n'épargnent pas le poète. En 1874, les accusations pleuvent contre le livre, assorties de propos qui ne brillent ni par la finesse d'analyse ni par le souci véritable de reconnaître sa valeur littéraire.

Évoquant les drames de la rupture révolutionnaire, Hugo récuse les mauvais procès. Il pense que la Révolution, crépuscule de l'ancien monde autant si ce n'est plus qu'aurore du nouveau, en reçoit pour héritage cette violence qu'on prétend condamner en elle, comme si elle avait pu s'en passer de façon certaine. Lucidement, il distingue donc deux périodes qui s'accompagnent de deux points de vue différents : celle de la Révolution elle-même et celle qu'elle a inaugurée. La seconde ne peut oublier, y compris lorsqu'elle juge la première, ce qu'elle lui doit : tout simplement l'existence en actes des idéaux qui désormais règlent ses attentes et ses jugements (« Ce grand Quatre-vingt-treize a fait ce qu'il dut faire »). Condamner la Révolution est donc une sorte d'anachronisme politique, rendu possible par l'amnésie plus ou moins volontaire à l'égard des servitudes d'Ancien Régime.

Méditation politico-philosophique

« Les devoirs terribles de la révolution. »

Dans une méditation saisissante, Hugo pense la violence de la rupture révolutionnaire et la met en regard des violences pluriséculaires perpétrées sur le plan social par l'Ancien Régime et les féodalités qui imposèrent leur pouvoir. La

Tourgue, c'est la vieille tour féodale dressée dans le paysage qui vit souffrir et mourir des dizaines de générations. Son ombre familière devient l'allégorie d'une longue domination que la force et plus sûrement l'habitude de la servitude semblaient rendre aussi indestructible que le mur de granit dont elle est faite. En face d'elle, la guillotine, invention récente qui avait introduit une sorte d'égalité devant l'exécution. Appliquée à tous et utilisée souvent pendant la Révolution, elle se dresse ici comme le symbole et l'instrument paradoxal de la libération. Non que la peine de mort en politique soit légitime – nous savons ce qu'en pense Victor Hugo. Mais la rupture avec un passé de servitude, que bien des anciens privilégiés entendent perpétuer, ne peut se faire sans violence. C'est en ce sens que la guillotine est fille de la monarchie et aussi rude qu'elle, comme l'est d'ailleurs la Révolution elle-même. Lisons Hugo dans les dernières pages de *Quatrevingt-Treize,* au chapitre « Cependant le soleil se lève » :

> « La Tourgue, c'était la monarchie ; la guillotine, c'était la révolution. Confrontation tragique.
>
> D'un côté, la dette ; de l'autre, l'échéance. D'un côté, l'inextricable complication gothique, le serf, le seigneur, l'esclave, le maître, la roture, la noblesse, le code multiple ramifié en coutumes, le juge et le prêtre coalisés, les ligatures innombrables, le fisc, les gabelles, la mainmorte, les capitations, les exceptions, les prérogatives, les préjugés, les fanatismes, le privilège royal de banqueroute, le sceptre, le trône, le bon plaisir, le droit divin ; de l'autre, cette chose simple, un couperet.
>
> D'un côté, le nœud ; de l'autre, la hache.
>
> La Tourgue avait été longtemps seule dans ce désert. Elle était là avec ses mâchicoulis d'où avaient ruisselé l'huile bouillante, la poix enflammée et le plomb fondu, avec ses oubliettes pavées d'ossements, avec sa chambre aux écartèlements, avec la tragédie énorme dont elle était remplie ; elle avait dominé de sa figure funeste cette forêt, elle avait eu dans cette ombre quinze siècles de tranquillité farouche, elle avait été dans ce pays l'unique puissance, l'unique respect et l'unique effroi ; elle avait régné ; elle avait été, sans partage, la barbarie ; et tout à coup elle voyait se dresser devant elle et contre elle, quelque chose – plus que quelque chose –, quelqu'un d'aussi horrible qu'elle, la guillotine.
>
> La pierre semble quelquefois avoir des yeux étranges. Une statue observe, une tour guette, une façade d'édifice contemple. La Tourgue avait l'air d'examiner la guillotine.
>
> Elle avait l'air de s'interroger.
>
> Qu'était-ce que cela ?
>
> Il semblait que cela était sorti de terre.
>
> Et cela en était sorti en effet.

Dans la terre fatale avait germé l'arbre sinistre. De cette terre, arrosée de tant de sueurs, de tant de larmes, de tant de sang, de cette terre où avaient été creusées tant de fosses, tant de tombes, tant de cavernes, tant d'embûches, de cette terre où avaient pourri toutes les espèces de morts faits par toutes les espèces de tyrannies, de cette terre superposée à tant d'abîmes, et où avaient été enfouis tant de forfaits, semences affreuses, de cette terre profonde, était sortie, au jour marqué, cette inconnue, cette vengeresse, cette féroce machine porte-glaive, et 93 avait dit au vieux monde :

– Me voilà.

Et la guillotine avait le droit de dire au donjon :

– Je suis ta fille.

Et en même temps le donjon, car ces choses fatales vivent d'une vie obscure, se sentait tué par elle.

La Tourgue, devant la redoutable apparition, avait on ne sait quoi d'effaré. On eût dit qu'elle avait peur. La monstrueuse masse de granit était majestueuse et infâme, cette planche avec son triangle était pire. La toute-puissante déchue avait l'horreur de la toute-puissante nouvelle. L'histoire criminelle considérait l'histoire justicière. La violence d'autrefois se comparait à la violence d'à présent ; l'antique forteresse, l'antique prison, l'antique seigneurie, où avaient hurlé les patients démembrés, la construction de guerre et de meurtre, hors de service et hors de combat, violée, démantelée, découronnée, tas de pierres valant un tas de cendres, hideuse, magnifique et morte, toute pleine du vertige des siècles effrayants, regardait passer la terrible heure vivante. Hier frémissait devant Aujourd'hui, la vieille férocité constatait et subissait la nouvelle épouvante, ce qui n'était plus que le néant ouvrait des yeux d'ombre devant ce qui était la terreur, et le fantôme regardait le spectre. »

De Machiavel Hugo a retenu que la violence d'une domination devenue coutumière, aussi fortement installée dans les esprits que rigoureusement exercée sur les corps, ne peut céder qu'à une violence de même nature. Or les préjugés ancestraux enrôlent contre la Révolution, en Vendée notamment, ceux-là mêmes qui devraient l'appeler de leurs vœux, étant donné leur condition sociale. Ainsi, les cartes se brouillent : des aristocrates peuvent défendre la Révolution et des petits paysans pauvres la combattre. De même, la vertu et le dévouement, le courage et la grandeur d'âme, qui tiennent à l'humanité comme telle, sont également répartis. C'est dire que sans tenir la balance égale sur le plan politique, puisqu'il a clairement pris parti pour la Révolution, Victor Hugo la tient égale sur le plan humain. Or c'est sur ce plan, comme on l'a vu plus haut, que tôt ou tard tous les êtres doivent se retrouver, une fois apaisés les remous et les tourments de l'histoire qui les opposa.

Il ne s'agit ni d'estomper les clivages politiques bien réels, ni d'en appeler à un postulat humaniste mystificateur qui ferait oublier les violences. Il s'agit seulement de rendre compte d'une tragédie accoucheuse d'histoire et de montrer pourquoi il n'y a pas en l'occurrence d'accouchement sans douleur. La disjonction des plans humain et politique permet de sauver l'humanité des violences qu'elle doit commettre. Et nul n'échappe à la règle : Lantenac, aristocrate contre-révolutionnaire, déroge à sa rigueur de soldat pour sauver des enfants. L'homme subvertit le politique vendéen. « Lantenac venait de rentrer dans l'humanité. [...] La révolution, c'est l'avènement du peuple ; et, au fond, le Peuple, c'est l'homme. » Quant à Cimourdain qui donne la mort à Gauvain par « nécessité » révolutionnaire, c'est en un sens par humanité qu'il se transperce le cœur d'un coup de pistolet, car il ne peut adhérer de tout son être à cette exécution. « Et ces deux âmes, sœurs tragiques, s'envolèrent ensemble, l'ombre de l'une mêlée à la lumière de l'autre. »

Allégorie finale d'une humanité réconciliée par-delà les déchirures de l'histoire : la terreur a été pensée et comprise en son rôle paradoxal. Elle sauve la Révolution en bafouant provisoirement ses principes. Mais Cimourdain, par son suicide au moment où la tête de Gauvain « roule dans le panier », entend donner le dernier mot à l'humanité souffrante, à la conscience qui ne peut supporter la mémoire des terribles devoirs qu'elle s'impose. Il a dit avec fermeté, quand il pouvait encore sauver Gauvain : « Force à la loi ». Mais il n'entend pas survivre, comme homme, à cette concession faite au devoir historique assigné à lui par la Révolution. Le révolutionnaire intraitable a fait son devoir : l'éthique tragique de l'homme reprend ses droits et il rejoint dans la mort celui que tourmentait, par conscience éthique, le consentement à un tel devoir. Épilogue sans emphase mélodramatique, où se condense évidemment toute la rencontre de deux allégories, assumant pour chacune un « pôle du vrai ». Être homme avant d'être révolutionnaire : Gauvain ; être révolutionnaire avant d'être homme : Cimourdain. La contradiction semble insoluble et le cercle vicieux, dès lors que l'humanité ne peut advenir que par la révolution, insurrection du droit qui libère des trop familières servitudes. On songe à la distinction faite par Robespierre entre le gouvernement révolutionnaire et le gouvernement démocratique, idéal final que seule une transition résolue peut faire advenir.

En finir avec la violence

« Quatre vingt-neuf a été une colère utile ; Quatre vingt-treize a été une fureur nécessaire ; mais il n'y a plus désormais ni utilité ni nécessité aux violences » (Paris et Rome, *juillet 1876*).

Il y a une certaine hypocrisie dans la condamnation de la violence révolutionnaire au nom du droit. Comme si le droit existait avant la Révolution et devait la régler, alors que c'est elle qui l'a fait advenir. Comme si l'on pouvait passer sous silence les violences bien réelles du despotisme monarchique et les atrocités commises par la collusion du pouvoir théologique et du pouvoir politique traditionnel. Contre toute tentative de restauration d'une telle collusion, Hugo a averti dans son discours contre la loi Falloux de 1850 : « Partout, pour éviter Torquemada, on se jettera dans Robespierre. »

Victor Hugo croyait-il que l'histoire humaine pourrait un jour être expurgée de toute violence ? Il est plus vraisemblable qu'il voulait définir une sorte d'idéal régulateur dans la conduite des hommes. D'abord, face aux premières violences effectives de la vie sociale, à savoir les injustices d'abord couvertes et codifiées par les lois. Ensuite, face aux lois conquises elles-mêmes, d'abord conçues pour combattre ces violences, mais aussi, trop souvent, dessaisies de leur valeur émancipatrice par une conception trop formelle et trop abstraite du droit.

La colère du droit face aux inégalités instituées de l'Ancien Régime a fait tomber la Bastille, puis les privilèges nobiliaires. Mais le droit n'avait pas dit son dernier mot. Il a fallu une autre colère, une « fureur nécessaire », propre à infléchir la Révolution vers les oubliés, ceux dont la misère matérielle réduit bien souvent les droits juridiques à de simples fictions, voire à des mensonges ferments de révolte. Chaque fois qu'une dérive similaire compromet les conquêtes de la justice, la violence peut resurgir. C'est une sorte de cycle que caractérise Hugo, avec à terme l'espoir que la violence disparaîtra pour de bon, ce qui ne peut se faire que par l'avènement d'une authentique justice. En attendant, la « colère du droit » est aussi légitime qu'est hypocrite la loi lorsqu'elle feint l'égalité sans s'assurer de ses conditions.

« Tout ce qui augmente la liberté augmente la responsabilité. Être libre, rien n'est plus grave ; la liberté est pesante, et toutes les chaînes qu'elle ôte au corps, elle les ajoute à la conscience ; dans la conscience, le droit se retourne et devient devoir. Prenons garde à ce que nous faisons ; nous vivons dans des temps exigeants. Nous répondons à la fois de ce qui fut et de ce qui sera. Nous avons derrière nous ce qu'ont fait nos pères et devant nous ce que feront nos enfants. Or à nos pères nous devons compte de leur tradition et à nos enfants de leur itinéraire. Nous devons être les continuateurs résolus des uns et les guides prudents des autres. Il serait puéril de se dissimuler qu'un profond travail se fait dans les institutions humaines et que des transformations sociales se préparent. Tâchons que ces transformations soient calmes et s'accomplissent, dans ce qu'on appelle (à tort, selon moi) le haut et le bas de la société, avec un fraternel sentiment d'acceptation réciproque. Remplaçons les commotions par les concessions. C'est ainsi que la civilisation avance. Le progrès n'est autre chose que la révolution faite à l'amiable.

Donc, législateurs et citoyens, redoublons de sagesse, c'est-à-dire de bienveillance. Guérissons les blessures, éteignons les animosités ; en supprimant la haine nous supprimons la guerre ; que pas une tempête ne soit de notre faute. Quatrevingt-neuf a été une colère utile ; Quatre-vingt-treize a été une fureur nécessaire ; mais il n'y a plus désormais ni utilité ni nécessité aux violences ; toute accélération de circulation serait maintenant un trouble ; ôtons aux fureurs et aux colères leur raison d'être ; ne laissons couver aucun ferment terrible. C'est déjà bien assez d'entrer dans l'inconnu ! Je suis de ceux qui espèrent dans cet inconnu, mais à la condition que nous y mêlerons dès à présent toute la quantité de pacification dont nous disposons. Agissons avec la bonté virile des forts. Songeons à ce qui est fait et à ce qui reste à faire. Tâchons d'arriver en pente douce là où nous devons arriver ; calmons les peuples par la paix, les hommes par la fraternité, les intérêts par l'équilibre ; n'oublions jamais que nous sommes responsables de cette dernière moitié du dix-neuvième siècle, et que nous sommes placés entre ce grand passé, la révolution de France, et ce grand avenir, la révolution d'Europe. »

(*Paris et Rome*, XII, 1876)

La philosophie de l'histoire mise en œuvre ici, au-delà de la lettre de certaines formulations qui semblent donner comme acquis ce qui est encore à espérer, exclut tout angélisme, mais aussi toute mystification idéologique. C'est que l'horizon social de la pensée lui interdit de se prendre au piège de ses propres illusions. L'analyse politique, on l'a vu, s'est affinée. Elle a dégagé le sens de la violence révolutionnaire, qui est seconde et non première, si l'on tient la violence des oppressions sociales et politiques pour l'origine de l'« insurrection du droit ». Elle va fonder maintenant une action résolue pour le geste fraternel de l'amnistie. On l'a vu à propos du combat pour la paix entre les peuples, autre aspect de la fraternité, qui se pense à l'échelle du monde. On va le revoir à propos de la nécessaire réconciliation que la République doit aux hommes. Non dans la mort, comme pour Gauvain et Cimourdain, mais dans la vie.

Une lecture révolutionnaire de la révolte

« La misère est une fièvre ; de là ces aveugles accès de fureur qui, en haine de la loi passagère, blessent le droit éternel. »

Hugo, en avril 1871, se trouve à Bruxelles, où il doit régler les problèmes liés au décès de son fils Charles. Il a d'ores et déjà décidé de secourir les communards chassés de France et poursuivis un peu partout. Il leur ouvre sa porte : « J'offre asile, place des Barricades, numéro 4. » Cette solidarité, il la met en œuvre au péril de sa propre vie. Une nuit, une horde hostile aux communards, dressée par la calomnie publique contre les réfugiés, attaque la demeure de Victor Hugo et la lapide jusqu'au petit matin. Un projectile manque de peu sa petite-fille Jeanne qu'il tient dans ses bras. Alors revient un autre souvenir, celui des insurgés de juin 1848, pénétrant dans l'appartement de Victor Hugo, place des Vosges à Paris. Paris et Bruxelles. La foule révolutionnaire et la foule contre-révolutionnaire. Hugo compare les deux « façons d'agir » et les deux « multitudes ». Il pose la question : « Laquelle est la populace ? » Il répond. Et la balance n'est pas égale :

« En quoi, à l'heure où nous les observons, ces deux foules, les misérables et les heureux, se ressemblent-elles ? en ce qu'elles sont l'une et l'autre pleines de colère.

Les misérables ont en eux la sourde rancune sociale ; les souffrants finissent par être les indignés ; ils ont toutes les privations, les autres ont toutes les jouissances ; les souffrants ont sur eux toutes ces sangsues, les parasitismes ; cette succion les épuise ; la misère est une fièvre ; de là ces aveugles accès de fureur qui, en haine de la loi passagère, blessent le droit éternel. Une heure vient où ceux qui ont raison peuvent se donner tort. Ces affamés, ces déguenillés, ces déshérités, deviennent brusquement tumultueux. Ils crient : Guerre ! ils prennent tout ce qui leur tombe sous la main, le fusil, la hache, la pique ; ils se jettent sur ce qui est devant eux, sur l'obstacle, quel qu'il soit ; c'est la République, tant pis ! ils sont éperdus ; ils réclament leur droit au travail, déterminés à vivre et résolus à mourir. Ils sont exaspérés et désespérés, et ils ont en eux l'outrance farouche de la bataille. Une maison se présente ; ils l'envahissent ; c'est la maison d'un homme que la violente langue du moment appelle "un aristocrate". C'est la maison d'un homme qui en cet instant-là même leur résiste et leur tient tête ; ils sont les maîtres ; que vont-ils faire ? saccager la maison de cet homme ? Une voix leur crie : Cet homme fait son devoir ! ils s'arrêtent, se taisent, se découvrent, et passent.

Après l'émeute des pauvres, voici l'émeute des riches. Ceux-ci aussi sont furieux. Contre un ennemi ? non. Contre un combattant ? non. Ils sont furieux contre une bonne action ; action toute simple sans aucun doute, mais évidemment juste et honnête. Tellement simple cependant que, sans leur colère, ce ne serait pas la peine d'en parler. Cette chose juste a été commise le matin même. Un homme a osé être fraternel ; dans un moment qui fait songer aux autodafés et aux dragonnades, il a pensé à l'Évangile du bon Samaritain ; dans un instant où l'on semble ne se souvenir que de Torquemada, il a osé se souvenir de Jésus-Christ ; il a élevé la voix pour dire une chose clémente et humaine ; il a entrebâillé une porte de refuge à côté de la porte toute grande ouverte du sépulcre, une porte blanche à côté de la porte noire ; il n'a pas voulu qu'il fût dit que pas un cœur n'était miséricordieux pour ceux qui saignent, que pas un foyer n'était hospitalier pour ceux qui tombent ; à l'heure où l'on achève les mourants, il s'est fait ramasseur de blessés ; cet homme de 1871, qui est le même que l'homme de 1848, pense qu'il faut combattre les insurrections debout et les amnistier tombées ; c'est pourquoi il a commis ce crime, ouvrir sa maison aux vaincus, offrir un asile aux fugitifs. De là l'exaspération des vainqueurs. Qui défend les malheureux indigne les heureux. Ce forfait doit être châtié. Et sur l'humble maison solitaire où il y a deux berceaux une foule s'est ruée, criant tous les cris du meurtre, et ayant l'ignorance dans le cerveau, la haine au cœur, et aux mains des pierres, de la boue et des gants blancs. »

Hugo prend donc parti. Et il interprète, en donnant au terme « misérables » ses deux sens, social et moral :

« Concluons.

Laquelle de ces deux foules est la populace ? Entre ces deux multitudes, les misérables de Paris et les heureux de Bruxelles, quels sont les misérables ?

Ce sont les heureux.

Et l'homme de la place des Barricades avait raison de leur jeter ce mot méprisant au moment où l'assaut commençait.

Maintenant, entre ces deux sortes d'hommes, ceux de Paris et ceux de Bruxelles, quelle différence y a-t-il ?

Une seule.

L'éducation.

Les hommes sont égaux au berceau. À un certain point de vue intellectuel, il y a des exceptions, mais des exceptions qui confirment la règle. Hors de là, un enfant vaut un enfant. Ce qui, de tous ces enfants égaux, fait plus tard des hommes différents, c'est la nourriture. Il y a deux nourritures ; la première, qui est bonne, c'est le lait de la mère ; la deuxième, qui peut être mauvaise, c'est l'enseignement du maître.

De là, la nécessité de surveiller cet enseignement. »

(*Actes et Paroles*, III, *Paris et Rome*, V)

Après la lapidation de son domicile et la menace de nouveaux troubles, Hugo est expulsé sur ordre du gouvernement belge. Il doit se réfugier à Vianden, ville du Luxembourg. Il médite à nouveau sur l'histoire tragique qui vient de se vivre. Sa conviction est faite. Elle met en œuvre toute une conception de l'histoire et de la politique, évoquée plus haut. De la solidarité à l'égard des communards persécutés, il passe tout naturellement à la lutte pour une amnistie totale. Il fera désormais campagne, pendant près de dix ans, pour obtenir gain de cause. Hugo fonde cette action à la fois sur des raisons sociales et sur des raisons politiques. Il en fait un axe essentiel de campagne électorale, ce qui ne manque pas de courage au regard de la manipulation de l'opinion, dressée contre les « barbares » de la Commune. Hugo, en juillet 1871 puis en janvier 1872, est battu aux élections. La campagne pour une amnistie totale des communards lui coûte cher politiquement. Il est presque, en raison d'un tel combat, une sorte de proscrit intérieur ; sur ses amitiés politiques, on ironise ou on s'indigne. Les bien-pensants s'acharnent, comme le firent les Versaillais dans les rues de Paris. Hugo compagnon des barbares. Ses adversaires ne croient pas si bien dire. Qui sont les vrais barbares ? Relisons une page des *Misérables*, tirée du chapitre « Quelques pages d'histoire ». Il y renverse de façon polémique les notions usuelles de la bien-pensance :

« En 93, selon que l'idée qui flottait était bonne ou mauvaise, selon que c'était le jour du fanatisme ou de l'enthousiasme, il partait du faubourg Saint-Antoine tantôt des légions sauvages, tantôt des bandes héroïques.

Sauvages. Expliquons-nous sur ce mot. Ces hommes hérissés qui, dans les jours génésiaques du chaos révolutionnaire, déguenillés, hurlants, farouches, le casse-tête levé, la pique haute, se ruaient sur le vieux Paris bouleversé, que voulaient-ils ? Ils voulaient la fin des oppressions, la fin des tyrannies, la fin du glaive, le travail pour l'homme, l'instruction pour l'enfant, la douceur sociale pour la femme, la liberté, l'égalité, la fraternité, le pain pour tous, l'idée pour tous, l'Édénisation du monde, le Progrès ; et cette chose sainte, bonne et douce, le progrès, poussés à bout, hors d'eux-mêmes, ils la réclamaient terribles, demi-nus, la massue au poing, le rugissement à la bouche. C'étaient les sauvages, oui ; mais les sauvages de la civilisation.

Ils proclamaient avec furie le droit ; ils voulaient, fût-ce par le tremblement et l'épouvante, forcer le genre humain au paradis. Ils semblaient des barbares et ils étaient des sauveurs. Ils réclamaient la lumière avec le masque de la nuit.

En regard de ces hommes, farouches, nous en convenons, et effrayants, mais farouches et effrayants pour le bien, il y a d'autres hommes, souriants, brodés, dorés, enrubannés, constellés, en bas de soie, en plumes blanches, en gants jaunes, en souliers vernis, qui, accoudés à une table de velours au coin d'une cheminée de marbre, insistent doucement pour le maintien et la conservation du passé, du Moyen Âge, du droit divin, du fanatisme, de l'ignorance, de l'esclavage, de la peine de mort, de la guerre, glorifiant à demi-voix et avec politesse le sabre, le bûcher et l'échafaud. Quant à nous, si nous étions forcés à l'option, entre les barbares de la civilisation et les civilisés de la barbarie, nous choisirions les barbares. »

Fraternité. Hugo décline le thème avec persévérance. La répression contre les communards sera qualifiée de fratricide. Surtout, elle apparaît comme un refus de prendre en compte et en charge « l'énigme qu'il faudrait sonder » : le problème social. Cet autoaveuglement s'articule à une logique de haine et de ressentiment. Les nantis ont eu peur et ils tuent, sauvagement, comme l'antique Méduse, monstre dont le seul regard aveuglait qui la regardait.

« L'énigme qu'il faudrait sonder, on la foudroie.
Mais que voulez-vous donc, sages pareils aux fous,
Que l'avenir devienne et qu'il fasse de vous,
Si vous ne lui montrez que haine, et si vous n'êtes
Bons qu'à le recevoir à coups de baïonnettes ?
L'utopie est livrée au juge martial.
La faim, la pauvreté, l'obscur loup social
Mordant avec le pain la main qui le présente,
L'ignorance féroce, idiote, innocente,
Les misérables noirs, sinistrement moqueurs,
Et la nuit des esprits d'où naît la nuit des cœurs,
Tout est là devant nous, douleurs, familles blêmes ;
Et nous avons recours, contre tous ces problèmes
Au sombre apaisement que sait faire la mort.

(« Flux et Reflux », *Les Châtiments*)

L'essentiel de la conception du poète est dit par un vers : « L'ignorance féroce, idiote, innocente. » Il ne résume évidemment pas toute son opinion sur la Commune, puisque celle-ci, légitime à ses yeux en principe, ne fut illégitime que dans certaines modalités d'application. Ce dérapage, constitué par des férocités, est sinon excusé du moins expliqué par la conjonction de l'ignorance et de la détresse cumulée. Sous les crimes, l'innocence de l'ignorance. Hugo va très loin. Il ne s'agit pas seulement de pardonner, par quelque éthique religieuse. Il faut remonter aux vraies causes, les plus radicales, et punir le crime sans méconnaître ce qui l'a rendu possible. Loin de tout légalisme hypocrite, il place le droit du côté des communards, et la loi du côté de celui de leurs adversaires :

« Peuple, ces deux chaos ont tort ; je blâme ensemble
Le firmament qui tonne et la terre qui tremble
Soit. De ces deux pouvoirs, dont la colère croît,
L'un a pour lui la loi, l'autre a pour lui le droit ;
Versailles a la paroisse et Paris la commune ;
Mais sur eux, au-dessus de tous, la France est une. »

(« Les Deux Trophées », Bruxelles, 6 mai 1871, *Actes et Paroles*, III-I)

Épilogue de la Commune : la nécessaire amnistie

« Les guerres civiles ne sont finies qu'apaisées » (Discours au Sénat, 28 février 1879).

La guerre civile est d'essence politique et, passé le tourment, il faut que nul châtiment ne se convertisse en revanche de classe acharnée. Les causes premières demeurant, la rancœur les rendant plus douloureuses encore, l'imaginaire politique s'alourdira de ressentiments durables. Il y a un parallélisme possible entre cette approche de la guerre civile et celle de la guerre entre nations, qui ne doit jamais laisser subsister, par conquêtes et annexions indues, de ressentiment, sauf à faire naître d'autres conflits meurtriers.

La deuxième partie du poème revient donc sur un thème cher à Hugo, la nécessité de faire advenir une logique politique affranchie des rancœurs et des ressentiments. Il faut délivrer l'humanité des mutilations qu'elle subit dès lors qu'elle s'enlise dans des haines inexpiables, et que nul homme alors ne peut être pleinement tranquille (« Rien d'entier pour personne »). Bref, la politique de l'heure – la répression contre les communards, assortie des haines qu'elle fait naître – est jugée par une métaphysique du devenir humain, qui s'achève sur une nécessaire réconciliation. Mais il est clair pour le grand proscrit que celle-ci ne pourra avoir lieu que sur la base de la justice et non sur celle du maintien des oppressions et des exploitations. En attendant, c'est sur un mode presque religieux que cet idéal est postulé et compris comme résultante des tourments présents de l'histoire.

La fraternité, en l'occurrence, doit rompre avec la guerre des hommes contre les hommes. Celle-ci est évoquée à travers les figures ancestrales de l'affrontement fratricide ; dans l'Antiquité grecque, Étéocle et Polynice ; dans la Bible, Caïn et Abel. D'abord vécue dans une même famille, par le meurtre, elle se fait ensuite guerre civile, par l'affrontement des damnés de la Terre et des oppresseurs. En 1871, les seconds triomphent sur les premiers et s'acharnent. Leur hargne est à la mesure de leur peur passée et encore présente. La fraternité de la grande famille humaine est comme congédiée, oubliée, détruite en sa possibilité, par la haine de classe. Les dominants d'aujourd'hui exterminent. Les survivants du carnage infligé aux opprimés auront la mémoire à vif. Victor Hugo avertit : « Aux yeux de ceux à qui l'apparence de l'ordre suffit, les arrêts de mort ont un avantage ; c'est qu'ils font le silence. Pas toujours. Il est périlleux de produire violemment un faux calme. Les exécutions politiques prolongent souterrainement la guerre civile » (lettre à Léon Bigot, 5 novembre 1871).

Sauf à imaginer qu'un jour la véritable conscience de classe ne s'en prenne plus aux hommes comme tels, mais au système économique et social qui fait d'eux ce qu'ils sont – avec il est vrai leur complicité plus ou moins appuyée. La fraternité pourra alors ressurgir, y compris entre les adversaires d'hier, mais à la condition que la justice, authentique cette fois-ci, prive les uns et les autres de tout motif de révolte. Éradiquer les ressentiments pour assurer la fraternité, c'est lutter pour la justice sociale : comme Jaurès un peu plus tard, Hugo pense que la République ne peut et ne doit être que sociale.

« Voulons-nous terminer notre malheur ? renonçons à notre colère. Réconcilions-nous. Vous verrez comme ce sourire sera beau.

Ah ! pardonnons !

Ce cri de nos âmes n'est pas seulement tendre, il est raisonnable. La douceur n'est pas seulement la douceur, elle est l'habileté. Pourquoi condamner l'avenir au grossissement des vengeances gonflées de pleurs, et à la sinistre répercussion des rancunes ? Allez dans les bois, écoutez les échos et songez aux représailles ; cette voix obscure et lointaine qui vous répond, c'est votre haine qui revient contre vous. Prenez garde, l'avenir est bon débiteur, et votre colère, il vous la rendra. Regardez les berceaux ; ne leur noircissez pas la vie qui les attend. Si nous n'avons pas pitié des enfants des autres, ayons pitié de nos enfants. Apaisement ! apaisement ! Hélas ! nous écoutera-t-on ?

N'importe, persistons, nous qui voulons qu'on promette et non qu'on menace, nous qui voulons qu'on guérisse et non qu'on mutile, nous qui voulons qu'on vive et non qu'on meure. Les grandes lois d'en haut sont avec nous. Il y a un profond parallélisme entre la lumière qui nous vient du soleil et la clémence qui nous vient de Dieu. Il y aura une heure de pleine fraternité, comme il y a une heure de plein midi. Ne perds pas courage, ô pitié ! Quant à moi, je ne me lasserai pas, et ce que j'ai écrit dans tous mes livres, ce que j'ai attesté par tous mes actes, ce que j'ai dit à tous les auditoires, à la tribune des pairs comme dans le cimetière des proscrits, à l'Assemblée nationale de France comme à la fenêtre lapidée de la place des Barricades de Bruxelles, je l'attesterai, je l'écrirai et je le dirai sans cesse : il faut s'aimer, s'aimer, s'aimer ! Les heureux doivent avoir pour malheur les malheureux ; l'égoïsme social est un commencement de sépulcre ; voulons-nous vivre, mêlons nos cœurs, et soyons l'immense genre humain. »

(*Le Droit et la loi*, XII, 1875)

L'intervention effectuée le 28 février 1878 au Sénat résume les arguments du poète en faveur de l'amnistie, totale et sans condition, qu'il aura la joie de voir adopter peu avant sa mort, en 1881. La distinction de principe entre la grâce, qui reste de l'ordre humiliant de la peine, et l'amnistie, qui efface et peut donc réintégrer, rappelle que la faute de la guerre civile ne peut être tenue pour unilatérale :

« Vous n'avez plus qu'une chose à faire : ou la grâce, ou l'amnistie.

Qu'est-ce que la grâce ? C'est une peine.

Qu'est-ce que l'amnistie ? C'est un effacement.

Ce sont les deux contraires. […]

Les guerres civiles ne sont finies qu'apaisées.

En politique, oublier c'est la grande loi.

Un vent fatal a soufflé : des malheureux ont été entraînés ; vous les avez saisis, vous les avez punis, il y a huit ans.

La guerre civile est une faute. Qui l'a commise ?

Tout le monde et personne. *(Bruits à droite.)* Sur une vaste faute, il faut un vaste oubli.

L'amnistie, c'est l'oubli.

Encore un mot, et j'ai fini.

Il n'y a pas deux lois, il n'y en a qu'une, la droiture. Vous êtes un gouvernement nouveau, établissez-vous par des actes considérables ; que vos premiers pas soient décisifs ; soyez simples, fermes et dignes.

Rendez aux vieux gouvernements le service de leur faire voir comment vous montez pendant qu'ils descendent ; enseignez-leur l'art de sortir des précipices.

Quel précipice fut plus profond que le vôtre ! quelle sortie est plus éclatante ! Continuez cette sortie admirable. Montrez la force sacrée du mot amnistie ; montrez qu'un peuple magnanime sait préférer à la haine la fraternité, à la mort la vie, à la guerre la paix.

Il est bon qu'après tant de luttes, d'angoisses et de travaux, une puissante nation sache prouver au monde qu'elle répond par la grandeur de ses actes à la grandeur de ses institutions. »

Le poète vient de livrer, et de remporter, son dernier grand combat. Il descend de la tribune. Les communards seront amnistiés. « Je suis de ceux qui veulent que le cœur pense » (lettre à George Sand du 17 mai 1864).

Chapitre douze

La question des **Misérables**

Misère et paupérisme

« Travail mauvais qui prend l'âge tendre en sa serre,
Qui produit la richesse en créant la misère »

(*« Melancholia », vers 135-136*).

Le 29 mai 1848, devant les membres des cinq Associations d'art et d'industrie dont il brigue le soutien électoral, Victor Hugo se présente : « Vous le savez tous, vous, mes amis, mes confrères, mes frères, je suis aujourd'hui l'homme que j'étais hier, l'avocat dévoué de cette grande famille populaire qui a souffert trop longtemps ; le penseur ami des travailleurs, le travailleur ami des penseurs ; l'écrivain qui veut pour l'ouvrier, non l'aumône qui dégrade, mais le travail qui honore. Je suis l'homme qui, hier, défendait le peuple au milieu des riches, et qui, demain, défendrait, s'il le fallait, les riches au milieu du peuple. C'est ainsi que je comprends, avec tous les devoirs qu'il contient, ce mot sublime qui m'apparaît écrit par la main de Dieu même, au-dessus de toutes les nations, dans la lumière éternelle des cieux, FRATERNITÉ. »

Il suffit de ces propos, et de quelques autres comme son discours contre les Ateliers nationaux, le 20 juin 1848, pour que certains affirment que Hugo, avant comme après 1848, a cru aux mythes les plus éculés de l'idéologie bourgeoise. Avec à peine plus d'indulgence, d'autres écrivent qu'il n'a été qu'un intelligent défenseur de la bourgeoisie, même lorsqu'il eut le courage de s'opposer à elle, et qu'il n'a jamais compris, ni admis, la lutte des classes, même s'il l'a transposée dans ses romans, allant jusqu'à réhabiliter l'argot. Pourtant, il suffit qu'il affirme à la tribune de l'Assemblée, le 19 juin 1849, que « détruire la misère ! oui, cela est possible », pour qu'il soit accusé de blasphème par les champions de la charité chrétienne et couvert de sarcasmes par les adeptes du libéralisme. Hugo n'aurait été qu'un socialiste déguisé ! L'auteur des *Misérables* s'attirera plus tard la fureur des bien-pensants, mais sera comblé par un immense succès populaire. Son premier scandale a été de dénoncer la misère. Son second défi a été d'en rechercher toutes les racines et toutes les manifestations. Son illusion a peut-être été de croire possible le mariage de la République sortie de la Révolution et du « véritable socialisme » dont il devint le partisan. En dépit de son idéal charitable d'origine, Hugo semble avoir été transformé et radicalisé par sa propre œuvre.

Quand Hugo dénonce en 1848 l'aumône qui dégrade le travailleur, il fait son autocritique et rompt publiquement avec la conception traditionnelle qui voit dans la charité chrétienne la solution à une misère immémoriale et fatale. Ému par la situation des malheureux de Normandie en 1829, Hugo composa son premier poème social intitulé « L'aumône » et l'offrit pour qu'il fut publié en brochure, au début de 1830, au profit des indigents. Le poème est repris sous le titre « Pour les pauvres », dans les *Feuilles d'automne.* Ce changement de titre est l'amorce d'une prise de conscience. L'Église avait toujours prêché le secours aux pauvres, aux malheureux, aux faibles, aux malades, aux veuves et aux orphelins. L'Ancien Régime avait associé l'aumône privée et les bonnes œuvres publiques et confessionnelles. La charité était un devoir pour assurer le salut du donateur et éviter la damnation du bénéficiaire. Mais les *misérables* de Normandie ne sont plus de simples mendiants ou vagabonds comme les *pauvres honteux* des temps passés. Ce sont des hommes, des femmes, des enfants qui travaillent, qui sont très mal payés et souvent réduits au chômage.

De « nouveaux pauvres » sont apparus. Cette découverte sidère les libéraux qui croyaient au progrès économique continu et à l'enrichissement général. Les indigents ne sont plus des marginaux qui ne veulent pas travailler, ni les victimes d'une mauvaise récolte ou d'une crise passagère ; ce sont les travailleurs des ateliers et des manufactures, soumis à d'interminables journées de travail, sans protection, sans sécurité, hommes, femmes et jeunes enfants, devenus esclaves des machines et ne gagnant même plus de quoi vivre décemment.

Le prolétaire, c'est celui qui ne peut survivre que grâce au travail de sa progéniture. Cette nouvelle pauvreté a reçu un nom, le « paupérisme ». Dès 1834, l'économiste Villeneuve-Bargemont affirme que « l'indigence sous le nom, nouveau et tristement énergique, de paupérisme envahit des classes entières de la population, tend à s'accroître progressivement en raison même de la production industrielle. Elle n'est plus un accident, mais la condition forcée d'une grande partie des membres de la société. [...] Le paupérisme est une menace à l'ordre politique et social ». Au lendemain de l'insurrection lyonnaise des canuts, Saint-Marc Girardin a écrit dans le *Journal des débats*, le 8 décembre 1831 : « Les Barbares qui menacent la société ne sont point au Caucase, ni dans les steppes de la Tartarie. Ils sont dans les faubourgs de nos villes manufacturières. » Dès lors se pose une terrible question, la question sociale.

Hugo est un des premiers écrivains, avec Eugène Sue, à se sentir concerné par ce drame nouveau, même s'il ne se livre pas à des enquêtes sur le terrain, comme nombre de journalistes, de médecins et de « socialistes » de l'époque. Certes, en 1850, il visitera les « caves de Lille » en compagnie de l'économiste libéral Adolphe Blanqui, le frère du révolutionnaire, mais sa conviction est bien antérieure. Entre 1834 et 1838, il compose le long poème titré « Melancholia ». Il s'agit d'une véritable fresque sociale, symbolique et pathétique, qui sera publiée seulement dans le livre III des *Contemplations* en 1856. Les quarante-huit premiers vers évoquent le drame d'une « femme au profil décharné » chargée d'enfants, abandonnée par un mari alcoolique, sans argent, sans pain, sans feu, sans parents, qui travaille de jour et de nuit, mais qui a, elle aussi, le droit de rêver. Sombrant dans la misère quand l'ouvrage vient à manquer, elle ravale sa honte et se prostitue :

> « Malheureuse ! elle traîne une robe de soie.
> Elle chante, elle rit... ah ! pauvre âme aux abois. »

Pathos que ce cliché ? La misère n'est pas que matérielle et n'affecte pas que les basses classes, ajoute aussitôt Hugo. Jusqu'au vers 112, il évoque « un homme de génie » qui veut « agrandir les esprits, amoindrir les misères », un utopiste, un poète, un visionnaire. Un Saint-Simon ? Un Fourier ? Tous le huent, « scribes, savants, rhéteurs, les salons, la cohue ». Advienne sa mort et tous disent : « C'était un grand homme ! » Le malheur réside aussi dans l'ignorance intellectuelle et l'égoïsme social qui mettent des œillères aux nantis. C'est alors que se situe le célèbre passage sur le terrible travail des enfants, écrit quelques années avant la première loi de 1841 visant à le réglementer :

« Où vont tous ces enfants dont pas un seul ne rit ?
Ces doux êtres pensifs, que la fièvre maigrit ?
Ces filles de huit ans qu'on voit cheminer seules ?
Ils s'en vont travailler quinze heures sous des meules ;
Ils vont, de l'aube au soir, faire éternellement
Dans la même prison le même mouvement.
Accroupis sous les dents d'une machine sombre,
Monstre hideux qui mâche on ne sait quoi dans l'ombre,
Innocents dans un bagne, anges dans un enfer,
Ils travaillent. Tout est d'airain, tout est de fer.
Jamais on ne s'arrête et jamais on ne joue.
Aussi quelle pâleur ! la cendre est sur leur joue.
Il fait à peine jour, ils sont déjà bien las.
Ils ne comprennent rien à leur destin, hélas !
Ils semblent dire à Dieu : "Petits comme nous sommes,
Notre père, voyez ce que nous font les hommes !"
Ô servitude infâme imposée à l'enfant !
Rachitisme ! travail dont le souffle étouffant
Défait ce qu'a fait Dieu ; qui tue, œuvre insensée,
La beauté sur les fronts, dans les cœurs la pensée,
Et qui ferait – c'est là son fruit le plus certain –
D'Apollon un bossu, de Voltaire un crétin !
Travail mauvais qui prend l'âge tendre en sa serre,
Qui produit la richesse en créant la misère,
Qui se sert d'un enfant ainsi que d'un outil !
Progrès dont on demande : "Où va-t-il ? que veut-il ?"
Qui brise la jeunesse en fleur ! qui donne, en somme,
Une âme à la machine et la retire à l'homme !
Que ce travail, haï des mères, soit maudit !
Maudit comme le vice où l'on s'abâtardit,
Maudit comme l'opprobre et comme le blasphème !
Ô Dieu ! qu'il soit maudit au nom du travail même,
Au nom du vrai travail, saint, fécond, généreux,
Qui fait le peuple libre et qui rend l'homme heureux ! »

Mais le poème ne se termine pas sur cette image car Hugo oppose encore le charretier bestial et son cheval écrasé sous la charge, le riche juré fraudeur qui juge le pauvre bougre, le vieillard casseur de cailloux, ancien de la Grande Armée, qui doit saluer « chapeau bas » le « millionnaire », enrichi de spéculations sur les défaites françaises. Enfin, Hugo évoque longuement le « Peuple océan jetant l'écume populace » dont la marée a pour flux l'indigence et pour reflux l'ignorance, où la misère envahit les bas-fonds, alors que les heureux, les riches, les jouisseurs sont portés dans le bal des vagues.

> « Et pendant qu'on frémit et gémit dans l'ombre,
> Pendant que les premiers grelottent sous les toits, [...]
> Tous ces hommes, contents de vivre, boivent, rient,
> Chantent ; et, par moments, on voit au-dessus d'eux,
> Deux poteaux soutenant un triangle hideux,
> Qui sortent lentement du noir pavé des villes. »

Qui osera encore prétendre que Hugo ne dénonce pas la polarisation sociale et l'exploitation aggravée par la société libérale et bourgeoise au détriment de tout le peuple, et pas seulement des indigents et des misérables ? Tout comme Lamartine, Hugo distingue la « souffrance », qui est la marque éternelle de l'homme, et la « misère », qui n'en est qu'une expression temporaire, transitoire et réformable. La question sociale n'est donc pas le simple fruit de la malédiction divine et de la souffrance inhérente à la nature humaine. C'est une question nouvelle posée par le rapport social entre richesse et pauvreté et qui renvoie à celui des oppresseurs et des opprimés. La richesse n'est pas en elle-même condamnable, nous dit Hugo, mais sa corrélation avec la pauvreté prouve que la misère des uns fait la richesse des autres. Il ne pense pas l'opulence et la misère comme deux phénomènes sans explications, mais perçoit leur coexistence comme le ressort de la vie sociale. C'est là la clé de sa radicalisation future.

Classes laborieuses, classes dangereuses !

« Une nouvelle ère s'ouvre, celle des questions sociales » (16 mai 1846).

Victor Hugo a découvert la misère dans son sens le plus moderne, même s'il n'a jamais analysé les mécanismes économiques de l'exploitation. Sa réflexion est semblable à celle de l'enquêteur Buret, qui publie en 1840 *De la misère des classes laborieuses en France et en Angleterre* et distingue l'indigence, qui est le fait des populations traditionnelles, et la misère, qui est un phénomène nouveau de civilisation et qui provoque une interrogation car elle « suppose l'éveil et même un développement avancé de la conscience ». La « misère » est le produit d'un travail précaire, sans garantie et sans protection, et d'une exploitation aggravée allant jusqu'aux limites physiologiques des travailleurs, hommes, femmes et enfants. Mais Buret et d'autres observateurs comme les docteurs Villermé et Guépin ont aussi constaté que le paupérisme entraîne, en plus de la misère matérielle, une dégradation morale profonde. Promiscuité, absence d'hygiène, alcoolisme, violence, prostitution, perversion, criminalité sont filles de la misère. Les aliénistes associent encore pauvreté et subversion de l'intelligence, misère et abaissement de la volonté, démoralisation et perte des repères sociaux. Ces aspects pathologiques sont perçus par les contemporains comme l'aspect le plus neuf et le plus grave du paupérisme. Hugo a découvert cela en épluchant les statistiques du bagne de Toulon lors d'une visite effectuée le 2 octobre 1839, et il a établi une corrélation significative entre délinquance et dénuement social. Nulle fatalité donc dans ces « maladies de la société » qu'il avait déjà esquissées dans son court roman *Claude Gueux*. En saisissant la misère morale et mentale et pas seulement physiologique et matérielle, il en perçoit toute la monstruosité, celle qui conduit les malheureux au crime sans qu'ils en soient responsables, celle qui conduit des hommes à se dénaturer. Il fait œuvre de procureur, non de rêveur.

Certains ont reproché à Hugo d'être passé à côté de la misère véritable des prolétaires modernes en ne décrivant que les bas-fonds et les marginaux, tout comme Eugène Sue. Dans *Les Misérables*, Hugo ne peint certes pas le nouveau monde ouvrier des manufactures, mais Jean Valjean, Gavroche, les Thénardier sont à juste titre des « misérables » parce qu'ils ont en commun, dans l'héroïsme comme dans l'abjection, des traits qui relèvent moins de l'indigence traditionnelle que de la misère moderne. Le terme de « misérables » s'applique à ceux qui sont à la marge, à la limite, entre l'intégration dans le peuple et la chute dans la marginalité et la criminalité. Le mot ne désigne pas un état social, mais une situation intermédiaire, précaire, de déchéance sociale. Hugo n'a pas caricaturé la réalité historique même s'il l'a transfigurée. Si le roman *Les Misérables* paraît en 1862, si Hugo y intègre ses souvenirs de 1832 et 1848, il ne commet pas de réel anachronisme car il situe les épisodes principaux entre 1817 et 1833, c'est-à-dire au début de l'émergence de la « question sociale ». Paris n'est pas encore la métropole industrielle qu'observera Zola. Les formes artisanales et boutiquières du travail y sont encore très largement dominantes. L'insistance sur la marginalité se justifie car le brusque gonflement de la population de la capitale, l'afflux de déracinés, l'instabilité des migrants, les conflits entre les travailleurs anciens et les nouveaux venus ont entraîné une poussée de la criminalité. Voilà pourquoi le terme de « misérables » a une si forte vérité symbolique. Hugo s'est nourri de toutes les observations sociales et psychologiques de son temps pour ouvrir le très large spectre de la misère, allant de l'innocence au crime.

Hugo ne partage pas les analyses de l'antagonisme du capital et du travail, ni les solutions des socialistes utopiques d'avant 1848. Il reste réfractaire à toute idée de propriété collective et d'organisation associative. Hugo demeure encore fidèle à un christianisme social hérité de Lamennais et à un légitimisme charitable incarné par Armand de Melun. Depuis 1834, il affirme qu'il faut substituer les questions sociales aux questions politiques. Qu'entend-il par là ? Devenu pair de France et appelé à présider un jury récompensant les meilleurs ouvriers, il déclare le 16 mai 1846 : « Il est temps que les penseurs et les travailleurs donnent le signe. Une nouvelle ère s'ouvre, l'ère des questions sociales que j'appellerais plus volontiers les questions populaires. Le travail, le salaire, l'éducation, la pénalité, la création des richesses, la répartition des jouissances, la dette du bien-être payée aux travailleurs par les gouvernants, payée à l'individu par la société équitable, l'encouragement à toutes les aptitudes, les grandes impulsions qui doivent venir de l'État, les grands efforts qui doivent venir du peuple, voilà les questions qui ont l'avenir désormais. » Voilà tous les aspects de la question sociale qui est le programme de la *démocratie*, qu'il oppose encore alors à la *république.* Mais comment entend-il apporter des solutions à cette terrible question sociale ?

Abolir le prolétariat

« Oui, le prolétariat doit disparaître, mais je ne suis pas de ceux qui pensent que la propriété disparaîtra » (29 mai 1848).

En février 1848, Hugo s'est rallié de fait à la proclamation du « droit au travail » et à la création des Ateliers nationaux comme à des nécessités. Mais, bien vite, il en conteste le principe et l'organisation. Que propose-t-il à la place ? Au cours de sa campagne électorale, il est amené plusieurs fois à préciser son programme social qui tient en un principe : « Il faut que tout homme commence par le travail et finisse par la propriété. » Ainsi sera aboli le prolétariat. Le prolétariat disparaîtra comme l'esclavage a disparu, comme le servage a disparu. Il disparaîtra par l'universalisation de la propriété. La propriété, elle, ne disparaîtra pas, car si elle était frappée, ce serait le travail qui, à son tour, disparaîtrait. Pour lui, la liberté et la propriété sont les deux corollaires fondamentaux de la société : attaquer l'une, c'est remettre l'autre en question. Hugo, en libéral classique, se livre à l'apologie de la propriété individuelle. Elle est le fruit du travail accompli comme le travail est la condition de la propriété future. Hugo n'est pas hostile à l'héritage, car il est, dit-il, « la main du père tendue à travers le mur du tombeau ». Cette opinion repose sur la croyance en la stabilité des formes de la petite propriété artisanale, boutiquière et paysanne. Balzac disait que Victor Hugo avait des idées bourgeoises ; sur ce point, il n'avait pas tort ; il faudrait même dire qu'il avait des idées de petit-bourgeois individualiste en matière économique, car il n'a pas réfléchi sur le processus déjà bien engagé de la concentration industrielle et financière du capital. Sa pensée correspond aux aspirations de la majorité des artisans et ouvriers qualifiés parisiens. Hugo est donc en retard par rapport à l'évolution de son temps, comme le prouve son attitude par rapport à l'idée nouvelle d'association ouvrière de production.

Quand il est sollicité à propos du mot d'ordre « Association », Victor Hugo se refuse à reprendre la formule qui a été popularisée par Louis Blanc, l'auteur de *L'Organisation du travail.* Ce journaliste socialiste affirmait depuis 1840 que les artisans et ouvriers volontaires pourraient former des associations de travailleurs libres afin de mettre en commun leurs capitaux et leurs forces de travail pour se répartir le travail et les bénéfices. Grâce au suffrage universel, les travailleurs auraient la majorité dans la nation et les associations de production pourraient recevoir des crédits de l'État et se développer. Ainsi, par le jeu de la libre concurrence, les associations ouvrières élimineraient à terme les entreprises capitalistes et supprimeraient l'exploitation du travail par le capital. Ainsi, le salariat disparaîtrait. Hugo se dérobe face une telle question. Pourtant, la Commission du Luxembourg, mise en place en mars 1848, a longuement discuté de ces projets et les premières associations de production sont apparues au printemps 1848.

Hugo réplique aux partisans des associations en opposant les deux conceptions, chrétienne et socialiste : « Les uns veulent faire de la société humaine une famille. Les autres veulent en faire un immense monastère. Je suis contre le monastère et pour la famille. Il ne suffit pas que les hommes soient associés, il faut qu'ils soient sociables. » Il accuse les socialistes utopiques de vouloir fonder des couvents où ils ont la prétention d'embrigader le peuple. Il critique bien sûr les projets de phalanstères et de vie communautaire de Fourier ou de Cabet. La polémique est facile. Mais il ne soutient pas non plus les projets plus réalistes de Louis Blanc. Hugo se révèle alors partisan d'un christianisme social acceptant les lois naturelles et divines, car il serait plus difficile de changer les hommes que la société.

> « Eh bien ! non, le couvent qui est beau, n'est pas bon ! non, la vie monastique, qui est sublime, n'est pas applicable ! Il ne faut pas rêver l'homme autrement que Dieu l'a fait. [...] Sans doute, il faut limiter l'égoïsme ; mais, dans la vie, telle que la Providence l'a faite à notre infirmité, il ne faut pas exagérer l'oubli de soi-même. L'oubli de soi-même, bien compris, s'appelle abnégation ; mal compris, il s'appelle abrutissement. Socialistes, songez-y ! Les révolutions peuvent changer la société, mais elles ne changent pas le cœur humain. Prenez garde à votre étrange progrès ! Il va droit contre la volonté de Dieu. N'ôtez pas au peuple la famille pour lui donner le monastère. »

Le 20 juin 1848, Hugo vote pour la suppression des Ateliers nationaux, première expérimentation du droit au travail et de secours aux chômeurs. Il n'en aperçoit pas la finalité car les chantiers mal organisés et à utilité discutable incitent à la paresse. « À ceux qui n'avaient jusqu'alors connu que la force généreuse du bras qui travaille, vous avez appris la honteuse puissance de la main tendue ; vous avez déshabitué les épaules de porter le poids du travail honnête, et vous avez accoutumé les consciences à porter le fardeau humiliant de l'aumône. »

Curieusement, Hugo retourne ici la critique libérale de la charité contre l'application maladroite du droit au travail par la jeune République. De tels raisonnements, de fait conservateurs au plan social, permettent de comprendre pourquoi Hugo donne la priorité à la transformation morale et intellectuelle du peuple par l'instruction et l'idéal. Alors, comment réformer l'homme et la société ?

Détruire la misère

« La fraternité [...] *commence à germer dans toutes les âmes, dans l'âme du riche comme dans l'âme du pauvre » (9 juillet 1849).*

Conscient cependant que l'extrême misère des ouvriers parisiens est la véritable raison de la crise de juin 1848 et redoutant son renouvellement, Hugo participe activement, une fois l'Assemblée législative réunie, à une commission de trente députés, créée à la demande de l'ancien légitimiste Armand de Melun pour proposer des lois relatives à la « prévoyance et à l'assistance publique ». Il est le premier à prendre la parole le 9 juillet 1849 pour défendre les propositions de cette commission. Il en justifie l'opportunité car elles peuvent seules aboutir à la « réconciliation » des âmes et à la « fraternité pratique » après l'écrasement de l'insurrection de juin.

« Aujourd'hui le calme s'est fait, le terrorisme s'est évanoui, la victoire est complète. Il faut en profiter. Oui, il faut en profiter ! Mais savez-vous comment ?

Il faut profiter du silence imposé aux passions anarchiques pour donner la parole aux intérêts populaires. *(Sensation.)* Il faut profiter de l'ordre reconquis pour relever le travail, pour créer sur une vaste échelle la prévoyance sociale ; pour substituer à l'aumône qui dégrade *(Dénégations à droite)* l'assistance qui fortifie ; pour fonder de toutes parts, et sous toutes les formes, des établissements de toute nature qui rassurent le malheureux et qui encouragent le travailleur ; pour donner cordialement, en améliorations de toutes sortes, aux classes souffrantes, plus, cent fois plus que leurs faux amis ne leur ont jamais promis ! Voilà comment il faut profiter de la victoire. *(Oui ! oui ! Mouvement prolongé.)*

Il faut profiter de la disparition de l'esprit de révolution pour faire reparaître l'esprit de progrès ! Il faut profiter du calme pour rétablir la paix, non pas seulement la paix dans les rues, mais la paix véritable, la paix définitive, la paix faite dans les esprits et dans les cœurs ! Il faut, en un mot, que la défaite de la démagogie soit la victoire du peuple ! *(Vive adhésion.)* »

Hugo demande ensuite à l'Assemblée de lancer l'« étude du sort des classes souffrantes » et de substituer à toutes les initiatives particulières l'action d'un grand service public d'assistance et de prévoyance. Il prend à son compte les deux grands principes proclamés en 1793, mais restés quasiment lettre morte depuis lors. L'État a pris en charge des hospices et des hôpitaux publics et les municipalités ont créé des bureaux de bienfaisance. Parallèlement, l'Église a reconstitué depuis la Restauration son large réseau d'établissements charitables. Hugo présente enfin un grand projet de législation sociale unifiée par l'État dans lequel il voit la réalisation du « grand code chrétien de prévoyance et d'assistance publique », mais où nous pouvons découvrir la première esquisse de notre système de Sécurité sociale.

« Substituer une grande et unique commission de l'*assistance* et de la *prévoyance* publique à toutes les commissions secondaires qui ne voient que le détail et auxquelles l'ensemble échappe ; placer cette commission très haut, de manière à ce qu'on l'aperçoive du pays entier *(Mouvement)* ; réunir les lumières éparses, les expériences disséminées, les efforts divergents, les dévouements, les documents, les recherches partielles, les enquêtes locales, toutes les bonnes volontés en travail, et leur créer ici un centre, un centre où aboutiront toutes les idées et d'où rayonneront toutes les solutions ; faire sortir pièce à pièce, loi à loi, mais avec ensemble, avec maturité, des travaux de la législature actuelle le code coordonné et complet, le *grand code chrétien de la prévoyance et de l'assistance publique* ; en un mot, étouffer les chimères d'un certain socialisme sous les réalités de l'Évangile *(Vive approbation)* ; voilà, messieurs, le but de la proposition de M. de Melun, voilà pourquoi je l'appuie énergiquement. *(M. de Melun fait un signe d'adhésion à l'orateur.)* »

Victor Hugo n'hésite pas encore à justifier l'audace de cette mesure de prophylaxie sociale par la prise en compte de la dure réalité qui est le terreau sur lequel les idées socialistes s'enracinent et où s'épanouissent les aspirations les plus chimériques. L'assistance publique est conçue comme le moyen d'endiguer le progrès du socialisme :

« Je viens de dire : les *chimères d'un certain socialisme,* et je ne veux rien retirer de cette expression, qui n'est pas même sévère, qui n'est que juste. Messieurs, expliquons-nous cependant. Est-ce à dire que, dans cet *amas de notions confuses,* d'*aspirations obscures,* d'*illusions inouïes,* d'instincts irréfléchis, de formules incorrectes, qu'on désigne sous ce nom vague et d'ailleurs fort peu compris de *socialisme,* il n'y ait rien de vrai, absolument rien de vrai ?

Messieurs, s'il n'y avait rien de vrai, il n'y aurait aucun danger. La société pourrait dédaigner et attendre. Pour que l'imposture ou l'erreur soient dangereuses, pour qu'elles pénètrent dans les masses, pour qu'elles puissent percer jusqu'au cœur même de la société, il faut qu'elles se fassent une arme d'une partie quelconque de la réalité. La vérité ajustée aux erreurs, voilà le péril. En pareille matière, la quantité de danger se mesure à la quantité de vérité contenue dans les chimères. *(Mouvement.)* »

Ce discours modéré fait aussitôt scandale. Contre Hugo se dressent aussi bien des légitimistes que des libéraux. Montalembert venait d'affirmer que le remède contre les émeutes et l'agitation sociale était de faire respecter la propriété par ceux qui en étaient dépourvus. « Je ne connais qu'une recette pour inspirer ce respect, avait-il dit, c'est de leur faire croire en Dieu, au Dieu du catéchisme, au Dieu qui a édicté le *Décalogue* et qui punit éternellement les voleurs. » Hugo ne peut accepter un tel discours : pour lui, la coercition ne fait qu'aggraver le mal qu'elle prétend guérir ; et la propriété n'est pas sacrée par Dieu car elle est le fruit du travail humain. C'est la mauvaise répartition de la propriété qui entraîne la misère, qui alimente les aspirations du socialisme et fomente les émeutes.

« Eh bien ! messieurs, disons-le, et disons-le précisément pour trouver le remède, il y a au fond du socialisme une partie des réalités douloureuses de notre temps et de tous les temps *(Chuchotements)* ; il y a le malaise éternel propre à l'infirmité humaine ; il y a l'aspiration à un sort meilleur, qui n'est pas moins naturelle à l'homme, mais qui se trompe souvent de route en cherchant dans ce monde ce qui ne peut être trouvé que dans l'autre. *(Vive et unanime adhésion.)* Il y a des détresses très vives, très vraies, très poignantes, très guérissables. Il y a enfin, et ceci est tout à fait propre à notre temps, il y a cette attitude nouvelle donnée à l'homme par nos révolutions, qui ont constaté si hautement et placé si haut la dignité humaine et la souveraineté populaire, de sorte que l'homme du peuple aujourd'hui souffre avec le sentiment double et contradictoire de sa misère résultant du fait et de sa grandeur résultant du droit. *(Profonde sensation.)*

Je ne suis pas, messieurs, de ceux qui croient qu'on peut supprimer la souffrance en ce monde, la souffrance est une loi divine, mais je suis de ceux qui pensent et qui affirment qu'on peut détruire la MISÈRE. *(Réclamations. – Violentes dénégations à droite.)*

Remarquez-le bien, messieurs, je ne dis pas diminuer, amoindrir, limiter, circonscrire, je dis *détruire. (Nouveaux murmures à droite.)* La misère est une maladie du corps social comme la lèpre était une maladie du corps humain ; la misère peut disparaître comme la lèpre a disparu. *(Oui ! oui ! à gauche.)* Détruire la misère ! oui, cela est possible. Les législateurs et les gouvernants doivent y songer sans cesse ; car, en pareille matière, tant que le possible n'est pas fait, le devoir n'est pas rempli. *(Sensation universelle.)*

La *misère,* messieurs, j'aborde ici le vif de la question, voulez-vous savoir où elle en est, la misère ? Voulez-vous savoir jusqu'où elle peut aller, jusqu'où elle va, je ne dis pas en Irlande, je ne dis pas au Moyen Âge, je dis en France, je dis à Paris, et au temps où nous vivons ? [...] Messieurs, songez-y, c'est l'anarchie qui ouvre les abîmes, mais c'est la misère qui les creuse. »

Les velléités réformatrices, voire de collaboration de classes, qu'exprime Hugo sont vouées à l'échec face à l'union sacrée des défenseurs de l'ordre social et de la propriété, légitimés par les lois divines et naturelles. Tous tiennent à restaurer les tutelles sur ces « classes laborieuses », qui sont « inférieures » et peuvent devenir « dangereuses ». Le catholique Duchâtel a fourni l'idéologie sociale du parti de l'ordre : « Il faut fonder entre la classe éclairée et celle à laquelle manquent les lumières, entre les gens de bien et ceux dont la moralité est imparfaite, les rapports d'une protection qui prenne le caractère d'un patronage bienveillant et volontaire. » Il fallait retourner à la bienfaisance et aux protections. Louis Bonaparte, quand il écrit *L'Extinction du paupérisme* en 1846, ne dit pas autre chose, même s'il compte moins sur la tutelle des notables traditionnels que sur les initiatives des grands entrepreneurs industriels et les grands travaux publics.

Gare au socialisme du ventre !

« Vous serez logés, nourris, chauffés, lavés, abreuvés ; seulement on verra la marque du collier » (« La question sociale », Proses philosophiques, *1860-1865).*

Après le rejet du projet de code général d'assurance et de prévoyance, Hugo doit méditer sur les mutations économiques et sociales du Second Empire dont il perçoit les échos de la Fête bourgeoise. Haussmann a lancé ses programmes de transformations de Paris, favorisant la spéculation foncière et la construction. Même les ouvriers du bâtiment semblent s'enrichir et la création rapide des lignes de chemin de fer a dégorgé les campagnes. La prospérité deviendrait-elle universelle avec la croissance ? Hugo reste fidèle à sa logique ; il ne faut pas regarder la seule dimension économique de la question sociale comme le font les libéraux et les capitalistes qui voient dans le nouvel Empire autoritaire leur régime idéal d'ordre et de prospérité. Par suite, Hugo ne polémique plus avec les socialistes tel Louis Blanc qu'il découvre en partageant son exil.

« La question sociale a été trop réduite au point de vue économique ; il est temps de la remonter au point de vue moral. Le côté économique, certes, est sérieux, et celui qui écrit ces lignes est un de ceux qui ont le plus énergiquement réclamé, de front avec l'amélioration morale, l'amélioration matérielle. Mais, du jour où un certain danger d'abaissement se révèle, les questions doivent reprendre leurs rangs, et la question matérielle, si importante qu'elle soit, n'est que la seconde. Avant tout, la question morale et intellectuelle ; avant tout le droit, le devoir, la conscience ; avant tout les principes ; avant tout les notions du vrai, du bon, du juste, du grand, du beau. Commencez par là. Une vaste éducation publique tournée vers l'idéal. Comme tout est logique, et se lie, et se suit, et qu'un chaînon du bien tire l'autre, si la condition intellectuelle s'améliore, forcément le sort matériel s'améliorera. Soyez tranquilles, si votre âme grandit, votre pain blanchira.

Le progrès difforme est possible. C'est la prépondérance de la matière. *Défiez-vous du ventre.*

Il y a deux types : Apollon et Silène. Choisissez. La Grèce, le peuple Apollon ; le bas-empire, c'est la civilisation Silène. »

Le proscrit dénonce ensuite les prétentions de Napoléon III à éteindre le paupérisme. « Il ne faut pas oublier que le despotisme a la prétention d'être socialiste. » Faisant allusion aux grands travaux d'Haussmann, il donne l'alarme. « On apaise les capitales par les grands travaux. Maxime d'État : *Quand le bâtiment va tout va.* On donne de l'ouvrage, on élève le prix des journées, on bâtit, débâtit, rebâtit, on perce des rues, on recommence les villes de fond en comble, on construit des palais et des citadelles, on émerveille le bourgeois. De là un véritable applaudissement public ; de ces constructions et reconstructions, où il y a quelques ruines, il se dégage une certaine popularité. »

Pourquoi cette virulence de Victor Hugo ?

« Si la fourniture du travail, coûte que coûte, était toute la question, si l'élévation de la main-d'œuvre dissipait tout le problème, si une augmentation de salaire suffisait, les habiles auraient beau jeu. [...]

Panem et circences, c'est le mot du césarisme. Le droit divin a le sien, fort ressemblant : *Festa, Farina.* Il y a ajouté en sous-entendu : *Forca.* [Fête, Pain, Gibet]

La principale fonction de l'homme n'est pas de manger ; mais de penser. Sans doute qui ne mange pas meurt, mais qui ne pense pas rampe ; et c'est pire. [...]

Défiez-vous du ventre. »

Face au dynamisme économique et aux premiers signes d'un certain progrès social sous l'Empire, Hugo condamne toujours plus l'économisme et prône plus que jamais un socialisme moral et spirituel. Gare à la civilisation Silène, celle de l'Empire !

Le socialisme des *Misérables*

« Mettez un terme à l'exploitation injuste du faible par le fort » (Les Misérables, *quatrième partie, livre premier, chapitre IV*).

On n'est pas surpris des audaces nouvelles de la pensée sociale de Victor Hugo. Dans *Les Misérables*, il présente avec sympathie le programme général des socialistes. Il renonce à la caricature des utopies phalanstériennes ou collectivistes et reprend, de fait, l'essentiel des idées qu'il rejetait encore en 1848. La civilisation ne relève plus tant des lois divines que des actions des hommes et des méditations des penseurs qui veulent changer le monde. Voici le tableau qu'il dresse des socialistes dans *Les Misérables*, quatrième partie, livre premier :

« – Des penseurs méditaient, tandis que le sol, c'est-à-dire le peuple, traversé par les courants révolutionnaires, tremblait sous eux avec je ne sais quelles vagues secousses épileptiques. Ces songeurs, les uns isolés, les autres réunis en familles et presque en communions, remuaient les questions sociales, pacifiquement, mais profondément ; mineurs impassibles, qui poussaient tranquillement leurs galeries dans les profondeurs d'un volcan, à peine dérangés par les commotions sourdes et par les fournaises entrevues.

Cette tranquillité n'était pas le moins beau spectacle de cette époque agitée.

Ces hommes laissaient aux partis politiques la question des droits, ils s'occupaient de la question du bonheur.

Le bien-être de l'homme, voilà ce qu'ils voulaient extraire de la société.

Ils élevaient les questions matérielles, les questions d'agriculture, d'industrie, de commerce, presque à la dignité d'une religion. Dans la civilisation telle qu'elle se fait, un peu par Dieu, beaucoup par l'homme, les intérêts se combinent, s'agrègent et s'amalgament de manière à former une véritable roche dure, selon une loi dynamique patiemment étudiée par les économistes, ces géologues de la politique.

Ces hommes, qui se groupaient sous des appellations différentes, mais qu'on peut désigner tous par le titre générique de *socialistes,* tâchaient de percer cette roche et d'en faire jaillir les eaux vives de la félicité humaine.

Depuis la question de l'échafaud jusqu'à la question de la guerre, leurs travaux embrassaient tout. Au droit de l'homme, proclamé par la Révolution française, ils ajoutaient le droit de la femme et le droit de l'enfant.

On ne s'étonnera pas que, pour des raisons diverses, nous ne traitions pas ici à fond, au point de vue théorique, les questions soulevées par le socialisme. Nous nous bornons à les indiquer.

Tous les problèmes que les socialistes se proposaient, les visions cosmogoniques, la rêverie et le mysticisme écartés, peuvent être ramenés à deux problèmes principaux.

Premier problème :

Produire la richesse.

Deuxième problème :

La répartir.

Le premier problème contient la question du travail.

Le deuxième contient la question du salaire.

Dans le premier problème, il s'agit de l'emploi des forces.

Dans le second de la distribution des jouissances.

Du bon emploi des forces dépend la puissance publique.

De la bonne répartition des jouissances résulte le bonheur individuel.

Par bonne distribution, il faut entendre, non distribution égale, mais distribution équitable. La première égalité, c'est l'équité.

De ces deux choses combinées, puissance publique au-dehors, bonheur individuel au-dedans, résulte la prospérité sociale. »

Hugo fait des socialistes les champions du bien-être de l'homme et du droit au bonheur. Ils élargissent la question sociale à toutes les grandes questions humaines, celle de la peine de mort comme celle de la paix. Ils ajoutent aux droits de l'homme ceux de la femme et de l'enfant. Ils prolongent et approfondissent donc l'œuvre de la Révolution française. Hugo se démarque ici très nettement du libéralisme. La question économique se réduit à la question centrale de l'harmonie de la production des biens et de la répartition des richesses, à l'équité du travail et du salaire. On peut discuter cette distinction facile du travail et du salaire, car Hugo ne saisit pas le rapport social d'exploitation et l'antagonisme du capital et du travail. Mais sa critique globale du système capitaliste se précise. L'Angleterre, dit-il, a résolu le problème de la production et est la première puissance industrielle de l'époque, mais, si elle crée admirablement la richesse, elle la répartit très mal. Ce qui entraîne une extrême inégalité : « opulence monstrueuse, misère monstrueuse ». Le matérialisme a tué la morale. Mais Hugo maintient cependant sa critique du communisme tel qu'il l'a découvert chez les utopistes français Cabet et Considérant, et il leur reproche de ne vouloir résoudre que le problème de la répartition des biens : « Le partage égal abolit l'émulation. [...] Tuer la richesse, ce n'est pas la répartir. » Dans une perspective très naïve, Hugo suggère que les deux problèmes soient résolus ensemble et combinés équitablement par les économistes, ces « géologues de la politique ».

« Résolvez les deux problèmes, encouragez le riche et protégez le pauvre, supprimez la misère, mettez un terme à l'exploitation injuste du faible par le fort, mettez un frein à la jalousie inique de celui qui est en route contre celui qui est arrivé, ajustez mathématiquement et fraternellement le salaire au travail, mêlez l'enseignement gratuit et obligatoire à la croissance de l'enfance et faites de la science la base de la virilité, développez les intelligences tout en occupant les bras, soyez à la fois un peuple puissant et une famille d'hommes heureux, démocratisez la propriété, non en l'abolissant, mais en l'universalisant, de façon que tout citoyen sans exception soit propriétaire, chose plus facile qu'on ne croit, en deux mots, sachez produire la richesse et sachez la répartir, et vous aurez tout ensemble la grandeur matérielle et la grandeur morale ; et vous serez dignes de vous appeler la France.

Voilà, en dehors et au-dessus de quelques sectes qui s'égaraient, ce que disait le socialisme ; voilà ce qu'il cherchait dans les faits, voilà ce qu'il ébauchait dans les esprits.

Efforts admirables ! tentatives sacrées ! »

Par l'intervention du narrateur, témoin distancié, Hugo délivre un authentique message socialiste. Il affirme possible de mettre un terme à l'exploitation par un équilibre mathématique et fraternel entre le travail et le capital ; il estime réaliste de démocratiser la propriété pour supprimer la misère et abolir le prolétariat par son universalisation. Il opère surtout la synthèse du programme républicain d'émancipation et du programme socialiste réformiste. Il ne raisonne pas en termes de collaboration de classes, mais selon un schéma de régulation économique et sociale par l'État.

Dénoncer le désordre social établi

« Mylords, vous êtes les grands et les riches. C'est périlleux. Vous profitez de la nuit » (L'homme qui rit, *discours de Gwymplaine*).

Serait-il devenu un disciple de Saint-Simon ? Ou un double de Louis Blanc ?

Non ! Mais Victor Hugo ne cesse d'accentuer sa dénonciation de la « maladie sociale » qui frappe l'Angleterre victorienne comme la France au début de l'ère capitaliste. Dans *L'homme qui rit*, il brosse un tableau terrible de la société anglaise du dix-huitième siècle sur laquelle il s'est documenté. La société aristocratique et bourgeoise repose sur un désordre établi, même si elle prétend reposer sur un ordre légitime et légal. L'ordre ne fait que codifier un rapport de forces inégal et violent. Quelles que soient la générosité, la charité, l'intelligence des riches et des puissants, la société moderne repose sur la misère et l'exploitation des prolétaires et des faibles. Gwymplaine, ce fils de noble tombé au rang de misérable, dont la bouche a été élargie au couteau si bien qu'il semble toujours rire, d'un rire bouleversant où le sublime se fige dans un rictus monstrueux, cette vibrante allégorie du peuple mutilé, porte une terrible accusation contre la domination des puissants à son retour à la Chambre des lords, alors que ceux-ci commencent par rire de cet homme qui rit.

« – Alors, vous insultez la misère. Silence, pairs d'Angleterre ! juges, écoutez la plaidoirie. Oh ! je vous en conjure, ayez pitié ! Pitié pour qui ? Pitié pour vous. Qui est en danger ? C'est vous. Est-ce que vous ne voyez pas que vous êtes dans une balance et qu'il y a dans un plateau votre puissance et dans l'autre votre responsabilité ? Dieu vous pèse. Oh ! ne riez pas. Méditez. Cette oscillation de la balance de Dieu, c'est le tremblement de la conscience. Vous n'êtes pas méchants. Vous êtes des hommes comme les autres, ni meilleurs, ni pires. Vous vous croyez des dieux, soyez malades demain, et regardez frissonner dans la fièvre votre divinité. Nous nous valons tous. Je m'adresse aux esprits honnêtes, il y en a ici ; je m'adresse aux intelligences élevées, il y en a ; je m'adresse aux âmes généreuses, il y en a. Vous êtes pères, fils et frères, donc vous êtes souvent attendris. Celui de vous qui a regardé ce matin le réveil de son petit enfant est bon. Les cœurs sont les mêmes. L'humanité n'est pas autre chose qu'un cœur. Entre ceux qui oppriment et ceux qui sont opprimés, il n'y a de différence que l'endroit où ils sont situés. Vos pieds marchent sur des têtes, ce n'est pas votre faute. C'est la faute de la Babel sociale. Construction manquée, toute en surplombs. Un étage accable l'autre. Écoutez-moi, je vais vous dire. [...] Si vous saviez ce qui se passe, aucun de vous n'oserait être heureux. Qui est-ce qui est allé à Newcastle-on-Tyne ? Il y a dans les mines des hommes qui mâchent du charbon pour s'emplir l'estomac et tromper la faim. J'aimerais mieux recevoir à l'hôpital l'indigent malade sans lui faire payer d'avance son enterrement. En Caërnarvon, à Traith-maur comme à Traith-bichan, l'épuisement des pauvres est horrible. À Strafford, on ne peut dessécher le marais, faute d'argent. Les fabriques de draperie sont fermées dans tout le Lancashire. Chômage partout. Savez-vous que les pêcheurs de hareng de Harlech mangent de l'herbe quand la pêche manque ? Savez-vous qu'à Burton-Lazers il y a encore des lépreux traqués, et auxquels on tire des coups de fusil s'ils sortent de leurs tanières ? À Ailesbury, ville dont un de vous est lord, la disette est en permanence. À Penck-ridge en Coventry, dont vous venez de doter la cathédrale et d'enrichir l'évêque, on n'a pas de lits dans les cabanes, et l'on creuse des trous dans la terre pour y coucher les petits enfants, de sorte qu'au lieu de commencer par le berceau, ils commencent par la tombe. J'ai vu ces choses-là. Mylords, les impôts que vous votez, savez-vous qui les paie ? Ceux qui expirent. Hélas ! vous vous trompez. Vous faites fausse route. Vous augmentez la pauvreté du pauvre pour augmenter la richesse du riche. C'est le contraire qu'il faudrait faire. Quoi, prendre au travailleur pour donner à l'oisif, prendre au déguenillé pour donner au repu, prendre à l'indigent pour donner au prince ! *Oh oui, j'ai du vieux sang républicain dans les veines.* J'ai horreur de cela. Ces rois, je les exècre ! »

Hugo a toujours été partisan de l'ordre ; mais pas de n'importe quel ordre. L'ordre établi qui gèle et accentue l'inégalité de distribution des richesses est le véritable désordre qui est à l'origine de la question sociale. Le propre d'un tel désordre est de freiner le progrès et de contenir en lui une contradiction qui annonce sa destruction. Seul un ordre fondé sur la justice sociale et l'absence d'exploitation peut être légitime et durable. Sa légitimité doit concerner la juste répartition des biens, qu'ils soient matériels, moraux ou intellectuels. Sa durabilité tiendra de l'équilibre des intérêts et de l'absence de servitude entre les hommes. Sur ce point, Hugo est bien plus proche de Rousseau que de Marx qu'il n'a pas lu. L'égalité, écrivait le philosophe du *Contrat social*, ne consiste pas en ce que les degrés de fortune soient exactement les mêmes, mais en ce que nul ne soit si pauvre qu'il soit obligé de se vendre et nul assez riche pour pouvoir asservir le premier.

Même si la pensée réformatrice de Victor Hugo est nourrie d'un idéal de justice hérité d'un monde précapitaliste, nous devons reconnaître l'acuité de sa dénonciation du système économico-social du capitalisme libéral.

Le socialisme de Victor Hugo

« Je suis un socialiste de l'avant-veille. Mon socialisme date de 1828 » (Discours de clôture du Congrès de la paix à Lausanne, 8 septembre 1869).

En exil, l'auteur des *Misérables* se radicalise et en vient à systématiquement se proclamer socialiste. Dans son essai sur « la question sociale », édité dans ses *Proses philosophiques 1860-1865*, il se présente comme un « vieux socialiste » depuis la publication en 1828 du *Dernier Jour d'un condamné*. Dans la deuxième partie de *William Shakespeare*, au livre V, il se dit socialiste depuis la publication de son roman *Claude Gueux* en 1834. Il se félicite de pouvoir se compter parmi ces socialistes persécutés dont l'honneur est d'avoir travaillé à la « transformation de la foule en peuple. C'est à ce travail que se sont dévoués, dans ces quarante dernières années, les hommes qu'on appelle socialistes. L'auteur de ce livre, si peu de chose qu'il soit, est un des plus anciens ». Lors de la réédition en 1875 de son discours sur les Ateliers nationaux de juin 1848, Hugo ajoute au texte originel de son intervention, les mots « socialiste moi-même » avant sa mise en garde aux « socialistes impatients ». Dans *Actes et paroles*, il se présente comme un « socialiste à tâtons sous la monarchie ». Ces imprécisions renvoient à la question : qu'est-ce que le socialisme de Hugo ?

Nous savons qu'il prit très tôt connaissance de certaines analyses des économistes et des théoriciens que Marx qualifiait dès 1847 d'utopistes. Hugo se moqua à l'époque du saint-simonisme affecté de Sainte-Beuve, mais il fut intéressé par les projets industriels d'Enfantin, le disciple du comte de Saint-Simon, qui avait repris la direction du *Globe* avant de le ruiner. Il échangea des opinions avec George Sand et son ami le socialiste Pierre Leroux, qui lui paraissait bien confus. Il n'hésita pas à inviter en 1846 le disciple de Fourier, Jean Journet, auquel il reconnaît « une foi vive qui le fait éloquent et une ferveur populaire qui le fait spirituel ». Hugo a été intéressé par tous les théoriciens critiques du capitalisme libéral et apôtres d'un socialisme idéal. Alors que, dans *Choses vues*, il collectionnait les propos désobligeants sur Louis Blanc, il découvre en son frère d'exil la fermeté du républicain et le réalisme du socialiste. Par contre, il n'a jamais apprécié Proudhon, l'auteur de la formule « la propriété, c'est le vol ! », paradoxalement adepte comme lui de la propriété pour tous. C'était un « esprit faux », dira-t-il en apprenant sa mort en 1865. Ayant renié le socialisme et rallié l'Empire, « il n'avait jamais fait que du tort à la République et du mal à la Révolution ». Hugo a rejoint le camp des socialistes comme celui de tous les persécutés par la haine des bien-pensants, des bourgeois et du césarisme. Mais il persiste dans sa conception du « socialisme vrai » que Marx, critiquant les socialistes allemands, avait jugée purement idéaliste car fondée sur la confusion de l'exploitation capitaliste et de l'aliénation de la nature humaine, et surtout sur la séparation de la lutte politique et de la lutte sociale. Si la critique de Marx aurait pu s'appliquer à Hugo avant 1848, celui-ci ne peut se voir reprocher d'opposer socialisme et république après 1851. Mais Hugo garde une conception largement morale du socialisme quand, en 1859, il estime encore que telle est « la vraie formule socialiste : rendre l'homme moral meilleur, l'homme intellectuel plus grand, l'homme matériel plus heureux. Bonté d'abord, grandeur ensuite, enfin bonheur ».

Hugo n'est pas un homme de doctrine ou de système, mais de principe et d'idéal. Libéral, il contredit le libéralisme bourgeois, non en le critiquant théoriquement, mais en le poussant à ses extrêmes limites, en dénonçant l'anarchie et la misère qu'il produit. Chrétien sans Église, il contredit le paternalisme en démystifiant la charité et en lui substituant la véritable fraternité, celle qui repose sur l'égalité entre les hommes. Socialiste sans doctrine, il refuse de faire de l'égalitarisme et du collectivisme les principes d'une société en forme de couvent ou de caserne. Le 24 août 1869, il écrit à Paul Meurice : « Je ne suis pas communiste, certes, mais je suis socialiste ; d'un socialisme qui va au-delà des questions du ventre, et qui est le bon. » Il a eu des mots très durs contre Blanqui qu'il accusait d'avoir des projets destructeurs de liberté autant que niveleurs de propriété. Mais Hugo ne connaît pas la pensée de Marx, dont les rares textes traduits en français ne seront publiés qu'après 1872 et qui, lui aussi, démarque le communisme de toute utopie niveleuse. Hugo refuse le communisme car il repousse toute propriété collective et n'envisage même pas celle des moyens de production, car il continue de voir dans la propriété privée la garantie de la liberté personnelle. Il n'a jamais eu de contacts avec la jeune génération des communistes anti-autoritaires qui se sont révélés à la fin de l'Empire, tel Eugène Varlin et ces « bons garçons aux souliers cloutés » qu'évoque Jules Vallès. Au plan théorique, sa pensée socialiste n'a guère évolué depuis 1848.

Pourtant, le 22 mars 1862, Victor Hugo écrit : « Je veux la république sociale, avec la liberté bien entendu. Ma profession de foi est implicitement la courte préface des *Misérables.* » Lamartine lui reprocha d'avoir écrit un « livre très dangereux pour la société », une « épopée de la canaille », faisant croire aux hommes qu'ils sont victimes de la société et donnant aux masses « la plus meurtrière et la plus terrible des passions : la passion de l'impossible ». Hugo lui répond que « *Les Misérables* ne sont pas autre chose qu'un livre ayant la fraternité pour base et le progrès pour cime » (lettre du 24 juin 1862). Plutôt que socialiste, Hugo se définit alors comme « radical ». Ce terme, emprunté de la langue anglaise, a un double sens en français à l'époque : se dit radical qui veut s'en tenir à la racine des valeurs et rester fidèle à ses principes ; mais on se dit radical également à l'époque parce que la censure impériale a condamné l'usage du mot « républicain ». Les deux acceptions conviennent parfaitement à Victor Hugo.

« Mon illustre ami,

Si le radical, c'est l'idéal, oui, je suis radical. Oui, à tous les points de vue, je comprends, je veux et j'appelle le mieux ; le mieux, quoique dénoncé par le proverbe, n'est pas ennemi du bien, car cela reviendrait à dire : le mieux est l'ami du mal. Oui, une société qui admet la misère, oui, une religion qui admet l'enfer, oui, une humanité qui admet la guerre, me semblent une société, une religion et une humanité inférieures, et c'est vers la société d'en haut, vers l'humanité d'en haut et vers la religion d'en haut que je tends : société sans roi, humanité sans frontières, religion sans livre. Oui, je combats le prêtre qui vend le mensonge et le juge qui rend l'injustice. Universaliser la propriété (ce qui est le contraire de l'abolir) en supprimant le parasitisme, c'est-à-dire arriver à ce but : tout homme propriétaire et aucun homme maître, voilà pour moi la véritable économie sociale et politique. Le but est éloigné. Est-ce une raison pour n'y pas marcher ? J'abrège et je me résume. Oui, autant qu'il est permis à l'homme de vouloir, je veux détruire la fatalité humaine ; je condamne l'esclavage, je chasse la misère, j'enseigne l'ignorance, je traite la maladie, j'éclaire la nuit, je hais la haine.

Voilà ce que je suis, et voilà pourquoi j'ai fait *Les Misérables.* »

Socialisme ou République sociale ?

« Je demande l'embrassement de la République et du Socialisme » (Lettre à Paul Meurice, 18 septembre 1869).

Qu'est-ce que la république sociale pour Victor Hugo ? Présidant la dernière séance du Congrès de la paix tenu à Lausanne, s'adressant à ses premiers concitoyens des États-Unis d'Europe, il commente « le premier cri » de la démocratie, poussé le 21 septembre 1792 lors de la proclamation de la République française, *Liberté, Égalité, Fraternité !* Il décline le triptyque républicain :

« La haute formule définitive que je rappelais tout à l'heure, en même temps qu'elle exprime toute la République, exprime aussi tout le Socialisme.

À côté de la liberté, qui implique la propriété, il y a l'égalité, qui implique le droit au travail, formule superbe de 1848 ! *(Applaudissements)* et il y a la fraternité, qui implique la solidarité.

Donc, République et Socialisme, c'est un. *(Bravos répétés.)*

Moi qui vous parle, citoyens, je ne suis pas ce qu'on appelait autrefois un républicain de la veille, mais je suis un socialiste de l'avant-veille. Mon socialisme date de 1828. J'ai donc le droit d'en parler.

Le socialisme est vaste et non étroit. Il s'adresse à tout le problème humain. Il embrasse la conception sociale tout entière. En même temps qu'il pose l'importante question du travail et du salaire, il proclame l'inviolabilité de la vie humaine, l'abolition du meurtre sous toutes ses formes, la résorption de la pénalité par l'éducation, merveilleux problème résolu. *(Très bien !)* Il proclame l'enseignement gratuit et obligatoire. Il proclame le droit de la femme, cette égale de l'homme. *(Bravos.)* Il proclame le droit de l'enfant, cette responsabilité de l'homme. *(Très bien ! – Applaudissements.)* Il proclame enfin la souveraineté de l'individu, qui est identique à la liberté.

Qu'est-ce que tout cela ? C'est le socialisme. Oui. C'est aussi la république ! *(Longs applaudissements.)* »

Hugo veut la synthèse de la république et du socialisme. Mais son socialisme ne repose pas sur une révolution économique, ni sur un bouleversement des bases de la société. Une nouvelle révolution sociale n'est pas envisagée puisqu'il suffit de prolonger et de parachever l'œuvre de la Révolution française. De la même manière que la république est le triomphe final du droit dans l'ordre politique, le socialisme est le devoir vital de fraternité dans l'ordre social. Le socialisme de Victor Hugo, c'est la Fraternité combinée avec la Liberté du droit et l'Égalité du travail. C'est un républicanisme social comme dans le programme de 1881 des radicaux-socialistes Camille Pellettan et Georges Clemenceau.

L'avenir doit consacrer le triomphe de la république sociale. Hugo s'accroche à l'idée d'une marche par étapes, progressive, pacifique, sans violences, vers le socialisme. Le 22 novembre 1870, dans une réponse au proudhonien Chaudey, partisan de la collaboration de classes avec la bourgeoisie, il dit son accord sur la priorité accordée à la défense nationale face à l'invasion allemande, mais il ajoute que ce n'est pas une raison pour décevoir les aspirations populaires. « Quant à la question sociale, c'est un problème insubmersible, et nous le retrouverons plus tard. Selon moi, il faut le résoudre dans le sens à la fois le plus sympathique et le plus pratique. La disparition de la misère, la production du bien-être, aucune spoliation, aucune violence, le crédit public [...] créant le crédit individuel, l'atelier communal et le magasin communal, assurant le droit au travail, la propriété, non collective, ce qui serait un retour au Moyen Âge, mais démocratisée et accessible à tous, [...] tel est le but. » Au contact du monde ouvrier parisien, Hugo a enfin reconnu le droit au travail et le principe d'association, mais son socialisme prend les couleurs du socialisme municipal. Hugo n'a pas découvert les thèses de l'Internationale des travailleurs. Il n'en aura pas le temps car ses espérances seront ruinées par l'écrasement de la Commune de Paris, dont l'œuvre sociale est restée embryonnaire.

Deux écrasements dans le sang d'une insurrection ouvrière et parisienne en 1848 et 1871 auraient pu inciter Hugo à douter de la nature sociale de cette République. Mais, pour lui, il faut d'abord fonder la république, développer l'instruction pour tous, compter sur le suffrage universel, et le socialisme pourra alors être mis à l'ordre du jour. Pourtant, devant l'écrasement du monde ouvrier, à Paris et dans toutes les villes de France, Hugo n'est pas resté impassible. À partir de 1871, il s'est encore une fois assimilé aux vaincus et aux déshérités. Il encourage les associations, les syndicats, multiplie les dons, les secours, les aides. En vrai socialiste, il entend unir la pratique et la propagande. Par exemple, en février 1877, il apporte son soutien matériel (1 000 francs) et moral (meeting public à Paris avec Louis Blanc) aux ouvriers lyonnais victimes de la crise de la soierie. Appelant à la solidarité les ouvriers parisiens, Hugo leur demande de rester la « conscience armée » du peuple et de la République :

« Disons-le, ce qu'il faut à la France, à l'Europe, au monde civilisé, ce qui est dès à présent réalisable, ce que nous voulons, le voici : les religions sans l'intolérance, c'est-à-dire la raison remplaçant le dogmatisme ; la pénalité sans la mort, c'est-à-dire la correction remplaçant la vindicte ; le travail sans l'exploitation, c'est-à-dire le bien-être remplaçant le malaise ; la circulation sans la frontière, c'est-à-dire la liberté remplaçant la ligature ; les nationalités sans l'antagonisme, c'est-à-dire l'arbitrage remplaçant la guerre *(Mouvement)* ; en un mot, tous les désarmements, excepté le désarmement de la conscience. *(Bravos répétés.)*

Ah ! cette exception-là, je la maintiens. Car tant que la politique contiendra la guerre, tant que la pénalité contiendra l'échafaud, tant que le dogme contiendra l'enfer, tant que la force sociale sera comminatoire, tant que le principe, qui est le droit, sera distinct du fait, qui est le code, tant que l'indissoluble sera dans la loi civile et l'irréparable dans la loi criminelle, tant que la liberté pourra être garrottée, tant que la vérité pourra être bâillonnée, tant que le juge pourra dégénérer en bourreau, tant que le chef pourra dégénérer en tyran, tant que nous aurons pour précipices des abîmes creusés par nous-mêmes, tant qu'il y aura des opprimés, des exploités, des accablés, des justes qui saignent, des faibles qui pleurent, il faut, citoyens, que la conscience reste armée *(Applaudissements prolongés).* »

La défense républicaine reste à ses yeux prioritaire tant que les républicains ne sont pas maîtres de tous les organes de pouvoir de la République. C'était encore le cas avant la crise de mai 1877, ce conflit entre le président Mac-Mahon, monarchiste, et la Chambre des députés de plus en plus républicaine. Mais, dès le printemps 1879, les républicains ont conquis le Sénat et la présidence. *La Marseillaise* redevient l'hymne de la France et le 14 juillet sa fête nationale. Hugo exulte, sa patience a été récompensée, sa tactique prudente a été la bonne. S'il reste à faire des Français des républicains sincères grâce à l'école et à la démocratie, le moment est aussi venu de mettre le socialisme à l'ordre du jour. Participant à l'un de ses derniers meetings publics, le 3 août 1879, réuni pour préparer le Congrès ouvrier de Marseille, Victor Hugo fixe bien le nouvel enjeu :

« La question unique à cette heure, c'est le travail. La question politique est résolue ; la République est faite, et rien ne la défera. *(Non ! non ! Vive la République !)* La question sociale reste ; elle est terrible, mais elle est simple ; c'est la question de ceux qui ont et de ceux qui n'ont pas. Il faut que le second de ces deux termes s'évanouisse. À cela le travail suffit. Réfléchissez. [...] Vous avez un peuple et vous avez un monde. Le peuple est déshérité, et le monde est désert : donnez-les l'un à l'autre ! Vous les faites heureux. Étonnez l'univers par des grandes choses qui ne sont pas des guerres. Ce monde, faut-il le conquérir ? Non. Il est à vous. Il appartient à la civilisation ; il attend. Personne ne peut vous le contester. Allez, faites, marchez, colonisez ! À quiconque veut un champ, dites : Prends. La terre est à toi, cultive-la. *(Bravos.)* »

Nous aurions aimé que Victor Hugo propose une autre solution à la question sociale que la colonisation de l'Afrique et de l'Indochine qu'il appelle de ses vœux à un moment où le « parti colonial » marque fortement les consciences. C'est bien là l'impasse de son « socialisme » qui ne dépasse pas le républicanisme social des radicaux. Il fut certainement déçu d'apprendre que le premier Congrès ouvrier socialiste s'était rallié au marxiste Jules Guesde, avait voté son adhésion au collectivisme et refusé le colonialisme. Pour Hugo, la République était la condition préalable du socialisme, et son « socialisme pratique » révèle bien les limites d'une République sociale mythique.

Chapitre treize

L'émancipation pour tous

La Fraternité en actes

« Tant qu'il y aura des opprimés, des exploités, des accablés, des justes qui saignent, des faibles qui pleurent, il faut, citoyens, que la conscience reste armée » (Meeting pour les ouvriers lyonnais, 26 mars 1877).

Hugo n'a cessé d'« effeuiller » l'humanité, car il a pris le parti des faibles, des opprimés, des déshérités, des exploités, des esclaves comme des prolétaires, des enfants comme des vieillards, des femmes comme des hommes, des naufragés du *Normandy* comme des sinistrés d'Ischia, des individus comme des peuples, bref de tous ceux qui souffrent. À Daelli, l'éditeur italien des *Misérables*, Victor Hugo écrivait le 18 octobre 1862 : « Partout où l'homme ignore et désespère, partout où la femme se vend pour du pain, partout où l'enfant souffre faute d'un livre qui l'enseigne et d'un foyer qui le réchauffe, le livre *Les Misérables* frappe à la porte et dit : Ouvrez-moi, je viens pour vous… » Mais dans ses combats, Hugo n'agit pas par simple philanthropie ou par généreux humanitarisme ; il ne conçoit l'émancipation de tous les êtres vivants, y compris les animaux, que comme une lutte politique pour le progrès de l'humanité. Il ne se contente pas d'écrire, il agit. Il pratique la « fraternité pratique » par des secours matériels, en prêchant par l'exemple, en s'impliquant personnellement, en tentant d'adapter sa vie à son idéal. Il recourt aussi inlassablement à ce qu'il appelle la « propagande », par la presse, par les meetings, pour saisir et mobiliser l'opinion française et internationale. Il est un des pionniers de l'action humanitaire conçue comme une forme supérieure de lutte politique.

Hugo dérange les puissants, stigmatise les riches et choque nombre de bien-pensants ; être simplement humain, c'est nier l'individualisme libéral et l'égoïsme social.

« Je suis haï. Pourquoi ? Parce que je défends
Les faibles, les vieux, les petits, les enfants. »

(13 décembre 1875)

Mais Hugo est toujours plus sollicité, supplié, appelé, aimé. Un exemple. La Société pour l'amélioration du sort des femmes s'adresse à lui par lettre, le 31 mars 1875 :

« Illustre maître,

« Vous avez, à toutes les époques de votre vie, dans toutes les occasions, sous toutes les formes, pris le parti des faibles. Il n'est pas une liberté que vous n'ayez revendiquée, pas une cause juste que vous n'ayez défendue, pas une oppression contre laquelle vous ne vous soyez éloquemment élevé. Votre œuvre n'est qu'une longue et infatigable protestation contre l'abus de la force. Il y a dans votre cœur une commisération profonde pour tous les misérables. S'agit-il d'un peuple ? S'agit-il d'une classe ? S'agit-il d'un individu ? Peu vous importe. Toute souffrance vous atteint et vous touche. Le droit est violé quelque part, en quelqu'un ; cela vous suffit.

Pourquoi ? Parce que vous êtes l'homme du devoir. »

Contre l'esclavage : un combat international

« Un seul esclave sur la terre suffit pour déshonorer la liberté de tous les hommes » (Victor Hugo, journal La Gironde, *17 janvier 1862).*

Victor Hugo n'est pas vraiment connu comme champion de la lutte anti-esclavagiste. Pourtant, il fut un des plus proches amis de Victor Schœlcher, le père du décret de 1848 abolissant l'esclavage dans les colonies françaises, qui résista activement au coup d'État du 2 décembre, s'exila à Londres et fut un ardent républicain. C'est à ses côtés, le 18 mai 1879, qu'il préside un banquet commémoratif de cette abolition ; salué par un ancien esclave aveugle, il s'exclame : « Fixons nos yeux vers l'avenir ; demandons-nous ce que sera le vingtième siècle. » Pressentait-il les drames d'une émancipation incomplète ?

Hugo s'est très tôt intéressé à l'esclavage. C'est à quinze ans qu'il rédige la première version de *Bug-Jargal,* dont il donne la version définitive en 1826. Le roman a été enrichi par la lecture de l'*Histoire de la Révolution de Saint-Domingue,* parue en 1820 et retraçant l'insurrection des esclaves qui aboutit à l'indépendance de l'ancienne colonie française de Haïti. Il y campe le personnage de l'esclave Habibrah et en fait un héros de la liberté et de l'antiracisme. Dès la Seconde République, Hugo se range publiquement dans le camp des abolitionnistes ; il s'appuie même sur la suppression des derniers vestiges du servage en 1789 et sur l'abolition de l'esclavage en 1848, pour démontrer que la disparition du prolétariat est possible. Mais une loi ne suffit pas pour cela.

La lutte contre l'esclavage reste cependant un combat international. C'est tout le sens de sa campagne pour la mémoire de John Brown, pendu le 2 décembre 1859. Son appel « Aux États-Unis d'Amérique » est publié à Paris par le journal *La Presse* du 8. Il lui faut d'abord relater des faits passés sous silence en France :

> « Il y a des esclaves dans les États du Sud, ce qui indigne, comme le plus monstrueux des contre-sens, la conscience logique et pure des États du Nord. Ces esclaves, ces nègres, un homme blanc, un homme libre, John Brown, a voulu les délivrer. John Brown a voulu commencer l'œuvre de salut par la délivrance des esclaves de la Virginie. Puritain, religieux, austère, plein de l'Évangile, *Christus nos liberavit,* il a jeté à ces hommes, à ces frères, le cri d'affranchissement. Les esclaves, énervés par la servitude, n'ont pas répondu à l'appel. L'esclavage produit la surdité de l'âme. John Brown, abandonné, a combattu ; avec une poignée d'hommes héroïques, il a lutté ; il a été criblé de balles, ses deux jeunes fils, saints martyrs, sont tombés morts à ses côtés, il a été pris. C'est ce qu'on nomme l'affaire de Harper's Ferry. »

Hugo insiste sur les motivations évangéliques et mystiques de ce militant blanc de l'affranchissement des esclaves noirs qui voulait créer une véritable démocratie où Blancs et Noirs auraient vécu ensemble à égalité de droits. Hugo sait que les esclaves des États du Sud n'ont pas pu recevoir ce message de liberté, mais il semble ignorer que John Brown est intervenu violemment dans le débat d'opinion qui oppose esclavagistes et abolitionnistes en assassinant des propriétaires d'esclaves dans le Kansas, au Missouri et en Virginie. Qu'importe ! Poursuivant sa croisade armée, John Brown s'est enfermé dans un arsenal maritime d'où il est délogé par l'armée fédérale. Criblé de balles, capturé, il est condamné à mort par les juges de Charlestown et pendu aussitôt. Hugo croit cependant qu'un sursis lui a été accordé et qu'une campagne internationale pour le sauver est encore possible. Il est conscient qu'il s'ingère ainsi dans l'affrontement qui divise de plus en plus les Sudistes, attachés au vieux système des plantations esclavagistes, et les Nordistes, abolitionnistes friands d'une main-d'œuvre abondante et bon marché. Il sait que l'unité de la Fédération américaine risque d'être compromise. Mais l'absence d'intervention de l'État fédéral pour empêcher l'exécution relève de la complicité. Les protestations morales et platoniques ne suffisent pas. Hugo n'hésite pas à dénoncer la faute politique et le danger d'éclatement de l'Union car « un tel crime ne se porte pas à deux ».

« Le bourreau de Brown, déclarons-le hautement, [...] le bourreau de Brown, ce ne serait ni l'attorney Hunter, ni le juge Parker, ni le gouverneur Wyse, ni le petit État de Virginie ; ce serait, on frissonne de le penser et de le dire, la grande République Américaine tout entière. [...]

Quelle que soit l'indignation des généreux États du Nord, les États du Sud les associent à l'opprobre d'un tel meurtre ; nous tous, qui que nous soyons, qui avons pour patrie commune le symbole démocratique, nous nous sentons atteints et en quelque sorte compromis ; si l'échafaud se dressait le 16 décembre, désormais, devant l'histoire incorruptible, l'auguste fédération du nouveau monde ajouterait à toutes ses solidarités saintes une solidarité sanglante ; et le faisceau radieux de cette république splendide aurait pour lien le nœud coulant du gibet de John Brown.

Ce lien-là tue.

– Au point de vue politique, le meurtre de Brown serait une faute irréparable. Il ferait à l'Union une fissure latente qui finirait par la disloquer. Il serait possible que le supplice de Brown consolidât l'esclavage en Virginie, mais il est certain qu'il ébranlerait toute la démocratie américaine. Vous sauvez votre honte, mais vous tuez votre gloire.

Au point de vue moral, il semble qu'une partie de la lumière humaine s'éclipserait, que la notion même du juste et de l'injuste s'obscurcirait, le jour où l'on verrait se consommer l'assassinat de la Délivrance par la Liberté. [...]

Oui, que l'Amérique le sache et y songe, il y a quelque chose de plus effrayant que Caïn tuant Abel, c'est Washington tuant Spartacus. »

Ayant appris la mort de John Brown, Hugo amplifie sa protestation, survenue trop tard, par la diffusion d'une gravure tirée à partir d'un de ses dessins représentant le gibet et le corps supplicié de John Brown. Elle est légendée ainsi :

> « PRO CHRISTO SICUT CHRISTUS
> (Pour le Christ et comme le Christ).
> Un héros et un martyr. Sa mort a été un crime.
> Son gibet est une croix.
> (2 décembre 1859) »

Même au prix de la fracture de l'Union américaine, Hugo entend généraliser la campagne internationale contre l'esclavage. « Avant tout le droit et le principe », écrit-il à Vacquerie le 18 décembre.

Abolition immédiate de l'esclavage

« Avoir des esclaves, c'est mériter d'être esclave » (Seconde Lettre à l'Espagne, 22 novembre 1868).

La révolution espagnole de 1868 lui donne une nouvelle occasion d'agir et de préciser les raisons de son anti-esclavagisme. Après la fuite de la reine Isabelle II, les libéraux et les républicains espagnols ont apprécié le soutien politique qu'il leur a manifesté dans la célèbre lettre à l'Espagne. Le professeur Emilio Castelar lui demande une nouvelle intervention spectaculaire à propos de l'esclavage dans les colonies espagnoles. Hugo répond aussitôt, conscient de la force irrévocable des actes fondateurs.

> « L'Espagne, qui d'une seule secousse vient de rejeter tous les vieux opprobres : fanatisme, absolutisme, échafaud, droit divin, gardera-t-elle de tout ce passé ce qu'il y a de plus odieux : l'esclavage ? Je dis : Non !
>
> Abolition, et abolition immédiate. Tel est le devoir.
>
> Est-ce qu'il y a lieu d'hésiter ? Est-ce que c'est possible ? Quoi ! ce que l'Angleterre a fait en 1836, ce que la France a fait en 1848, en 1868 l'Espagne ne le ferait pas ! quoi ! être une nation affranchie, et avoir sous ses pieds une race asservie et garrottée ! quoi ! ce contre-sens ! être chez soi la lumière, et hors de chez soi la nuit ! être chez soi la justice, et hors de chez soi l'iniquité ! citoyen ici, négrier là ! faire une révolution qui aurait un côté de gloire et un côté d'ignominie ! quoi ! après la royauté chassée, l'esclavage resterait ? il y aurait près de vous un homme qui serait à vous, un homme qui serait votre chose ! vous auriez sur la tête un bonnet de liberté pour vous et à la main une chaîne pour lui !

qu'est-ce que le fouet du planteur ? c'est le sceptre du roi, naïf et dédoré. L'un brisé, l'autre tombe.

Une monarchie à esclaves est logique. Une république à esclaves est cynique. Ce qui rehausse la monarchie déshonore la république. »

L'Espagne, qui vient de rejeter l'absolutisme, de renoncer à la peine de mort, qui envisage la laïcité de l'État, refuserait-elle d'abolir l'esclavage ? Refuserait-elle d'accorder l'indépendance à sa colonie de Cuba où l'agitation est déjà sensible ? La révolution, la République et surtout la liberté de l'Espagne future risqueraient d'être compromises par ce manque de courage moral et politique. La liberté est entière, une, indivisible et universelle. « Aucun compromis. Aucune concession. Aucune diminution. Avoir des esclaves, c'est mériter d'être esclave. L'esclave au-dessous de vous justifie le tyran au-dessus de vous. » Mais Hugo ne se contente pas d'associer dans la même condamnation le despotisme et l'esclavage. Subtilement, avec l'art des paradoxes et des antithèses qui sont l'expression de sa pensée dialectique, il ose affirmer que le maître d'esclave devient l'esclave de son esclave.

« Un dernier mot : dans la profondeur du mal, despotisme et esclavage se rencontrent et produisent le même effet. Pas d'identité plus saisissante. Le joug de l'esclavage est plus encore peut-être sur le maître que sur l'esclave. Lequel des deux possède l'autre ? question. C'est une erreur de croire qu'on est le propriétaire de l'homme qu'on achète ou qu'on vend ; on est son prisonnier. Il vous tient. Sa rudesse, sa grossièreté, son ignorance, sa sauvagerie, vous devez les partager ; sinon, vous vous feriez horreur à vous-même. Ce noir, vous le croyez à vous ; c'est vous qui êtes à lui. Vous lui avez pris son corps, il vous prend votre intelligence et votre honneur. Il s'établit entre vous et lui un mystérieux niveau. L'esclave vous châtie d'être son maître. Tristes et justes représailles, d'autant plus terribles que l'esclave, votre sombre dominateur, n'en a pas conscience. Ses vices sont vos crimes ; ses malheurs deviendront vos catastrophes. Un esclave dans une maison, c'est une âme farouche qui est chez vous, et qui est en vous. Elle vous pénètre et vous obscurcit, lugubre empoisonnement. Ah ! l'on ne commet pas impunément ce grand crime, l'esclavage ! La fraternité méconnue devient fatalité. Si vous êtes un peuple éclatant et illustre, l'esclavage, accepté comme institution, vous fait abominable. La couronne au front du despote, le carcan au cou de l'esclave, c'est le même cercle, et votre âme de peuple y est enfermée. Toutes vos splendeurs ont cette tache, le nègre. L'esclave vous impose ses ténèbres. Vous ne lui communiquez pas la civilisation, et il vous communique la barbarie. »

Hugo, par une intuition qui anticipe sur les analyses de Frantz Fanon et Albert Memmi, décrypte les blocages mentaux du colonisateur. Psychologiquement, moralement et matériellement, le maître s'enferme dans la dépendance d'un système social bloqué et contre-productif. Il s'aliène en aliénant. Violent, il sème la violence. Il se déshumanise et sécrète la barbarie. C'est le fort, le dominant, qui est nécessairement le responsable de la sauvagerie du faible, du dominé. Voilà pourquoi l'esclavagisme n'est pas condamnable seulement comme un système économique et social d'Ancien Régime, mais aussi comme une faute et un crime contre l'humanité.

Le 26 mars 1884, Hugo voit ses efforts en partie récompensés ; l'esclavage est aboli dans une province du Brésil, préfaçant l'abolition dans tout le pays en 1888 : « Avant la fin du siècle, l'esclavage aura disparu de la terre. La liberté est la loi humaine. Nous constatons d'un mot la situation du progrès. La barbarie recule. La civilisation avance. »

Contre le racisme et l'antisémitisme

« Les vieilles religions n'ont plus que leurs contes, jadis tromperies de l'homme enfant, aujourd'hui dédain de l'homme fait » (Les juifs – la Russie, *1er juin 1882*).

L'anti-esclavagisme de Victor Hugo est aussi un antiracisme. Répondant le 31 mars 1860 à une lettre du rédacteur en chef du journal *Le Progrès* de Port-au-Prince en Haïti, qui le félicitait de sa campagne contre l'esclavage aux États-Unis, Hugo lui répond :

> « Vous êtes, Monsieur, un noble échantillon de cette humanité noire si longtemps opprimée et méconnue.
>
> D'un bout à l'autre de la terre, la même flamme est dans l'homme… Y a-t-il plusieurs Adam ? Les naturalistes peuvent discuter de la question ; mais ce qui est certain, c'est qu'il n'y a qu'un Dieu.
>
> Puisqu'il n'y a qu'un père, nous sommes frères.
>
> C'est pour cette vérité que John Brown est mort. […]
>
> Il n'y a sur terre ni blancs ni noirs, il y a des esprits ; vous en êtes un. Devant Dieu, toutes les âmes sont blanches. (*sic* !) »

Hugo aurait pu être mieux inspiré ! Néanmoins, la fraternité est, pour lui, un principe absolu découlant de celui de l'égalité des hommes. C'est dire la portée de l'idée que l'homme se définit essentiellement par l'esprit. On sait que Hugo n'entend pas pour autant passer sous silence les conditions concrètes d'avènement de cet esprit en l'homme. Commune à la philosophie grecque et aux chrétiens convertis de culture grecque comme Augustin, cette façon de définir l'humanité ne comporte fondamentalement aucun principe de différenciation ou de hiérarchisation naturelle des hommes. Elle réduit les différences physiologiques à des caractères annexes. La fraternité trouve son point d'ancrage dans une anthropologie humaniste qui exclut tout différentialisme biologique. L'idéologie du « social-darwinisme », qui divise alors les naturalistes à propos de la sélection des espèces et de l'inégalité des races, n'atteint pas Victor Hugo, qui pense si fortement la spécificité de l'ordre humain qu'il ne peut admettre une telle analogie avec l'ordre animal, sauf parfois à des fins polémiques. Il rejette toutes les pseudo-théories à prétentions biologiques et culturelles que répandent alors Gobineau et Lapouge.

Soulignons que l'antiracisme impliqué dans la lutte contre l'esclavage et toute forme de persécution conduit Hugo à condamner vivement l'antisémitisme et l'antijudaïsme chrétien, en particulier lors des pogromes contre les juifs organisés à répétition en Russie par la police et le clergé orthodoxe, après l'assassinat du tsar Alexandre III en 1881. Le 19 juin 1882, *Le Rappel* publie ce cri de Hugo contre les crimes de masse perpétrés en Ukraine et les résurgences de l'antisémitisme en France. Texte prémonitoire…

« Ce qui se dresse en ce moment, ce n'est plus un crime, c'est de la monstruosité. Un peuple devient monstre. Phénomène horrible. […] Les erreurs s'entredévorent, le christianisme martyrise le judaïsme ; trente villes (vingt-sept selon d'autres) sont en ce moment en proie au pillage et à l'extermination ; ce qui se passe en Russie fait horreur ; là un crime immense se commet, ou pour mieux dire une action se fait, car ces populations exterminantes n'ont même plus la conscience du crime ; elles ne sont plus à cette hauteur ; leurs cultes les ont abaissées dans la bestialité ; elles ont l'épouvantable innocence des tigres ; […] la castration de l'homme, le viol de la femme, la mise en cendres de l'enfant, c'est l'avenir supprimé ; le passé ne veut pas cesser d'être ; il tient l'humanité ; le fil de la vie est entre les doigts du sceptre.

D'un côté le peuple, de l'autre la foule.

D'un côté la lumière, de l'autre les ténèbres.

Choisis. »

Le « gouffre » de la femme

« Cette mineure selon la loi, cette esclave selon la réalité » (Lettre à Léon Richer, rédacteur en chef de L'Avenir des femmes, *8 juin 1872).*

Traiter en quelques pages du soutien de Hugo à la libération des femmes tient de la gageure, tant les rapports qu'il entretint avec le sexe féminin sont complexes et tant ses conceptions de la femme sont contradictoires, faites de vénération, d'adoration, d'idolâtrie, mais aussi de domination, d'instrumentalisation et d'interrogations sur le « gouffre », ce mystère qu'est l'autre de l'homme. Inutile de revenir sur la relation passionnelle qu'il entretint avec sa mère : « J'ai appris d'une mère forte qu'on peut maîtriser les événements. [...] L'espérance est une vertu. » N'épiloguons pas longtemps sur ses chastes rapports avec Adèle, sa fiancée, sa « petite femme », qui se refusa après avoir donné cinq enfants à son « vendangeur ivre ». Hugo l'avait épousée, et, afin qu'elle lui assure une vie de famille heureuse et épanouie, avait refusé qu'elle travaille. L'idéal de Victor Hugo n'était-il pas alors contenu dans ce vers de « Dédain », composé le 26 avril 1830 ?

> « Famille, enfance, amour, Dieu, liberté, patrie... »

Hugo ne fit pas grand-chose pour la cultiver et l'associer à son œuvre. Retenons seulement qu'il lui aurait laissé le choix quand il découvrit la tendre relation entre elle et Sainte-Beuve. Convenance bourgeoise oblige, Adèle n'en fit rien, géra le ménage et suivit, en épouse soumise et mère dévouée, son Victor de mari en exil. Elle semble avoir découvert alors le droit à la révolte et à la liberté. Dans une lettre de la fin 1857, elle lui dit : « Je t'aime, mon cher ami, et je t'appartiens. » Puis, lui reprochant de ne jamais l'avoir consultée, ni sur leur existence, ni sur les conditions de l'exil, elle proteste : « Je n'ai rien dit, je t'ai suivi. [...] Je te suis soumise, mais je ne puis être absolument esclave. Il y a telle circonstance où l'on a besoin de la liberté de sa personne. » Hugo aurait-il été un simple mari bourgeois ? Un *pater familias* ?

La véritable « femme » de Victor Hugo, celle qui est restée sa compagne pendant cinquante ans, a été l'actrice Juliette Drouet, qui fut sa maîtresse, sa muse, sa compagne de voyage, sa collaboratrice, sa copiste, sa conseillère, sa consolatrice, son ange gardien, au travers de relations intenses, mais ô combien agitées. En 1839, il conclut avec elle un pacte moral, un « mariage » d'honneur : elle abandonne le théâtre, se consacre à lui totalement, se ferme au monde ; en retour, il jure de ne jamais les abandonner, elle et sa fille. Cette passion partagée ne sera rompue que par la mort. Juliette, cette jeune femme qui avait été libre, qui avait souffert, qui a peut-être sauvé Hugo de la mort en décembre 1851, le suivit dans tous ses exils. Elle sut lui tenir tête dès le début de leur liaison et lui imposer le respect moral, sinon le calme psychique. Il lui assura la sécurité matérielle et lui remit une partie de sa fortune, sans l'épouser pour autant après la mort d'Adèle en 1868. Ils formèrent un couple en union libre, volontaire sinon équilibrée. « La vie portée à deux, c'est la vie heureuse. [...] Il était sa gloire, elle était sa joie. [...] Plus le travailleur est grand, plus la compagne doit être douce. » Hugo prononça ces paroles sur la tombe de la femme de Louis Blanc et Juliette Drouet y vit, avec humour, l'éloge que son Toto d'amant tyrannique pourrait lui dresser à sa mort.

Juliette est certainement la seule femme qui ait osé parler à Victor durement, fermement, mais elle lui a tout pardonné. Tout au long de sa vie, il fut hanté par les femmes, par l'appel des corps, par la passion du sexe, par le mystère de la Femme. Ses appétits sexuels insatiables le conduisirent à multiplier les aventures, à monter et descendre les barreaux de l'échelle des amours. Henri Guillemin a trop bien décrypté la sexualité et les fantasmes de Hugo pour que nous nous y attardions. Là n'est pas notre propos. Mais Hugo a tout connu : l'arrestation en flagrant délit d'adultère avec Mme Biard, qui fut condamnée à plusieurs mois de prison ; la rivalité avec son fils au sujet de l'actrice Alice Ozy ; le conflit entre deux maîtresses ; la séduction des femmes de ses amis ou de belles visiteuses ; une relation platonique avec la musicienne infirme Louise Bertin, une folle passion, à plus de soixante-dix ans, avec Blanche Lanvin, qui en a vingt-trois. Il faudrait ajouter, additionner, multiplier les amours vénales avec les prostituées de Paris, les rapports domestiques avec les jeunes servantes, les abus sordides de femmes en détresse auxquelles il accorde des « secours » pour services rendus. Juliette lui fait la leçon et passe l'éponge. Il lui reste fidèle par-delà toutes ses tentations. « Tu aimes le marivaudage, quel qu'il soit, même de raccroc. De là les tiraillements de ta vie et de mon cœur. Tu as beau jeter ton bonheur et le mien dans ce tonneau des Danaïdes, tu ne parviendras jamais à le remplir assez pour y trouver une goutte de ce plaisir dont tu voudrais t'abreuver avidement. Tu souffres de la plaie vive de la femme, qui va s'agrandissant toujours, parce que tu n'as pas le courage de la cautériser une fois pour toutes » (lettre de Juliette à Victor, 28 juillet 1874).

Hugo a tenté plusieurs fois de justifier la frénésie de sa vie sentimentale et sexuelle en invoquant la liberté d'aimer et en dénonçant la tutelle irrémédiable du mariage bourgeois défini par un Code civil rétrograde faisant de la femme une éternelle mineure, et de l'union de deux êtres un simple contrat d'association d'intérêts et de propriétés. La loi rendait quasiment impossible le divorce et favorisait l'adultère qui était, tout comme le mariage irrévocable, une sorte de pénalité irréparable. Hugo récuse deux normes traditionnelles du christianisme : le mariage irrévocable et le délit d'adultère. C'est que l'un et l'autre brident la liberté en même temps qu'ils culpabilisent de façon illégitime le désir et le plaisir. Sa vie amoureuse tourmentée ne fut pas exempte de fidélités, mais celles-ci ne prenaient pas la même forme que celle qu'une tradition au demeurant souvent hypocrite avait fixée. La conception hugolienne de la laïcité du droit le conduit à souhaiter délivrer celui-ci de l'emprise normative des représentations chrétiennes de l'orthodoxie morale et des bonnes mœurs. Là comme ailleurs, il va loin et rompt avec les préjugés des bien-pensants. Hugo conteste la pénalisation de l'adultère, qui est la trace dans la loi d'une vision chrétienne, donc particulière, de l'éthique de vie. Il proteste contre le fait que la liberté de la vie amoureuse oblige à se cacher. Il ne s'agit pas de faire campagne pour l'adultère, mais de le redéfinir comme une notion sociale, et non un délit, c'est-à-dire une notion juridique.

> « La liberté d'aimer n'est pas moins grande que la liberté de penser, note-t-il en 1856. Ce qu'on appelle aujourd'hui l'adultère est identique à ce qu'on appelait autrefois l'hérésie. Les procès faits autrefois par nos pères à l'esprit humain nous étonnent aujourd'hui. Les procès faits par nous au cœur humain n'étonneront pas moins l'avenir. Nous disons avec surprise : il y eut des créatures humaines condamnées pour avoir pensé. La postérité dira avec la même stupeur : il y eut des créatures humaines condamnées pour avoir aimé. »

Hugo, Michelet et Rodin sont des hommes passionnés qui dénoncent, en paroles et en actes, l'hypocrisie de la morale de leur temps, qui plaident pour la liberté d'aimer, mais qui ont quelque difficulté à penser l'égalité dans le couple, même dans l'union libre. Néanmoins, ils vouent à la femme une adoration qui paraît quelque peu affectée et machiste, mais qui contraste avec l'indifférence ou le mépris que la plupart des hommes de l'époque portaient au « sexe faible ». En 1874, Hugo compose un long poème, « La femme », publié dans *Toute la lyre.* Pour lui aussi, la femme c'est l'éternelle idole.

« C'était le divin sphinx féminin, la Beauté
Toute nue, infernale et céleste, insondable
Ô Gouffre ! et que peut-on voir de plus formidable,
Sous les cieux les plus noirs et les plus inconnus,
Que l'océan ayant pour écume Vénus ! »

Le droit des femmes

« Nous, nous trouvons la femme bonne pour la dignité et pour la liberté » (Discours du 24 février 1855).

Hugo, homme de devoir ? Ou homme de passion ? Pour les avoir bien connues, Hugo a contracté une dette d'honneur à l'égard des femmes dont il s'acquitte sur le plan politique à partir de 1850. Voici comment lui-même présente son action passée, dans une lettre à Léon Richer, le rédacteur en chef de *L'Avenir des femmes* : « Dès 1849, dans l'Assemblée nationale, j'ai fait éclater de rire la majorité réactionnaire en déclarant que le droit de l'homme avait pour corollaire le droit de la femme et de l'enfant. En 1853, à Jersey, dans l'exil, j'ai fait cette même déclaration sur la tombe d'une proscrite, Louise Julien ; mais, cette fois, on n'a pas ri, on a pleuré. Cet effort pour qu'enfin justice soit rendue à la femme, je l'ai renouvelé dans *Les Misérables,* je l'ai renouvelé dans le Congrès de Lausanne, et je viens encore de le renouveler dans *Le Rappel,* que vous voulez bien me citer. J'ajoute que tout mon théâtre tient à la dignification de la femme. » Ne chipotons pas Hugo sur sa première intervention, qui remonte au débat sur la liberté de l'enseignement et qui ne concerne que le seul droit de l'enfant. D'un intérêt capital est, par contre, son oraison funèbre sur la tombe de Louise Julien. Cette ouvrière, estropiée, boiteuse, était devenue une chanteuse populaire des faubourgs. Elle avait soigné les blessés en juin 1848. Arrêtée en décembre 1851, maintenue vingt et un jours dans une *cellule-*

tombeau, expulsée, misérable, elle est venue mourir de phtisie à Jersey.

« Cette femme du peuple était un poète. [...] Elle chantait la République. [...] Elle chantait la liberté. [...] Elle appelait ardemment l'avenir fraternel de toutes les nations et de tous les hommes. [...] M. Bonaparte l'a tuée. [...] Ce n'est pas une femme que je vénère dans Louise Julien, c'est la femme ; la femme de nos jours, la femme digne de devenir citoyenne ; la femme telle que nous la voyons autour de nous, dans tout son dévouement, dans toute sa douceur, dans tout son sacrifice, dans toute sa majesté ! Amis, dans les temps futurs, dans cette belle, et paisible, et tendre, et fraternelle République sociale de l'avenir, le rôle de la femme sera grand ; mais quel magnifique prélude à ce rôle que de tels martyres si vaillamment endurés ! Hommes et citoyens, nous avons dit plus d'une fois dans notre orgueil : – Le dix-huitième siècle a proclamé le droit de l'homme ; le dix-neuvième proclamera le droit de la femme ; – mais il faut l'avouer, citoyens, nous ne nous sommes point hâtés ; beaucoup de considérations, qui étaient graves, j'en conviens, et qui voulaient être mûrement examinées, nous ont arrêtés, et à l'instant où je parle, au point même où le progrès est parvenu, parmi les meilleurs républicains, parmi les démocrates les plus vrais et les plus purs, bien des esprits excellents hésitent encore à admettre dans l'homme et dans la femme l'égalité de l'âme humaine et, par conséquent, l'assimilation, sinon l'identité complète, des droits civiques. »

Hugo espère qu'avant la fin du siècle la République sociale proclame le droit de la femme à l'égalité politique. Ce n'est pas un simple vœu pieux, car des femmes de plus en plus nombreuses ont rejoint les luttes des hommes dont elles partagent la misère, et même l'exil. Pour la première fois, Hugo aborde un sujet tabou, en évoquant les obstacles que les républicains eux-mêmes mettent à l'octroi du droit de vote aux femmes. Ils ne réclament certes pas un droit de vote familial dont le père disposerait en proportion du nombre de ses enfants, ainsi que certains catholiques le font, mais l'homme n'est-il pas pour eux aussi le chef de famille devant la loi ? Ils redoutent – et cette crainte sera tenace – que les femmes demeurent sous l'influence des prêtres et des partis réactionnaires. Hugo regrette que les femmes, qui auraient pu être l'âme de la cité, soient toujours réduites à n'être que l'âme de la famille. En février 1855, il précise encore ses arguments et ses objectifs. Il faut que les femmes votent comme les hommes. En effet, la société reconnaît aux femmes la responsabilité civile et commerciale, et même l'égalité pénale devant la prison, le bagne et l'échafaud. « Nous proclamons la femme notre égale avec le respect en plus. Ô femme, mère, compagne, sœur, éternelle mineure, éternelle esclave, éternelle sacrifiée, éternelle martyre, nous vous relèverons. »

L'enfer de la prostitution

« Si l'on veut connaître la profondeur du malheur humain, c'est dans la misère de la femme qu'il faut jeter la sonde » (Fragment abandonné de la troisième partie des Misérables*).*

C'est en romancier, et non en républicain proscrit, que Hugo nous dit la souffrance des femmes. Dans *Les Misérables,* il compose plusieurs portraits de femmes souffrantes. On pourrait pleurer sur Fantine, condamnée à la prostitution et à la mort, cette malheureuse privée de sa fille Cosette. On pourrait s'attendrir sur l'amour merveilleux de Cosette, cette revanche sur sa terrible enfance. On pourrait s'émouvoir du destin de Marius, qui rachète son origine bourgeoise par sa passion plébéienne et se jette sur la barricade par désespoir amoureux, sauvé par l'intervention quasi miraculeuse de Jean Valjean, qui le charge sur son dos comme le peuple porte la bourgeoisie. On pourrait méditer sur le destin fatal d'Éponine, la fille des Thénardier, cette enfant-femme déjà damnée, dont l'amour pour Marius est impossible en raison de la barrière sociale et de la distance morale. Il n'est pas possible de démontrer ici comment la composition et l'écriture du roman démystifient le mélodrame en le plongeant dans la misère vraie et dans l'histoire. Mais le génie de Hugo est aussi de refuser le roman à thèse, fut-elle généreuse et sociale. C'est peut-être la raison pour laquelle Hugo a abandonné un fragment de la troisième partie des *Misérables* consacré à l'étude de la prostitution.

« La traite des noirs nous émeut à bon droit, nous examinons cette plaie, et nous faisons bien. Mais sachons mettre à nu aussi un autre ulcère, plus douloureux encore peut-être : la traite des blanches. [...]

La prostitution est une Isis dont nul n'a levé le dernier voile. Il y a un sphinx dans cette morne odalisque de l'affreux sultan Tout-le-Monde. Tous entr'ouvrent sa robe ; personne son énigme. C'est la Toute-Nue masquée. Spectre terrible.

Hélas ! dans tout ce que nous venons de raconter, l'homme est abominable, la femme est touchante.

Que d'infortunées précipitées !

Le gouffre est ami du songe. Tombées, nous l'avons dit, leur cœur lamentable n'a plus d'autre ressource que de rêver.

Ce qui les a perdues, c'est un autre songe, l'effrayant songe de la richesse ; cauchemar de gloire, d'azur et d'extase qui pèse sur la poitrine du pauvre ; fanfare entendue de la géhenne ; arc de triomphe des heureux resplendissant sur l'immense nuit ; prodigieuse ouverture pleine d'aurore ! Les voitures roulent, l'or ruisselle, les dentelles frissonnent. Pourquoi n'aurais-je pas cela aussi, moi ? Pensée formidable. [...]

Elles ont eu cette fièvre où meurt la pudeur. Elles ont vidé la coupe sonore pleine de néant. Elles ont bu la folie de l'oubli. Quel bercement ! quelle tentation ! ne rien faire et tout avoir, hélas ! et aussi ne rien avoir ! pas même soi ! Être une chair esclave ! être de la beauté en vente ! de femme, tomber chose ! Elles ont rêvé, et elles ont eu – ce qui est la même chose, car toute possession est rêve – les hôtels, les carrosses, les valets en livrée, les soupers éclatants de rire, la Maison d'Or, la soie, le velours, les diamants, les perles, la vie effarée de volupté, toutes les joies. Oh ! combien vaut mieux l'innocence des pauvres petites pieds nus au bord de la mer qui entendent le soir sonner le grelot fêlé des chèvres dans les falaises !

Sous ces joies qu'elles ont savourées, rapides perfidies, il y avait un lendemain funeste. Le mot amour signifiait haine. [...] Elles étaient désertées en même temps qu'embrassées. L'abandon ricanait derrière le masque du baiser.

Maintenant, que voulez-vous qu'elles fassent ? Il faut bien qu'elles continuent d'aimer. »

Par-delà la prostitution et la domination masculine, Hugo fait le procès de l'argent, de l'attrait de la richesse, et donc de la misère. Et pourtant, « les magnificences de la bonté éclatent sous l'infamie : cette créature orpheline se veut épouse, sœur, mère ». Elle a droit aussi au rêve et à l'amour :

« Quoi qu'elle fasse, il faut qu'elle aime. Elle est condamnée à la lumière. Il faut qu'elle plaigne, qu'elle secoure, qu'elle se dévoue, qu'elle soit bonne. La femme qui n'a plus la pudeur voudrait ne plus avoir l'amour ; impossible. Les reflux du cœur sont fatals comme ceux de la mer ; les lumières du cœur sont fixes comme celles de la nuit. Il y a en nous l'imperdable. Abnégation, sacrifice, tendresse, enthousiasme, tous ces rayons se retournent contre la femme au-dedans d'elle-même, et l'attaquent, et la brûlent. Toutes ses vertus lui restent pour se venger d'elle. Là où elle eût été épouse, elle est esclave. Elle a cette misère de bercer un brigand dans le nuage bleu de ses illusions, et d'affubler Mandrin d'une guenille étoilée. Elle est la sœur de charité du crime. Elle aime, hélas ! elle subit sa divinité inadmissible ; elle est magnanime en frémissant de l'être. Elle est heureuse d'un bonheur horrible. Elle rentre à reculons dans l'Éden indigné.

Tout cœur a sa perle, qui, pour le cœur égout et pour le cœur océan, est la même : l'amour.

Aucune fange ne dissout la parcelle de Dieu. »

La preuve se fait par les abîmes, suggère Hugo. C'est dans les bas-fonds de la condition féminine qu'il a vu luire ce qu'elle a de plus sublime.

Le combat des femmes

« L'homme a été le problème du dix-huitième siècle ; la femme est le problème du dix-neuvième siècle » (Lettre au comité de la Société pour l'amélioration du sort des femmes, 31 mars 1875).

La question de l'émancipation des femmes redevient d'actualité après la chute de l'Empire et la Commune de Paris. Que penser de ces femmes héroïques, les « pétroleuses » ? Quel sort une assemblée conservatrice réserve-t-elle au sexe féminin ? Au nom de quels principes lutter pour dissiper les préjugés masculins ? Hugo pense que les femmes peuvent et doivent rallier la République si les républicains ont le courage de reconnaître leurs droits. La lettre adressée au journal *L'Avenir des femmes*, le 8 juin 1872, est le texte le plus explicite de Hugo en faveur de leur émancipation. Elle est nourrie de sa réflexion sur la distance entre le fait, la loi et le droit, et sur la responsabilité des puissants. De fait, la femme est esclave dans la vie et le travail ; devant la loi, elle est mineure, puisqu'elle ne peut être propriétaire au même titre que le mari et qu'elle ne peut engager d'action en justice ; le droit est violé parce que le mariage est irrévocable et l'adultère pénalisé. Ce sont donc les deux principes de liberté et d'égalité civile qui sont niés pour les femmes. Elles ne sont pas des citoyennes. Plus encore qu'à la vénération filiale, et même qu'à la justice, les femmes ont droit au droit.

« Il est douloureux de le dire : dans la civilisation actuelle, il y a une esclave. La loi a des euphémismes ; ce que j'appelle une esclave, elle l'appelle une mineure ; cette *mineure* selon la loi, cette *esclave* selon la réalité, c'est la femme. L'homme a chargé inégalement les deux plateaux du Code, dont l'équilibre importe à la conscience humaine ; l'homme a fait verser tous les droits de son côté et tous les devoirs du côté de la femme. De là un trouble profond. De là la servitude de la femme. Dans notre législation telle qu'elle est, la femme ne possède pas, elle n'este pas en justice, elle ne vote pas, elle ne compte pas, elle n'est pas. Il y a des citoyens, il n'y a pas de citoyennes. C'est là un état *violent* : il faut qu'il cesse.

Je sais que les philosophes vont vite et que les gouvernants vont lentement ; cela tient à ce que les philosophes sont dans l'absolu, et les gouvernants dans le relatif ; cependant, il faut que les gouvernants finissent par rejoindre les philosophes. Quand cette jonction est faite à temps, le progrès est obtenu et les révolutions sont évitées. Si la jonction tarde, il y a péril.

Sur beaucoup de questions à cette heure, les gouvernants sont en retard. [...]

Dans la question de l'éducation, comme dans la question de la répression, dans la question de l'irrévocable qu'il faut ôter du mariage et de l'irréparable qu'il faut ôter de la pénalité, dans la question de l'enseignement obligatoire, gratuit et laïque, dans la question de la femme, dans la question de l'enfant, il est temps que les gouvernants avisent. Il est urgent que les législateurs prennent conseil des penseurs, que les hommes d'État, trop souvent superficiels, tiennent compte du profond travail des écrivains, et que ceux qui font les lois obéissent à ceux qui font les mœurs. La paix sociale est à ce prix. »

Le combat reprend en 1875 après l'établissement de la République. Le nombre croissant de travailleuses pose de façon nouvelle la question sociale et la question féminine. C'est aussi une question d'instruction et d'éducation car les filles sont encore très majoritairement préparées à leur vie de mère et d'épouse dans des écoles tenues par des religieuses ou des institutions privées. Il faut au plus vite donner des compagnes républicaines aux hommes républicains. « Je ne me lasserai pas de le redire, le problème est posé, il faut le résoudre ; qui porte sa part du fardeau doit avoir sa part du droit ; une moitié de l'espèce humaine est hors de l'égalité. Il faut l'y faire rentrer [...] ; c'est-à-dire mettre les lois en équilibre avec les mœurs » (lettre de Victor Hugo à la Société pour l'amélioration du sort des femmes, le 31 mars 1875). Le Congrès ouvrier de Marseille, que Hugo soutient, est la première organisation masculine à créer une commission féminine et à chercher à recruter parmi les ouvrières, mettant enfin en cause le traditionnel machisme du vieux monde du travail. Le monde politique et bourgeois, lui, mettra encore plus de temps à prendre ce chemin.

Aux grandes femmes, la patrie reconnaissante
« Là est le devoir de l'homme ; là aussi est son intérêt » (Lettre au comité de la Société pour l'amélioration du sort des femmes, 31 mars 1875).

Pour Hugo, les femmes ont largement mérité le droit qui leur est dû. Voilà pourquoi, dès 1871, il ne cesse d'exalter le courage exemplaire de celles qui ont placé la lutte des femmes dans le cadre du combat général pour l'humanité. Sur la tombe de George Sand, le 10 juin 1876, il prononce ces mots encore quelque peu maladroits : « Dans ce siècle qui a pour loi d'achever la Révolution française et de commencer la révolution humaine, l'égalité des sexes faisant partie de l'égalité des hommes, une grande femme était nécessaire : il fallait que la femme prouvât qu'elle avait tous nos dons virils (*sic* !) sans rien perdre de ses dons angéliques (re-*sic* !) ; être forte sans cesser d'être douce. George Sand est cette preuve. »

Son autre héroïne, c'est Louise Michel, l'institutrice insurgée, surnommée la Vierge rouge, condamnée à la déportation en Nouvelle-Calédonie, et qui œuvra tant pour lui faire comprendre la Commune. Elle lui a écrit en signant « Enjolras », en hommage aux *Misérables*. Il est intervenu pour la sauver. Il lui dédie le poème « *Virgo major* ». Cette *Virgo* n'est-elle pas plus courageuse qu'un *vir*, qu'un homme ?

« Ceux qui savent le toit sans feu, sans air, sans pain,
Le lit de sangle avec la table de sapin,
Ta bonté, ta fierté de femme populaire,
L'âpre attendrissement qui dort sous ta colère,
Ton long regard de haine à tous les inhumains,
Et les pieds des enfants réchauffés dans tes mains ;
Ceux-là, femme, devant ta majesté farouche,
Méditaient, et malgré l'amer pli de ta bouche,
Malgré le maudisseur qui, s'acharnant sur toi,
Te jetait tous les cris indignés de la loi,
Malgré ta voix fatale et haute qui t'accuse,
Voyaient resplendir l'ange à travers la méduse. »

La cause des enfants

« Je suis du parti de l'innocence. Surtout du parti de l'innocence punie [...] *par la misère » (Noël des enfants pauvres, 1868).*

Toute l'œuvre poétique de Hugo est illuminée par la révélation de l'enfance. Depuis *Les Feuilles d'automne* en 1831 jusqu'à *L'Art d'être grand-père* en 1877, Hugo s'est avéré être le poète des enfants. Ses filles, comme sa petite-fille, ont illuminé son inspiration. Mais quelle distance entre l'injonction à Léopoldine : « Ma fille ! va prier » de « La prière pour tous », et le sacrilège de Georgette et de René-Jean, dont ses petits-enfants Georges et Jeanne sont les modèles, dans *Quatrevingt-Treize* ! La veine intimiste, joyeuse et douloureuse, se mue en un incendie d'espérance culturelle et sociale. Il y eut, il est vrai, entretemps, les petits ouvriers de « Melancholia », le drame de Villequier, l'enfant assassiné le 4 décembre 1851, et Gavroche. Hugo s'est toujours émerveillé devant l'enfance, ce cri d'amour et de pureté.

> « Que voulez-vous ? L'enfant me tient en sa puissance ;
> Je finis par ne plus aimer que l'innocence ;
> Tous les hommes sont cuivre et plomb, l'enfance est d'or. »
>
> (8 juin 1875)

Théodore de Banville ne s'est pas trompé quand il écrit à son propos qu'« en poésie, l'Enfant date de lui et n'a commencé à vivre que dans ses œuvres ». Mais notre propos est ailleurs. Car l'enfance est une question sociale, et *L'Art d'être grand-père* est aussi un manifeste politique. La joie de ces poèmes répond à la tristesse de « Melancholia ». D'un côté, le regard grave sur l'atrophie naissante de l'humain dans l'enfant. De l'autre, l'enfance chérie pour elle-même, fin et non moyen, dont le rire et les jeux espiègles disent quelque chose de l'humanité libre et de ses promesses. Rappeler cela, c'est en quelque sorte instaurer une référence, un négatif des souffrances infligées et endurées. L'enfance a son ordre propre, qu'on ne peut nier. Le Rousseau de l'*Émile* n'est pas loin. Mais l'enfant, c'est aussi un petit homme et il doit avoir le droit de devenir tout ce qu'il peut être. D'où l'action de Victor Hugo en faveur de l'enfance déshéritée et son combat tenace pour une instruction libre et laïque, exigeante autant qu'ouverte, délivrée de tout préjugé.

Hugo avait présidé de mai 1848 à juin 1850 la société philanthropique du Petit-Bourg qui venait en aide aux orphelins, aux enfants et aux adolescents en difficulté. À Guernesey, il transforme son action humanitaire pour les enfants pauvres en un véritable mouvement international pour l'émancipation de l'enfance. Alors qu'il termine la rédaction des *Misérables*, il décide de faire de la « fraternité pratique » en invitant à manger, tous les mardis à midi, douze, puis vingt-deux enfants nécessiteux de l'île. Les enfants partagent son repas. Ensuite, il instaure un service d'assistance en faisant distribuer des vêtements, des souliers, des livres et des jouets. Enfin, il crée le Noël des enfants pauvres où une quarantaine d'enfants sont fêtés. Simple générosité d'un homme comblé par le succès et la fortune ? Opération de publicité subtile et efficace ? Peu importe ! Hugo n'innove certainement pas, mais il amplifie une dynamique. La presse britannique s'empare des initiatives de Hauteville-House. Lady Thompson institue à Londres le Dîner et le Noël des enfants pauvres. Cette idée simple est reprise en Suisse romande, et surtout aux États-Unis. Hugo se flatte de ce succès à grande échelle qui témoigne de l'« affinité entre les idées simples et les pays libres ». Voici des extraits du discours qu'il prononce lors du dernier *Christmas* tenu à Guernesey en 1869 et que la presse anglaise publie :

« Mesdames,

Je ne veux pas faire languir ces enfants qui attendent des jouets, et je tâcherai de dire peu de paroles. Je l'ai déjà dit, et je dois le répéter, cette petite œuvre de fraternité pratique, limitée ici à quarante enfants seulement, est bien peu de chose par elle-même, et ne vaudrait pas la peine d'en parler, si elle n'avait pris au-dehors, comme la presse anglaise et américaine le constate d'année en année, une extension magnifique, et si le Dîner des enfants pauvres, fondé il y a huit ans par moi dans ma maison, mais sur une très petite échelle, n'était devenu, grâce à de bons et grands cœurs qui s'y sont dévoués, une véritable institution, considérable par le chiffre énorme des enfants secourus. En Angleterre et en Amérique, ce chiffre s'accroît sans cesse. C'est par centaines de mille qu'il faut compter les dîners de viande et de vin donnés aux enfants pauvres. Vous connaissez les admirables résultats obtenus par l'honorable lady Kate Thompson et par le révérend Wood. L'*Illustrated London News* a publié des estampes représentant les vastes et belles salles où se fait à Londres le Dîner des enfants pauvres. Dans tout cela, Hauteville-House n'est rien, que le point de départ. Il ne lui revient que l'humble honneur d'avoir commencé. [...]

Je reviens à nos enfants. C'est faire aussi un acte de délivrance que d'assister l'enfance. Dans l'assainissement et dans l'éducation, il y a de la libération. Fortifions ce pauvre petit corps souffrant ; développons cette douce intelligence naissante ; que faisons-nous ? Nous affranchissons de la maladie le corps et de l'ignorance l'esprit. L'idée du Dîner des enfants pauvres a été partout bien accueillie. L'accord s'est fait tout de suite sur cette institution de fraternité. Pourquoi ? c'est qu'elle est conforme, pour les chrétiens, à l'*esprit de l'Évangile,* et pour les démocrates, à l'*esprit de la Révolution.*

En attendant mieux. Car secourir les pauvres par l'assistance, ce n'est qu'un palliatif. Le vrai secours aux misérables, c'est l'abolition de la misère.

Nous y arriverons.

Aidons le progrès par l'assistance à l'enfance. Assistons l'enfant par tous les moyens, par la bonne nourriture et par le bon enseignement. L'assistance à l'enfance doit être, dans nos temps troublés, une de nos principales préoccupations. L'enfant doit être notre souci. Et savez-vous pourquoi ? Savez-vous son vrai nom ? L'Enfant s'appelle l'Avenir.

Exerçons la sainte paternité du présent sur l'avenir. Ce que nous aurons fait pour l'enfance, l'avenir le rendra au centuple. Ce jeune esprit, l'enfant, est le champ de la moisson future. Il contient la société nouvelle. Ensemençons cet esprit, mettons-y la justice ; mettons-y la joie.

En élevant l'enfant, nous élevons l'avenir. *Élever,* mot profond ! En améliorant cette petite âme, nous faisons l'éducation de l'inconnu. Si l'enfant a la santé, l'avenir se portera bien ; si l'enfant est honnête, l'avenir sera bon. Éclairons et enseignons cette enfance qui est là sous nos yeux, le vingtième siècle rayonnera. Le flambeau dans l'enfant, c'est le soleil dans l'avenir. »

Hugo subvertit l'humanitarisme. Certes, il voit dans ses initiatives une simple œuvre charitable, apporter un peu de chaleur et de joie aux déshérités. Il pense aussi ces secours comme une œuvre hygiéniste, comme une campagne pour améliorer l'alimentation et la santé des enfants pauvres. Il en fait également un tremplin pour populariser son idéal de la libération par l'éducation. La politique affleure toujours consciemment chez lui derrière l'humanitaire. La « fraternité pratique » est un point de rencontre entre l'esprit de l'Évangile et l'esprit de la Révolution, une nécessaire émulation entre chrétiens et républicains. Cette charité pratique doit viser à l'abolition de la misère et n'est pas le monopole des seuls révolutionnaires. La fraternité est une valeur commune à toutes les idéologies soucieuses de l'amélioration de la condition. Belle leçon de pluralisme en action !

Le droit de l'enfant
« L'enfant, voilà la question suprême » (Discours au Congrès international des sciences sociales, à Bruxelles, 20 septembre 1872).

Hugo ne renonce pas pour autant au combat contre les forces de réaction, contre l'ordre clérical, contre l'ordre moral qui invoquent les drames de la France pour accroître leur domination sur la jeunesse. Remarquable est l'invention par Hugo de la notion de « droit de l'enfant », dont on sait la fortune juridique dans les Conventions internationales du vingtième siècle. Il s'agit d'ériger l'enfant en sujet de droit pour disposer d'une exigence éthique et juridique codifiée, qui permette de condamner toute pratique traitant l'enfant comme une chose. Les enfants battus, martyrisés, violentés, réduits à n'être que des instruments de travail ou de plaisir, privés de l'instruction qui libère le jugement et de la culture qui l'éclaire, conditionnés de façon précoce et conduits au fanatisme, sont des exemples de traitements qui révoltent Hugo et qui sont bien loin d'avoir disparu aujourd'hui.

La tendresse de Victor Hugo pour les enfants et le lyrisme des poèmes qu'il leur consacre sont les corollaires d'une conviction profonde : l'enfant est sujet de droit, car il témoigne par sa façon d'être d'une humanité déliée de toute tutelle, curieuse de savoir et assoiffée de liberté. Lui qui a fait la double expérience d'une éducation libérale et du dressage de la pension Cordier se refuse à ériger en norme éducative le préjugé de l'heure. Mais il fait, par ailleurs, l'éloge du travail scolaire exigeant et de la faculté de dépassement, ce qui montre à l'évidence que Hugo ne sombre pas dans un « jeunisme » béat qui flatterait la jeunesse et l'enfance en l'incitant à se figer dans sa façon d'être spontanée. L'amour de l'enfance pour elle-même n'implique nullement la négation des virtualités qui gisent en elle et qui se déploieront en l'homme adulte. L'enfance décide de l'homme futur et il faut à l'évidence lui épargner les traumatismes qui laissent leur trace indélébile. Mais elle doit se former par le travail exigeant d'une culture émancipatrice propre à la délivrer des seules émotions subies par l'épanouissement simultané des deux registres de la sensibilité poétique et de la pensée rationnelle. L'enfant maintenu dans la nuit de l'ignorance est perdu pour l'humanité aussi longtemps que lui est refusée la possibilité de faire appel de sa condition. C'est que la façon dont l'enfance est vécue engage ce qu'il deviendra. Le droit de l'enfant est d'autant plus précieux, voire sacré, que son être est plus vulnérable et malléable : « Le cerveau humain est une sorte de cire terrible qui prend l'empreinte du bien ou du mal selon qu'un idéal le touche ou qu'un gouffre le saisit », écrit Hugo dans *Paris et Rome,* paru en 1876.

Les enfants ne nous appartiennent pas, même s'ils sont nôtres : tel est le sens de la critique par Hugo des outrances du « droit du père ». Dans *Le Droit et la loi,* VII, il raconte comment il en vint à formuler la notion de « droit de l'enfant », qui fut tout d'abord accueillie par des sarcasmes : « Entendant un jour les membres de la droite exagérer le droit du père, il leur jeta ce mot inattendu : le droit de l'enfant. » Comme le stipule le discours du 15 janvier 1850, cité au chapitre quatre, le droit de l'enfant, c'est la garantie des chances données aux potentialités qui sont en lui. La loi Falloux fait fi de cela, en programmant une instruction sous contrôle clérical, davantage conçue pour reproduire et perpétuer un conditionnement des consciences que pour assurer une émancipation du jugement. Au nom du prétendu « droit du père », elle fait de l'enfant non un être qui s'appartient à soi, mais un être possédé par la famille, dont se trouve légitimée l'éventuelle volonté de le façonner à son gré, voire à son image. Hugo, on l'a vu, oppose le « droit de l'État » à un tel « droit ». C'est en effet à la puissance publique que revient le devoir de lever tous les obstacles à l'accomplissement de l'enfant. Accomplissement intellectuel et culturel d'une part, mais aussi accomplissement affectif d'autre part. Ce dernier requiert que l'enfance soit protégée des mauvais traitements, au besoin par des lois. Le premier appelle la mise en place d'un processus d'instruction qui ne soit entravé ni par l'idéologie ou la religion des familles ni par leur pauvreté. En 1878, Hugo appuie la fondation de la Société protectrice des enfants illégitimes, que l'on appelle curieusement les « enfants naturels ». Il en naissait alors cinquante mille par an. L'État manquant à ses devoirs, l'initiative sociale est nécessaire, mais c'est à l'État d'assurer le devoir d'instruction et, au besoin, celui de prise en charge des enfants.

D'où un devoir d'État d'organiser, on l'a vu plus haut, l'école publique, laïque et gratuite. Ce devoir s'assortit d'un droit, celui de soustraire l'enfant à l'éventuel obscurantisme des familles. D'où également l'obligation scolaire, levier d'émancipation. Le droit de l'enfant s'explicite ainsi en droit à l'instruction, et non pas seulement droit de s'instruire. Le premier donne au second les conditions de sa mise en œuvre effective. Dès lors, Hugo appuie les initiatives de la Ligue de l'enseignement, des comités laïques, et même de la franc-maçonnerie, pour qu'au plus vite se généralise un service public d'instruction obligatoire, gratuite et laïque. Si Vaillant, l'ancien délégué de la Commune à l'instruction, avait formulé l'objectif d'un « enseignement intégral », c'est-à-dire général, classique, scientifique et professionnel, pour tous les enfants, quelle que soit leur origine sociale, Hugo est le champion d'un enseignement classique et moderne, un pionnier de la laïcité et de la démocratisation scolaire, y compris pour les filles, comme le montre bien cette lettre :

« À M. Trébois, Président de la Société des écoles laïques.
Monsieur,
Vous avez raison de le penser, j'adhère complètement à l'éloquente et irréfutable lettre que vous a adressée Louis Blanc. Je n'ai rien à y ajouter que ma signature. Louis Blanc est dans le vrai absolu et pose les réels principes de l'instruction laïque, aussi bien pour les femmes que pour les hommes.

Quant à moi, je vois clairement deux faits distincts, l'éducation et l'instruction. L'éducation, c'est la famille qui la donne ; l'instruction, c'est l'État qui la doit. L'enfant veut être élevé par la famille et instruit par la patrie. Le père donne à l'enfant sa foi ou sa philosophie ; l'État donne à l'enfant l'enseignement positif.

De là, cette évidence que l'éducation peut être religieuse et que l'instruction doit être laïque. Le domaine de l'éducation, c'est la conscience ; le domaine de l'instruction, c'est la science. Plus tard, dans l'homme fait, ces deux lumières se complètent l'une par l'autre.

Votre fondation d'enseignement laïque pour les jeunes filles est une œuvre logique et utile, et je vous applaudis. »

Paris, 2 juin 1872

La symbolique de l'enfance
« L'Enfance s'appelle l'Avenir » (Noël des enfants pauvres, 1869).

Le romantisme social de Victor Hugo lui a fait créer quelques figures paradoxales d'enfants qui sont des allégories de la naissance et de la renaissance de l'humanité. Si « le sublime est en bas », les plus démunis, déliés des conventions des nantis, témoignent d'une effronterie décapante et libératrice, comme si l'innocence première de l'enfant se faisait regard moqueur et critique sur les injustices des hommes. Ainsi, Gavroche, le titi parisien tendre et fort en gueule, brise par la dérision de son rire désarmant les limites de la bonne conscience ambiante. Il transcende en lui le *misérable* en ayant poussé l'épreuve de la misère à ses ultimes conséquences. Quand vient le grand soir, promesse d'aurore inespérée que la révolte profile, il n'hésite pas, car il n'a plus rien à perdre. L'enfant des Thénardier est tout jeune, mais il a l'âge ancestral de la misère du monde. Il peut bien être assassiné, la misère fera renaître d'autres petits héros, si la lumière du poète donne à voir et à comprendre son idéal. L'héroïsme « inconscient » de Gavroche n'est que la persistance obstinée de l'enfant joueur dans la tragédie humaine, glaciale dans son injustice.

La scène des *Misérables* où Gavroche récupère en chantant les balles sur les cadavres des soldats tués, pour que la barricade tienne plus longtemps, est à cet égard emblématique. Il nargue la mort en fredonnant les noms de Voltaire et Rousseau, philosophes de la liberté et de l'égalité, pour bien signifier que le tir qui ne manquera pas de l'atteindre tuera la jeunesse du monde, celle que de telles valeurs, justement, incarnent et font advenir. Voltaire et Rousseau dans la bouche du gamin de Paris comblent le grand écart des élites et du bas-fond, transcendé par l'inversion roublarde des causes du malheur subi.

> « Je suis tombé par terre.
> C'est la faute à Voltaire,
> Le nez dans le ruisseau,
> C'est la faute à...
> Il n'acheva point. Une seconde balle du même tireur l'arrêta court. Cette fois il s'abattit la face contre le pavé, et ne remua plus. Cette petite grande âme venait de s'envoler. »

Le 30 octobre 1883, Victor Hugo écrit peut-être son dernier poème. Il fait de chaque enfant le dépositaire de l'avenir de liberté et de vérité :

> « Enfant, le peuple te regarde,
> La foule se tourne vers toi,
> César te voudrait dans sa garde,
> Jésus te voudrait dans sa loi.

Ne sois ni pour l'un ni pour l'autre ;
Ce sont deux bien grands hommes ; mais
De la vérité sois l'apôtre,
Laisse-les sur leurs deux sommets. »

Chapitre quatorze

La Civilisation-lumière

Hugo et l'histoire

« Que l'histoire soit à refaire, c'est évident. Elle a été presque toujours écrite jusqu'à présent au point de vue misérable du fait ; il est temps de l'écrire au point de vue du principe » (William Shakespeare, *livre III, V*).

Il convient maintenant de comprendre ce qui fonde et oriente les grands combats de Victor Hugo pour la culture et sa diffusion universelle, pour l'instruction et sa démocratisation, pour le progrès social et moral de l'humanité, pour l'ajustement des découvertes scientifiques et techniques aux exigences de l'émancipation du genre humain. Hugo conçoit la civilisation comme un processus d'émancipation générale donnant un sens à tous les registres du progrès humain, comme une lumière dissipant graduellement les ténèbres de l'ignorance. Mais la civilisation n'avance que par des combats multiformes et continus contre les fatalités naturelles et sociales. Commençons par évoquer les idées du poète à propos de l'histoire, de sa respiration, de ses étapes et de son sens éventuel.

Victor Hugo a-t-il une philosophie cohérente de l'histoire ? Ou est-il seulement un visionnaire généreux dont la foi dans le progrès de l'humanité tient lieu de preuve d'un avenir meilleur ? Sa pensée ne se réduit-elle pas à un manichéisme banal ou à un déterminisme finaliste opposant à un passé de barbarie un futur de civilisation ? Comment se représente-t-il concrètement la marche de l'histoire et l'évolution de l'humanité ? Comment explique-t-il sa dynamique et ses mouvements ? La civilisation connaît-elle un mouvement cyclique comprenant croissance, stagnation et décadence ou, au contraire, une progression plus ou moins linéaire et générale ? Celui qui se dit souvent « penseur » et « philosophe » ne reste-t-il pas un rêveur invétéré, un poète épique, un forgeur d'utopies ?

Dans ses textes les plus abstraits, écrits parallèlement à *La Légende des siècles* ou aux *Misérables,* que ce soit dans *Philosophie. Commencement d'un livre,* non publié, ou dans *William Shakespeare,* cet essai édité en 1864, Hugo se livre à quelques interprétations, qu'il veut cohérentes, de la longue marche de l'humanité vers la civilisation. Mais il donne aussi dans *Les Misérables* quelques idées de sa conception de la transformation des sociétés par les contradictions internes qui les traversent en permanence, souvent invisibles, mais toujours actives, et qui explosent parfois au grand jour des révolutions. Hugo articule ainsi les mouvements longs des âges de l'histoire de l'humanité et les mouvements courts qui produisent les véritables événements historiques, qu'on ne saurait confondre avec les simples faits. Ainsi, en bégayant, l'histoire avance, par à-coups, avec des phases superficielles de réaction et des moments spectaculaires de brutale accélération. Quel est donc le moteur de l'histoire ? Quels sont les agents de l'évolution ? Hugo, rejetant tout matérialisme et se démarquant du positivisme d'Auguste Comte pourtant bien proche de lui, nous livre sa conception idéalisée de l'« histoire vraie », de l'« histoire réelle », celle du développement des civilisations conduites par les hommes de génie. Car l'histoire n'est pas faite par les princes, mais pour les principes.

Grand lecteur de chroniques françaises, anglaises, espagnoles, germaniques, découvreur du Moyen Âge comme des Temps modernes, Hugo a d'abord recherché dans l'histoire l'épaisseur et le frémissement de la vie, le mélange d'héroïsme et de bassesse, la rencontre du grotesque et du sublime. Il a ainsi nourri son théâtre et *Notre-Dame de Paris.* Mais après s'être fait lui-même le chroniqueur de son temps en collationnant les anecdotes, les récits, les portraits, les jugements subjectifs, il ne se satisfait plus d'une histoire réduite à une collection de faits. Des *Choses vues,* quasiment interrompues en 1851, à *Napoléon-le-Petit,* son premier pamphlet, sa conception historique mue. Avec Louis Bonaparte, le tyran n'est plus le guerrier ou l'homme fort : « Il résulte plus qu'il n'existe. [...] Les tyrans ne sont pas les hommes, ce sont les choses. [...] Les hommes méchants viennent des choses mauvaises », conclut-il dans *William Shakespeare.* La chronique, événementielle, anecdotique, consacrée aux faits et gestes des grands, aux batailles et aux intrigues, c'est la « vieille histoire », celle des historiographes officiels et des flatteurs de cour. L'« histoire courtisane », glorifiant les exploits du prince et l'intervention de la Providence, légitime le droit divin et dénie aux hommes toute liberté. L'histoire « loyale » de Canden ou de Bossuet se perpétue dans « la naïveté de l'histoire glorifiant le fait » (*William Shakespeare,* livre III, III).

> « Les gestes royaux, les tapages guerriers, les couronnements, mariages, baptêmes et deuils princiers, les supplices et fêtes, les beautés d'un seul écrasant tous, le triomphe d'être né roi, les prouesses de l'épée et de la hache, les grands empires, les gros impôts, les tours que joue le hasard au hasard, l'univers ayant pour loi les aventures de la première tête venue, pourvu qu'elle soit couronnée ; la destinée d'un siècle changée par le coup de lance d'un étourdi à travers le crâne d'un imbécile ; la majestueuse fistule à l'anus de Louis XIV ; [...] la danse aux castagnettes du cardinal de Richelieu déguisé en berger devant la reine de France dans la petite maison de la rue de Gaillon ; Hildebrand complété par Cisneros ; les petits chiens de Henri III, les divers Potemkins de Catherine II, Orloff ici, Godoy là, etc., une grande tragédie avec une petite intrigue ; telle était l'histoire jusqu'à nos jours, n'allant que du trône à l'autel, prêtant une oreille à Dangeau et l'autre à dom Calmet, béate et non sévère, ne comprenant pas les vrais passages d'un âge à l'autre, incapable de distinguer les crises climatériques de la civilisation, et faisant monter le genre humain par des échelons de dates niaises, docte en puérilités, ignorante du droit, de la justice et de la vérité. »

Hugo admirait Michelet, avec lequel il a découvert la face cachée du Moyen Âge et de la Révolution française ; avec lui, il partage la même vision principielle d'une histoire sublime où s'affrontent à travers les âges les ténèbres et les lumières. Il croit comme lui que la Révolution est l'accomplissement de la fraternité et du christianisme authentique. Des leçons de l'historien, dont la monarchie de Juillet et le Second Empire ont interdit les cours au Collège de France, il a retenu que, dans l'histoire traditionnelle, « il y a tout excepté l'histoire. Étalage de princes, de "monarques", et de capitaines : du peuple, des lois, des mœurs, peu de choses ; des lettres, des arts, de la science, de la philosophie, du mouvement de la pensée universelle, en un mot de l'homme, rien. La civilisation date par règnes et non par progrès ». D'où l'effrayante ignorance de l'histoire sur l'histoire de l'humanité...

« Sachant tant de choses, il est tout simple qu'elle en ignore quelques-unes. Si vous êtes curieux au point de lui demander comment s'appelait le marchand anglais qui le premier en 1612 est entré en Chine par le Nord, et l'ouvrier verrier qui le premier en 1663 a établi en France une manufacture de cristal, et le bourgeois qui a fait prévaloir aux états généraux de Tours sous Charles VIII le fécond principe de la magistrature élective, adroitement raturé depuis, et le pilote qui en 1405 a découvert les îles Canaries, et le luthier byzantin qui, au huitième siècle, a inventé l'orgue et donné à la musique sa plus grande voix, et le maçon campanien qui a inventé l'horloge en plaçant à Rome sur le temple de Quirinus le premier cadran solaire, et le pontonnier romain qui a inventé le pavage des villes par la construction de la voie Appienne l'an 312 avant l'ère chrétienne, et le charpentier égyptien qui a imaginé la queue d'aronde trouvée sous l'obélisque de Louqsor et l'une des clefs de l'architecture, et le gardeur de chèvres chaldéen qui a fondé l'astronomie par l'observation des signes du zodiaque, point de départ d'Anaximène, et le calfat corinthien qui, neuf ans avant la première olympiade, a calculé la puissance du triple levier et imaginé la trirème, et créé un remorqueur antérieur de deux mille six cents ans au bateau à vapeur, et le laboureur macédonien qui a découvert la première mine d'or dans le mont Pangée, l'histoire ne sait que vous dire. Ces gens-là lui sont inconnus.

Qu'est cela ? un laboureur, un calfat, un chevrier, un charpentier, un pontonnier, un maçon, un luthier, un matelot, un bourgeois, et un marchand ? l'histoire ne s'encanaille pas. »

Voltaire avait déjà dit, dans son *Siècle de Louis XIV*, que l'histoire ne devait pas tant être celle des rois que celle des peuples. Hugo se veut un pionnier de cette nouvelle histoire démocratique. Elle doit d'abord étudier scientifiquement les causes profondes des mutations des sociétés. L'étude des inventions et des idées sera plus utile que celle des guerres et des traités. Certes, de grands monarques peuvent incarner des apogées ou des ruptures dans le cours de l'histoire. Mais ils la marquent moins que les génies de la pensée et de l'art qui portent les lumières de la civilisation.

« L'histoire véridique, l'histoire vraie, l'histoire définitive, désormais chargée de l'éducation du royal enfant qui est le peuple, rejettera toute fiction, manquera de complaisance, classera logiquement les phénomènes, démêlera les causes profondes, étudiera philosophiquement et scientifiquement les commotions successives de l'humanité, et tiendra moins compte des grands coups de sabre que des grands coups d'idée. Les faits de lumière passeront les premiers. Pythagore sera un plus grand événement que Sésostris. [...] Celui par qui l'on pense, voilà le vrai conquérant. Dans l'histoire future, l'esclave Ésope et l'esclave Plaute auront le pas sur les rois, et tel vagabond pèsera plus que tel victorieux, et tel comédien pèsera plus que tel empereur. Sans doute, pour rendre ce que nous disons ici sensible par les faits, il est utile qu'un homme puissant ait marqué le temps d'arrêt entre l'écroulement du monde latin et l'éclosion du monde gothique ; il est utile qu'un autre homme puissant, venant après le premier comme l'habileté après l'audace, ait ébauché sous forme de monarchie catholique le futur groupe universel des nations, et les salutaires empiétements de l'Europe sur l'Afrique, l'Asie et l'Amérique ; mais il est plus utile encore d'avoir fait la *Divine Comédie* et *Hamlet ;* aucune mauvaise action n'est mêlée à ces chefs-d'œuvre ; il n'y a point là, à porter à la charge du civilisateur, un passif de peuples écrasés ; et, étant donnée, comme résultante, l'augmentation de l'esprit humain, Dante importe plus que Charlemagne, et Shakespeare importe plus que Charles-Quint. »

Hugo reste attaché à sa conception de la place décisive des génies dans l'histoire, mais il raisonne en termes de civilisation et non plus de chronique. Il n'est ni Marc Bloch ni Braudel, mais il n'est déjà plus Lavisse.

Histoire et géographie de l'humanisation

« De moins en moins monstre, tel est l'homme » (La Civilisation, Proses philosophiques, 1860-1865).

Si l'histoire est en retard, si l'anthropologie sort à peine des limbes, si Darwin vient à peine de publier en 1859 son traité sur les *Origines des espèces,* Hugo n'hésite pas à esquisser un schéma des étapes du processus d'ascension de l'homme de l'animalité à la civilisation. Quel que soit le caractère symbolique plus que scientifique de cette construction mentale, son tableau des degrés de la civilisation est original à plusieurs titres. Il se démarque nettement de la théorie positiviste des âges de l'humanité d'Auguste Comte. Sa naïveté formelle ne doit pas faire sourire car de multiples développements annexes éclairent cette synthèse inspirée, et précisent les bases de la pensée hugolienne.

« Le genre humain a, depuis six mille ans, plusieurs fois manqué la civilisation. Il tâte le mur, et monte un escalier dans l'obscurité.

Il suit une loi ascendante. Aveugle en bas, voyant en haut. De moins en moins monstre, tel est l'homme.

Premier degré : le désert. Deuxième degré : le sauvagisme. Troisième degré : la barbarie. Quatrième degré : l'idolâtrie. Cinquième degré : la monarchie. Sixième degré : le parasitisme.

Ces divers à-peu-près de la sociabilité veulent être successivement éliminés.

L'homme supprime le désert par la famille ; il supprime le sauvagisme par la propriété. De la tente, il passe à la cabane. La première cabane bâtie installe la famille, mais l'animal aussi a son repaire où il met ses petits ; le premier champ dont l'homme hérite établit la différence ; la bête ne lègue pas sa tanière.

Continuons.

L'homme se délivre du désert par la famille, du sauvagisme par la possession du sol, de la barbarie par la cité, de l'idolâtrie par la science, de la monarchie par les révolutions, du parasitisme par la propreté.

La dernière opération de la civilisation triomphante est un nettoyage. Sa politique finit par l'hygiène.

À l'heure où nous sommes, chaque continent représente un degré et monte sur l'autre ; l'Australie est déserte, l'Amérique est sauvage, l'Afrique est barbare, l'Asie est idolâtre, l'Europe est monarchique. L'Angleterre, petit continent à part et seul pays pleinement libre, est rongée de parasitisme.

Mettre de niveau toutes ces *inégalités de civilisation,* et les élever au plus haut point de l'étiage humain, marqué par ce mot : JUSTICE, il n'y a pas de labeur plus formidable et de mission plus douce. »

Hugo caractérise la succession des âges du processus d'humanisation par certains progrès dans la socialisation des hommes. Si le « désert » et la « sauvagerie » correspondent aux formes primitives d'organisation pratique de petits groupes humains, la « barbarie » et l'« idolâtrie » renvoient à des systèmes socioculturels rassemblant des groupes de plus en plus larges unis par la force ou l'unité de foi. La « monarchie » se définit par son organisation politico-juridique apparue avec l'émergence des États. Quant au « parasitisme », nous pouvons affirmer qu'il est, pour Hugo, l'équivalent moral et social du capitalisme dans les pays industrialisés. Chez Hugo, les facteurs techniques, matériels, économiques ne sont jamais dissociés des référents sociaux, moraux et idéologiques. Une telle vision globale est assez rare pour être soulignée.

L'autre originalité de ce tableau est de préciser quels sont les agents du passage d'un âge à l'autre, donc les moteurs successifs de progrès. La « famille » est le premier facteur de socialisation ; Hugo adhère là à un schéma très classique, mais qui est déjà discuté, ne serait-ce que par Feuerbach et Engels. La « propriété » du sol serait le moyen de survie des familles en société. Hugo nie l'idée que la propriété est d'origine divine, même s'il en fait le principe fondamental de la garantie de l'individu et de la société. La « cité » puis l'État permettent à l'humanité de sortir de la barbarie en imposant le respect du premier droit et de la loi commune. Mais ce sont les lumières de la « science » qui font reculer l'idolâtrie et celles-ci contribuent aussi au renversement des monarchies de droit divin par les « révolutions » politiques et sociales qui fondent enfin la civilisation sur les principes du droit. L'idéalisme et même la naïveté de Hugo apparaissent évidents quand il entend supprimer le « parasitisme » par la propreté et l'hygiène. Encore faut-il comprendre que, pour lui, la propreté morale et l'hygiène sociale devraient accompagner et parachever la suppression de la misère et la disparition du prolétariat.

Plus stimulante encore est l'affirmation très neuve des « inégalités de civilisation », nous dirions les inégalités de développement. C'est pour Hugo un résultat de l'histoire plus que de la géographie. Chaque continent semble représenter un degré de développement à cause de l'inégal peuplement mondial, de la survie de formes archaïques d'exploitation et de l'incomplète intégration des continents dans les échanges et la production, voire la hiérarchie de la division internationale du travail. Hugo est clair sur ce point. L'Australie est quasiment vide d'hommes et les colons britanniques y éliminent les aborigènes. L'Afrique est encore barbare à cause de l'absence de véritables États et de la poursuite de la traite des esclaves par les négriers européens et… africains. L'Asie est idolâtre à cause du poids des religions et des croyances, que ce soient l'islam, le bouddhisme, le confucianisme ou l'hindouisme. Hugo les connaît peu, mais il les perçoit comme les fondements spirituels des monarchies absolues qui dominent encore la Turquie, la Perse, l'Inde, la Chine et le Japon, comme l'Europe absolutiste était dominée par l'idolâtrie du droit divin chrétien. « Il y a du droit divin partout sur la terre, varié comme les religions. Cela faisait des droits divins de différentes espèces, mais ayant tous la même origine, Jupiter, Brahmâ, Allah, Adonaï, c'est-à-dire Dieu sous ses divers pseudonymes. […] Il découle du droit divin du dieu Fö et du dieu Vitziliputli tout aussi bien que de Jésus-Christ. » L'Angleterre est le seul pays vraiment libéral dans une Europe encore monarchique car, outre son régime parlementaire, elle connaît aussi le libéralisme économique et la liberté d'opinion. Mais elle est ravagée par le « parasitisme » de l'exploitation des travailleurs britanniques et coloniaux au bénéfice des rentiers inactifs ; les inégalités sociales y sont d'une ampleur extrême, source d'une autre forme de parasitisme, la dépendance matérielle et morale des pauvres qui rêvent de s'enrichir par tous les moyens. Tel est, vers 1860, l'état du monde que Hugo dresse sans concessions.

La dernière originalité du tableau des âges dessiné par Hugo est dans la conception du passage d'un âge à l'autre. La civilisation « a ses transitions comme la nature, dont elle fait partie. Les changements d'âge se font sans solution de continuité ». En effet, le passage d'une époque à l'autre a été très lent, très progressif, car chaque forme de civilisation a un « cordon ombilical » qui la relie à la forme antérieure et qui tarde à se détacher. Les âges coexistent, se superposent, se chevauchent, s'influencent. « Couper ce cordon ombilical, c'est l'affaire du progrès. » Comme les animaux qui vivent en groupe et ont un territoire, les hommes de l'âge du « sauvagisme » tiennent encore de la bestialité. La « barbarie » est déjà un progrès par rapport à la sauvagerie. L'idolâtrie et la monarchie ont hérité de la barbarie le roi et son double, le bourreau ; leur pouvoir repose sur la force matérielle ou l'onction sacrée qui est un autre abus de force. Il faut attendre 1789 pour que le droit divin soit démystifié en France et en Europe, même si la tradition résiste et la doctrine persiste. « 89 est une évasion. Ce jour-là, et on peut en dire la date, le 14 juillet, car la Bastille est un symbole, l'homme est sorti du passé. » La Révolution française marque pour Hugo le début d'un âge nouveau. Mieux, elle met fin à la préhistoire de l'humanité et ouvre l'âge de la civilisation fondée sur le droit. Mais le passé résiste par de terribles réactions. « Ne nous lassons point de le répéter, le passé n'est jamais assez passé. »

Apologie du dix-neuvième siècle

« Le dix-neuvième est un enfantement de civilisation » (William Shakespeare, *livre II*).

Après l'échec du « printemps des peuples » en 1848 et le coup d'État du 2 décembre, et pendant tout le Second Empire, nombre d'hommes de progrès désespérèrent. L'histoire reculait-elle ? La « Fête impériale » n'est-elle pas l'annonce de la décadence ? L'Empire de Napoléon III ne serait-il pas un Bas-Empire ? Hugo aurait pu douter et, comme Michelet, sombrer dans le pessimisme et l'inaction. Ce qui le pousse à continuer le combat, c'est sa croyance au progrès inéluctable et à la grandeur du dix-neuvième siècle. Dès 1852, en conclusion du livre deuxième de *Napoléon-le-Petit*, il affiche son extraordinaire optimisme.

> « Ayons foi.
>
> Nous, ne nous laissons pas abattre. Désespérer, c'est déserter.
>
> Regardons l'avenir.
>
> Mais nous pouvons le dire, nous hommes du dix-neuvième siècle, le dix-neuvième siècle n'est pas le fumier. Quelles que soient les hontes de l'instant présent, quels que soient les coups dont le va-et-vient des événements nous frappe, quelle que soit l'apparente désertion ou la léthargie momentanée des esprits, aucun de nous, démocrates, ne reniera cette magnifique époque où nous sommes, âge viril de l'humanité.
>
> Proclamons-le hautement, proclamons-le dans la chute et dans la défaite, ce siècle est le plus grand des siècles : et savez-vous pourquoi ? parce qu'il est le plus doux. Ce siècle, immédiatement issu de la Révolution française et son premier-né, affranchit l'esclave en Amérique, relève le paria en Asie, éteint le *suttee* dans l'Inde et écrase en Europe les derniers tisons du bûcher, civilise la Turquie, fait pénétrer de l'Évangile jusque dans le Coran, dignifie la femme, subordonne le droit du plus fort au droit du plus juste, supprime les pirates, amoindrit les pénalités, assainit les bagnes, jette le fer rouge à l'égout, condamne la peine de mort, ôte le boulet du pied des forçats, abolit les supplices, dégrade et flétrit la guerre, émousse les ducs d'Albe et les Charles IX, arrache les griffes aux tyrans.
>
> Ce siècle proclame la souveraineté du citoyen et l'inviolabilité de la vie ; il couronne le peuple et sacre l'homme. »

Hugo ose proclamer que l'humanité progresse, même quand on croit que l'histoire s'arrête, voire recule. Il dira dans « Civilisation » que « rétrograder à la surface n'empêche pas d'avancer souterrainement. Le mouvement superficiel n'est quelquefois qu'un contre-courant ». En effet, le message de liberté de la Révolution française ne cesse de se répandre dans le monde. L'affirmation des droits de la femme, de l'enfant et de ceux de tous les peuples à la justice et à l'indépendance, prolonge concrètement les droits de l'homme. C'est désormais le nivellement des « inégalités de civilisations » qui est la grande mission humaine. Ce processus dépend certes des hommes, des penseurs et des artistes plus que des politiques, mais il est aussi un phénomène objectif lié à l'extraordinaire accélération du progrès scientifique et technique. En 1852, Hugo est déjà conscient que la science accomplit des miracles et décuple les moyens de l'homme. Il applaudit aux applications des découvertes de Watt, Stephenson, Volta, Ampère, Lagrange, Laharpe, Claude Bernard, Charcot. La distance et le temps sont raccourcis grâce au chemin de fer, au *steamer* à vapeur, à l'électricité et au télégraphe. Plus tard, il encouragera Nadar dans l'expérimentation de son ballon dirigeable, l'aéroscaphe. Voilà pourquoi la science, le commerce et l'industrie sont en train d'accoucher un monde nouveau, unifié, solidaire et vivant. Ce sont les forces objectives du progrès qui réduiront la politique à être moins le gouvernement des hommes que l'administration des choses. Dans ce type d'analyses, Hugo se révèle plus matérialiste qu'il ne croit, même s'il se laisse emporter par la poétique des inventions scientifiques et des aventures techniques.

« Aujourd'hui il y a un monde où tout est vivant, uni, combiné, accouplé, confondu ; un monde où règnent la pensée, le commerce et l'industrie ; où la politique, de plus en plus fixée, tend à se confondre avec la science ; un monde où les derniers échafauds et les derniers canons se hâtent de couper leurs dernières têtes et de vomir leurs derniers obus ; un monde où le jour croît à chaque minute ; un monde où la distance a disparu, où Constantinople est plus près de Paris que n'était Lyon il y a cent ans, où l'Amérique et l'Europe palpitent du même battement de cœur ; un monde tout circulation et tout amour, dont la France est le cerveau, dont les chemins de fer sont les artères et dont les fils électriques sont les fibres. Est-ce que vous ne voyez pas qu'exposer seulement une telle situation, c'est tout expliquer, tout démontrer et tout résoudre ? Est-ce que vous ne sentez pas que le vieux monde avait fatalement une vieille âme, la tyrannie, et que dans le monde nouveau va descendre nécessairement, irrésistiblement, divinement, une jeune âme, la liberté ? »

Ainsi, la civilisation se fait « nuée d'oiseaux et s'envole, tourbillonne, et s'abat, joyeuse sur tous les points du globe ». Optimisme de poète ? Non, réplique Hugo, car « le dix-neuvième est un enfantement de civilisation. [...] La France a porté ce siècle, et ce siècle porte l'Europe » (*William Shakespeare*, livre II). Siècle du progrès et de révolution, ce siècle sera celui de l'expansion de la civilisation sur le monde entier. « Le groupe grec a été la civilisation, étroite et circonscrite, d'abord [...] à la Morée ; puis, la civilisation, gagnant de proche en proche, s'est élargie, et a été le groupe romain ; elle est aujourd'hui le groupe français, c'est-à-dire toute l'Europe ; avec des commencements en Amérique, en Afrique et en Asie. Le plus grand de ces commencements est une démocratie, les États-Unis, éclosion aidée par la France dès le siècle dernier. La France, sublime essayeuse du progrès, a fondé une république en Amérique avant d'en faire une en Europe » *(ibid.)*. Hugo ne fait que reprendre là la vieille idée de la *translatio studii*, du déplacement des foyers culturels dominants, chère aux lettrés français depuis le quinzième siècle. Après Athènes, Rome, c'est Paris qui est devenu le flambeau de l'humanité.

Paris, « ville de lumière »

« Paris tient école. École de civilisation, école de croissance, école de raison et de justice » (Paris, *préface de* Paris-Guide, *1867*).

C'est dans la préface à *Paris-Guide*, l'énorme ouvrage collectif de près de 2 000 pages conçu et dirigé par son ami Louis Ulbach pour être vendu au public international lors de l'Exposition universelle de 1867, que Victor Hugo se laisse aller de la façon la plus significative à la glorification du rôle passé, présent et à venir de Paris, tout en exposant sa certitude que l'humanité tout entière marche vers la civilisation. Par-delà l'utopie, il faut suivre le raisonnement du poète, qui nous réserve quelques surprises.

Nous avons déjà vu en quoi 1789 est, pour Hugo, le « point climatérique de l'histoire de l'humanité ». Mais qui a fait le 14 juillet 1789 ? C'est Paris. Et ainsi, la France, puis l'humanité, ont pu entrer dans l'« âge viril de la civilisation ». Donc « Paris est le point vélique de la civilisation » (*Paris*, II). Comparant Paris à un voilier de haute mer, Hugo identifie la nouvelle *Urbs* à ce lieu de convergence, cette intersection merveilleuse où se concentrent en un point unique toutes les forces des vents dispersées dans les voiles. Paris est, dit-il, la somme, la résultante, de tous les courants, de toutes les tempêtes, de tous les souffles de l'histoire. Et ainsi « le genre humain suit [...]. Paris travaille pour la communauté terrestre ». Nouvelle expression du parisiano-centrisme de Hugo, de son chauvinisme français, diront certains. Certes ! Mais Hugo justifiait déjà cette prépondérance de Paris dans *William Shakespeare* en soulignant la conjonction à Paris de l'initiative révolutionnaire et du rayonnement intellectuel et littéraire depuis trois siècles. Dans *Paris*, IV, I, Hugo reprend la même image de Paris semeuse de civilisation de par le monde entier. « La fonction de Paris, c'est la dispersion de l'idée. Secouer sur le monde l'inépuisable poignée des vérités, c'est là son devoir et il le remplit. Faire son devoir est un droit. Paris est un semeur. [...] Rabelais, Molière et Voltaire, cette trinité de la raison, qu'on nous passe le mot, Rabelais le Père, Molière le Fils, Voltaire l'Esprit, ce triple éclat de rire, gaulois au seizième siècle, humain au dix-septième, cosmopolite au dix-huitième, c'est Paris. » *Paris, capitale du XIXe siècle*, écrira plus tard l'écrivain allemand Walter Benjamin.

Affirmer la fonction historique et la suprématie intellectuelle et artistique de Paris est totalement légitime, conclut Hugo, en raison de la réaction politique et spirituelle qui mène l'offensive en Europe. 1864 a été l'année de la publication de l'encyclique *Quanta Cura* et du *Syllabus*, et 1866 a été celle de la bataille de Sadowa. En Europe germanique, la puissance despotique prussienne supplante la réaction conservatrice autrichienne et le pape Pie IX condamne toutes les idées nouvelles, le libéralisme comme le communisme, le radicalisme comme le socialisme, le positivisme comme le scientisme, la démocratie comme la république.

« À cette heure de réaction contre toutes les tendances du progrès, dénoncé de tous côtés, de par l'encyclique, de par le droit divin, de par le bon goût, de par le *magister dixit*, de par l'ornière, de par la tradition, etc., en cette insurrection flagrante de tout le passé, passé fanatique, passé scholastique, passé autoritaire, contre ce puissant dix-neuvième siècle, fils de la révolution et père de la liberté, il est utile, il est nécessaire, il est juste de rendre témoignage à Paris. Attester Paris, c'est affirmer en dépit de toutes les apparences évidentes acceptées du vulgaire, la continuation de la vaste évolution humaine vers la libération universelle. Au moment où nous sommes, la coalition nocturne des vieux préjugés et des vieux régimes triomphe et croit Paris en détresse, à peu près comme les sauvages croient le soleil en danger pendant l'éclipse. »

(*Paris*, IV, VI)

Aussi, Hugo se félicite que Paris soit en 1867 le rendez-vous des peuples. Si la première Exposition universelle s'est tenue à Paris en 1800 et avait rassemblé deux cents exposants, celle de 1867 en rassemble plus de quarante-deux mille. Elle sera visitée par plus de onze millions de curieux venus du monde entier. Une telle exposition est un test de civilisation car tous les peuples y accourent pour y présenter les meilleurs échantillons de leur industrie, de leur science ou de leur art. « Le genre humain vient là faire sa propre connaissance. » L'humanité y découvre son unité. Hugo souligne qu'une telle rencontre est moins le fait des États que des créateurs et des peuples, de tous les peuples.

« Le fait des peuples se produit en dehors du fait des gouvernements. Symptôme décisif. Ce qui vient à ce rendez-vous de l'Exposition universelle, ce n'est pas seulement l'Europe, redisons-le, ce n'est pas seulement le groupe civilisé, ce n'est pas seulement l'Angleterre avec sa pyramide dorée de soixante pieds de haut figurant le rendement d'or de l'Australie, la *Prusse* avec son temple de la Paix et sa grotte de sel gemme, la *Russie* avec sa vieille orfèvrerie byzantine, la Crimée avec ses laines, la Finlande avec ses lins, la Suède avec ses fers, la Norvège avec ses fourrures, la Belgique avec ses dentelles, le Canada avec ses bois de luxe, New York avec son anthracite dont un seul bloc pèse huit mille livres, le Brésil avec les bijoux entomologiques et ornithologiques que lui fait son soleil ; ce qui arrive, ce qui accourt, ce qui s'empresse, c'est le vieux Thibet fanatique, c'est le Kolkar, le Travancore, le Bhopal, le Drangudra, le Punwah, le Chatturpore, l'Attipor, le Gundul, le Ristlom ; c'est le jam de Norvanaghur, c'est le Nizam d'Hyderabad, c'est le kao de Rusk, c'est le thakore de Morwée ; c'est toute cette famille de nations embryonnaires sur lesquelles pèsent les hautesses asiatiques, les maharadjahs, les jageerdars, les bégums. Jusqu'à un baril de poudre d'or, qui est envoyé par cet informe roi nègre de Bonny, habitant d'un palais bâti d'ossements humains. Disons-le en passant, ce détail a fait horreur. C'est avec des pierres que notre Louvre à nous est bâti. Soit.

L'Égypte n'a que sa momie ; elle l'exhume. Ce cimetière étale tous ses chefs-d'œuvre, ses sarcophages de porphyre, ses cercueils de granit rose, ses gaines à cadavre peintes et dorées, d'autant plus ornées qu'elles doivent être plus enfouies. »

Cette intuition de Victor Hugo est exceptionnelle pour son temps. Sous les monarchies de droit divin d'Asie et sous les princes des États vassaux de l'Inde de l'impératrice Victoria, naissent des « nations embryonnaires », des nations émergentes, qui affirment déjà leur identité par la culture et l'art et qui ne demandent à terme qu'à constituer des États indépendants en s'appropriant les principes de 1789.

« Tous ces peuples que nous énumérions tout à l'heure, que viennent-ils faire à Paris ? Ils viennent être France. La transfusion du sang est possible dans les veines de l'homme, et la transfusion de la lumière dans les veines des nations. Ils viennent s'incorporer à la civilisation. Ils viennent comprendre. Les sauvages ont la même soif, les barbares ont le même amour. Ces yeux saturés de nuit viennent regarder la vérité. Le lever lointain du Droit Humain a blanchi leur sombre horizon. La Révolution française a jeté une traînée de flamme jusqu'à eux. Les plus reculés, les plus obscurs, les plus mal situés sur le ténébreux plan incliné de la barbarie ont aperçu le reflet et entendu l'écho. Ils savent qu'il y a une ville soleil ; ils savent qu'il existe un peuple de réconciliation, une maison de démocratie, une nation ouverte, qui appelle chez elle quiconque est frère ou veut l'être, et qui donne pour conclusion à toutes les guerres le désarmement. [...] Lisent-ils Montaigne, Pascal, Molière, Diderot ? Non. Mais ils les respirent. Phénomène magnifique, cordial et formidable, que cette volatilisation d'un peuple qui s'évapore en fraternité ! Ô France, adieu ! tu es trop grande pour n'être qu'une patrie. On se sépare de sa mère qui devient déesse. Encore un peu de temps, et tu t'évanouiras dans la transfiguration. Tu es si grande que voilà que tu ne vas plus être. Tu ne seras plus France, tu seras Humanité ; tu ne seras plus nation, tu seras ubiquité. »

Telle serait la mission historique de la France : civiliser le monde.

Colonisation, conquête ou expansion ?

« Refaire une Afrique nouvelle, rendre la vieille Afrique maniable à la civilisation, tel est le problème. L'Europe le résoudra » (Discours sur l'Afrique, 18 mai 1879).

Avec le recul du temps, nous pouvons dire que Hugo, en diffusant le sentiment de supériorité culturelle des Français, en légitimant la mission civilisatrice de la France, a fourni des arguments à la conquête coloniale que la Troisième République accentue et élargit. Hugo serait-il le chantre du colonialisme, l'inspirateur de Ferry ou de Liautey ? On pourrait le penser à lire vite certains de ses discours. Dans le contexte international très tendu du premier Congrès de Berlin en 1878, où les États européens ont tenté de se partager pacifiquement l'Afrique afin de consolider leurs territoires coloniaux, et alors que la France et l'Italie commencent à se disputer la Tunisie, cet ancien grenier de l'Empire romain, Hugo plaide sans scrupule apparent pour la colonisation française. Ainsi, le 18 mai 1879, entouré de Victor Schœlcher, Emmanuel Arago et Jules Simon, il préside le banquet commémoratif de l'abolition de l'esclavage et il y lance son célèbre appel à la colonisation de l'Afrique, dans le but de « l'amélioration de la race humaine » :

« Déjà les deux peuples colonisateurs, qui sont deux grands peuples libres, la France et l'Angleterre, ont saisi l'Afrique ; la France la tient par l'ouest et par le nord, l'Angleterre la tient par l'est et par le midi. Voici que l'Italie accepte sa part de ce travail colossal. L'Amérique joint ses efforts aux nôtres ; car l'unité des peuples se révèle en tout ; l'Afrique importe à l'univers ; une telle suppression de mouvement et de circulation entrave la vie universelle, et la marche humaine ne peut s'accommoder plus longtemps d'un cinquième du globe paralysé. Les hardis pionniers se sont risqués, et, dès leurs premiers pas, ce sol étrange est apparu réel ; ces paysages lunaires deviennent des paysages terrestres ; la France est prête à y apporter une mer ; cette Afrique farouche n'a que deux aspects : peuplée, c'est la barbarie, déserte, c'est la sauvagerie, mais elle ne se dérobe plus ; les lieux réputés inhabitables sont des climats possibles ; on trouve partout des fleuves navigables ; des forêts se dressent, de vastes branchages encombrent çà et là l'horizon ; quelle sera l'attitude de la civilisation devant cette faune et cette flore inconnues ? Des lacs sont aperçus : qui sait ? peut-être cette mer Nagaïn dont parle la Bible. De gigantesques appareils hydrauliques sont préparés par la nature et attendent l'homme ; on voit les points où germeront des villes ; on devine les communications ; des chaînes de montagnes se dessinent ; des cols, des passages, des détroits sont praticables ; cet univers qui effrayait les Romains attire les Français. »

Tous les arguments colonialistes apparaissent ici : l'esprit d'aventure et l'exotisme, l'appel à la découverte de terres vierges, le souci d'approfondir les connaissances scientifiques, la perspective de gigantesques richesses naturelles à mobiliser et un immense continent à équiper, à urbaniser, bref à civiliser, ainsi que la volonté de restaurer la grandeur de la France. Hugo n'oublie pas un argument qui lui tient à cœur : puisque la question sociale se pose toujours de façon tragique, la colonisation peut être une de ses solutions. Il raisonne selon le modèle romain de la création de colonies pour soldats vétérans et d'après l'exemple anglo-saxon de migrations définitives de fermiers et de prolétaires dans des colonies de peuplement. « Allez, Peuples ! l'Esprit divin s'affirme par la paix, et l'Esprit humain par la liberté ! »

Hugo émet une seule réserve : il ne veut pas de colonisation par conquête militaire et violente comme au temps des rois et des empires. On ignore le plus souvent les réserves, voire les inquiétudes, que lui inspira, dès la fin de la monarchie de Juillet, la conquête de l'Algérie. En 1841, Hugo note que la civilisation arrive en Algérie avec… la première guillotine ! Le 6 juillet 1847, il est invité par le duc de Monpensier à une fête au bois de Vincennes :

> « Il y avait la tente de l'empereur du Maroc, prise à la bataille d'Isly, […] la tente d'Abd-El-Khader, prise avec la Smala, fort belle, avec des arabesques rouges et jaunes brodées en soie ; une autre tente du bey de Constantine, d'une forme admirablement élégante ; enfin la tente donnée à Napoléon par le sultan Sélim. […] Il y avait deux Arabes en burnous blancs, le cadi de Constantine et Bou-Maza. Bou-Maza a de beaux yeux, mais un vilain regard, une jolie bouche et un affreux sourire ; cela est traître et féroce ; il y a dans cet homme du regard et du tigre. Je lui ai trouvé cependant une assez belle expression dans un moment où, se croyant seul, il s'est approché de la tente d'Abd-El-Kader et la considérait. Il avait l'air de lui dire : "– Que fais-tu ici ?" Bou-Maza est jeune, il paraît vingt-cinq ans. »

Victor Hugo est tout de suite sensible au caractère odieux de ces premières expositions colonialistes et de ces zoos humains que la mode de l'exotisme favorise. Il a l'intuition de l'indigne insulte faite à l'honneur d'un chef arabe prisonnier en liberté surveillée. Il pressent le malaise profond d'un homme aspirant à recouvrer la liberté de son peuple. Bou Maza est en effet ce jeune marabout de vingt ans qui a lancé l'appel à la résistance contre l'envahisseur et qui a mené en 1846 l'insurrection des *mahdi*, ces sauveurs du peuple au nom de l'islam. Ce qui n'était qu'intuition se transforme en émotion et en colère quand Hugo reçoit à partir de 1852 des informations confidentielles sur les agissements de l'armée française en Algérie, dont Napoléon III a entamé la « pacification » sous prétexte d'instaurer à terme un « royaume arabe ». Il note que l'armée est « faite féroce par l'Algérie ».

> « Le général Le Flô [un républicain proscrit] me disait hier soir le 16 octobre 1852 : – Dans les prises d'assaut, dans les razzias, il n'était pas rare de voir les soldats jeter par les fenêtres des enfants que d'autres soldats en bas recevaient sur la pointe de leurs baïonnettes. Ils arrachaient

les boucles d'oreille aux femmes et les oreilles avec, ils leur coupaient les doigts des pieds et des mains pour prendre leurs anneaux. Quand un arabe était pris, tous les soldats devant lesquels il passait pour aller au supplice lui criaient en riant : *cortar* [?] *cabeza.*

Le frère du général Marolles, officier de cavalerie, reçut un enfant sur la pointe de son sabre. Il en a du moins la réputation dans l'armée et s'en est mal justifié. Atrocités du général Négrier. Colonel Pelissier, les arabes *fumés* vifs. »

En 1861, il note encore : « L'armée en Algérie devient tigre » et il dénonce les crimes des généraux Pelissier et Négrier en Kabylie. Hugo n'incrimine pas seulement les actes barbares des simples soldats, mais accuse les généraux responsables de véritables exterminations des populations civiles. Il adopte là une attitude que bien peu d'écrivains français reprendront. Hugo condamne toute conquête militaire et rêve d'une colonisation par échange et influence, comme un processus historique naturel de mise en contact de peuples inégalement développés. Ainsi, la Mésopotamie aurait dominé l'Égypte, la Grèce a influencé Rome et Rome conquis la Gaule. En fait, Hugo illustre ce courant colonialiste libéral, bien moins représenté en France qu'en Angleterre avec Cobden et Gladstone, qui désire que la colonisation repose sur des initiatives privées de commerçants et de colons agricoles sans mise en tutelle étatique des colonies. La colonisation libérale entendrait se limiter aux échanges marchands et à l'influence culturelle. Hugo apparaît ainsi comme un colonisateur anticolonialiste voyant dans le colonialisme la caricature de la colonisation.

Ainsi, dans son discours sur l'Afrique de 1879, il récuse la devise du général Bugeaud qui voulait conquérir l'Algérie « par l'épée et la charrue » ; il oppose le sabre et le canon à la charrue, au commerce et à l'industrie. Il s'illusionne certes en pensant que la phase des conquêtes coloniales est terminée et que la conquête de l'Afrique se fera pacifiquement. Il s'aveugle en croyant que l'Afrique barbare n'a pas d'histoire et guère de population. L'Afrique doit être le nouveau monde de l'Europe. Ainsi, dit-il, si « au dix-neuvième siècle, le blanc a fait du noir un homme, ; au vingtième siècle, l'Europe fera de l'Afrique un monde [...] maniable à la civilisation ». Hugo se réclame de la nécessaire « expansion libérale » de la France pour justifier cette hypothétique civilisation pacifique des barbares par les civilisés. Certes, il ne parle pas, comme Ferry, de

« races inférieures », mais son discours est fortement entaché de préjugés que la conscience de l'inégal développement ne suffit pas à justifier. Cependant, on ne peut faire reproche à Hugo de la moindre trace de racisme naturaliste, de la moindre volonté de domination colonialiste, ni même d'aucun signe d'ethnocentrisme culturel. En un certain sens, il subvertit les thèmes de l'idéologie colonialiste dominante en France en affirmant les devoirs du colonisateur. Sa conception historique et évolutive du progrès que nous allons découvrir n'assigne à aucune culture, à aucun lieu, à aucun peuple la possession immanente et définitive de la civilisation. Pour Hugo, il n'y a pas de peuple élu.

Civilisation ou barbarie ?

« Devant l'histoire, l'un des deux bandits s'appellera la France, l'autre s'appellera l'Angleterre » (Lettre au capitaine Butler, 25 novembre 1861).

Hugo ne sombre pas dans l'apologie pure et simple du colonialisme. À preuve, plusieurs de ses réactions montrent qu'il s'interroge depuis longtemps pour savoir si le barbare n'est pas celui qui se présente et passe pour civilisé. Premier exemple : en 1861, quand le capitaine Butler l'interroge sur l'expédition de Chine, conduite sous le double pavillon de la reine Victoria et de Napoléon III dans le but d'obtenir que l'Empire de Chine s'ouvre encore plus aux intérêts étrangers, Hugo en profite pour protester spectaculairement contre la mise à sac de la capitale impériale Nankin et de son joyau, le Palais d'Été.

« Il y avait, dans un coin du monde, une merveille du monde ; cette merveille s'appelait le Palais d'Été. L'art a deux principes, l'Idée, qui produit l'art européen, et la Chimère, qui produit l'art oriental. Le Palais d'Été était à l'art chimérique ce que le Parthénon est à l'art idéal. Tout ce que peut enfanter l'imagination d'un peuple presque extra-humain était là. Ce n'était pas, comme le Parthénon, une œuvre rare et unique ; c'était une sorte d'énorme modèle de la chimère, si la chimère peut avoir un modèle. Imaginez on ne sait quelle construction inexprimable, quelque chose comme un édifice lunaire, et vous aurez le Palais d'Été. Bâtissez un songe avec du marbre, du jade, du bronze, de la porcelaine, charpentez-le en bois de cèdre, couvrez-le de pierreries, drapez-le de soie, faites-le ici sanctuaire, là harem, là citadelle, mettez-y des dieux, mettez-y des monstres, vernissez-le, émaillez-le, dorez-le, fardez-le, faites construire par des architectes qui soient des poëtes les mille et un rêves des mille et une nuits, ajoutez des jardins, des bassins, des jaillissements d'eau et d'écume, des cygnes, des ibis, des paons, supposez en un mot une sorte d'éblouissante caverne de la fantaisie humaine ayant une figure de temple et de palais, c'était là ce monument. Il avait fallu, pour le créer, le long travail de deux générations. Cet édifice, qui avait l'énormité d'une ville, avait été bâti par les siècles, pour qui ? pour les peuples. Car ce que fait le temps appartient à l'homme. Les artistes, les poëtes, les philosophes, connaissaient le Palais d'Été ; Voltaire en parle. On disait : le Parthénon en Grèce, les Pyramides en Égypte, le Colisée à Rome, Notre-Dame à Paris, le Palais d'Été en Orient. Si on ne le voyait pas, on le rêvait. C'était une sorte d'effrayant chef-d'œuvre inconnu entrevu au loin dans on ne sait quel crépuscule comme une silhouette de la civilisation d'Asie sur l'horizon de la civilisation d'Europe.

Cette merveille a disparu.

Un jour, deux bandits sont entrés dans le Palais d'Été. L'un a pillé, l'autre a incendié. La Victoire peut être une voleuse, à ce qu'il paraît. Une dévastation en grand du Palais d'Été s'est faite de compte à demi entre les deux vainqueurs. On voit mêlé à tout cela le nom d'Elgin, qui a la propriété fatale de rappeler le Parthénon. Ce qu'on avait fait au Parthénon, on l'a fait au Palais d'Été, plus complètement et mieux, de manière à ne rien laisser. Tous les trésors de toutes nos cathédrales réunies n'égaleraient pas ce formidable et splendide musée de l'Orient. Il n'y avait pas seulement là des chefs-d'œuvre d'art, il y avait un entassement d'orfèvreries. Grand exploit, bonne aubaine. L'un des deux vainqueurs a empli ses poches, ce que voyant, l'autre a empli ses coffres ; et l'on est revenu en Europe, bras dessus, bras dessous, en riant. Telle est l'histoire des deux bandits.

Nous Européens, nous sommes les civilisés, et pour nous les Chinois sont les barbares. Voilà ce que la civilisation a fait à la barbarie. »

Hugo est un des premiers Européens à admirer l'art des anciennes civilisations asiatiques, non pas comme simple production d'objets décoratifs et exotiques, mais comme la quintessence d'une civilisation comparable en dignité et en beauté avec celle de la Grèce ancienne ou de l'Europe des cathédrales. Pour lui, comme pour Élie Faure ou André Malraux plus tard, s'il y a des inégalités de développement technique, il n'y a pas une échelle des arts. La beauté est universelle sous toutes ses différentes formes. Le barbare, c'est lord Elgin, qui pille les frises du Parthénon ; les barbares sont les brigands anglais et français qui déshonorent leurs peuples. Et Hugo d'espérer que « la France délivrée et nettoyée [renvoie] ce butin à la Chine ».

Nul naturalisme ou nul ethnicisme ne viennent sous-tendre le discours de Hugo sur l'inégal développement des niveaux de civilisation. Certes, c'est l'idée même de hiérarchisation en la matière qui fait problème. Lévi-Strauss montre, dans *Race et histoire*, que les cultures sont simplement différentes et non pas inférieures ou supérieures les unes par rapport aux autres. Mais la segmentation des traits de culture faite par Hugo lorsqu'il aborde la question des préjugés superstitieux ou des arts montre qu'il n'épouse pas l'ethnocentrisme colonialiste. D'abord parce que ce n'est pas globalement, désormais, qu'on peut comparer une culture à une autre : le maintien des préjugés obscurantistes, notamment cléricaux, en Occident, lui interdit de le poser en modèle. Hugo est suffisamment conscient de l'immense déficit de justice et de liberté en France et en Europe pour éviter de se laisser aller à accepter la bonne conscience occidentale en la matière. La France sous Napoléon III, dans ses interventions militaires en Algérie, en Crimée et au Mexique, ne conduit-elle pas des guerres barbares, indignes de son passé révolutionnaire et émancipateur ?

En 1863, profitant de la guerre civile aux États-Unis, le peuple mexicain se soulève et proclame une République libre. Napoléon III décide d'intervenir militairement, sous prétexte de rétablir l'influence d'une Espagne affaiblie. Si l'armée française a pour mission de renverser le régime du Président Juarez et de faire monter sur le trône un empereur en la personne de Maximilien de Habsbourg, l'État français cherche en fait à se tailler une zone d'influence politique et économique ; le corps expéditionnaire français se heurte à la résistance héroïque de la ville de Puebla qui contrôle la route de Mexico. Le journal de Puebla prend l'heureuse initiative de publier chaque jour pendant le siège une page de *Napoléon-le-Petit*, avec la formule ironique : « Habeis Napoleon, habemos Victor Hugo » (« Vous avez Napoléon, nous avons Victor Hugo »). Celui-ci, flatté, se sent solidaire des Mexicains résistants : « Vous avez raison de me croire avec vous. Ce n'est pas la France qui vous fait la guerre, c'est l'empire. Combattez, luttez, soyez terribles. [...] Après un 18 brumaire ou un 2 décembre, une armée n'est plus que le spectre d'une nation. [...] Vaillants hommes du Mexique, résistez. La République est avec vous. [...] Votre héroïque résistance s'appuie sur le droit, et a pour elle une grande certitude, la justice. »

Dans ces deux cas, Hugo a pris le parti de ceux qu'on appelle les barbares contre la politique de domination de son propre pays prétendument civilisé. Le rayonnement culturel d'un peuple ne préjuge pas de la politique de son État.

Émancipation des peuples
« Ce qu'il vous faut, c'est Gibraltar de plus et Cuba de moins » (Deuxième Lettre à l'Espagne, 22 novembre 1868).

Les condamnations par Victor Hugo des agressions contre des États souverains ne constituent pas forcément une preuve de son anticolonialisme. Mais comment qualifier ses protestations contre la répression des grandes insurrections de 1871 dans les Aurès, en Kabylie ? Certes, Hugo n'approuve pas la révolte armée des colonisés, mais il s'indigne devant les massacres et les crimes aveugles perpétrés contre les populations. Plus concrètement, il demande la même amnistie pour les guerriers kabyles vaincus et pour les insurgés de la Commune. Pas de représailles ! Voici la lettre qu'il adresse probablement à Albert Grevy, sénateur nommé gouverneur général de l'Algérie, le 27 juin 1880 :

> « Mon honorable et cher collègue,
> Le Conseil de guerre de Constantine vient de condamner à mort *treize* prisonniers de la dernière révolte dans les montagnes de l'Aurès. Ces hommes étaient hier des combattants, ce sont aujourd'hui des vaincus. Il me paraît impossible que l'arrêt de mort soit exécuté. Vous saurez, je n'en doute pas, concilier la quantité de châtiment que mérite et exige l'insurrection, avec la nécessité de respecter la vie humaine et de limiter la peine de mort, en attendant qu'on la supprime.
> Je n'en dis pas davantage à un homme tel que vous, et je vous envoie mon cordial serrement de main, et l'assurance de ma haute considération.
>
> Victor Hugo »

Une demande d'amnistie n'est pas une preuve suffisante de la reconnaissance par Hugo du droit à l'indépendance des peuples coloniaux ou semi-coloniaux. Les colonisateurs libéraux avaient théoriquement pour objectif l'émancipation des colonies, mais cette thèse inspirée du modèle des colonies anglaises d'Amérique du Nord ne semble être applicable que pour les colonies de peuplement d'origine européen. Comment Hugo conçoit-il donc l'avenir des peuples dominés par des minorités de colons européens ? Dès 1867, il évoquait des « nations embryonnaires », des nations en voie de formation. Il en déduit que, comme la France, ces peuples ne peuvent s'affirmer à terme qu'en devenant souverains et indépendants. À l'appui de cette thèse, deux exemples encore.

Quand, en 1870, Cuba se révolte contre l'Espagne qui se refuse à admettre son indépendance, Victor Hugo apporte son soutien aux femmes de Cuba qui lui ont lancé un appel. Après un premier manifeste seulement humanitaire, Hugo affirme fortement son soutien à la lutte des chefs insurgés en rappelant le droit inaliénable de Cuba à l'indépendance. Il réfute totalement la thèse invoquée par tous les colonisateurs de « peuples mineurs ». L'Espagne, dit-il, viole le droit légitime des Cubains. Hugo s'adresse à l'Espagne en lui rappelant qu'elle inflige à Cuba une spoliation semblable à celle que lui fait subir l'Angleterre qui occupe par la force Gibraltar depuis 1713. N'impose-t-elle pas ce qu'elle ne veut pas souffrir ?

« Elle a le droit d'être mère, elle n'a pas le droit d'être bourreau.

Mais, en civilisation, est-ce qu'il n'y a pas les peuples aînés et les peuples puînés ? Est-ce que les majeurs n'ont pas la tutelle des mineurs ?

Entendons-nous encore.

En civilisation, l'aînesse n'est pas un droit, c'est un devoir.

Ce devoir, à la vérité, donne des droits ; entre autres le droit à la colonisation. Les nations sauvages ont droit à la civilisation, comme les enfants ont droit à l'éducation, et les nations civilisées la leur doivent. Payer sa dette est un devoir ; c'est aussi un droit. De là, dans les temps antiques, le droit de l'Inde sur l'Égypte, de l'Égypte sur la Grèce, de la Grèce sur l'Italie, de l'Italie sur la Gaule. De là, à l'époque actuelle, le droit de l'Angleterre sur l'Asie, et de la France sur l'Afrique ; à la condition pourtant de ne pas faire civiliser les loups par les tigres ; à la condition que l'Angleterre n'ait pas Clyde et que la France n'ait pas Pélissier.

Découvrir une île ne donne pas le droit de la martyriser ; c'est l'histoire de Cuba. »

Ici, Hugo tente de concilier le devoir de colonisation des nations développées et le droit des colonisés de demander leur indépendance. Si la civilisation implique la colonisation, « la tutelle cesse de plein droit à la majorité du mineur, que le mineur soit un enfant ou un peuple ». Toute colonisation prolongée par la force est une usurpation du droit à la souveraineté, et donc un crime. « Ce crime, partout où je le vois, je le dénonce. » Hugo se fait ainsi le précurseur de la législation émancipatrice des colonies mise en place en 1919 par la Société des Nations, et surtout après 1945 par l'ONU.

Dernier exemple : en juin 1882, les troupes anglaises écrasent les troupes du colonel égyptien Arabi, le chef de la résistance nationale au condominium franco-britannique concédé par le sultan turc de Constantinople, suzerain officiel de l'Égypte. Le 15 octobre 1882, dans un article du *Rappel*, Hugo proteste contre le jugement et la condamnation à mort d'Arabi. Il n'est pas un rebelle, mais un libérateur. Son exécution serait un double crime, contre un innocent et contre le droit du peuple égyptien à être libre et grand. Ce qu'il sera nécessairement au vingtième siècle, prévoit-il. On le voit, Victor Hugo a certainement été le premier Français à avoir envisagé la nécessaire décolonisation, ne serait-ce que parce qu'il y voyait la conséquence logique de la colonisation réussie.

Révolution de la Fraternité

« Cette protection de tous sur chacun s'appelle Fraternité » (Discours d'Enjolras, Les Misérables, *cinquième partie, livre V, chapitre* V*).*

Hugo n'est pas Kipling. Il n'est pas un champion de la domination impérialiste, ni un apologiste du « lourd fardeau de l'homme blanc ». Il en est même la figure opposée. Il est resté fidèle jusqu'à la fin de sa vie, quelles que soient ses contradictions personnelles et les lectures réductrices de ses utilisateurs, quel que soit son idéalisme libéral, quelle que soit son utopie fraternelle, au si beau discours d'Enjolras sur la barricade des *Misérables*, qui clôt notre quinzième chapitre. Il est resté fidèle au Hugo révolutionnaire du *William Shakespeare*, livre II, qui, déjà en 1864, clamait haut et fort la fraternité universelle, pour tous et sans conditions.

« Aujourd'hui pour toute la terre la France s'appelle Révolution ; et désormais ce mot, *Révolution,* sera le nom de la civilisation jusqu'à ce qu'il soit remplacé par le mot *Harmonie.* Je le répète, ne cherchez pas ailleurs le point d'origine et le lieu de naissance de la littérature du dix-neuvième siècle. Oui, tous tant que nous sommes, grands et petits, puissants et méconnus, illustres et obscurs, dans toutes nos œuvres, bonnes ou mauvaises, quelles qu'elles soient, poëmes, drames, romans, histoire, philosophie, à la tribune des assemblées comme devant les foules du théâtre, comme dans le recueillement des solitudes, oui, partout, oui, toujours, oui, pour combattre les violences et les impostures, oui, pour réhabiliter

les lapidés et les accablés, oui, pour conclure logiquement et marcher droit, oui, pour consoler, pour secourir, pour relever, pour encourager, pour enseigner, oui, pour panser en attendant qu'on guérisse, oui, pour transformer la charité en fraternité, l'aumône en assistance, la fainéantise en travail, l'oisiveté en utilité, la centralisation en famille, l'iniquité en justice, le bourgeois en citoyen, la populace en peuple, la canaille en nation, les nations en humanité, la guerre en amour, le préjugé en examen, les frontières en soudures, les limites en ouvertures, les ornières en rails, les sacristies en temples, l'instinct du mal en volonté du bien, la vie en droit, les rois en hommes, oui, pour ôter des religions l'enfer et des sociétés le bagne, oui, pour être frères du misérable, du serf, du fellah, du prolétaire, du déshérité, de l'exploité, du trahi, du vaincu, du vendu, de l'enchaîné, du sacrifié, de la prostituée, du forçat, de l'ignorant, du sauvage, de l'esclave, du nègre, du condamné et du damné, oui, nous sommes tes fils, Révolution ! »

Chapitre quinze

Les révolutions du progrès

Le progrès, perspective de tous les combats

« Le progrès est le mode de l'homme » (Les Misérables).

Le progrès, c'est la marche. *Progredior,* en latin, veut dire « je m'avance ». Qui marche ? L'humanité. Mais une telle marche, l'humanité ne peut la faire qu'en surmontant les obstacles à son épanouissement. Ici réside la nécessité de mettre en pleine lumière les exigences qui en découlent. Chaque version de la civilisation, on l'a vu au chapitre précédent, répond plus ou moins bien à ces exigences. Celles-ci s'appellent liberté, droit, justice. Et fraternité, pour que chaque pas ne laisse personne sur le chemin. « Chaque forme de civilisation a son cordon ombilical. Couper ce cordon, c'est l'affaire du progrès. Le progrès, cet accoucheur de la gestation universelle, fait cette opération avec talent. On peut se fier à lui » (*La Civilisation, Proses philosophiques, 1860-1865*).

L'humanité prend ainsi conscience d'exister, comme telle, en chacun des hommes. Son accomplissement a un horizon, l'« éden », qu'elle se promet d'atteindre pleinement et dont elle s'efforce de goûter déjà les fruits dans le présent. « En ce qui concerne la civilisation, entre la conception religieuse, telle qu'elle est à cette heure, et la conception philosophique, la différence radicale, c'est le déplacement de l'éden. Il était en arrière, il est en avant » *(ibid.)*. Elle devient à elle-même sa propre référence, ce qui implique responsabilité. Sa puissance, elle sait qu'elle ne peut l'utiliser n'importe comment. Quant au poète, engagé, il doit porter cette conscience à son point d'incandescence. Il ne se conçoit pas comme une élite, mais comme une simple voix du peuple, ou un instituteur littéraire quelquefois, tel Homère pour la Grèce antique. « La poésie est plus que jamais prophétie ; mais elle n'est plus la prophétie qui menace, elle est la poésie qui promet. Il y a un divin lever d'astre à l'horizon ; elle est le doigt indicateur de ce point lumineux » *(ibid.).*

Bref, à une religion de peur, hantée par l'imagination de quelque faute originaire de l'humanité, s'oppose une philosophie d'espérance, dont la poésie est la version lyrique. Aux prophètes de malheur qui raillent la nature humaine et pleurent sans cesse un paradis perdu s'opposent les tenants de l'avenir. La lucidité humaine est requise et la culture, réflexive ou poétique, doit ici tenir son rôle. D'où le devoir de ne pas se méprendre en identifiant comme progrès ce qui n'en est pas. Parler des *révolutions du progrès,* c'est faire du progrès à la fois une condition des révolutions et une résultante des conquêtes qu'elles accomplissent. Ce double sens est central dans la perspective hugolienne.

Difficile, le progrès a quelque chose des douleurs de l'enfantement mêlées aux souffrances de l'agonie. « Deux phénomènes marchent de front : la désagrégation et la recomposition » (*ibid.*). La figure de l'avenir n'est que rarement lisible et déchiffrable, car ses contours sont incertains. Dans un poème où la philosophie politique s'enracine dans une vision cosmique, Hugo apparente le progrès accompli à Dieu et il joue sur l'ambivalence du mot « révolution » pour suggérer que l'histoire humaine a ses révolutions, aussi nécessaires que celles de la nature céleste :

« Va donc ! Double le pas ! L'horizon s'élargit.
Va ! Monte ! à chaque étape une larve surgit ;
C'est l'avenir debout dans sa figure étrange ;
L'avenir semble spectre avant d'apparaître ange.
Marche ! Qui veut aller à lui doit être prêt
À tous les grands combats ; l'homme se tromperait
S'il croyait qu'on obtient Dieu sans peine, et qu'on pousse
L'enfer dans le tombeau sans lutte et sans secousse.
L'enfantement du mieux a ses convulsions.
Tout dans les cieux se fait par révolutions.
Qu'est-ce que le progrès ? Un lumineux désastre. »

(« Dieu »)

Si les révolutions célestes se produisent par la nécessité de la nature, les révolutions terrestres, historiques, requièrent la volonté humaine, qui incarne également une certaine nécessité, celle de la liberté de tous, opposée à la pseudo-nécessité que représente la reproduction de l'injustice par lassitude et renoncement. Les obstacles à l'humanité, qu'il convient de surmonter par les révolutions et les évolutions, Hugo les énonce en commentant le but de ses œuvres romanesques. Il dit avoir voulu y montrer que l'homme peut surmonter trois fatalités, c'est-à-dire trois empiètements de la nécessité sur la liberté. « L'homme a affaire à l'obstacle sous la forme superstition, sous la forme préjugé, et sous la forme élément. Un triple *anankè* (nécessité) pèse sur nous : l'*anankè* des dogmes, l'*anankè* des lois, l'*anankè* des choses. Dans *Notre-Dame de Paris*, l'auteur a dénoncé le premier, dans *Les Misérables* il a signalé le second ; dans ce livre [*Les Travailleurs de la mer*], il indique le troisième. À ces trois fatalités qui enveloppent l'homme se mêle la fatalité intérieure, l'*anankè* suprême, le cœur humain. » Vaste programme, où l'on peut reconnaître tous les grands combats du poète réunis.

Un progressiste ne traite pas le progrès comme une nouvelle idole, advenant à la façon d'une manne divine dans le désert. C'est de lui-même que l'homme peut tenir le progrès, et non de quelque puissance extérieure. L'imprimerie, le *steamer*, l'aéroscaphe, le chemin de fer, couronnèrent le patient labeur des hommes, le travail ingénieux qui à la fois utilise et affronte les forces naturelles. La République, unissant liberté et justice sociale, l'émancipation laïque, l'humanisation du droit pénal, le droit des peuples et l'idéal de paix, ont requis et requièrent les luttes résolues des hommes contre toute fatalisation de l'injustice et de la servitude. L'ignorance, dont *Les Misérables* montre les formes diverses, appelle le travail de la culture et le soin de l'instruction publique. Bref, le progrès ne peut advenir que par l'intervention consciente des hommes.

Le progrès est-il chose simple ? Hugo ne peut le penser, dès lors qu'il assiste aussi bien aux régressions, aux résurgences de barbarie, aux ressacs d'obscurantisme qu'aux avancées du droit. Flux et reflux, comme l'océan qui se prêta si longtemps à son regard. Hugo témoigne d'une confiance dans l'action des hommes et toute son œuvre vise à l'encourager comme à l'éclairer. Et il le fait notamment dans les moments les plus sombres, comme à l'époque de l'exil. « J'ai profondément foi au progrès, les éclipses sont des intermittences, et comment douterais-je du retour de la liberté puisqu'à tous mes réveils j'assiste au retour de la lumière ? » (10 décembre 1865). On aurait tort de confondre une telle confiance avec une sorte de providentialisme mystique, démenti par le volontarisme du poète. Si le progrès doit advenir nécessairement, pourquoi en effet agir sans cesse, comme veut le faire Hugo ?

Nulle évidence, donc. Et une véritable interrogation, qui situe le poète loin de toute religion du progrès et près d'un humanisme critique, c'est-à-dire affranchi de toute illusion. Voyez la question décisive, à propos du travail des enfants et de la déshumanisation produite non par la machine comme telle, mais par les modalités de son appropriation sociale :

> « Progrès dont on demande : "Où va-t-il ? Que veut-il ?
> Qui brise la jeunesse en fleur ! Qui donne, en somme,
> Une âme à la machine et la retire à l'homme !" »
>
> (« Melancholia », vers 138-140, *Les Contemplations*)

En complément de la question, le poète esquisse un réquisitoire contre le travail des enfants générateurs de surprofit pour le capitalisme :

> « Travail mauvais qui prend l'âge tendre en sa serre,
> Qui produit la richesse en créant la misère ! »
>
> *(Ibid.)*

Texte à rappeler, aujourd'hui, quand la même quête de profit va chercher dans les pays du tiers-monde une main-d'œuvre enfantine qui restitue au capitalisme l'âge d'or de son libéralisme sauvage, que Hugo avait sous les yeux en France et en Angleterre.

On le voit, la définition du progrès, hier comme aujourd'hui, ne peut jamais séparer les acquis scientifiques ou techniques des fins et des effets de leur utilisation sociale. Hugo, en l'occurrence, pense notre temps aussi bien que le sien.

Matérialisme et liberté : histoire d'un malentendu

« Ceux qui ont réussi à se procurer ce matérialisme admirable ont la joie de se sentir irresponsables, et de penser qu'ils peuvent dévorer tout, sans inquiétude. »

Le progrès suppose la liberté, faculté essentielle qu'a l'homme de redéfinir ses conditions d'existence et de refaire le monde. Mais une telle faculté est-elle concevable si on explique l'homme par les facteurs matériels qui rendent possible son existence ? Ce qu'on appelle matérialisme en philosophie et dans la vie la plus courante donne en fait lieu à malentendu. Le poète ne semble pas y échapper. Comment comprendre la conception de Hugo sur le rapport entre matérialisme et liberté ? Par référence à l'idée que beaucoup de penseurs, comme Auguste Comte et d'autres, se faisaient encore au dix-neuvième siècle du matérialisme, victimes en cela d'une approche polémique et réductrice. Mais l'œuvre même du poète et ses réflexions théoriques montrent que sa position n'est pas sans nuances.

La démarche matérialiste, rappelons-le, consiste à expliquer les conditions de possibilité d'une activité – pensée, art, régulation politique, production de représentations collectives – en se référant aux processus matériels qui la rendent possible ou, dans le cas de l'histoire, à ceux de la pratique humaine qui les déterminent. L'explication de la pensée, notamment, met en jeu les processus physiologiques de l'activité cérébrale et celle de l'imaginaire idéologique remonte aux rapports sociaux qui configurent l'existence, ici et là, c'est-à-dire dans un contexte dont on ne peut faire abstraction.

La façon dont l'homme produit la survie par son travail, c'est la *culture,* au sens étymologique de transformation active de la nature. Par elle, l'homme se produit lui-même. On ne peut prétendre que l'explication matérielle de ce processus ramène le supérieur à l'inférieur, méconnaissant ainsi les réalités. Réalités les plus élaborées, et aussi les plus précieuses. Les premières pages des *Misérables* (I, I, VIII) évoquent la caricature de cette approche, placée dans la bouche d'un sénateur-philosophe qui dialogue avec Monseigneur Myriel : « Une goutte de vinaigre dans une cuillerée de pâte de farine supplée le *fiat lux.* Supposez la goutte plus grosse et la cuillérée plus grande, vous avez le monde. L'homme c'est l'anguille. Alors à quoi bon le Père éternel ? Monsieur l'évêque, l'hypothèse Jehovah me fatigue. » Le sénateur « matérialiste » est adepte de Needham, savant célèbre pour ses travaux sur la cellule et ses recherches sur la composition physico-chimique du vivant. L'ecclésiastique n'a nul peine à stigmatiser « ce matérialisme-là », dans lequel il veut voir un principe de passivité et de soumission, bref, une négation de la liberté, puisque tout, des processus moléculaires de la cellule à la conscience la plus sophistiquée, est soumis à un déterminisme qui ramènerait le niveau supérieur d'organisation au niveau inférieur le plus élémentaire. L'homme est anguille, et l'anguille est farine vinaigrée… Conséquence éthico-politique ironiquement énoncée par l'évêque : « Ceux qui ont réussi à se procurer ce matérialisme admirable, ont la joie de se sentir irresponsables, et de penser qu'ils peuvent dévorer tout, sans inquiétude… » *(ibid.)*

Hugo est-il vraiment dupe de cette version doublement démentie par l'histoire scientifique et politique ? L'histoire scientifique, d'abord. Du point de vue d'un matérialisme rationnel authentique, ce qui est évidemment faux dans une telle restitution, ce n'est pas l'affirmation de la consistance physico-chimique de tout ce qui est, mais la conclusion qui en est tirée, à savoir la réduction de chaque niveau d'organisation au niveau inférieur. Il y a au contraire irréductibilité de chaque niveau d'organisation au niveau « inférieur ». Ceci explique l'échelle des êtres. Hugo élabore d'ailleurs une philosophie cosmique à partir de ce même principe. Si les éléments dont se compose le niveau organique de la cellule peuvent s'expliquer en termes moléculaires, la complexité de leur organisation définit une réalité originale, qui produit ses propres effets et se distingue à cet égard des effets simplement chimiques ou physiques. Les alliages ou les mélanges ont des propriétés nouvelles, distinctes de celles qui sont propres à leurs composantes séparées. La liberté des hommes peut dès lors se concilier, sans contradiction, avec l'explication matérialiste.

L'histoire politique et religieuse, par ailleurs, ne confirme pas l'hypothèse d'un lien entre matérialisme et soumission, si l'on retient bien sûr un matérialisme non caricaturé. Il ne semble pas que la posture la plus libre et la mieux distanciée à l'égard des puissances d'oppression se soit trouvée chez les spiritualistes, souvent fourvoyés dans la collusion cléricale que dénonce Hugo dès 1830. Les penseurs matérialistes, au contraire, d'Épicure à Servet, de Gassendi à Helvétius et La Mettrie, ont été souvent des résistants à l'ordre établi. Dans

Notre-Dame de Paris, Hugo dépeint l'archidiacre Frollo, spiritualiste en principe, comme un adepte des pouvoirs les plus violents, et Esmeralda, la belle Bohémienne sensible et sensuelle ouverte aux plaisirs, comme une femme libre. L'ombre contre la lumière.

Hugo lui-même met en œuvre une démarche explicative proche du matérialisme quand il développe la généalogie des maux sociaux ou des accomplissements humains. Refusant les hypocrisies des bien-pensants qui conçoivent la morale et la spiritualité comme le « supplément d'âme d'un monde sans âme », il s'écarte également de la conception d'un droit pénal aveugle aux « circonstances atténuantes », c'est-à-dire centré sur une logique de condamnation abstraite des délits. À cet égard plus « matérialiste » qu'idéaliste, il entend reconduire les servitudes à leurs causes matérielles, c'est-à-dire sociales. Expliquer les délits par la détresse, la détresse par l'ignorance, l'ignorance par l'exploitation, n'est-ce pas procéder en effet à une généalogie de type matérialiste ? Le roman *Les Misérables* illustre cette remontée explicative, entre autres. Son intérêt pour les premières statistiques sociales (sur les forçats du bagne de Toulon, par exemple), pour les études économiques, et plus généralement pour les conditions matérielles de l'existence humaine, comme pour les conquêtes techniques, montre que sa philosophie de la liberté refuse la démarche incantatoire d'un idéalisme indifférent aux pesanteurs réelles. Entre matérialisme romantique et romantisme matérialiste, le poète veut lire le possible dans le réel et l'espoir dans la détresse.

L'humanité en marche : une figure religieuse inédite

« Le progrès, c'est le pas même de Dieu » (février 1855, Banquet anniversaire du 24 février 1848).

Il y a un mythe et une mystique du progrès qui peuvent tromper. Hugo s'en démarque. La liberté exclut le consentement servile aux modes du jour et aux illusions douces. La prospérité matérielle du Second Empire, par exemple, put tromper un moment. Mais le proscrit voyait les injustices dont elle s'assortissait pour ceux qui n'y participaient pas : le capitalisme pouvait bien produire plus et mieux que jamais ; il avait son cortège de misères nouvelles. Nul progrès réel, si l'humanité ne sort grandie en chaque homme.

Saura-t-on éviter les illusions et les dérives qui aliènent le progrès en son contraire ? Le poète s'interroge, en présence des souffrances inédites de l'enfance. Une telle conscience, on l'a vu au chapitre six, est autre chose et un peu plus que la simple attention aux tâches de la vie et aux assouvissements désirables. Elle porte en elle un souci de lucidité qui remonte au grand tout dont les êtres sont partie prenante, pour tenter de comprendre quels engagements il faut assumer et comment le faire. Ce terme ultime, obscur foyer de lumière et des idéaux de justice qui sous-tendent les grands combats menés, le poète l'appelle Dieu.

Ce dieu n'a pas grand-chose à voir avec celui des chrétiens, tel du moins qu'ils crurent devoir l'incarner en leurs dogmes et en leurs créations historiques. Il condamne l'Inquisition, le credo obligé, l'index qui rature la culture et la science. Il rejette la monarchie de droit divin, les peines irréparables qui, du bûcher pour hérétiques au supplice de la roue pour apostats supposés, entachent les institutions religieuses. Son pas est celui du progrès, sa voix est celle des droits de l'homme, ses gestes sont les révolutions qui émancipent et la civilisation qui à son rythme, accéléré justement par les révolutions, réalise le meilleur de l'homme. Bref, aux antipodes du dieu traditionnel qui sacre les tyrans et légitime les hiérarchies sociales, le dieu de Hugo monte sur les barricades et casse l'alliance du trône et de l'autel en rappelant à ceux qui prétendent le servir que le ciel ne se monnaie pas par des pouvoirs temporels.

Étrange religion que celle de Victor Hugo. Il faut beaucoup d'audace pour définir Dieu par des propriétés rigoureusement inverses de celles que les religions institutionnelles lui ont attribuées. Même si cette redéfinition est vécue par Hugo comme un retour à l'esprit originel des textes dits sacrés. L'Évangile contre l'Église, le Christ contre les papes : l'audace du croyant laïque lui aliénera durablement les pouvoirs cléricaux – jusqu'à l'archevêque de Paris qui osera protester contre l'entrée du grand poète au Panthéon, pourtant conforme au vœu d'un peuple unanime. Dieu ennemi des rois, Christ ami des communards : les rôles assumés classiquement sont renversés.

Au-delà de la charité, la justice
« La révolution française est un geste de Dieu » (Les Misérables).

Hugo interprète donc la religion de façon très personnelle, à mi-chemin entre le panthéisme et la religion de l'humanité chère à Auguste Comte. Il distingue d'ailleurs *la* religion et *les* religions en tant que corps de dogmes, représentations collectives assorties de leurs institutions temporelles plus ou moins oppressives selon les cas et les circonstances. Dans le Christ, il voit davantage un homme particulièrement préoccupé du devenir commun qu'une incarnation d'un dieu personnel comme celui auquel croient les chrétiens. Il constate que si le christianisme a au départ, en amont de toute institutionnalisation, posé la fraternité des hommes en tant que fils de Dieu, il n'a jamais transposé cette matrice égalitaire dans le champ politique et social. Les penseurs qui ont tenté de le faire ont toujours été condamnés par les Églises, protestante ou catholique : Luther condamnant Thomas Munzer, Mgr de Beaumont condamnant Rousseau et, plus près de nous, Pie IX condamnant la revendication socialiste d'égalité, montrent le caractère réactionnaire tenace des Églises officielles. Ainsi comprises, les religions n'ont guère œuvré dans le sens du progrès. Dernière preuve en date : la condamnation par le *Syllabus* de 1864 des droits de l'homme, « impies et contraires à la religion ». C'est de ces mêmes droits que Mgr Freppel, adversaire des lois laïques, dira dans les années 1880 qu'ils sont la « négation du péché originel ».

Le dieu de Hugo se conçoit comme une grande force sous-jacente à la Nature et à l'Histoire, qu'elle transcende par son dynamisme infini et son sens final. Il est vie, progrès sans fin dans l'accomplissement.

> « C'est Dieu qui remplit tout. Le monde, c'est son temple,
> Œuvre vivante, où tout l'écoute et le contemple !
> Tout lui parle et le chante… Il est seul, il est un ! »
>
> (« Pan », *Les Feuilles d'automne*)

Dieu est bien sûr laïque et révolutionnaire. Sa prédilection est l'humanité blessée, bafouée par l'injustice, niée par les puissances dominantes. Une telle croyance dérange, parce qu'elle déborde généreusement l'étroitesse des dogmes et n'enrôle pas son Dieu dans la bonne conscience humanitariste. Celle-ci est prompte à livrer la question sociale à la seule charité, à l'exclusion de toute perspective de refondation révolutionnaire. Le Dieu de Hugo, bien au contraire, n'hésite pas à promouvoir le progrès par le « geste de la révolution ».

Porteuse de telles exigences, la divinité hugolienne est justice. Si la Révolution française est un de ses « gestes », c'est qu'elle fait reconnaître le droit qu'a un peuple de se donner à lui-même sa propre loi. Rousseau appelait cela l'autonomie ou la souveraineté démocratique, fondatrice de la cité politique au niveau le plus radical. L'idée du droit en acte, c'est en fin de compte la souveraineté populaire. Et la Déclaration des droits de l'homme, c'est la charte sacrée à l'aune de laquelle tout pouvoir doit être jugé. La laïcité de Dieu ? C'est ne pas souffrir qu'en son nom s'installent des oppressions ou des dominations idéologiques cléricales. La condamnation de Galilée et de Molière est à ses yeux impie… On imagine aisément ce que put penser le poète de la mise à l'index des *Misérables*.

La Déclaration des droits de l'homme et du citoyen du 24 août 1789, par son préambule, se fait au regard de l'Être suprême, caution et témoin sacré qui la leste de sa valeur fondatrice. Que cet Être suprême soit l'Humanité elle-même, « Grand Être » selon Auguste Comte, ou un Dieu personnel et transcendant, selon une approche plus traditionnelle, importe moins que la fonction de validation qu'il remplit. Chez Hugo, tout se passe comme si la divinité condensait en elle les exigences de l'émancipation humaine en même temps que l'indestructible mouvement de la vie en ses expressions multiples, en son jaillissement infini. Les contradictions sociales ne peuvent se résoudre durablement que par la justice. Les « convulsions de l'idéal » signent l'avènement douloureux du progrès, marche de Dieu.

Cependant, il arrive à Hugo d'évoquer ses propres doutes et leur dépassement : « Dieu est peut-être mort, disait un jour à celui qui écrit ces lignes Gérard de Nerval, confondant le progrès avec Dieu, et prenant l'interruption du mouvement pour la mort de l'être. Qui désespère a tort » *(Les Misérables)*.

Une vision distanciée du progrès
« L'enfantement du mieux a ses convulsions » (« Dieu »).

Nulle illusion sur un progrès qui serait linéaire. Hugo le souligne, prenant acte des résistances, voire des retours en arrière apparents : « Qu'est-ce que le progrès ? Nous venons de le dire. La vie permanente des peuples. Or il arrive quelquefois que la vie momentanée des individus fait résistance à la vie éternelle du genre humain » *(Les Misérables).*

Le devenir n'est fermé par aucun stade ultime et indépassable. On peut cependant concevoir une orientation qui apparaît dans le rapport entre les plus belles conquêtes de l'Humanité. Hugo, on le sait, parle du progrès comme d'une asymptote : on s'en approche sans l'atteindre. Sans pouvoir se fixer de terme : « Approcher toujours, n'arriver jamais : la civilisation est une asymptote » *(Le Droit et la loi,* X). Et il décrit le « saint voyage » comme une caravane :

> « Ce saint voyage a nom Progrès. De temps en temps,
> Ils s'arrêtent, rêveurs, attentifs, haletants,
> Puis repartent. En route ! Ils s'appellent, ils s'aident,
> Ils vont ! Les horizons aux horizons succèdent,
> Les plateaux aux plateaux, les sommets aux sommets.
> On avance toujours, on n'arrive jamais. »
>
> (« La Caravane », *Les Châtiments*)

Mais chaque pas accompli est bon. L'humanité qui s'affirme, c'est Dieu qui marche. Le Dieu de Hugo, c'est la mémoire d'une direction à suivre lorsque le chemin semble se perdre. Y compris lorsque les régressions brouillent l'évidence ou l'ébranlent. On peut bien rétablir le tranchement à la hache du poignet du parricide. Mais qui ne voit qu'un tel retour en arrière est indigne de l'humanité ? Dieu-conscience, immanent à tout être humain, est indestructible, même lorsque le chemin s'efface et disparaît dans un labyrinthe ou dans les noirceurs de toutes sortes qui déferlent sur la vie. Cette conscience n'est pas seulement remords, comme chez Caïn meurtrier de son frère Abel, mais aussi lumière anticipée, comme chez Baudin mourant sur la barricade pour témoigner que le droit, même terrassé aujourd'hui par la force, ne consent pas à sa propre défaite.

Malgré tout, c'est de façon logique et sensée que l'humanité-dieu ainsi conçue se déploie et s'affirme. Cela ne veut pas dire sans déchirements intermédiaires, car les passions humaines, fruit et moteur des êtres marqués par la finitude, sont les grands agents du progrès, mais aussi de l'avènement douloureux, voire chaotique, de celui-ci. Hugo pourrait à cet égard être rapproché du philosophe allemand Hegel, pour qui « rien de grand dans l'histoire ne s'est fait sans passion » *(La Raison dans l'histoire)*. L'histoire est une vallée de larmes, mais non par malédiction originelle d'une nature humaine supposée fautive : par la rançon des tourments liés à la finitude et aux désirs plus ou moins violents qui la traversent. Il faut consentir à la réalité de l'humanité, passion et raison mêlées, et prendre le parti de la raison qui se fait bonne passion, du « cœur qui pense ».

Dieu entrant en politique, c'est le regard de l'humilié réapparaissant dans la nuit de la bien-pensance. Dieu, c'est le fellah exploité qui se lèvera un jour pour dire non, l'enfant devenu esclave de la machine à profit et qui ne sait plus rire : à sa seule vue, quelle conscience humaine peut rester insensible et se satisfaire du monde comme il va ? « Melancholia » : du graveur et peintre Dürer à Hugo l'ami des communards proscrits, la conséquence est bonne. Ce dont les hommes éveillés peuvent avoir la mélancolie, c'est d'un monde conforme aux exigences de l'accomplissement humain. Mélancolie de la civilisation vraie, enfouie et bafouée sous sa contrefaçon « moderne ».

Le barbare n'est d'ailleurs pas celui que l'on croit. La longue cohorte des *Misérables* se rappelle au souvenir des oublieux satisfaits. La conscience qui pointe en eux l'incomplétude manifeste du présent, la voix sourde d'un avenir à aider, à délivrer. La canaille, « commencement douloureux du peuple ». Les exclus sont bien là, dehors mais finalement dedans, et ils signent la limite matérielle de la civilisation présente. Leur murmure monte comme une voix sans bouche, dans un univers trop enclin à leur imposer silence. Dieu parle en eux, dit Hugo. Il déclare l'égalité de tous, en deçà des turpitudes et des cruautés de l'injustice sociale qui ont voilé la présence à soi de l'humanité. Et le poète d'avertir les tenants du désordre établi en ces termes : « Vous ne voulez pas du progrès ? vous aurez les révolutions ! » (Discours contre la loi Falloux, 15 janvier 1850).

Le poète doit relayer par son art l'aspiration de ce dieu-justice. Il se sent le devoir sacré de montrer les effets, de les décrire avec cette simplicité sensible qui les dénonce par le seul fait de les montrer. Mais il se sent surtout le devoir de chercher les causes, puis de les exhiber, afin que nul ne puisse se leurrer ou être leurré. Auxiliaire de Dieu, en somme, mais totalement à rebours du dieu chrétien enrôlé au côté des rois et des puissants de ce monde par la collusion théologico-politique traditionnelle que dénonce avec vigueur le poème « Le Pape ».

Advenant en l'homme sous la forme de conscience de soi du mouvement réel, Dieu est donc mémoire du sens et espoir de justice. Il permet de ne pas consentir à l'abjection du donné. Parfois, il tend à s'effacer, à s'oublier lui-même dans la noirceur des malheurs et des crimes, quand toute conscience est submergée par le drame des violences présentes. C'est alors que l'humanité semble s'absenter d'elle-même. Mais elle ne peut jamais le faire totalement, et le sursaut de Dieu au cœur de la lie sociale, du grotesque ou de l'infâme fait homme, s'appelle le sublime. Hugo inscrit Dieu « en bas » autant qu'en haut et il réalise ainsi le programme romantique dans sa radicalité. « Le sublime est en bas. »

Le volontarisme hugolien et la fatalité démystifiée

« Aux hommes assez insensés pour dire : L'humanité ne marchera pas, Dieu répond par la terre qui tremble ! » (Discours contre la loi Falloux, 15 janvier 1850).

Le pas divin de la justice n'est autre que le cheminement de la civilisation, tel qu'il découle des initiatives humaines. Dieu en ce sens n'est pas seulement immanent à l'humanité. Il en est l'allégorie en acte, comparable à celle qu'imaginait Pascal dans sa préface au *Traité du vide*. On peut voir la longue suite des générations humaines comme l'unité d'une conscience gardant la mémoire de ses acquis et se nourrissant elle-même de ses conquêtes. Cette unité, c'est la culture en son sens plein. Elle intègre le souvenir des luttes pour la justice à l'esprit de liberté qui en est la source et se fortifie d'une telle mémoire.

Quand la misère des temps et les violences de l'histoire brouillent la conscience et occultent la culture qui aiguisait sa vigilance, il faut qu'un foyer de lucidité subsiste et résiste. C'est un peu la conception du poète-éclaireur qui revient ici, à ceci près que tout homme doit pouvoir jouer un tel rôle. Il suffit que se conjuguent en lui une vigilance vivace, la mémoire militante de l'histoire et une volonté irréductible. Cette volonté anime et inspire les grandes interventions militantes de Victor Hugo, soit dans son art, soit dans ses discours politiques explicites. C'est une certaine idée de la civilisation comme progrès de la liberté à travers les médiations que lui imposent les différents registres de la nécessité. Il s'en explique clairement :

> « La nécessité et la liberté sont les deux quantités de l'infini… Toutes les fois que la nécessité empiète sur la liberté, elle s'appelle fatalité. Le poète dénonce cet abus de l'inconnu. C'est ce que j'ai fait dans *Notre-Dame de Paris,* dans *Les Misérables,* dans *Les Travailleurs de la mer.* Au nom de qui cette dénonciation ? Au nom de la liberté. *Ananké* ! Voilà ce que combattent Claude Frollo, Jean Valjean et Gilliatt. »
>
> (11 juillet 1867.)

Ce rappel du pouvoir et de la force de la volonté, dont les accents romantiques sont si présents dans *Hernani,* donne au progrès son levier humain. Et il concerne aussi bien le choix que chacun fait de son être que la façon dont les sociétés se structurent et surtout se restructurent. L'existentialisme hugolien mobilise une métaphysique du mouvement pour assigner le destin à des emprises aussi restreintes que possible. Souffrance et finitude sont effectivement le lot de tout homme ; mais, cela étant dit, la fatalité ne peut recevoir de rôle exorbitant. Le chômage n'est pas la conséquence fatale du progrès technique ; la misère et la guerre ne sont pas les fruits du péché originel. Hugo, c'est la générosité, c'est-à-dire le refus de clouer un être à ce que son histoire a fait de lui. Même si cette histoire ne s'est pas faite sans lui, sans la participation active de sa volonté, sans sa complicité éventuelle avec les « nécessités sociales », devenues en apparence, par un tel concours, des « fatalités ». Il ne s'agit pas ici – ou pas seulement – d'une éthique du pardon et du rachat, mais d'une philosophie de la liberté en acte. La civilisation-lumière, c'est la puissance déployée de la liberté humaine, reprenant et transformant toute nécessité pour en faire une affirmation maîtrisée.

Pensant la volonté humaine dans le contexte de sa mise en œuvre, Hugo propose une dialectique de la liberté « en situation », comme dirait Sartre, avec l'inscription de toute action dans la profondeur d'une histoire personnelle qui elle-même relaie une histoire sociale. Nul atavisme naturaliste ici, comme chez Zola, mais une approche quasi géologique des déterminismes sédimentés. Le champ du possible a ses profondeurs, voire ses mines, comme le montre une saisissante méditation des *Misérables*... Bref, si une situation donnée ne permet pas toujours de faire exactement ce qu'on veut, ou devrait vouloir, elle oblitère rarement toute possibilité d'action libre. L'exemple de Jean Valjean le montre avec force : l'ancien forçat continue à « faire des siennes » au cœur même d'une dynamique de redéfinition de soi.

On ne naît pas forçat, on ne le devient pas non plus par quelque déterminisme génétique. C'est pourquoi il faut penser le processus qui fait d'un homme un forçat, afin d'éviter d'oublier l'homme enfoui sous le forçat. On l'a vu au chapitre trois : Jean Valjean vouvoyé par Mgr Myriel – dit Bienvenu – est d'un seul coup réhabilité comme homme en deçà du forçat, et au-delà de lui : le geste qui ainsi le libère de son histoire sociale est une invitation qui lui est faite à transcender effectivement cette histoire. La « fatalité sociale », qui se vivait *ananké*, se relativise et apparaît alors comme ce qu'elle fut : un devenir, qui aurait pu ne pas être dans un contexte différent. Elle insiste pourtant, comme le montre l'épisode du Petit-Gervais, où Jean Valjean ne résiste pas à la tentation de voler un sou à un jeune garçon à sa merci. Pourtant, une révolution intérieure a opéré en lui depuis que lui ont été offerts les couverts d'argent qu'il avait volés. Le processus de reconstruction de soi ne peut évidemment s'accomplir d'un seul coup.

Il faut que *Les Misérables* cessent de vivre leur condition comme si elle s'était inscrite dans leur être, à tout jamais et retrouvent pour cela le chemin d'une humanité dont ils sont, sans le savoir d'abord, dépositaires aussi bien que tout autre. Il ne s'agit pas là de « rédemption » chrétienne au sens strict, même si la thématisation explicite du roman peut le faire croire. Dans la rédemption religieuse, en effet, il s'agit de se racheter pour une faute inscrite originairement dans tout homme, liée à la finitude, qui caractérise l'être et non pas seulement l'action ou l'avoir. Le péché originel est en somme, comme le dit Calderon dans *La vie est un songe*, d'être né.

Rien de tel chez Hugo : nulle faute ou faille indélébile n'est inscrite en l'homme. Le croire, ce serait fataliser, naturaliser et éterniser ce qui est de l'ordre d'une naissance historique, d'un processus social et appartient de ce fait au réversible comme au transitoire. Jean Valjean n'a pas à racheter une faute originaire, mais à construire son humanité en déconstruisant le ravage qu'y fit l'injustice sociale. Il a volé un pain, certes. Cependant la faute déjà n'était pas première, mais seconde. Un homme rassasié n'aurait pas idée de le faire. D'où vient que certains hommes en soient réduits à une telle extrémité ? Voilà la vraie question originaire. La « part maudite » supposée de la nature humaine est une explication un peu courte et autrement paresseuse que l'enquête généalogique.

Quant au vouloir du héros « romantique », il change de nature à mesure que la nécessité sociale envahit l'œuvre de Hugo. Le volontarisme d'Hernani, « force qui va », relevait en fait d'une sorte de passion vive, intérieure, aussi déterminante pour la conduite que le serait un mécanisme naturel. « Sans le vouloir, je te ferais du mal ! » La fameuse exclamation qui clôt la tirade d'Hernani citée au chapitre deux le montre assumant la passion qui l'anime. Mais nulle référence en amont de cette passion ne semble présente. Le vouloir de Valjean, lui, est hanté par tout un passé, toute une histoire. Et sa transformation est elle-même histoire. Roman-Histoire : recto et verso de l'œuvre, conçue pour témoigner de ce qui fut, de ce qui est, mais surtout de ce qui peut être. Tous les courages prennent ou peuvent prendre ici leur source. Le roman vrai des *Misérables* fait appel de la misère et reconduit la politique à ses responsabilités. Il ébranle le désordre établi.

Lamartine avait vu à peu près juste : « Ce roman est dangereux : il donne trop à espérer aux malheureux, et trop à craindre aux heureux. » Justesse approximative de la formule, dont la symétrie rhétorique peut laisser croire que le bonheur effectif puisse déranger Hugo. Rien de tel chez le poète, généreux autant par confiance en la nature humaine que par « pitié suprême » devant les injustices qui aliènent en elle toute possibilité d'accomplissement. La hantise du malheur réel n'implique aucun ressentiment. Surtout lorsqu'il s'agit de mettre en cause un système et non des hommes comme tels. Le « trop » dont parle Lamartine signe son conformisme réel, car il révèle l'idée qu'il se fait de la misère et de l'injustice existantes : fatalité dont il lui semble difficile, voire irréaliste, de faire appel.

Les promesses de la civilisation et l'action humaine
« La civilisation est solaire. Droit et force se confondent en elle » (La Civilisation, Proses philosophiques, 1860-1865).

Victor Hugo s'est revendiqué comme l'homme « chimérique », le « rêveur » sacré, celui qui pense à hauteur d'homme et ne prend jamais son parti du monde comme il va. La puissance critique de l'idéal, il ne la construit pas arbitrairement, mais l'élabore à partir d'une connaissance de ce qui est et même de ce qu'on cache. Ainsi des bas-fonds de la misère, de la « canaille », réalités noires dans lesquelles existe un peuple virtuel : il suffit qu'un jour advienne plus de justice pour que ce peuple sorte de l'ombre. Le volontarisme du poète n'héberge aucun messianisme de la rédemption : il rappelle à l'homme, tout simplement, ce qui dépend de lui. La distinction chère à Marc Aurèle entre ce qui dépend de nous et ce qui ne dépend pas de nous prend chez lui la dimension d'une philosophie du courage et de l'engagement, qui repousse les limites du champ d'action humain aussi loin que possible :

« En ce qui concerne la civilisation, entre la conception religieuse, telle qu'elle est à cette heure, et la conception philosophique, la différence radicale, nous croyons l'avoir dit ailleurs, c'est le déplacement de l'éden. Il était en arrière, il est en avant. La poésie est plus que jamais prophétie ; mais elle n'est plus la prophétie qui menace, elle est la prophétie qui promet. Il y a un divin lever d'astre à l'horizon ; elle est le doigt indicateur de ce point lumineux.

L'éden faux, c'est l'état de nature ; l'éden vrai, c'est l'état de société. L'état de nature se contente de la satisfaction animale ; à l'état de société il faut la satisfaction intellectuelle et la satisfaction morale. […]

L'homme échappe. 89 est une évasion. Ce jour-là, et l'on peut dire la date, le 14 juillet, car la Bastille est un symbole, ce jour-là l'homme est sorti du passé. Ce qui en reste au-dessus de sa tête n'est plus que voûte de fumée. Les vagues épaisseurs du mal tremblent, flottent, s'atténuent et se dissipent là-haut sur nos fronts et laissent voir par leurs brèches des lueurs du vrai jour. Ces trouées faites à la nuit sont pour les hommes du vieux monde les blessures de la société, de l'ordre, de la famille, de la religion. Ô imbéciles qui prennent une déchirure du nuage pour une plaie du ciel ! […]

Cependant l'homme progresse. Une partie de la marche étant latente et profonde, même quand on croit qu'il s'arrête, même quand on croit qu'il recule, il progresse. Rétrograder à la surface n'empêche pas d'avancer souterrainement. Le mouvement superficiel n'est quelquefois qu'un contre-courant.

Deux phénomènes marchent de front : la désagrégation et la recomposition. Une réforme n'attend pas l'autre ; toutes s'ébauchent à la fois. Ce qui était rêve hier est réalité habitable aujourd'hui et sera masure demain. Rien n'est étrange à examiner comme une utopie dépassée. L'impossible se déforme en banal. Ce qui, devant nous, était escarpement, mur à pic, escalade effroyable, folie, derrière nous est aplatissement, lieu commun, vieille mode, routine, et se confond avec la vaste plaine obscure traversée et oubliée. »

(La Civilisation)

Hugo sait bien que le processus de civilisation, en raison notamment des découvertes techniques, rend possible aujourd'hui ce qui ne l'était pas hier. Il sait aussi que de nouvelles perspectives, de nouvelles façons de voir, de nouveaux besoins également, naissent du développement même de l'humanité. D'où son refus de fixer un terme à l'évolution, tout en lui reconnaissant un sens. C'est la fameuse finalité sans fin chère à Kant qui apparaît ici sous une forme inédite : l'Histoire est celle d'une émancipation humaine orientée par des fins idéales. La paix, le progrès technique au service des hommes, la disparition des « peines irréparables », l'avènement de la justice sociale et de la République universelle sont visées et espérées. Mais aucune de ces fins qui donne sens à l'action et courage à l'homme n'existe à la façon d'un stade idéal secrètement caché dans le destin des sociétés. L'Histoire se conçoit donc sans fin réelle, mais elle est finalisée par la logique d'un développement optimal du vivre-ensemble des hommes.

La république, par exemple, n'est-elle pas le mode d'organisation le plus juste, donc le plus solide, puisque nul ne peut ni ne doit avoir à récriminer sur elle ? À condition, bien sûr, qu'il s'agisse d'une république authentique, tournée vers le bien commun et soucieuse de l'égalité comme de la liberté. Il lui faut donc la justice, déclinée dans tous ses registres, y compris celui du refus du parasitisme social, qu'il s'agisse de l'exploitation de l'homme par l'homme ou de l'oisiveté assistée. Sans doute Hugo aurait-il souscrit à l'idée de république sociale, chère à Jaurès, et que Marx avait cru pouvoir deviner dans les limbes de la Commune de Paris.

Il y a donc une scansion du progrès de la civilisation, et quand Hugo épelle les types de société, puis s'efforce de lire la géographie de son temps comme une spatialisation des stades historiques, il semble souscrire aux illusions d'un évolutionnisme très en vogue, inspirateur des thèmes idéologiques de la colonisation. Mais sa pensée est plus complexe et son refus d'une vision linéaire du progrès, comme sa conception asymptotique de celui-ci, lui évite les naïvetés ultimes des apologies ethnocentristes de son temps. D'où la conjugaison d'une critique de la colonisation par les armes et d'une valorisation de l'exemplarité d'un mode de développement, fondement de coopération entre les peuples plutôt que de domination. La part d'idéalisme réside alors peut-être dans l'absence de prise en compte de la logique économique de l'impérialisme, mais l'utopie militante qu'il défend a au moins le mérite de suggérer une autre perspective que celle qui relève des puissances de l'heure :

« Plus de frontières ; ceci est déjà presque obtenu ; le va-et-vient des locomotives troue et disloque les limites de peuple à peuple, le rail mêle l'homme à l'homme ; la vie en commun de l'humanité commence ; les poètes, les écrivains et les philosophes ont prêché la croisade sublime de la paix ; la guerre est déconsidérée ; il y a trente ans, elle n'était qu'affreuse ; aujourd'hui elle est bête. [...]

La frontière supprimée supprime la guerre ; la guerre supprimée supprime l'armée ; l'armée supprimée supprime la monarchie. L'exception ne se maintient que de vive force ; le privilège a besoin de coercition ; le parasitisme a besoin de violence ; privilège, parasitisme et exception disparaissant, le sabre pacifié se fait soc de charrue, et tous les ans au lieu de jeunes soldats, vous avez de jeunes laboureurs. Ce qui vaut mieux. [...] Plus de parasitisme ; donc plus d'exploitation. Pas plus l'exploitation d'en bas que l'exploitation d'en haut ; car nous ne voulons pas plus le pauvre, vermine, mangeant le riche, que le riche, polype, mangeant le pauvre. L'extirpation est double. Supprimer Léviathan et supprimer le pou. Plus de succion mauvaise diminuant la vie. Liberté, Égalité, Fraternité.

La souveraineté du peuple remplacée par la souveraineté de l'homme ; c'est-à-dire l'homme souverain de lui-même ; la science commençant par élever l'enfant pour en venir à gouverner le citoyen ; plus de superstition payée ; toute fonction élective ; l'autorité réduite à l'auteur ; la guerre n'ayant plus de raison d'être, la pénalité n'ayant plus de raison d'être, la politique n'ayant plus de raison d'être ; la géométrie sociale pratiquée ; l'institut assemblée unique ; le luxe légitimé par la misère anéantie ; chacun en pleine possession de son droit, droit de l'homme sur lui-même, la liberté ; droit de l'homme sur la chose, la propriété ; chacun en plein exercice de son devoir, devoir du fort envers le faible, la fraternité ; le plain-pied de l'éducation fondant l'égalité ; l'équité entre les hommes résultant de l'équilibre entre les droits ; en un mot, le gouvernement de tous pour tous par tous ; tout cela est dans le suffrage universel, œuf qui finira par être bien couvé.

Combinez l'instruction gratuite et obligatoire avec le suffrage universel, l'avenir sortira.

Quand il s'agit du bien, les éclosions hâtées sont bonnes.

La science qui trouve le vrai, l'art qui réalise le beau, sont les deux plus puissants modes d'incubation de la civilisation. Dans l'antiquité, le poëte n'était pas distinct du législateur. Solon et Moïse sont des poëtes. De nos jours l'impulsion littéraire est la grande déterminante du mouvement social. Qu'est-ce que la liberté de la presse ? une force littéraire.

La force littéraire a toujours été, et est de nos jours plus que jamais, une force révolutionnaire. Au dix-neuvième siècle, la société étant entièrement refaite par 1789, la force littéraire est entièrement renouvelée. Elle n'est pas distincte de la révolution même. La révolution est la loi, la littérature est l'idée. Elles aussi, elles disent : *jungamus dextras.* À proprement parler, il n'y a qu'une force, la Révolution. Cette force a été nos pères ; elle est nous. »

(La Civilisation)

De nombreux développements romanesques, notamment dans *Notre-Dame de Paris*, *Les Misérables* et *Quatrevingt-Treize*, proposent une méditation philosophique sur le sens de l'histoire. Celui-ci n'est pas fixé *a priori*, comme dans les grands récits religieux : il n'y a d'ailleurs pas pour Hugo de terme ultime et indépassable de l'évolution. Il s'agit plutôt de formuler des exigences par la satisfaction desquelles peut advenir l'accomplissement graduel de l'humanité, de toute l'humanité, et non plus des seuls nantis.

Surmonter la première nécessité. Progrès technique et civilisation

« La pesanteur, liée au pied du genre humain,
Se brisa ; cette chaîne était toutes les chaînes ! »

(*« Plein Ciel »*, La Légende des siècles).

Le premier moment du progrès, c'est la production de l'ordre humain par la maîtrise des éléments, de l'élément, comme dit Hugo. L'élément, c'est la matière brute, non encore maîtrisée ou transformée pour les fins vitales de l'homme. Ou encore la pesanteur, la lourdeur des choses à soulever, la dureté des pierres à façonner. L'« élément », c'est au sens strict la force aveugle de la nature, telle qu'elle se manifeste, justement, dans les « éléments déchaînés ». Gilliatt, héros du roman *Les Travailleurs de la mer*, a affaire à elle. Le combat légendaire contre les tentacules de la pieuvre, dans les flots tourmentés, illustre cette vocation de l'homme à maîtriser ce qui peut l'être du milieu naturel. Vocation prométhéenne, souvent désespérée devant l'infini de la nature : Gilliatt, c'est Job-Prométhée. Il subit les souffrances infligées par l'élément, il essaie de s'affirmer par l'habileté technique conjuguée au courage physique.

On sait que Prométhée a dérobé à Héphaïstos, dieu des forgerons, et à Athéna, déesse des arts et de la sagesse, deux choses essentielles dont il a fait présent aux hommes : le feu, élément propre à façonner les autres éléments, et l'habileté technique, source de savoir-faire multiples. Hugo compare ce larcin à la cueillette du fruit interdit dans la Bible. Fruit qui vient de l'arbre d'une certaine connaissance. Et il livre une interprétation originale. Prométhée et Ève n'ont fait qu'affirmer… le droit. Droit pour l'humanité de vivre, en disposant d'un savoir et de savoir-faire adéquats.

« Qualifier le droit crime et le mouvement rébellion, c'est là l'immémoriale habileté des tyrans. Prométhée a fait sur l'Olympe ce qu'Ève a fait sur l'Éden ; il a pris un peu de science. Jupiter, d'ailleurs identique à Jéhovah (Iovi, Iova), punit cette témérité : avoir voulu vivre » (*William Shakespeare*, IV). Victor Hugo réhabilite ici… le péché originel, en le requalifiant comme droit à la vie. Au passage, il traite le dieu des Grecs et celui de la Bible de tyrans. De fait, le discours traditionnel du christianisme contre la volonté de puissance orgueilleuse de l'homme, symbolisée par Prométhée, est ici renversé. C'est également le dogme du péché originel qui est remis en cause par une interprétation passablement subversive.

Le droit de survie fonde donc le progrès technique. C'est dire que celui-ci n'a de raison d'être qu'à la condition de servir réellement la vie humaine et non de l'aliéner, comme fait l'utilisation capitaliste des machines décrite dans « Melancholia ». Le héros des *Travailleurs de la mer* incarne cette approche conquérante, qui conjugue l'invention technique d'un ingénieur (le bateau à vapeur *La Durande*) et la grandeur d'âme qui vise le bien, non la seule puissance. Son goût de l'invention technique, sa soif de connaissance, son courage face aux éléments sont bien de Prométhée. Son attitude éthique, toute de dévouement et de désintéressement, ne maudissant jamais l'océan qui le domine, est de Job. Deux idéaux, en somme, que sa personne unit et dialectise, comme doit le faire tout homme de progrès : savoir et puissance technique d'un côté, sagesse et posture éthique de l'autre. À cette condition, le progrès technique est salutaire et toutes les inventions qui accroissent le pouvoir des hommes sont bénéfiques. Hugo échappe à l'alternative de la technophobie et de la technophilie abstraites, comme il congédie le faux choix entre scientisme et irrationalisme.

Quant à la nature, elle est l'infini même et Dieu lui est immanent. L'homme en sort pour y retourner, comme Gilliatt, à la fin du roman, englouti dans la mer. Retour à l'indifférenciation originelle, par effacement des individualités surgies du grand tout et reprises par lui. Métaphysique plus nietzschéenne ou spinoziste que chrétienne.

Les grandes découvertes techniques ont émerveillé Hugo. C'est qu'il les a accueillies dans une vision à la fois rationnelle et lyrique, pleine de la confiance en l'émancipation humaine. Après le *steamer* et le chemin de fer, le ballon dirigeable. La mer, la terre, le ciel s'offrent à l'humanité pour qu'elle communique plus vite avec elle-même. On lira ici un magnifique poème consacré au vol d'un aéroscaphe, « Plein Ciel », allégorie d'un progrès qui offre le ciel aux hommes :

« Loin dans les profondeurs, hors des nuits, hors du flot,
Dans un écartement de nuages, qui laisse
Voir au-dessus des mers la céleste allégresse,
Un point vague et confus apparaît ; dans le vent,
Dans l'espace, ce point se meut ; il est vivant ;
Il va, descend, remonte ; il fait ce qu'il veut faire ;
Il approche, il prend forme, il vient ; c'est une sphère ;
C'est un inexprimable et surprenant vaisseau,
Globe comme le monde et comme l'aigle oiseau ;
C'est un navire en marche. Où ? Dans l'éther sublime !
Rêve, on croit voir planer un morceau d'une cime ;
Le haut d'une montagne a, sous l'orbe étoilé,
Pris des ailes et s'est tout à coup envolé ?
Quelque heure immense étant dans les destins sonnée,

La nue errante s'est en vaisseau façonnée ?
La Fable apparaît-elle à nos yeux décevants ?
L'antique Éole a-t-il jeté son outre aux vents ?
De sorte qu'en ce gouffre où les orages naissent,
Les vents, subitement domptés, la reconnaissent ! [...]
Qu'est-ce que ce navire impossible ? C'est l'homme.
C'est la grande révolte obéissante à Dieu !
La sainte fausse clef du fatal gouffre bleu !
C'est Isis qui déchire éperdument son voile !
C'est du métal, du bois, du chanvre et de la toile,
C'est de la pesanteur délivrée, et volant ;
C'est la force alliée à l'homme étincelant,
Fière, arrachant l'argile à sa chaîne éternelle ;
C'est la matière, heureuse, altière, ayant en elle
De l'ouragan humain, et planant à travers
L'immense étonnement des cieux enfin ouverts ! [...] »

(La Légende des siècles)

Surmonter la deuxième nécessité. Le progrès des lumières

« Le vieil esprit de nuit, d'ignorance et de haine [...]. »

Il faut d'abord penser les obstacles au progrès et leurs antidotes. Dogmatisme et obscurantisme religieux, préjugés et superstition : puissance de ténèbres et d'obscurantisme. Art, science et philosophie : puissances de lumière. L'équation paraît simpliste, mais elle relève d'une conception qui n'a rien d'un scientisme béat – ou d'un rationalisme réducteur. Le progrès des lumières met en jeu deux mouvements.

Contre l'obscurantisme d'abord, Hugo n'a jamais cessé de combattre la censure cléricale de la pensée et de la culture en général. Le chapitre quatre, consacré au combat pour l'émancipation laïque, l'a rappelé. Un texte sans concession revient sur l'obscurantisme qui fait barrage au progrès :

« L'homme a en lui Dieu, c'est-à-dire la conscience ; le catholicisme retire à l'homme la conscience, et lui met dans l'âme le prêtre à la place de Dieu ; c'est là le travail du confessionnal ; le dogme, nous l'avons dit, se substitue à la raison ; il en résulte cette profonde servitude, croire l'absurde ; *credo quia absurdum.*

Le catholicisme fait l'homme esclave, la philosophie le fait libre.

De là de plus grands devoirs.

Les dogmes sont ou des lisières ou des béquilles. Le catholicisme traite l'homme tantôt en enfant, tantôt en vieillard. Pour la philosophie, l'homme est un homme. L'éclairer c'est le délivrer. Le délivrer du faux, c'est l'assujettir au vrai.

Disons les vérités sévères.

(*Paris et Rome,* XI)

De façon saisissante, le poète écrit : « La génuflexion devant l'idole ou devant l'écu atrophie le muscle qui marche et la volonté qui va » (*Les Misérables*).

Le deuxième mouvement est constitué par les conquêtes de l'esprit rationnel contre les idéologies qui fatalisent la servitude. C'est l'enjeu de toute la philosophie des Lumières.

Dans cette perspective, œuvrer au progrès, c'est travailler à la démystification et à la défatalisation des dominations, en élucidant, pour la dénoncer, l'idéologie qui présente comme naturel, normal ou logique ce qui résulte d'un simple rapport de forces historique. Ainsi de la misère, que le discours de 1849, si violemment accueilli à l'Assemblée par la droite (les « Burgraves repus »), analyse comme réalité sans nécessité ni justification.

Une des tâches décisives de la littérature engagée est de mettre en évidence les marges de liberté crédibles pour l'homme, tout en prenant la mesure de ce qui pèse et conditionne, tant au niveau de sa vie personnelle qu'à celui de la vie sociale. C'est qu'il s'agit d'éviter aussi bien le désespoir d'une fatalisation de ce qui est que l'illusion d'un volontarisme abstrait, qui peut nourrir bien vite la bonne conscience et l'idéologie de justification qui l'accompagne souvent.

Pour cela, un intense travail de démystification idéologique est nécessaire. Il s'agit de distinguer avec lucidité ce qui est de l'ordre de la nécessité naturelle et ce qui est de l'ordre de la nécessité sociale, en séparant dans ce dernier cas ce qui tient aux exigences incontournables de toute société et ce qui relève de la liberté humaine, pouvoir de faire varier les normes et les usages, les lois et les rapports de richesse.

C'est une telle distinction critique, par exemple, qui ôte à la peine de mort son caractère fatal : elle cesse d'être la conséquence inéluctable d'un délit. Ici, la civilisation humaine doit témoigner par sa liberté, qui est pouvoir de distance à l'égard du déterminisme naturel, en l'occurrence la passion de vengeance et sa propension incontrôlée à agir.

Il en est de même de la misère, de l'infériorité imaginaire de la femme, de la guerre, qui cessent d'être rangées dans un destin inexorable. Mettre en évidence la responsabilité sociale, c'est entrevoir la possibilité d'une réorganisation qui les ferait disparaître. Ainsi encore des préjugés liés à l'ignorance, que l'instruction fait disparaître. Ainsi enfin des hiérarchies indues, qui confondent complémentarité des tâches et domination naturelle.

Si le propre d'une idéologie de justification est de penser comme naturel un ordre social historiquement déterminé, celui du poète-philosophe, comme se définit souvent Hugo, est de refuser cette tendance. Ce qui provient de l'histoire ne découle pas de la nature. D'où le souci généalogique, constamment présent dans l'œuvre de Hugo et directement opposé aux démarches apologétiques des tenants de l'ordre établi. Ceux-ci donnent souvent le progrès comme réalisé, sans égard pour les injustices qui demeurent. Lorsque le 13 septembre 1848 Thiers, à la chambre des députés, affirme : « L'ouvrier est aujourd'hui plus heureux qu'il ne l'a jamais été », Victor Hugo s'indigne. Tout dans une telle affirmation est faux : le constat, la prétention de comparer deux états sans définir les critères de comparaison, le refus de penser le progrès comme progression légitime des exigences d'accomplissement humain autant que des moyens de les satisfaire, l'invocation hasardeuse du bonheur, réduit à des signes extérieurs au demeurant sans pertinence. Généalogie de la criminalité, de la misère, de l'ignorance, des préjugés, des violences de classe, des guerres absurdes, des mesquineries existentielles qui rétrécissent les perspectives d'accomplissement des hommes : voilà autant de champs libérés pour le progrès, jadis impensable ou confiné dans des domaines très restreints.

Surmonter la troisième nécessité. Le progrès de la justice et du droit

« L'histoire de la Révolution est l'histoire de l'avenir » (Le Droit et la loi, *XI*).

Contre l'idéologie réactionnaire qui manie le chantage au désordre, Hugo rappelle qu'il n'existe aucune opposition de principe entre l'ordre et le progrès : « Ce qu'il faut à la France, c'est l'ordre, mais l'ordre vivant, qui est le progrès ; c'est l'ordre tel qu'il résulte de la croissance normale du peuple ; c'est l'ordre se faisant à la fois dans les faits et dans les idées par le plein rayonnement de l'intelligence nationale » (Discours contre la loi Falloux, 15 janvier 1850). Une telle problématique ressemble à celle d'Auguste Comte, dont la devise était « Ordre et progrès ». L'erreur serait de penser les deux termes indépendamment l'un de l'autre. L'injustice en acte est un désordre établi ; le refus du progrès, destruction de ce désordre établi, est une mauvaise conception de l'ordre. Il n'est d'ordre véritable que juste et capable de fonder le progrès. Pour les sociétés humaines, ce progrès s'accomplit d'abord dans le registre du droit, condition de la liberté pour tous dans un cadre social.

L'avènement du droit est essentiel. Symbole : la prise de la Bastille, quintessence violente de l'arbitraire royal. Et bien des bastilles sont à prendre encore. À propos des Trois Glorieuses de 1830, Hugo écrit : « Trois de ces beaux soleils qui brûlent les bastilles » (août 1830). Nous avons vu, tout au long de l'ouvrage, les différents registres de ce progrès du droit : état de droit politique, droit pénal, droit de l'enfant, droit de la femme, droit du travail, droit international, etc.

Le rythme du progrès exclut les déphasages, comme ceux des utopies devenant insurrections, sans égard réel pour le niveau de conscience du peuple et la nature de ses aspirations. L'expérience amère des journées révolutionnaires de Juin 1848 et de l'échec de l'appel aux armes, en décembre 1851, pour résister au coup d'État, a marqué le poète. Il écrira, dans *Les Misérables* :

> « C'est toujours à ses risques et périls que l'utopie se transforme en insurrection, et se fait de protestation philosophique protestation armée, et Minerve Pallas. L'utopie qui s'impatiente et devient émeute sait ce qui l'attend ; presque toujours elle arrive trop tôt. »

D'où une méditation approfondie sur le sort tragique des avant-gardes isolées, mal comprises, et promises finalement à l'extermination. Hugo semble crier grâce pour elles. Comme s'il demandait une sorte de clémence de l'histoire à l'égard des impatiences qui la tourmentent. Il faut respecter la conscience et les étapes de son processus de maturation : « On ne fait pas marcher un peuple par surprise plus vite qu'il ne veut. Malheur à qui tente de lui forcer la main ! Un peuple ne se laisse pas faire. Alors il abandonne l'insurrection à elle-même. Les insurgés deviennent des pestiférés » (*Les Misérables*). Une pensée forte, on le voit, que n'aurait pas désavouée Engels, mettant en garde contre la dérive gauchiste, qui « érige son impatience en théorie », ni peut-être Lénine, voyant dans l'insurrection prématurée le symptôme d'une maladie infantile.

Mais la crainte d'un volontarisme qui ferait violence ne doit pas légitimer non plus la résignation, ni être exploitée pour le maintien du *statu quo.* C'est qu'en attendant le peuple peut souffrir et qu'il n'est pas légitime de lui imposer de se désister pour les générations futures, comme le dit Hugo dans *William Shakespeare* (« Le dix-neuvième siècle ») :

« L'avenir presse. Demain ne peut pas attendre. L'humanité n'a pas une minute à perdre. Vite, vite, dépêchons, les misérables ont les pieds sur le fer rouge. On a faim, on a soif, on souffre. Ah ! maigreur terrible du pauvre corps humain ! le parasitisme rit, le lierre verdit et pousse, le gui est florissant, le ver solitaire est heureux. Quelle épouvante, la prospérité du ténia ! Détruire ce qui dévore, là est le salut. Votre vie a au-dedans d'elle la mort, qui se porte bien. Il y a trop d'indigence, trop de dénuement, trop d'impudeur, trop de nudité, trop de lupanars, trop de bagnes, trop de haillons, trop de défaillances, trop de crimes, trop d'obscurité, pas assez d'écoles, trop de petits innocents en croissance pour le mal ! le grabat des pauvres filles se couvre tout à coup de soie et de dentelles, et c'est là la pire misère ; à côté du malheur il y a le vice, l'un poussant l'autre. Une telle société veut être promptement secourue. Cherchons le mieux. Allez tous à la découverte. Où sont les terres promises ? la civilisation veut marcher ; essayons les théories, les systèmes, les améliorations, les inventions, les progrès, jusqu'à ce que chaussure à ce pied soit trouvée. L'essai ne coûte rien ; ou coûte peu. Essayer n'est pas adopter. Mais avant tout, et surtout, prodiguons la lumière. Tout assainissement commence par une large ouverture de fenêtres. Ouvrons les intelligences toutes grandes. Aérons les âmes. »

Retour, donc, à la révolution comprise à la fois comme produit et comme condition du progrès, selon le double sens signalé plus haut de l'expression *révolution du progrès.* Un texte fort explicite la conception que se fait le poète du rôle de la révolution ; il envisage les conquêtes à accomplir dans le sillage des acquis de la civilisation, dont le chapitre précédent a précisé le sens que Hugo lui donnait. Il faut donc dresser un bilan de l'acquis, et en saisir l'incomplétude, comme le fait cet extrait du *Droit et la loi* (XI) :

« Quand cet ensemble sera-t-il complet ? Quand le phénomène sera terminé ; c'est-à-dire quand la révolution de France sera devenue, comme nous l'avons indiqué dans les premières pages de cet écrit, d'abord révolution d'Europe, puis révolution de l'homme ; quand l'utopie se sera consolidée en progrès, quand l'ébauche aura abouti au chef-d'œuvre ; quand à la coalition fratricide des rois aura succédé la fédération fraternelle des peuples, et à la guerre contre tous, la paix pour tous. Impossible, à moins d'y ajouter le rêve, de compléter dès aujourd'hui ce qui ne se complétera que demain, et d'achever l'histoire d'un fait inachevé, surtout quand ce fait contient une telle végétation d'événements futurs. Entre l'histoire et l'historien la disproportion est trop grande.

Rien de plus colossal. Le total échappe. Regardez ce qui est déjà derrière nous. La Terreur est un cratère, la Convention est un sommet. Tout l'avenir est en fermentation dans ces profondeurs. »

La dialectique du progrès

« Un ébranlement dans les intelligences prépare un bouleversement dans les faits » (William Shakespeare).

Il faut d'abord différencier le type d'apport des différents domaines de la culture. Et caractériser la façon dont chacun opère.

L'art et la science sont tous deux agents de progrès, « incubateurs de civilisation ». Mais de manière distincte. La science, par ses progrès, éclaire l'esprit humain sur les choses et dissipe les frayeurs liées à l'ignorance des causes qui produisent les phénomènes. Mais elle est elle-même soumise à un processus de dépassement continuel, par enrichissement ou modification des théories explicatives, par extension de ses champs d'application, alors que toute œuvre d'art participe d'emblée de l'absolu :

« Parmi les choses humaines, et en tant que chose humaine, l'art est dans une exception singulière.

La beauté de toute chose ici-bas, c'est de pouvoir se perfectionner ; tout est doué de cette propriété : croître, s'augmenter, se fortifier, gagner, avancer, valoir mieux aujourd'hui qu'hier ; c'est à la fois la gloire et la vie. La beauté de l'art, c'est de n'être pas susceptible de perfectionnement.

Insistons sur ces idées essentielles, déjà effleurées dans quelques-unes des pages qui précèdent.

Un chef-d'œuvre existe une fois pour toutes. Le premier poète qui arrive, arrive au sommet. Vous monterez après lui, aussi haut, pas plus haut. Ah ! tu t'appelles Dante, soit ; mais celui-ci s'appelle Homère.

Le progrès, but sans cesse déplacé, étape toujours renouvelée, a des changements d'horizon. L'idéal, point.

Or, le progrès est le moteur de la science ; l'idéal est le générateur de l'art.

C'est ce qui explique pourquoi le perfectionnement est propre à la science, et n'est point propre à l'art.

Un savant fait oublier un savant ; un poëte ne fait pas oublier un poëte. [...]

L'esprit humain, c'est l'infini possible. Les chefs-d'œuvre, ces mondes, y éclosent sans cesse et y durent à jamais. Aucune poussée de l'un contre l'autre ; aucun recul ; les occlusions, quand il y en a, ne sont qu'apparentes et cessent vite. L'espacement de l'illimité admet toutes les créations. [...]

Les chefs-d'œuvre ont un niveau, le même pour tous, l'absolu.

(William Shakespeare, IV*)*

L'art ne progresse pas, car toute œuvre participe de l'absolu de la beauté. C'est en tant que telle, d'ailleurs, qu'elle aide au progrès :

« Il y a de l'irradiation dans le beau, et par conséquent du mystère, car toute irradiation vient de plus loin que l'homme. Lors même que l'irradiation vient de l'intérieur de l'homme, elle vient de plus loin que lui. Il y a dans l'homme un autre que l'homme, et cet autre est situé dans les profondeurs. En deçà, au-delà, plus haut, plus bas, ailleurs. Le dedans de l'homme est dehors. Qui oserait dire que notre conscience, c'est nous ?

Or la notion du beau est, comme la notion du bon, un fait de conscience. Le beau s'impose souverainement. Disons plus, divinement. Avant de penser le beau, on le sent. C'est là le propre de tout ce qui appartient à l'absolu.

L'absolu s'appelle aussi l'infini. L'infini dépasse l'intelligence terrestre qui est pourtant contrainte de l'accepter, au moins en tant que fait et réalité. Pourquoi ? parce qu'elle le sent. Ce sentiment-là est en toute chose la grande lumière. Il révèle le juste, et il révèle le beau. Faire son devoir, c'est accepter l'infini.

La pression de l'infini sur l'homme fait jaillir de l'homme le grand. »

(William Shakespeare, « Utilité du beau »*)*

Le rôle des génies, dans une telle perspective, est de transformer une progression arithmétique de la civilisation en une progression géométrique :

« Quel but ! faire le peuple !

Les principes combinés avec la science, toute la quantité possible d'absolu introduite par degrés dans le fait, l'utopie traitée successivement par tous les modes de réalisation, par l'économie politique, par la philosophie, par la physique, par la chimie, par la dynamique, par la logique, par l'art ; l'union remplaçant peu à peu l'antagonisme et l'unité remplaçant l'union, pour religion Dieu, pour prêtre le père, pour prière la vertu, pour champ la terre, pour langue le verbe, pour loi le droit, pour moteur le devoir, pour hygiène le travail, pour économie la paix, pour canevas la vie, pour but le progrès, pour autorité la liberté, pour peuple l'homme, telle est la simplification.

Et au sommet l'idéal.

L'idéal ; type immobile du progrès marchant.

À qui sont les génies, si ce n'est à toi, peuple ? ils t'appartiennent, ils sont tes fils et tes pères ; tu les engendres et ils t'enseignent. Ils font à ton chaos des percements de lumière. Enfants, ils ont bu ta sève. Ils ont tressailli dans la matrice universelle, l'humanité. Chacune de tes phases, peuple, est un avatar. La profonde prise de vie, c'est en toi qu'il faut la chercher. Tu es le grand flanc. Les génies sortent de toi, foule mystérieuse.

Donc qu'ils retournent à toi. »

(William Shakespeare)

La dialectique du progrès réside dans l'interaction des différentes conquêtes de la civilisation. Ainsi est soulignée la dialectique des révolutions : philosophique, politique, littéraire, sociale. Hugo applique cette idée à l'exemple du romantisme en littérature. Compris, on l'a vu au deuxième chapitre, comme la conséquence de la Révolution française, il peut exercer en retour une action révolutionnaire sur la société : « La force littéraire a toujours été, et est de nos jours plus que jamais, une force révolutionnaire » *(La Civilisation).*

Un autre extrait de *William Shakespeare* résume cette conception :

« Stimuler, presser, gronder, réveiller, suggérer, inspirer, c'est cette fonction, remplie de toutes parts par les écrivains, qui imprime à la littérature de ce siècle un si haut caractère de puissance et d'originalité. Rester fidèle à toutes les lois de l'art en les combinant avec la loi du progrès, tel est le problème, victorieusement résolu par tant de nobles et fiers esprits.

De là cette parole : Délivrance, qui apparaît au-dessus de tout dans la lumière, comme si elle était écrite au front même de l'idéal.

(*William Shakespeare*, II)

La diversité et l'unité des grands progrès dont Hugo a voulu se faire l'artisan ou le publiciste sont donc comprises dans une dialectique d'ensemble de la civilisation, qui met en rapport la philosophie et l'histoire, l'histoire et la littérature, la littérature et l'émancipation sociale. Hugo pense ainsi tout haut l'unité profonde de ses propres combats, dans la lumière d'une interaction entre les différents types de progrès.

Pour conclure...
« Quel horizon on voit du haut de la barricade. »

Comment esquisser l'avenir promis aux hommes par leur dévouement même ? C'est Enjolras, alias Victor Hugo, qui parle sur la barricade que le peuple s'est donnée. Nul commentaire ne peut prétendre redoubler le lyrisme de l'espérance ici chantée par celui qui va mourir. Cette espérance est offerte à jamais à tous ceux qui souffrent et luttent, par le proscrit que hantaient *Les Misérables.* Le discours est cité ici en entier : on peut le lire comme une péroraison lyrique pour l'ensemble des combats de Victor Hugo, le poète en politique.

« Enjolras était debout sur l'escalier de pavés, un de ses coudes sur le canon de sa carabine. Il songeait ; il tressaillait, comme à des passages de souffles ; les endroits où est la mort ont de ces effets de trépieds. Il sortait de ses prunelles, pleines du regard intérieur, des espèces de feux étouffés. Tout à coup, il dressa la tête, ses cheveux blonds se renversèrent en arrière comme ceux de l'ange sur le sombre quadrige fait d'étoiles, ce fut comme une crinière de lion effarée en flamboiement d'auréole, et Enjolras s'écria :

– Citoyens, vous représentez-vous l'avenir ? Les rues des villes inondées de lumière, des branches vertes sur les seuils, les nations sœurs, les hommes justes, les vieillards bénissant les enfants, le passé aimant le présent, les penseurs en pleine liberté, les croyants en pleine égalité, pour religion, le ciel, Dieu prêtre direct, la conscience humaine devenue l'autel, plus de haines, la fraternité de l'atelier et de l'école, pour pénalité et pour récompense la notoriété, à tous le travail, pour tous le droit, sur tous la paix, plus de sang versé, plus de guerres, les mères heureuses ! Dompter la matière, c'est le premier pas ; réaliser l'idéal, c'est le second. Réfléchissez à ce qu'a déjà fait le progrès. Jadis les premières races humaines voyaient avec terreur passer devant leurs yeux l'hydre qui soufflait sur les eaux, le dragon qui vomissait du feu, le griffon qui était le monstre de l'air et qui volait avec les ailes d'un aigle et les griffes d'un tigre ; bêtes effrayantes qui étaient au-dessus de l'homme. L'homme cependant a tendu ses pièges, les pièges sacrés de l'intelligence, et il a fini par y prendre les monstres. Nous avons dompté l'hydre, et elle s'appelle le steamer ; nous avons dompté le dragon, et il s'appelle la locomotive ; nous sommes sur le point de dompter le griffon, nous le tenons déjà, et il s'appelle le ballon. Le jour où cette œuvre prométhéenne sera terminée et où l'homme aura définitivement attelé à sa volonté la triple Chimère antique, l'hydre, le dragon et le griffon, il sera maître de l'eau, du feu et de l'air, et il sera pour le reste de la création animée ce que les anciens dieux étaient jadis pour lui. Courage, et en avant ! Citoyens, où allons-nous ? À la science faite gouvernement, à la force des choses devenue seule force publique, à la loi naturelle ayant sa sanction et sa pénalité en elle-même et se promulguant par l'évidence, à un lever de vérité correspondant au lever du jour. Nous allons à l'union des peuples ; nous allons à l'unité de l'homme. Plus de fictions ; plus de parasites. Le réel gouverné par le vrai, voilà le but. La civilisation tiendra ses assises au sommet de l'Europe, et plus tard au centre des continents, dans un grand parlement de l'intelligence. Quelque chose de pareil s'est vu déjà. Les amphictyons avaient deux séances par an, l'une à Delphes, lieu des dieux, l'autre aux Thermopyles, lieu des héros. L'Europe aura ses amphictyons ; le globe aura ses amphictyons. La France porte cet avenir sublime dans ses flancs. C'est là la gestation du dix-neuvième siècle. Ce qu'avait ébauché la Grèce est digne d'être achevé par la France. Écoute-moi, toi Feuilly, vaillant ouvrier, homme du peuple, homme des peuples. Je te vénère. Oui, tu vois nettement les temps futurs, oui, tu as raison. Tu n'avais ni père ni mère, Feuilly ; tu as adopté pour mère l'humanité et pour père le droit. Tu vas mourir ici, c'est-à-dire triompher. Citoyens, quoi qu'il arrive aujourd'hui, par notre défaite aussi bien que par notre victoire, c'est une révolution que nous allons faire. De même que les incendies éclairent toute la ville, les révolutions éclairent tout le genre humain. Et quelle révolution ferons-nous ? Je viens de le dire, la révolution du Vrai. Au point de vue politique, il n'y a qu'un seul principe : la souveraineté de l'homme sur lui-même. Cette souveraineté de moi sur moi s'appelle Liberté. Là où deux ou plusieurs de ces souverainetés s'associent commence l'État. Mais dans cette association il n'y a nulle abdication. Chaque souveraineté concède une certaine quantité d'elle-même pour former le droit commun. Cette quantité est la même pour tous. Cette identité de concession que chacun fait à tous s'appelle Égalité. Le droit commun n'est pas autre chose que la protection de tous rayonnant sur le droit de chacun. Cette protection de tous sur chacun s'appelle Fraternité. Le point d'intersection de toutes ces souverainetés qui s'agrègent s'appelle Société. Cette intersection étant une jonction, ce point est un nœud. De là ce qu'on appelle le lien social. Quelques-uns disent contrat social ; ce qui est la même chose, le mot contrat étant étymologiquement formé avec l'idée de lien. Entendons-nous sur l'égalité ; car, si la liberté est le sommet, l'égalité est la base. L'égalité, citoyens, ce n'est pas toute la végétation à niveau, une société de grands brins d'herbe et de petits chênes ; un voisinage de jalousies s'entre-châtrant ; c'est, civilement, toutes les aptitudes ayant la même ouverture ; politiquement, tous les votes ayant le même poids ; religieusement, toutes les consciences ayant le même droit. L'Égalité a un organe : l'instruction gratuite et obligatoire. Le droit à l'alphabet, c'est par là qu'il faut commencer. L'école primaire imposée à tous, l'école secondaire offerte à tous, c'est là la loi. De l'école identique sort la société égale. Oui, enseignement ! Lumière ! Lumière ! tout vient de la lumière et tout y retourne. Citoyens, le dix-neuvième siècle est grand, mais le vingtième siècle sera heureux. Alors plus rien de semblable à la vieille histoire ; on n'aura plus à craindre, comme aujourd'hui, une conquête, une invasion, une usurpation, une rivalité de nations à main armée, une interruption de civilisation dépendant d'un mariage de rois, une naissance dans les tyrannies héréditaires, un partage de peuples par congrès, un démembrement par écroulement de dynastie, un combat de deux religions se rencontrant de front, comme deux boucs de l'ombre, sur le pont de l'infini ; on n'aura plus à craindre la famine, l'exploitation, la prostitution par détresse, la misère par chômage, et l'échafaud, et le glaive, et les batailles, et tous les brigandages du hasard dans la forêt des événements. On pourrait presque dire : il n'y aura plus d'événements. On sera heureux. Le genre humain accomplira sa loi comme le globe terrestre accomplit la sienne ; l'harmonie se rétablira entre l'âme et l'astre ; l'âme gravitera autour de la vérité comme l'astre autour de la lumière. Amis, l'heure où nous sommes et où je vous parle est une heure sombre ; mais ce sont là les achats terribles de l'avenir. Une révolution est un péage. Oh ! le genre humain sera délivré, relevé et consolé ! Nous le lui affirmons sur cette barricade. D'où poussera-t-on le cri d'amour, si ce n'est du haut du sacrifice ? Ô mes frères, c'est ici le lieu de jonction de ceux qui pensent et de ceux qui souffrent ; cette barricade n'est faite ni de pavés, ni de poutres, ni de ferrailles ; elle est faite de deux monceaux, un monceau d'idées et un monceau de douleurs. La misère y rencontre l'idéal. Le jour y embrasse la nuit et lui dit : je vais mourir avec toi et tu vas renaître avec moi. De l'étreinte de toutes les désolations jaillit la foi. Les souffrances apportent ici leur agonie, et les idées leur immortalité. Cette agonie et cette immortalité vont se mêler et composer notre mort. Frères, qui meurt ici meurt dans le rayonnement de l'avenir, et nous entrons dans une tombe toute pénétrée d'aurore.

Enjolras s'interrompit plutôt qu'il ne se tut ; ses lèvres remuaient silencieusement comme s'il continuait de se parler à lui-même, ce qui fit qu'attentifs, et pour tâcher de l'entendre encore, ils le regardèrent. Il n'y eut pas d'applaudissement ; mais on chuchota longtemps. La parole étant souffle, les frémissements d'intelligences ressemblent à des frémissements de feuilles. »

(*Les Misérables,* cinquième partie, livre I, chapitre V, discours d'Enjolras.)

Conclusion

Actualité de Victor Hugo

« Le genre humain est une bouche, et j'en suis le cri. »

(L'homme qui rit)

Le cri de la conscience est toujours intempestif. Il dérange. La rupture avec les idées de l'heure permet bien souvent de survivre à son époque. Victor Hugo l'inclassable n'y déroge pas. Ses combats ont pris sens au regard d'idéaux majeurs, rappelés tout au long de cet ouvrage. Un siècle après avoir écrit les pages évoquées ici, Victor Hugo pourrait-il les écrire à nouveau ? Pour beaucoup, la réponse ne semble pas faire de doute. C'est hélas oui.

Hélas, car Hugo lui-même, trop optimiste peut-être, ne pensait pas que les combats qu'il menait seraient encore actuels plus de cent ans après sa mort. Sa foi dans l'irréversibilité de certaines conquêtes et dans l'imminence de conquêtes nouvelles lui faisait entrevoir une réalisation rapide de ses idéaux, à court ou à moyen terme. On a pu voir cependant qu'il n'avait aucune vision béate du progrès et qu'il s'interrogeait sur des possibles retours en arrière.

Nombre de combats menés par le poète restent de la plus vive actualité. Pour s'en aviser, il suffit de confronter aux grands problèmes qui restent posés au vingt et unième siècle l'essentiel des causes qu'il a défendues. Et la surprise est grande. Aujourd'hui, dans d'autres termes sans doute, mais de façon toujours aussi vive, ces causes gardent toute leur portée. On peut en juger en évoquant dix grands défis de notre époque, tels que l'actualité nous invite à les formuler, et en rappelant pour chacun d'eux l'essentiel des idées du poète.

Premier défi : l'affirmation de l'état de droit sur toute la planète, et dans chaque pays en particulier. L'idéal républicain, au sens constitutionnel cher à Hugo comme à Rousseau, incarne une telle exigence. Il concilie le principe de souveraineté populaire et celui d'une politique fondée sur la promotion de l'intérêt commun. La conversion du poète à la République s'est accomplie à partir de la conviction qu'elle représentait la forme constitutionnelle de l'État de droit, c'est-à-dire l'organisation institutionnelle des conditions de la liberté. Victor Hugo s'est battu avec constance pour la liberté sous toutes ses formes. Luimême a été victime de la censure, pour son théâtre notamment. « Offense à la monarchie », ou « à la religion ». Il entendait promouvoir un accomplissement optimal du principe démocratique, en donnant au bien public sa consistance la plus exigeante. Sans doute aurait-il trouvé irrecevable l'amalgame entre le souci d'une loi commune et unique, appelée « jacobine » par polémique, et une centralisation oppressive, comme celle de la monarchie absolue de l'Ancien Régime. Il n'aurait pas confondu déconcentration administrative et mise en cause de l'unité de la loi commune, ni accepté que sous prétexte de décentralisation la République se sacrifie aux féodalités locales. L'idée que l'unité de loi étouffe les cultures régionales lui paraîtrait étrange et saugrenue car relevant d'une confusion entre deux domaines distincts : le droit et la culture. Sa conception révolutionnaire et renanienne de la nation rejette toute politique se fondant sur la préséance d'une origine ethnique, religieuse ou linguistique. Elle est compatible avec l'affirmation des patrimoines culturels, dès lors qu'au nom de ceux-ci aucun droit particulier n'est revendiqué. Il n'y a pas de choc fatal des civilisations, comme le laisse entendre aujourd'hui la dangereuse conception de Samuel Huntington *(Le Choc des civilisations)*, mais un risque d'affrontement né des politiques ethniques ou cléricales. La conception unitaire de la civilisation que propose Hugo y intègre tous les apports, soit au progrès de la justice, soit au développement maîtrisé des techniques et des sciences. La Chine y a sa part autant que la France, le Mexique autant que l'Angleterre, la Russie autant que l'Allemagne. L'*habeas corpus* n'est pas plus anglais que la laïcité n'est française : on ne peut relativiser un principe et un idéal sous prétexte que sa première consécration historique a vu le jour ici plutôt que là. On a vu que Hugo salue les peuples au fur et à mesure de leurs conquêtes dans ces domaines : il les remercie alors au nom de l'humanité tout entière. Reste que ces conquêtes ne sont définitives que pour la pensée de l'émancipation et la culture de la liberté qu'elle fonde. Dans les faits, elles peuvent être remises en question. C'est le cas aujourd'hui avec le retour des cléricalismes, des intégrismes et des réflexes de crispation identitaire. En réalité, ces dérives politiques instrumentalisent les singularités culturelles et religieuses dans des postures d'exclusion et tentent de restaurer des privilèges pour des particularismes, au détriment de l'égalité de tous, assurée par la loi commune. Et au risque de nouvelles guerres. Les positions républicaines et laïques de Hugo, sur ce point, sont d'une actualité exemplaire.

Second défi : *le développement du droit par explicitation des exigences qui permettent de lui donner sa portée universelle.* Droit de l'enfant, droit de la femme, droit des peuples, droit des minorités ne sont pas tant de « nouveaux droits » que des énoncés destinés à rendre effectifs les principes d'égalité et de liberté. On sait que la tentation des discriminations positives, destinées à compenser des inégalités subies, peut poser le problème de la différence des droits et par conséquent de la mise en cause de l'universalisme. C'est ce que montrent la dérive communautariste et le traitement différencié des êtres en raison de leurs besoins. En énonçant l'idée d'un droit de la femme, Hugo n'entendait pas, on l'a vu, installer dans le droit la reconnaissance d'une particularité, mais bien plutôt élever le droit des êtres humains, quel que soit leur sexe, à sa portée universelle. Ce n'est donc pas tant à un « droit à la différence » qu'il se réfère qu'à un « droit à la ressemblance ». Tous les êtres humains doivent jouir des mêmes droits et le fait d'être femme ou homme ne doit pas entrer en ligne de compte. S'il est légitime de prendre des mesures sociales pour affranchir les femmes des obstacles qu'une civilisation largement machiste place à la réalisation effective de cette égalité, il ne le serait pas, pour Hugo, d'inscrire dans la loi la plus fondamentale de la République une politique de quotas, car elle perturberait la clarté des critères d'accès aux fonctions et aux responsabilités. Comme Olympe de Gouges, auteur d'une Déclaration des droits de la femme et de la citoyenne, il s'agit de revendiquer pour la moitié du genre humain la jouissance intégrale des droits qui reviennent à tout être humain. Et cela sans préjuger des proportions qui sortiront d'une telle universalisation. Hugo, fervent partisan de l'égalité des sexes, du moins dans ses écrits et ses discours, ne défendrait sans doute pas la parité, qu'il tiendrait pour un piège différencialiste plein de bonnes intentions. Comme George Sand, qu'il admirait, il pense que ce n'est pas en tant que femme ou homme qu'un être doit valoir, mais par le mérite propre de ce qu'il apporte. Quant au droit de l'enfant, concernant un être mineur, sa portée juridique pose moins de problème, car il ne s'agit pas alors d'instaurer un différencialisme de principe entre les hommes, mais de se doter d'une référence contre toutes les pratiques abusives, violentes ou aliénantes, qui dessaisissent l'enfant de la possibilité de s'épanouir en altérant son intégrité physique et affective (par des violences) ou son développement intellectuel autonome (par la privation d'instruction).

Troisième défi : *le progrès de l'émancipation laïque du droit, des États et de l'école.* Ce défi revêt une saisissante actualité à une époque où de nouvelles figures de fanatisme religieux se font jour, et où la crispation sur des identités collectives largement imaginaires réactive des attitudes exclusives, voire des régressions vers d'anciennes conceptions de la nation, fondée sur l'apparentement ethnique, la langue ou la religion. On voit ressurgir des guerres d'un âge que l'on croyait révolu. Le danger de nouvelles Saint-Barthélemy n'est pas fictif et l'on découvre en Irlande ou en Afghanistan des violences exercées au nom de la religion qui n'ont rien à envier aux atrocités de jadis. La laïcité, qui fonde l'idéal d'un monde commun à tous les hommes par-delà leurs différences, en affranchissant la politique de toute tutelle religieuse, semble plus que jamais d'actualité. Elle rend impossible l'instrumentalisation des religions comme des particularismes culturels pour réintroduire une différence des droits et briser la loi commune qui assure l'égalité. Le modèle républicain et laïque, propre à faire vivre dans la paix des hommes qui se reconnaissent dans des références spirituelles ou civilisationnelles diverses, est aujourd'hui menacé ; il est pourtant précieux pour indiquer la voie de la paix. Hugo considérait que seul l'individu est sujet de droit et il tenait cette idée de Rousseau, hostile à toute faction comme à toute « dépendance particulière ». Le « droit du père » de marier sa fille contre son gré, et par tradition dite « culturelle », va contre le droit de la jeune fille de s'appartenir à elle-même. C'est pourquoi Hugo défendait le droit de l'enfant contre les servitudes éthiques ou religieuses auxquelles on veut le soumettre par volonté d'imposer une « identité collective ». La laïcité est incompatible avec ce genre de mises en tutelle. Le poète avait bien vu que, selon le principe des vases communicants, la « liberté » reconnue aux communautés particulières de disposer de leurs « membres » met en péril la liberté de l'individu de disposer de lui-même (*habeas corpus* et *habeas animum :* intégrité physique et liberté de conscience). Victime de censure pour son théâtre jugé politiquement et religieusement incorrect, il a lutté pour que nulle tutelle cléricale ne s'exerce plus sur l'art ou la science, la presse ou tout simplement le débat public. Son roman *Les Misérables* a été mis à l'index des livres interdits *(Index librorum prohibitorum)* par l'Église. Sans doute aurait-il été étonné de savoir qu'il a fallu attendre 1962 (concile de Vatican II) pour qu'un tel index, condensé millénaire de la censure infligée à l'art et à la culture, soit abandonné. Il l'aurait été également d'apprendre la restauration d'une censure religieuse de l'enseignement et même des œuvres d'art, au nom du respect supposé nécessaire des croyances, alors que seul a valeur de droit le respect des croyants, non comme croyants, mais comme personnes libres de croire. La volonté de censure de certains groupes protestants, exercée en Arkansas à la fin du deuxième millénaire sur l'enseignement des théories darwiniennes jugées non conformes à l'interprétation littérale de la Bible, l'aurait indigné. Il y aurait vu la permanence d'un obscurantisme qu'il combattait vigoureusement en dénonçant la loi Falloux. De même, la création par des dignitaires catholiques français d'une association dénommée Croyances et libertés, destinée à poursuivre devant les tribunaux toute mise en cause satirique ou critique de la croyance religieuse, aurait suscité sa révolte. La laïcité, pour lui comme pour les grands Républicains qui émancipèrent l'école publique et séparèrent par la loi de 1905 l'État de toute Église, était un idéal de liberté et d'égalité de tous, croyants et non-croyants ; elle s'assortissait du souci d'une culture ouverte et tournée vers l'universel, comme de l'autonomie de jugement promue pour tous par l'école publique. Cet idéal, dans le monde comme en Europe, est plus actuel que jamais.

Quatrième défi : la régulation démocratique des sociétés modernes et la réinvention du rôle de l'État comme dépositaire du bien commun. La forme républicaine de la démocratie est à cet égard d'une vive actualité. Elle l'est d'abord au niveau de la responsabilisation pénale et sociale du capitalisme. Celui-ci, pudiquement rebaptisé libéralisme pour capter le prestige de l'idéal de liberté cher à Hugo, tend aujourd'hui à faire retour à une version débridée, affranchie de toute règle autre que celle de la logique financière du profit. Il s'efforce donc de détruire les grandes conquêtes sociales qui l'humanisèrent en lui faisant assumer au moins partiellement les coûts sociaux de ses profits. L'appropriation des techniques qu'il entend promouvoir est devenue si ravageuse pour les biens naturels communs aux hommes (l'air, la santé, l'équilibre écologique des lieux de vie, le silence, les paysages mêmes) que la république sociale doit rendre explicites, par un travail législatif, des règles de préservation, voire de précaution. Hugo savait parfaitement que des utilisations inhumaines des inventions techniques – machines et armes sophistiquées comme les fusils Chassepot et les canons de longue portée – sont possibles. Il n'en tirait aucune conséquence technophobe, mais rappelait simplement que nulle découverte n'est dans l'absolu un progrès et qu'elle nécessite pour le devenir une appropriation socialement maîtrisée. Il faisait pour cela confiance à une législation républicaine et sociale, capable de régler l'utilisation des nouveaux savoirs et des nouvelles technologies dans un sens conforme à la justice. C'est dire qu'il ne se trouverait pas aujourd'hui du côté de ceux qui par peur entendent freiner la recherche, mais qu'en revanche il défendrait l'idée d'un contrôle démocratique sur l'utilisation de ses résultats. Son idée de la « république sociale » trouverait là un de ses champs d'application : préserver le bien public par des régulations adéquates. Même préoccupation pour les grands moyens de communication, qui tendent à produire une pensée conforme en normant les consciences sous des formes douces et dont l'efficacité est d'autant plus redoutable qu'elles rendent le conditionnement inaperçu. Ce défi médiologique rejoint celui de la liberté de penser, condition de l'autonomie du citoyen. Hugo a pensé la révolution culturelle introduite par l'imprimerie et l'universalisation de la connaissance qu'elle a permise. Mais il a pensé également le lien entre la nature d'un moyen d'expression et le type d'effet de sens qu'il produit, comme le montrent les pages de *Notre-Dame de Paris* citées au quatrième chapitre. Père putatif de la médiologie, il n'a pas manqué d'apercevoir le rôle que joue la modalité matérielle de la communication et l'incidence qu'elle a aussi bien sur la nature du message que sur les conditions générales de la vie commune. « Medium is message », disait Mac Luhan. Et Régis Debray a montré les implications sociales et politiques d'un tel constat : la « vidéosphère », ère du primat de l'audiovisuel, succède à la « graphosphère », ère du primat de l'écrit, et de la distance réflexive qu'il permet. Danger pour la République démocratique ? Non, si la politique scolaire et culturelle évite de céder, par démagogie, à l'air du temps. Il faut pour cela développer simultanément une formation à la lecture critique de l'audiovisuel et une solide culture de l'écrit. Curieux de toutes les nouvelles techniques, comme le montre son intérêt pour les débuts du daguerréotype et du téléphone, Hugo en aurait tiré la conséquence non du caractère dépassé des anciennes techniques de communication, mais de la nécessité de cultiver la maîtrise de tous les registres, « modernes » et anciens, pour s'assurer une ouverture à l'ensemble de la culture, au lieu de s'enfermer dans les étroites bornes du présent.

Cinquième défi : *l'humanisation du droit pénal, conjuguée avec la restauration de l'autorité de la loi.* Ce défi est rendu plus crucial par les nouvelles formes de délinquance. La peine de mort, présente encore en trop d'endroits et notamment aux États-Unis, atteste la survivance d'une confusion de la justice avec la vengeance. Cas particulier d'une conception de la sécurité misant davantage sur la répression que sur la prévention. Il aura fallu 1981 en France pour que le rêve de Hugo se réalise, avec la détermination de Robert Badinter, garde des Sceaux. L'abolition de la peine de mort n'est que le premier pas d'une réflexion sur les « peines irréparables ». Le sens de la « prison républicaine » en est un autre : Michel Foucault puis Robert Badinter ont abordé, dans des problématiques différentes, la question du rôle et de la nature de l'univers carcéral, pour faire progresser la conscience collective concernant le droit pénal dans une société démocratique : les finalités qu'on lui attribue sont essentielles pour ajuster les peines et les conditions de leur mise en œuvre. Les réflexions de Victor Hugo sur le droit et sur les peines acquièrent ici toute leur ampleur. À propos de la conception du droit, on l'a vu, le poète a combattu pratiquement l'extension illégitime des lois, qu'il s'agisse de la censure théâtrale, du credo religieux imposé ou même des normes éthiques imposées à la vie.

Avec Michel Foucault, Hugo dirait donc que le droit n'a pas à prescrire une conduite particulière dès lors que plusieurs sont possibles dans le respect des exigences communes de paix, d'égalité et de liberté. Les bornes du pouvoir souverain, pour parler comme Rousseau (*Du contrat social*, II, 4) sont celles-là mêmes qui permettent un libre choix des éthiques de vie, sans favoriser une conception plutôt qu'une autre. Radicalisant cette idée en une formule, Hugo serait d'accord avec Foucault pour dire que le droit laïcisé n'a pas à prescrire un modèle de vie déterminé, sous peine de bafouer l'égalité et de stigmatiser toute liberté qui ne s'inscrirait pas dans la norme ainsi privilégiée. La loi n'a le droit d'interdire que ce qui fait obstacle aux libertés conciliées avec le bien commun ; en dehors d'une telle exigence, elle n'a plus à se mêler d'imposer une façon d'être en la valorisant par des privilèges juridiques. L'union libre face au mariage, l'homosexualité face à l'hétérosexualité, le plaisir affranchi de la procréation sont autant de conduites trop longtemps condamnées ou stigmatisées au nom d'une conception particulière de la vie bonne, en l'occurrence celle du christianisme érigé en contrainte juridico-politique. C'est dire que le droit ainsi affranchi reconnaît la plénitude de la vie privée comme de la liberté de choix qui la règle. En ce qui concerne les peines, Hugo a voulu mettre au clair leur but et leurs modalités. Insistant sur la notion décisive de circonstances atténuantes, il en a tiré toute une philosophie de la prévention, corollaire de sa philosophie sociale. Il en a également dégagé une théorie claire du rôle réel et souhaitable des peines, dans le sillage de Beccaria, premier grand penseur de l'humanisation du droit pénal. Il a souligné le cercle vicieux des sanctions qui, par leur inadéquation et leur brutalité, génèrent la haine définitive de la société. D'où également le défi de la prévention, dont Hugo a formulé toute l'importance en rappelant qu'ouvrir des écoles, c'est fermer des prisons, et que développer la culture populaire, en son double sens de culture exprimant le peuple et culture accessible au peuple, c'est aller dans le sens d'un tel progrès.

Sixième défi : la démocratisation de l'accès à l'instruction et à l'éducation à la liberté qu'elle fonde. Hugo rejetterait l'idée que, pour se démocratiser, l'école doit réviser ses exigences à la baisse. Il y verrait du mépris pour le peuple. Il rejetterait également le différencialisme culturel qui, sous prétexte de s'adapter aux représentations propres aux groupes particuliers ou aux modes d'une époque, risque de créer un apartheid culturel. Le mimétisme à l'égard du « dernier cri » ou des représentations « spontanées » d'une jeunesse largement conditionnée par des stéréotypes médiatiques lui semblerait relever de la démagogie et de la servitude idéologique. C'est que Victor Hugo concevait l'universalisation de l'instruction par la résolution des problèmes sociaux qui entravent l'accès aux études et à la plus haute culture. De même, l'art populaire n'était pas pour lui un art propre à une classe, mais l'art conçu dans la pluralité de ses registres et rendu accessible à tous par l'effort propre de la République. Il ne confondait pas l'appropriation sociale trop restreinte des pratiques artistiques et culturelles avec leur caractère supposé élitiste en soi. « Rien de trop haut pour le peuple », écrivait-il. De fait, Racine et Ronsard ne sont pas plus « bourgeois » que les lettres classiques qu'il appelait humanités. Et il aurait jugé ridicule la thèse qui présente l'enseignement de la culture classique dans les quartiers populaires comme une « violence symbolique ». Il écrivait d'ailleurs : « Nous voudrions voir dans les villages une chaire expliquant Homère aux paysans » (*William Shakespeare*, II, VII). Du respect que l'on doit à l'école et à ses maîtres, il se faisait une idée telle qu'il n'aurait pu concevoir que la société civile adresse à l'institution scolaire des injonctions de conformisme, voire d'assujettissement, à une jeunesse aussi méprisée en fait qu'adulée en paroles. Il aimait la jeunesse ; donc il en exigeait beaucoup, pour qu'elle rende manifeste la richesse des potentialités dont elle est dépositaire. Il aurait récusé la « jeunophilie » et les mimétismes fébriles par lesquels on veut donner des gages de sa modernité en jugeant obsolète tout ce qui ne date pas de ce matin.

Septième défi : la construction d'une Europe des peuples, et non des seuls capitaux, première étape d'une coopération internationale ouverte à tous les peuples. Cette construction ne peut se faire que si elle ménage la souveraineté de chaque nation et ne la délègue que dans le strict contrôle du respect des valeurs par lesquelles elle se traduit en matière de normes communes. Hugo serait-il aujourd'hui « souverainiste » ? Sans doute récuserait-il l'invention d'une telle notion polémique, en s'étonnant que le principe de souveraineté populaire et nationale, les deux termes étant réciproques dans la conception républicaine de la nation, fasse désormais l'objet d'un tel soupçon. Celui-ci ne peut relever que d'un amalgame entre deux conceptions de la nation, traditionnelle et révolutionnaire. Pourquoi désigner, sinon, d'un terme supposé péjoratif (« souverainisme ») la simple affirmation du principe de souveraineté populaire et nationale, qui conjugue le principe démocratique et celui de l'indépendance ou de l'autodétermination, pourtant reconnus essentiels dans la culture juridique de l'État de droit ? Inventeur de l'expression « États-Unis d'Europe », Hugo stipule explicitement que c'est à partir des États comme tels, et non des régions, que doit se constituer l'Union européenne. C'est bien une figure confédérale qu'il esquisse. Et il le pense avec une telle conviction qu'il affirme dans un de ses discours, en mars 1871 à l'Assemblée de Bordeaux, que la réalisation future de l'Europe passe obligatoirement par le préalable de la reconstitution de l'intégrité territoriale de la France, incluant les provinces perdues d'Alsace-Lorraine, si besoin est par les armes. Une Europe des régions ne se soucierait pas d'un tel préalable, puisque l'Alsace-Lorraine, reconnue comme entité indépendamment de sa solidarité avec les autres provinces françaises, y deviendrait un échelon territorial de référence. Jean Monnet, père de l'Europe, a exprimé un jour le regret d'avoir commencé l'union par l'économie, au lieu de le faire par la culture. Propos hugolien. Non qu'Hugo mésestimât le rôle de l'économie. Mais il ne le concevait certainement pas dans sa figure capitaliste débridée, encore moins dans sa version financière exclusive de toute autre considération que le taux de profit affiché par les ratios des actions en Bourse. Son socialisme républicain concevait l'internationale des peuples et des cultures comme la référence et la finalité ultime de l'échange économique, non comme son résidu ou, pis, son champ de domination mercantiliste, aussi mortifère pour la diversité des patrimoines artistiques et culturels que pour les législations sociales. Le transfert d'immenses pouvoirs de décision à des autorités non élues, comme les commissions de technocrates qui dominent les instances européennes, lui serait apparu comme une aliénation de la souveraineté populaire et un étrange déficit de démocratie. Bref, le « père-poète » de l'Europe ne reconnaîtrait sans doute pas l'Europe de Maastricht comme son enfant légitime…

Huitième défi : l'instauration d'un véritable droit international, sans préséance pour les grandes puissances. Une telle préséance revient à imposer le droit du plus fort. Hugo, on l'a vu, a rêvé de la République universelle. Il tiendrait pour un cauchemar la mondialisation capitaliste assortie des déshérences que l'on sait et de la domination impérialiste exclusive d'une superpuissance. Que celle-ci dise le droit en fonction de ses seuls intérêts de grande puissance et préserve ses protégés de toute obligation de se plier aux résolutions de la communauté internationale, alors qu'elle en exige l'application militaire immédiate quand cela lui paraît bon, serait aux yeux de Hugo un déni de justice. Le poète a suffisamment dénoncé les logiques d'empire pour fournir des armes contre toute forme d'impérialisme ou de néo-impérialisme. Il a par ailleurs suffisamment œuvré pour l'indépendance et l'égalité de tous les peuples pour qu'un prétendu nouvel ordre international lui paraisse mystifiant et trompeur dès lors que sont laissés pour compte des peuples dont les droits nationaux sont bafoués. Respectueux du droit et de l'inviolabilité de la vie humaine, horrifié par les massacres de civils de la guerre de Crimée ou de la guerre coloniale d'Algérie, Hugo aurait de toute évidence condamné le terrorisme, qui prend en otages des innocents. Mais il aurait également condamné, comme il l'a fait pour la répression anglaise en Irlande, la bonne conscience des puissances qui dictent leur « paix » par la force et perpétuent des injustices si ravageuses qu'elles poussent certains hommes au désespoir. Le terrorisme n'a aucune justification ; mais il peut avoir des prétextes. La condamnation absolue qui en est faite sera d'autant plus forte que lui auront été ôtés, par la justice en acte, de tels prétextes. Il faut relire sur ce point l'admirable passage des *Misérables* consacré aux « bas-fonds ».

Neuvième défi : l'affirmation de la justice sociale et le développement – ou la préservation – des conquêtes législatives qui lui donnent sa consistance juridique. Ce défi est rendu lui aussi crucial par la montée d'un libéralisme économique qui, comme on l'a vu, rêve de revenir à l'âge du capitalisme sauvage et joue sur l'inégal développement des acquis sociaux pour retrouver des marges de profit inespérées, tout en mettant en concurrence les travailleurs du monde entier afin d'obtenir des mieux traités qu'ils se laissent dépouiller de leurs acquis sociaux. Le tout avec réactivation du traitement purement caritatif de la misère et des conséquences multiformes de ce système. Laisser intacts les ressorts de l'exclusion par l'injustice sociale et promouvoir la vision humanitaire moralisante pour panser quelques plaies lui semblerait simple hypocrisie. Sans doute dénoncerait-il comme telle l'humanitarisme qui laisse en l'état les causes de l'exploitation et entend donner un simple supplément d'âme à un monde sans âme. Non pas qu'il dédaignait de porter secours aux plus démunis et de soulager les souffrances présentes : son action multiforme de secours aux déshérités, sa générosité sans faille montrent qu'il ne rejetait pas dans l'avenir incertain d'un stade idéal le souci de l'humanité. Mais il n'a jamais cessé de défendre l'idée que la justice sociale ne relève pas de l'aumône, ni d'une assistance condescendante ; c'est qu'elle constitue à ses yeux une forme de la gestion humaine des progrès techniques et à ce titre, un des fondements les plus sûrs pour l'ordre que requièrent les sociétés. Non seulement cette redistribution n'est en fin de compte qu'un juste retour des choses pour ceux qui jouent un rôle déterminant dans la production de la richesse, mais elle constitue, avec l'instruction publique et laïque, la meilleure prévention contre la délinquance. Le travail des enfants, qui révoltait comme on sait le poète, existe aujourd'hui dans ces parties du monde où les multinationales trouvent ainsi une main-d'œuvre bon marché, qui permet de restaurer des marges de profit spectaculaires tout en faisant pression sur le prix du travail dans les pays les plus développés.

Dixième défi : *changer la politique et non pas seulement de politique.* Cette mutation concerne les nouveaux domaines d'intervention légitime de l'État, notamment la protection de l'environnement, et plus généralement, tout ce que le marché abandonne aux rapports de forces ou à l'inégalité effective des situations dans lesquelles vivent les hommes. Les grandes régulations politiques et sociales des inégalités de développement appellent la production de solidarité là où se creusent de véritables fossés entre les hommes. Hugo avait compris que la loi commune, ordonnée à la justice et au droit, a une valeur émancipatrice au regard des rapports de forces locaux et des contrats qui les codifient. Autre changement essentiel de la politique : concevoir le mandat confié par le peuple comme une fonction et non comme un rang. De son banc de député, Hugo corrige un assesseur de l'assemblée qui appelle à traiter le président Louis Napoléon Bonaparte selon son « rang ». Il rectifie : « selon sa fonction » ! À cette nécessaire mise à distance, il associe l'exigence d'une pensée critique vigilante, y compris en ce qui concerne le parti auquel il accorde sa préférence. Tout le contraire du carriérisme et de la « pensée godillot » qui détruit de l'intérieur la vigilance républicaine et passe bien vite les principes par-dessus bord. Homme de principes en politique, Hugo a su se placer à contre-courant quand il le jugeait bon, donnant l'exemple d'une haute stature morale, loin des compromissions qui désespèrent le peuple de la politique. Enfin, il a vécu ses engagements sans jamais leur aliéner l'idée qu'il se faisait de l'unité de l'humanité, fondement de fraternité, mais aussi de distance à l'égard de tout ce qui oppose les hommes. Ces oppositions, dans l'horizon de la paix universelle qui finalise toute action militante présente, sont par principe tenues pour provisoires : il suffit de changer d'échelle temporelle pour se délier des crispations du moment et reconduire tout affrontement à son dépassement ultérieur. Ainsi, les conflits de personnes sont relativisés sans que le soient pour autant les débats d'idées. C'est une nouvelle façon de comprendre la politique, propre à la délivrer des haines inexpiables et à donner aux amnisties qui réconcilient un fondement sûr, loin des manquements au droit que représente le crime délibéré. Hugo aurait sans doute fait sienne la notion de crime contre l'humanité, ainsi que l'imprescriptibilité dont elle s'assortit : elle fixe en l'occurrence une limite infranchissable, qui vaut norme intangible.

Victor Hugo, un poète en politique.

Index des œuvres de Victor Hugo

citées et classées par ordre chronologique

Index des principaux noms cités

Index des thèmes

Table des matières

Deuxième partie : LIBERTÉ-ÉGALITÉ

CET OUVRAGE
A ÉTÉ TRANSCODÉ
ET ACHEVÉ D'IMPRIMER
SUR ROTO-PAGE
PAR L'IMPRIMERIE FLOCH
À MAYENNE EN JUIN 2004

N° d'éd. FU005905. N° d'impr. 60560.
D.L. : janvier 2002.
(Imprimé en France)